사회문제를 해결하는

과학수업

Exemplary Science for Resolving Societal Challenges

Robert E. Yager 지음

서혜애 | 신명경 | 이미경 | 차희영 옮김

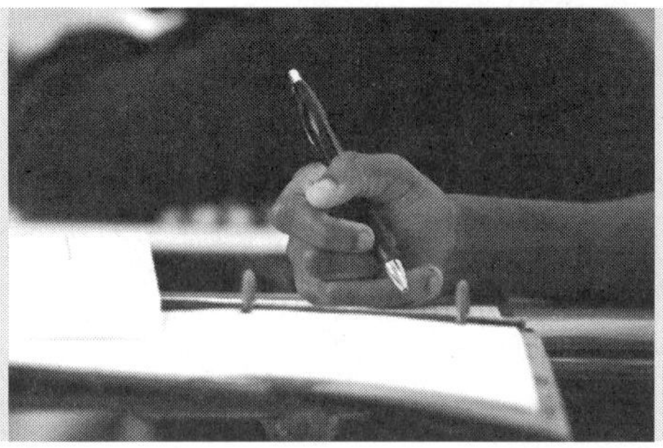

북스힐

차례

옮긴이의 말

학교 과학교육에서 가르치는 내용을 무엇으로 할 것인지를 고민하고 결정하고 또 비판하고 반성해온 일은 과학을 가르치기 시작한 후부터 지금까지 줄곧 계속되는 일이다. 초기 과학교육에서는, 과학자를 양성하는 대학교육에 대비하기 위해 중등학교에 과학 교과목을 도입하였으며 기초과학 지식을 가르쳐야 할 내용으로 선정하였다. 그러다가, 모든 학생들에게 과학자의 합리적이고 객관적으로 사고하는 과학적 방법을 가르치면 세상을 더욱 지혜롭게 잘 살아갈 수 있을 것이라 믿어, 과학적 과정과 습관을 가르치는 내용으로 담아내고자 했었다. 거기다 점점 더 급속히 발전하는 과학과 기술이 우리가 사는 사회와 개인의 삶에 걷잡을 수 없을 만큼 큰 영향을 미치면서, 누구에게나 반드시 필요한 삶의 양식으로서의 과학적 소양을 포함시킬 것에 대해 논의하기 시작하였다. 이후 학교 과학교육은 과학적 소양을 함양시키는 데 어떤 내용을 가르쳐야 효과적일 지를 고민해 오고 있다. 이렇듯 학교 과학교육에서 가르치는 내용은 시대에 따라 변하고 있다.

돌이켜 생각해보면, 역자들이 중・고등학교를 다닐 때의 과학 공부는 과학교사가 칠판에 써준 내용과 과학 교과서의 내용을 얼마나 잘 기억하는 가였다. 그런데 수십 년이 지난 지금에도 학생들은 과학 교과서에 있는 정보 그대로 과학 수업 시간동안 노트에 정리한 내용 그대로 정확히 암기하는 것 이외에는 거의 다른 학습 활동에 참여하는 일은 없다는 점이 여전히 문제점으로 지적되고 있다. 게다가 과학실험실에서 과학 교과서의 내용을 확인하기 위해 안내지침에 따라 특정한 행동을 똑같이 하고 있는 부분은 더욱 안타까운 일이다. 과학교육은 더 이상 학생들의 소중한 시간을, 정보를 기억하고 지침을 따르는 일에 낭비하지는 말아야 할 것이다. 첨단 과학기술의 산물이 넘쳐나는 일상생활과 인터넷을 통해 정보에 무제한으로 접근할 수 있는 학습 여건에서, 과학

교육은 어떤 내용을 가르쳐야 의미 있는 참 학습을 성취할 수 있는지 해결 방안을 끊임없이 모색해야 한다.

이 책은 오늘날 학교 과학교육에서 어떤 내용을 가르쳐야 과학적 소양을 효과적으로 함양시킬 수 있는지에 대한 실제적인 해결 방안을 제시하고 있다. 과학교육에서 가르치는 과학내용을 개인적 · 사회적 견지에서 접근함으로서, 학생들이 흥미롭게 학습하고 학생들이 중심이 되어 적극적으로 참여하는 과학 수업으로 변화시킬 수 있었던 증거들을 담아내고 있다. 이 책의 과학 수업 모범사례들은 학생들이 참 학습을 경험하면서 과학 공부에 대한 즐거움과 열정을 느끼고 개개인의 일상생활뿐만 아니라 학교 밖 지역사회를 개선하는 일에 공부한 결과를 활용하게 되었던 소중한 성과들이다. 학생들이 개인적 차원뿐만 아니라 지역사회 차원의 과학 관련 사회 문제를 해결하는 능력과 태도를 갖추게 된 점을 여실히 보여주고 있다.

과학교육이란 참으로 'odd' 한 것이지 않는가? 2015년 4월 아이오와 대학교를 방문하여 만났던 이 책의 편집자인 예거 교수는 과학교육자로서의 교육과 연구의 세월을 회상하는 듯 무심히 의문을 내던졌다. 그 후 이 의문은 역자의 머리에서 떠나지 않아 떨쳐 버릴 수 없는 생각이 되어 버렸다. 한 달이 지난 후, 역자 서문을 쓰는 시점에서야 겨우 의문의 의미를 조금이나마 짐작이라도 해보고 싶었다. 20세 고등학교 생물교사로 시작하여 지금까지 과학교육을 위해 열정을 태운 65년의 세월을 뒤돌아보면서 '과학교육은 참 괴짜이지'라고 한 말은, 한 과학교육자가 과학교육을 연구하는 일이 참으로 의미 있고 소중하여 멈출 수가 없는 일이라고 말한 것임을 알게 되었다. 예거 교수는 아직도 반 알렌 홀(Van Allen Hall) 7층 연구실에 출근하여 진행하고 있는 책들을 완성시키면서 그 다음에 집필할 책에 대해 계획하는 일로 일상을 즐기고 있다.

이 책은 예거 교수가 평생을 통해 추구해온 과학교육에 대한 신념의 결과물이었다. 그의 과학교육에 대한 신념은, 과학 공부는 학생들이 적극적으로 참여하고 학생들이 중심이 되어야 하며, 과학 공부의 결과는 평생을 통해 개인과 사회의 문제를 해결하는 데 사용되어야 한다는 점이다. 역자들은 이러한 예거 교수의 과학교육 개혁의 방향에 동감해왔고, 그래서 뜻을 모아 번역을 시작하였다. 우리나라 과학교사들이 개인적 · 사회적 견지의 접근에서의 과학내용을 선택하고 학생들이 과학적 소양을 효과적으로 함양하는 과학 수업으로 개선시키려고 할 때, 이 책을 안내서로 활용하기를 기대한다. 역자들은 이 책의 과학 수업 모범사례들이 한 번 읽고 스쳐가는 구경거리가 아니라 참 학습의 과학 수업을 실천하는 데 꼭 필요한 자료가 되기를 바라는 바이다.

마지막으로, 이 역서가 나오기까지 역자들은 북스힐 관계자들이 장기간에 걸친 번역 과정을 꼼꼼하게 지원해 준 점에 대해 진심으로 감사드린다. 북스힐 관계자들의 전문적 지원과 적극적 추진이 있었기에 이 역서가 완성될 수 있었던 점을 밝히고 싶다.

2015년 6월
역자 일동

국가과학교육기준의 과학내용을 효율적으로 가르치는 학교 과학교육

Robert E. Yager, University of Iowa

1996년 미국에서는 4년간에 걸쳐 여러 초판들을 만들어 내면서 논의하고 난 후에야 비로소 국가과학교육기준의 최종본이 발간되었다. 이 책은 수백만 달러의 공공기금으로 완성되었다. 이 책에서는 과학교육 개혁을 논의할 때마다 무시되어 온 내용 가운데 두 가지 내용을 국가과학교육기준과 관련지어 강조하고 있다. 국가과학교육기준은 과학내용을 8개 항목으로 구분하여 정의하고 있으며, 전형적인 과학의 학문적 특성을 뛰어넘어 다른 학문 영역을 넘나드는 내용을 포함하고 있다. 이것이야말로 이 책의 핵심 영역이며, 학생들이 개인적 · 사회적 논쟁거리를 경험할 수 있도록 과학내용을 구성할 수 있다는 것이다.

국가과학교육기준에서 제시하는 과학교육 목적 네 가지 가운데 어느 것 하나에서도 교과서와 교육과정에 보편적으로 포함되어 있는 과학내용을 강조하지는 않고 있다. 따라서 이 네 가지 목적에 관련된 과학내용은 실제 주(state)단위 성취도 시험에 크게 영향을 주는 내용들은 아니다. 국가과학교육기준의 네 가지 과학교육의 목적은 학생들이 학교 과학을 통해 다음을 성취하도록 마련된 것이다.

1. 자연세계를 알고 이해하는 과정에서 풍요로움과 흥미로움을 경험한다.
2. 개인적 결정에 과학적 과정과 원리를 적절하게 사용한다.
3. 과학적 · 기술적 문제에 대한 공적 토론과 논쟁에 지적으로 참여한다.
4. 과학적 소양을 가진 자로서 지식, 이해, 기능을 사용하여 일생동안 직장생활에서 경제적 생산성을 높인다(NRC, 1996, p.13).

이러한 목적을 실현하기 위해서는 교사의 교수방법을 변화시키고 교사 연수 프로그램을 지속적으로 제공하고 학습을 평가하는 방법을 제고해야 한다. 이 책은 과학교육의 목적 2와 목적 3을 성취한 모범적인 수업 사례들을 제시하고 있으며, 과학내용은 과학의 과정과 기술을 활용하는 데 중점을 두고 있으며, 개인적·사회적 도전을 해결하는 방법을 강조하고 있다.

우리는 모든 시민들이(학령기 학생도 모두 포함) 가정, 학교, 지역사회에서 사람이 어떻게 살아가는가에 영향을 주는 문제나 논쟁거리에 바람직하게 참여하도록 준비시키는 데 더 많은 관심을 기울여야 할 것이다. 이 책에서는 과학교육의 목적 2와 목적 3의 중요성을 강조하며, 이로써 모든 교사들은 학생들이 자신의 삶과 사회의 질을 높이도록 도움을 주는 책임을 다할 것이다.

과학교육의 목적은 빈번하게, 행정가나 정치가들이 교수학습을 칭송하는 데 인용하는 포괄적 내용으로 인식되기도 한다. 거의 대부분의 교육자들은 교육과정을 결정하기 전에, 교수자료를 선택하기 전에, 학생들의 수행을 평가하기 전에 이 목적을 고려해야 함에도 불구하고 인식조차도 하지 못하고 있다. 대부분의 교사들은 국가과학교육기준을 인식하고 있지만 교육목적에 대해 토론하지도 않고, 그 내용을 내면적으로 받아들이지도 않으며 이 목적들을 자신의 수업방법에 어떻게 접목할 것인가도 심각하게 고민하지 않고 있다. 이러한 관점에서 위긴스와 맥타이(Wiggins and McTighe, 1988)의 연구가 중요하다. 이 연구에서는 모든 교사들이 학생들과 함께 교육목표를 만드는 데 시간을 투자하도록 하였으며, 교육목표가 달성되었는지 여부를 알기 위해 어떤 증거를 수집할 것인지 논의하며 어떤 증거가 가장 적합한지에 대해 합의하도록 하였다. 이렇게 진행되기 때문에 교사는 교수방법을 적용한 후 평가를 실행하는 것이다. 또한 이 때문에 국가과학교육기준의 내용은 교수방법을 적용하기 전에 고려해야 한다. 그러나 기존 교과서는 국가과학교육기준의 목적이나 과학교육 내용기준의 8개 영역, 그 어느 것도 제대로 포함하고 있지 않다.

국가과학교육기준은 과학교육에서 가르쳐야 할 내용을 정의하는 데 도움이 된다. 학교 초·중등(K-12) 과학교육의 목적을 성취하는 데 과학교육 내용기준의 8개 영역을 활용할 수 있다. 다시 한 번 더 언급하면 학교 교육과정, 주 차원의 교육과정 또는 교과서 어디에서도 8개 영역의 예시를 제시하지 않고 있으며, 이에 대해서 논의도 하지 않고 있다. 거의 대부분의 교과서와 주 교육과정은 과학, 즉 물리, 화학, 생물, 지구우주과학의 기초 개념만을 주로 다루고 있다. 대부분의 학교현장에서는 국가과학교육기준의 권고안을 선택하여 사용하고 있지만, 독특하거나 일반적이지 않는 부분들을 받아들이지 않는 실정이다. 국가과학교육기준의 내용기준의 8개 영역은 다음과 같다.

1. 개념과 과정의 통합
2. 탐구로서의 과학
3. 물리과학
4. 생명과학
5. 지구/우주 과학
6. 과학과 기술
7. 개인적 · 사회적 견지에서의 과학
8. 과학의 역사와 본성

국가과학교육기준은 과학 내용기준의 8개 영역 모두를 다룰 것을 권고하고 있다.

1960년대 초기 학교 과학교육에서는 탐구를 새로운 핵심요소로 도입하였다. 당시 탐구는 새로운 방향이었으며, 일각에서는 반론도 제기하였다. 그러한 과정을 거치면서 오늘날 교과서에서는 탐구를 강조하고 있다. 1960년대 또 다른 개혁의 방향은 과정기능을 강조하는 것이었다. 미국 과학진흥협회(American Association for the Advancement of Science: AAAS)는 학교 과학교육에서 유치원부터 초등학교 6학년까지와 중학교 1 · 2학년 학생들이 중점적으로 배워야 할 과학의 과정기능을 제시하였다. 이어 과학자들이 탐구의 의미를 실제 체험할 수 있는 14개 과정기능을 열거하였다. 그러나 과학의 탐구기능이 교육과정에 전적으로 반영되었음에도 불구하고 실제 학교 수업현장에서는 변화가 거의 일어나지 않았다. 수업에서 변화가 일어나려면 개념과 탐구기능이 통합되어야 하며, 탐구기능은 내용의 형식으로 제시되어야 할 것이다. 설명 위주의 강의식 교수방법은 학생들이 암기해야 할 개념과 과정을 제시하고 이를 실제 암기할 수 있는지를 평가하는 수업일 때만 성공할 수 있을 따름이다.

테크놀로지(Technology: 기술)는 여러 경우에서 혼란스러워지기 쉬운 용어이다. 많은 사람들이 테크놀로지를 공학, 의학, 발명의 인공세계를 총체적으로 포괄하는 학문 영역으로 인식하기보다, 단지 컴퓨터 테크놀로지의 학문 영역으로 간주하곤 한다. 1960년대 자카리아스(Zacharias, 탐구중심 물리, PSSC 교과서 초기 개발자)는 물리 교과서를 개발할 때, '테크놀로지는 과학이 아닌 것'으로 간주하고 테크놀로지와 관련된 모든 내용은 다 제외시켰다. 그러나 지금 학생들은 기초 과학보다 테크놀로지를 더 흥미롭고 현장감 있게 받아들인다. 나아가 과학의 실세계는 거의 대부분 테크놀로지에 의존하고 있다. 즉 과학은 테크놀로지를 이용하여 더 발전하기 때문이다. 이러한 관점은 테크놀로지를 단지 '과학의 응용'으로 정의내리는 관점과는 상당한 차이가 있다.

이 책은 내용기준의 영역 7, '개인적 · 사회적 견지에서의 과학'에 초점을 두고 있다. 이는 국가과학교육기준에서 제시하고 있는 학년군의 3개 그룹(K~4학년 ; 5~8학년 ; 9~12학년) 모두에 특별 관심을 가지고 있기 때문이다. 이 3개 그룹의 학년군 모두 과학 내용에는 개인적 · 사회적 견지에서의 과학이 포함되어야 하며, 또한 이는 과학교육 목적 2와 목적 3을 성취하는 방안이어야 할 것이다.

이 책은 15개 장으로 구분하여 집필하였으며 과학내용은 개인적 · 사회적 견지에서의 과학으로 접근하였고, 과학교육의 목적 2와 목적 3을 성취하는 것을 중요히 생각하는 교육자, 연구자, 과학자들이 모여서 작성하였다. 이 책에는 일반적인 교과서나 전형적인 교육과정에서는 발견하기 어려운 내용들로 개인적 · 사회적 견지에서의 과학에 대한 내용들이 주로 포함되어 있다. 이 책의 15개 모범 수업사례들은 우리가 사는 실세계에서 경험할 수 있는 과학내용을 넓은 관점에서 바라보는 데 도움을 주며, 국가과학교육기준을 새로운 관점에서 이해하는 데 도움이 된다. 이 수업사례들은 전형적으로 학문 중심 주제를 가르치는 것을 강조하는 수업사례는 아닐 수 있다. 저자들은 과학교육의 목적을 달성하는 데 혁신적인 방법을 소개하고자 하였으며, 수업현장을 변화시키는 데 효과적인 과학내용들을 강조하였다. 이 책에서는 다양한 수업사례들을 소개하였으며, 이들이 모두 학교 과학수업 현장을 실질적으로 변화시키고 나아가 진정한 과학교육의 개혁을 이루어낼 것이라고 믿는다.

참고문헌

American Association for the Advancement of Science (AAAS). (1990). *Science for all Americans*. New York: Oxford University Press.

National Research Council (NRC). (1996). *National science education standards*. Washington, DC: National Academies Press.

Wiggins, G. P., and J. McTighe. (1998). *Understanding by design*. Alexandria, VA: Association for Supervision and Curriculum Development.

Zacharias, J. (1956). *Physical sciences study committee* (*PSSC*). Cambridge, MA: Massachusetts Institute of Technology Press.

감사의 글

Members of the National Advisory Board for the Exemplary Science Series

Linda Froschauer
NSTA President 2006-2007
Editor, Science & Children
NSTA
Arlington, VA 22201

Edward P. Ortleb
Science Consultant! Author
5663 Pernod Avenue
St. Louis, MO 63139

Carolyn F. Randolph
Science Education Consultant
14 Crescent Lake Court
Blythewood, South Carolina 29016

Barbara Woodworth Saigo
President
Saiwood Publications
23051 County Road 75
St. Cloud, MN 56301

Patricia Simmons
Professor and Department Head
Math Science & Technology Education
North Carolina State University
Raleigh, NC 27695

Shelley A. Lee
Science Education Consultant
WI Dept. of Public Instruction
PO Box 7842
Madison, WI 53707-7841

Gerald Skoog
Texas Tech University
College of Education
15th and Boston
Lubbock, TX 79409-1071

Vanessa Westbrook
Director, District XIII
Senior Science Specialist
Charles A. Dana Center
University of Texas at Austin
Austin, TX 78722

Mary Ann Mullinnix
Assistant Editor
University oflowa
Iowa City, Iowa 52242

편집자에 대해

로버트 예거(Robert E. Yager)는 국가과학교육기준 개발에 지대하게 기여한 학자이며, 일생을 통해 전 세계 과학교육을 위해 가르치는 일, 글 쓰는 일, 발표하는 일에 헌신하고 있다. 대학 졸업 후 고등학교 과학교사로 시작하여 1956년 이후부터 지금까지 아이오와 대학교 과학교육 교수로 지내고 있다. 그는 NSTA를 포함한 7개 미국 전국단위 협회 및 학회 회장을 역임했으며, 일본, 한국, 대만, 인도네시아, 터키, 이집트, 그리고 여러 유럽 국가의 교사교육에 참여하였다. 여러 저작물 가운데 NSTA 저서로서 '수월성을 추구 Focus on Excellence'의 1권과 '연구결과가 과학교사들에게 주는 의미 What Research Says to the Science Teacher.'의 2권이 있다. 지금까지 발표한 논문과 정책보고서는 600여 권에 달하며 총 7권의 NSTA 모범 과학 프로그램(NSTA's Exemplary Science Programs (ESP)) 책자를 편집하였다. 예거는 북 아이오와 대학교 University of Northern Iowa에서 생물학 학사를 취득하였으며, 아이오와 대학교 University of Iowa에서 식물생리학을 전공으로 석사와 박사 학위를 취득하였다.

CHAPTER 01

과학 프로젝트·전문성 개발하기

교사 전문성 계발과 학생 인식에 대한 종단연구

Gail Dickinson, Emily J. Summers and Julie K. Jackson
Texas State University－San Marcos

과학 프로젝트의 정의 : 발전 배경

과학 프로젝트(Project-Based Science, PBS)는 20세기 말에 연구된 이론적 배경에 근거를 두며, 국가과학교육기준에 연이어 추진하는 목적 2000의 목표 4와도 명백히 연결된다. PBS는 1900년대 초기 미국 교육에서 진보주의 운동의 일환으로 제시되었다. 진보주의 교육의 관점에서, 커크패트릭(Kirkpatrick, 1918)은 교육은 학생들이 자기 주도적으로 목적을 가지고 프로젝트에 참여하는 것을 중심으로 이루어져야 한다고 주장하였다. 듀이(Dewey, 1938)는 학습 과정에서 실세계와 연결하는 것이 매우 중요하다는 결론을 내렸다. 그럼에도 불구하고 듀이는 프로젝트는 교사와 학생이 함께 추진하는 도전적인 과제의 형태로 이루어져야 한다고 주장하였다. 비고스키(Vygotsky, 1962)의 사회 이론에 따르면, 언어와 인지는 밀접히 연결되어 있다. 이 이론은 최근 인지과학의 연구결과에서 개별의 경쟁적 학습에서부터 그룹의 협력적 학습으로 변화되는 것과 같은 맥락에 근거를 두고 있다(Slavin, 1985).

PBS는 듀이가 주장한 실세계 문제 해결의 학습기회와 슬라빈(Slavin)이 주장한 협력적 학습 전략이 통합되는 수업 상황을 제공한다. PBS는 학생들이 '복잡하고 탐구할 만한 문제를 제안하고 이를 해결하기 위해 장기간에 걸친 심화 협력 학습활동을 수행하고 그에 따른 결과물이나 공예품을 만들어 내도록 지도하는 교수방법'으로 정의할 수 있다(Dickinson and Jackson, 2008). PBS는 다음과 같은 특징을 가진다: (a) 학생들이 1개월 이상 또는 여러 주 동안에 지속적으로 참여할 수 있는 동기를 유발시키는 질문 또는 문제 상황, (b) 교육과정에 포함되어 있으면서 학생들에게 의미있는 내용, (c) 학생과 학생 또는 학생과 성인이 상호 협력하는 활동, (d) 학생의 산출물에 대해 지속적으로 수행평가하는 활동 그리고 (e) 학생이 주도적으로 설계하여 탐구 조사하는 활동(Krajcik, Czerniak, and Berger, 2002; Thomas and Mergandoller, 2000).

PBS는 학생이 직접 만들어 내는 산출물을 학교 밖 청중을 대상으로 발표하고 지역사회 이슈와 연결되는 프로젝트 내용을 강조함에 따라, 목적 2000의 목표 4: '학생들은 과학기술 관련 이슈에 대한 공적 토론과 논의에 지적으로 참여하는 것'과 밀접히 연결되어 있다(Krajcik, Czerniak, and Berger, 2002; Steinberg, 1997). 나아가 연구에 따르면 PBS는 학교 과학 성취도를 증진시키고(Marx et al., 2004), 탐구기능을 향상시키며(Baumgartner and Zabin, 2008), 학문영역에 대한 총체적 관점을 가지는 학습 기회를 제공하여(Boaler, 2002), 학교생활에 적응하기 어려운 학생들도 적극적으로 참여하도록 만든다(Wurdinger et al., 2007).

PBS는 장점이 있음에도 불구하고, 교사와 학생들은 다음과 같은 도전에 직면하게 된다:

- PBS를 지도하는 교사는 심도 있고 유연한 과학지식을 갖추어야 한다.
- PBS에 참여하는 교사와 학생은 다른 수업보다 더 많은 노력을 기울여야 한다.
- PBS는 시간이 많이 소요된다.
- PBS를 중심으로 이루어지는 수업은 강의중심 지식전달 수업보다 학급경영이 더 어렵다.
- 교사는 학생들이 조사탐구를 너무 어려워하지 않도록 적절한 비계(scaffolding)를 제공해야 한다.
- 학생들은 PBS보다 전형적인 수업을 더 편안하게 받아들인다(Ladewski, Krajcik, and Harvey, 1994; Beck, Czerniak, and Lumpe, 2000; Frank and Barzilai, 2004).

툴린(Toolin, 2004)의 연구에 따르면, 교사들은 교과 내용학 지식과 교과 교육학 지식을 충분히 갖추었을 때, 과학수업에서 프로젝트 교수방법을 즐겨 실천하였다. 이 연구에서 1년차 초임교사의 경우는 팀티칭, 일대일 초임교사 대 경력교사의 멘토링, 교사 연수 워크숍 등과 같은 지원이 있을 때 비로소 PBS 단원 수업을 수행할 수 있는 것으로 조사되었다. 따라서 교사양성 프로그램에서 예비교사들이 PBS 교수방법을 미리 제대로 경험할 수 있게 되면, 학교에 임용되자마자 목적 2000, 목표 4에서 추구하는 공적 토론과 논의에 참여하는 학습기회를 학생들에게 곧바로 제공할 수 있게 될 것이다.

도입

이 연구는 두 종류의 교육 상황에서 8년에 걸쳐 추진되었다. 이 연구의 연구대상은 현직교사와 예비교사로 구분하였고, 현직교사들이 가르치는 학생들의 인식조사 결과도 포함시켰다.

예비교사 양성프로그램 배경

본 연구의 연구대상은 교사양성 프로그램의 대학 학부생들로서 4학년 2학기 프로젝트 중심 교수방법 강의를 수강하고 졸업하였다. 이 프로젝트 중심 교수방법 강의의 네 가지 핵심 요소는 다음과 같다: PBS의 이론적 배경, PBS 수업 현장 관찰, 교생실습 결과 공유, PBS 지도안 작성 [그림 1.1].

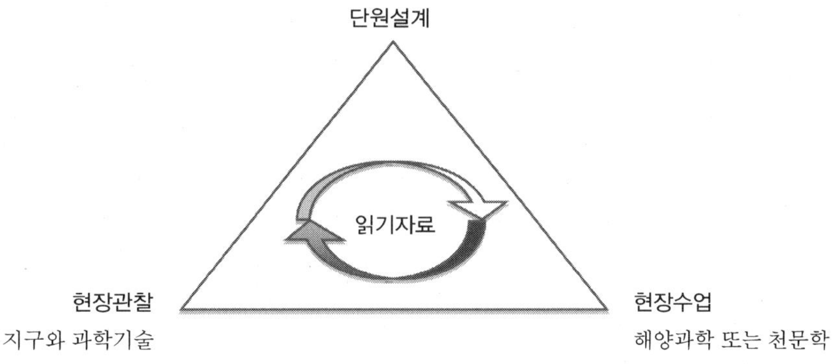

그림 1.1 PBS 교수방법 구성요소들 간의 관계

PBS 이론적 배경과 PBS 수업 현장 관찰

예비 과학교사는 PBS 수업을 실천하는 데 어려움을 겪고 있는 고등학교 교사 폴맨(Polman, 2000)의 이야기를 읽는다. 또한 예비 과학교사는 인근지역 과학교사의 PBS 과학수업 현장을 4회에 걸쳐 관찰한다. 이 PBS 과학수업은 '지구(Planet Earth)'라는 교과명으로 지구의 탄생과 진화, 그리고 사람이 지구와 과학기술에 미친 영향에 대한 내용의 간학문적 교과와 '과학과 기술(Science and Technology)'이라는 교과명으로 MIT 개설 '불법행위자 검거장치'에 대한 강의 내용을 도입한 물리 교과에서 이루어진다. 수업현장 관찰 후, 예비 과학교사들은 온라인 포럼에 자신의 수업관찰 일지를 탑재한다. 예비 과학교사들은 다른 예비교사들의 학교 과학 PBS 수업관찰 일지를 교환하여 읽고 나서, 대학 수업시간에 PBS의 장단점, PBS 수업환경, PBS 구성요소 등에 대해 토론한다. 또한 본 연구에서는 예비 과학교사들이 탑재한 수업관찰 일지를 자료로 수집하여 의미 있는 결과를 도출하게 된다.

교생실습

본 연구에 참여한 모든 예비 과학교사들은 해양과학 또는 천문학을 가르치는 고등학교에서 교생실습을 하였다. 해양과학 관련 교생실습에 참여하는 예비 과학교사들은 대학에서 250마일(약 400 km) 거리의 해안에 위치하는 해양과학 연구소 현장답사를 주말 2회에 걸쳐 참여하게 된다. 첫 번째 현장답사에서 예비 과학교사들은 해안의 환경조건, 연구시설, 학생들에게 가르칠 수 있는 주제들을 탐색하게 된다. 현장답사 종료 시 예비 과학교사들은 다음 현장답사에서는 무엇을 연구할 수 있을 것인지에 대해 브레인스토밍을 하고 탐구문제들을 찾아낸다. 예비 과학교사들은 1개월간 탐구문제를 가지고 수업지도안을 작성한다. 두 번째 현장답사는 인근 여러 고등학교 학생들과 함께 참여하는 답사이다. 이 현장답사에서 예비 과학교사들은 고등학교 학생들과 함께 협력하여 탐구문제를 연구하도록 지도한다. 예를 들면, '해양환경은 생물체들이 이용하는 이로운 환경조건인가 아니면 극복해야 하는 어려운 환경조건인가?'와 같은 탐구문제이다. 수업은 해안 부두에서 진행되었다. 수업 내용은 거친 파도와 밀물, 썰물로 인해 견디기 어려운 서식지에 살고 있는 생물체의 도전에 중점을 두었다. 또 다른 수업은 해수 염습지에서 진행되었는데, 수업내용은 파도가 없고 혐기적 환경의 서식지에서 부드러운 물질을 먹고 사는 생물체에 중점을 두었다. 최종 수업에서는 이러한 환경에 대한 인간의 영향과 환경을 보호해야 하는 책임감을 논의하고 탐구문제에 대해 토론하도록 진행하였다.

천문학 강의를 체험하는 교생실습에서도 예비 과학・수학교사들은 2일에 걸쳐 지역 고등학교 수업현장을 참관하였다. 대학교수는 예비 과학・수학교사들에게 'Dobsonian 망원경을 설계하고 사용하는 데 수학을 어떻게 활용할 것인가?'라는 탐구문제를 제시하였다. 예비 과학・수학교사들은 이 망원경의 간편 모형의 기본 틀을 만들고, 거울의 초점거리를 이해하는 데 필요한 원뿔모양과 포물선을 설명하는 수업을 실행하였다(Siegel, Dickinson, and Hooper, 2008). 이 수업에서 고등학교 학생들은 수학적 원리를 적용하여 평면과 오목거울에 투영된 빛의 거리를 산출할 수 있는 것을 알게 되고, 망원경 관 내부에 거울 및 접안렌즈의 위치를 알게 되었다. 이 수업을 통해 고등학교 학생들은 빛과 포물선의 성질을 탐색하고, 망원경의 간편 모형을 완성시킨다. 이 수업은 예비 수학교사들이 선택하는 강의로 개설하였으나 예비 과학교사들이 더 많이 선택하였다.

교육과정 설계

예비 과학교사들이 PBS 수업의 협력학습의 철학적・교육적 기반을 이해하기 위해서, 본 연구의 참여교사들은 2인 또는 3인 1조로 편성되어 4~6주 프로젝트 과제를 수행하는 조별 활동에 참여하였다. 이 프로젝트 과제에는 탐구문제, 개념도, 프로젝트 추진 일정, 선택한 주제에 대한 수업지도안, 3~5분 비디오, 평가방법, 연구 지원금을 받기 위한 연구 계획서, 재료 리스트, 수업현장 고등학교 학생들의 요구사항을 반영하여 수정한 내용, 자신의 프로젝트를 다른 동료에게 설명하는 간략한 소개글 등을 포함한다. 본 연구진들은 예비 과학교사들이 공적 토론이 필요한 과학 관련 사회적 논쟁거리와 관련된 프로젝트를 개발하도록 안내하였다.

비계(Scaffolding) 교육과정 단원 설계. 본 연구에서는 예비교사들이 참여하는 교육과정을 높은 수준으로 구조화하였으며, 이들이 단계별로 설정한 준거를 만족시킬 수 있도록 과제들을 수정하고 보완할 수 있게 지도하였다. 학기 초, 교수진은 예비 과학교사들에게 [그림 1.2]와 같이 학기 동안 수행해야 할 과제와 과제에 대한 루브릭을 제공하였다. 학기 말에 교수진은 예비 과학교사들에게 전체 프로젝트를 정리할 수 있도록 HTML 양식을 과제별로 구분하여 제공하였다. 각 HTML 파일은 표로 나타내며, 표의

	점수	통과 (기한내 제출, 기준만족)	수정요구 (기한내 제출, 부분 수정요) −15%	면담실시 (기한내 미제출) −20%
개념도 (2/9) 개념도를 작성하여 웹문서로 map.htm로 저장 탑재	5			
비디오 스토리보드 초안 작성 (2/11)	5			
비디오 녹화 (2/21) quicktime 양식으로 녹화한 비디오는 movie.mov로 저장, 복사 파일은 smmovie.mov로 저장 탑재	10			
수업지도안 (2/25) 양식 2를 사용하여 작성하며, lesson1.htm로 저장 탑재	10			
자료 (2/25) html 양식의 resource.htm로 저장 탑재, 개별 3개 이상의 웹주소 인용한 웹자료 포함, 인쇄자료 리스트, 소모품, 재료 등(소프트웨어, 실험기자재 등)	10			
프로젝트 일정 (3/4) calendar.htm으로 저장 탑재	5			
예산지원을 받기 위한 연구 계획서 (4/15) 제시된 양식을 사용하여 작성 grant.htm로 저장 탑재	10			
학부모 안내장 (4/22) 제시된 양식을 사용하여 작성 parents.htm로 저장 탑재	5			
평가 (4/22) 제시된 양식을 사용하여 작성 assess.htm로 저장 탑재	10			
필요한 부분 조정 (4/22)	10			
도입 보고서 (4/29) intro.htm 파일로 저장 탑재 보고서 청중 대상 프로젝트에 대한 소개(1문단) 프로젝트 탐구문제 프로젝트의 총괄 목적 프로젝트 진행의 이론적 배경과 필요성 배경지식 (1~2쪽; 과학지식 위주) 교육과정－기준 제시 텍사스 주 교육기준 국가기준(수학교육기준 또는 과학교육기준) 국가테크놀로지 기준 형성 및 총괄평가에 대한 설명(최종 산출물 설명 포함)	10			
최종 발표 (기말고사 기간)	10			
총점	100			
조원은 동등히 참여, 만약 조원별 역할의 비중이 다르면 그에 따라 점수도 차별화한다.				

그림 1.2 프로젝트 단원 루브릭 예시

왼쪽에는 탐색바를 포함하고 오른쪽에는 과제명을 제시하며, 해당 칸에는 단원제목과 저자명을 기록하도록 만들었다. 예비 과학교사들은 자신들이 만든 문서와 개념도를 HTML 파일로 변환하여 제공된 양식에 맞게 온라인 홈페이지에 탑재하는 방식으로 제출한다. 예비 과학교사들이 HTML 파일로 모두 제출하면 교수진은 모든 파일을 CD에 저장하고 온라인 홈페이지[1]에 탑재하여 다음번 참고자료로 공개한다. 홈페이지에는 동일한 양식으로 정리된 파일들을 탑재하며, 그 탑재된 자료들은 학기 중 예비 과학교사와 졸업한 과학교사들에게 공개된다. 추가로 HTML 양식을 사용하는 데는 약간의 공학적 기능을 익혀야 한다. 그러나 강의에서는 여전히 기능보다 내용에 중점을 둔다. 그럼에도 불구하고 예비 과학교사들은 학기가 끝날 무렵에는 공학적 기술을 어느 정도 습득하게 된다.

동기를 불러일으키는 질 높은 탐구문제 개발. 교수진은 몇 회에 걸쳐 수업에서 PBS의 이론적 배경을 설명하고, 탐구문제의 질적 수준을 평가하는 5개 기준(Krajcik, Czerniak and Berger, 2002)을 적용하여 PBS 탐구문제 예시들을 평가하고, 이전 수업에서 학생들이 만들어 낸 다양한 PBS 수업지도안을 살펴보는 학습기회를 제공한다. 인근 지역교육청의 교육과정을 분석한 후, 개별 예비 과학교사들은 탐구문제를 제안하며, 이 탐구문제가 해당 학년 및 교과영역에서 가르쳐야 할 내용과 기능에 어느 정도로 바람직하게 연결되는지에 대해 설명해야 한다. 개별 예비 과학교사들이 작성한 탐구문제와 이에 따른 설명의 파일은 온라인 홈페이지에 탑재하고, 다른 동료들이 검토하고 상호 의견을 교류한다. 온라인 동료 평가를 거친 후, 예비 과학교사들은 자신의 탐구문제를 재검토한 후에 수정·보완한다. 이렇게 수정·보완한 탐구문제로 학급 전체 탐구문제 리스트를 만들고, 예비 과학교사들은 학급 전체의 탐구문제 리스트에서 자신들의 탐구문제를 선택한다. 대체적으로 전체 탐구문제 가운데 1/3 정도가 조별로 1학기 동안 탐구할만한 수준 높은 문제들이다.

탐구문제가 교육과정에 핵심적으로 연결되어 있고 장기적으로 연구할만한 탐구문제인지를 재차 확인하기 위해서, 예비 과학교사들은 조별로 탐구문제에 대한 개념도를 만든다. 이 개념도를 활용하여 학교현장 과학수업에 적합한 단원으로서 지역교육청 또는 주 교육과정과 연결되는지 여부를 확인한다. (예를 들면, 단원은 배정된 수업시수만큼의 성과를 거두는지, 교육과정의 학습요소를 어느 정도 포함하는지 등을 살펴본다.

---

1) www.education.txstate.edu/ci/faculty/dickinson/PBI

이 수업의 학습내용들이 주 교육과정의 내용기준의 어느 부분을 충분히 만족하는지 여부를 살펴본다.)

단원 비디오 촬영. 이상적으로 다음 단계에서는 단원 수업일정을 수립하는 과제가 좋을 것이다. 그러나 학기말 비디오를 촬영하고 편집하는 과제는 상당한 노력과 시간을 필요로 하는 일이므로, 예비 과학교사들은 단원 전체를 개발하기 전에 짧은 비디오 촬영을 수행한다. 촬영한 내용은 iMovie 소프트웨어를 사용하여 편집한다. 이 소프트웨어는 상당히 효율적이며 개별 학생들이 잘 활용할 수 있도록 안내 매뉴얼을 제공한다. 예비 과학교사들은 자막이 포함되는 슬라이드 쇼, 연극, 비디오 몽타주의 세 가지 유형 가운데 한 가지를 선택하여 비디오를 제작한다. 비디오는 학생들에게 얼마나 많은 정보를 제공해 주느냐에 따라 다양하게 제작된다. 일부 비디오는 학생들이 스스로 탐구문제를 만들어내도록 유도하는 반면, 일부 비디오는 학생들에게 탐구문제를 그대로 알려주어 곧바로 답하게 만들어지기도 한다.

단원 수업일정, 수업지도안, 평가방법 개발. 그 다음 단계에서는 프로젝트 수행의 과제 추진일정을 개발하는 일이다. 이 단원 수업일정을 통해 장기간에 걸쳐 학습활동을 지속할 수 있는지 여부와 수업내용이 교육과정과 얼마나 핵심적으로 연계되어 있는지 여부를 확인할 수 있다. 만일 예비 과학교사가 학생들이 핵심 학습요소를 깊이 있게 이해하도록 지도하는 4주간 학습활동의 수업지도안을 작성할 수 없다면, 예비 과학교사들은 자신의 탐구문제를 다시 재검토하고 수정해야 한다. 만약 탐구문제가 단원의 학습요소를 넘어서서 너무 많은 범위를 포함한다면, 예비 과학교사들은 탐구문제의 범위를 축소하거나 4~6주 학습활동으로 적합하게 수정·보완해야 한다. 예비 과학교사들은 단원 일정에서 개별적으로 2차시 수업지도안을 선택하고 상세히 수정·보완하여 작성한다. 이 수정·보완 과정에서 예비 과학교사들은 다양한 평가방법을 활용하여 수행평가를 하도록 계획한다(Angelo and Cross, 1993).

현직교사 공립학교 프로그램 배경

본 연구에서는 미국 남서부 지역 소재 학교에서 현직교사의 수업 관찰을 수행하였다. 이 지역 소재 학교의 학생들은 전체 학생 가운데 사회경제적 소외계층 학생이 69.5 %였으며, 인종적으로는 멕시코계 56 %, 아프리카 미국계 28 %, 백인계 14 %로 구성되었다. 이 지역 교육구에는 고등학교 2개교가 있는데, 한 고등학교는 PBS 교육과정을 운영하고 다른 고등학교는 전형적인 교육과정을 운영하고 있었다. 본 연구의 대상으로는 연구진 대학교에서 학부 과정의 예비 과학교사 양성과정을 거친 후 교사로 임용이 된 현직교사들을 선정하였다. 이들은 대학교 학부과정 시절에 PBS 교수방법에 대한 수업을 많이 수강하였으므로, 이들의 교사 전문성 개발과 학생 성취 수준을 조사할 수 있었다.

생물학 PBS. 현직 생물교사들은 PBS 단원 수업에서 다음과 같은 탐구문제를 개발하였다. '유전자 변형 음식물은 이로운가 아니면 해로운가?' 생물교사들은 유전자 변형 생물체 관련 논쟁을 이해하는 데 필요한 유전학 내용에 대한 루브릭을 개발하였다. 학생들은 아직 자신이 이로운 편 또는 해로운 편의 입장에서 논쟁할지 모르는 상황에서 긍정적인 측면과 부정적인 측면을 모두 조사하였다. 생물교사들은 자신의 담임하는 반의 조들이 다른 반의 조들과 비교하여 얼마나 잘하는지를 비교할 수 있는 공통적인 요소를 포함시켰다.

다른 현직 생물교사들은 PBS 단원에서 탐구문제로 '수천 세대에 걸쳐 이루어진 종분화 과정에서 종들이 어떻게 적응했는가?'를 설정하고 단원 지도안을 개발하였다. 이 프로젝트를 시작하는 초기, 고등학교 학생들은 현재 생존하고 있는 현생종 1개를 선택하고, 이 종에 대한 종분화를 마음대로 이끌어낸다. 학생들은 선택한 현생종에서 종분화시킨 새로운 종에 대해 진화 관점에서 어떻게 적응되어 왔는지를 상상해본다. 학생들은 새로운 종을 관찰하는 야외 관찰 가이드북을 제작하였다. 이 가이드북에는 새로운 종의 이름을 명명하고, 선택한 현생종과 새로운 종이 계통학에서 어떤 위치에 있는지를 제시한다. 또한 이 새로운 종을 동정하는 데 필요한 이분법의 특징들을 제시하며, 새로운 종의 형태적 특징을 그림으로 보여준다.

천문학 PBS. 천문학을 가르치는 현직 과학교사들은 학생들이 그룹별 역할놀이를 하는 프로젝트를 개발하였다. 학생들은 계절 변화에 대한 오개념을 토론하는 학회에 참석한 과학자의 역할을 수행한다. 각 과학자 집단은 서로 다른 위도에 위치한 도시를 선택하고 그 도시의 계절 관련 자료를 수집하며, 이 전체 학급은 각 과학자 집단의 자료를 비교 · 분석하여 패턴을 찾아내고 계절 변화의 원인이 되는 과학적 증거를 기반으로 설명을 이끌어 낸다. 교사는 학생들이 학급 전체를 대상으로 역할놀이 결과를 발표할 때, 청중으로 지역사회 전문가를 초청하여 의견을 제공할 수 있도록 진행한다. 전문가는 학생들의 그룹별 발표를 평가하며 질문도 한다. 이러한 전문가 초청으로 인해 학생들은 자신의 설명을 더욱 심도 있게 준비하고 프로젝트 요구사항을 훨씬 높은 수준으로 발표하게 된다.

연구방법

연구대상

이 연구에는 연구진이 근무하는 예비교사 양성프로그램의 학부를 졸업하고, 졸업 시 최종 설문조사에 참여한 예비교사로서, 현재는 인근 고등학교에 재직 중인 과학교사 121명이 연구대상으로 참여하였다. 또한 학부를 졸업한지 10년째 되는 교사로서, 학부 시절부터 지금까지 매년마다 실시하는 종단 설문조사에 응답한 현직 과학교사 62명이 연구대상으로 참여하였다. 이들 현직 과학교사 62명으로부터 다음의 자료를 수집하였다. 첫째, 예비교사 시절에 PBS 수업 2차시를 관찰한 수업관찰 일지 자료, 둘째, 수업에 참여한 학생들 가운데 무작위 층화 표집으로 선정한 12명의 고등학생 대상 면담과 설문조사의 분석자료, 셋째, 현직교사로 발령받은지 2년째 되는 시기에 학교 현장에서 선배인 PBS 경력 과학교사 3명을 대상으로 실시한 심층면담 자료, 그리고 이후 PBS 경력 과학교사 3명의 PBS 수업을 3년간 주기적으로 관찰하고 인류학적 조사 자료를 포함하였다. 본 연구의 고등학교 학생 연구대상은 지역학교구의 문제아 집단(히스패닉 57 %, 아프리카 미국인 25 %, 백인 17 % 등)을 대상으로 무작위 층화 표집으로 선정하였다.

PBS 실천 : PBS 수업을 모범적으로 실천하는 과학교사 3명 대상 심층 관찰

본 연구에서 인류학적 종단 연구의 연구대상으로 선정된 과학교사 3명을 선정하였다. 이들은 자신의 교육철학에 도움이 되도록 수업환경을 조성하려고 최선의 노력을 기울이는 교사들로 선정되었다. 이 교사들은 학부 시절의 교생실습 당시, PBS 수업 실습에서 최고 성취를 보였으므로 실습 대상 고등학교에 채용된 교사들이었다. 이 과학교사 3명은 본 연구의 질적 연구대상으로 참여하였다. 스테이시(Stacy)는 학부 환경과학을 전공하였으며, 교사 연수(비 학위 과정으로 제공되는 대학원 수준의 프로그램)에 참여한 교사이다. 크리스틴(Christine)은 생물학 석사학위를 취득한 교사이며, 재키(Jackie)는 물리학 박사과정을 수료한 교사이다. 스테이시는 생물과 화학, 크리스틴은 생물, 재키는 천문학과 물리를 가르치고 있다.

자료수집

본 연구에서는 예비교사 양성프로그램의 PBS 수업에 대한 강의 종료 시 조사, 졸업 시 설문조사, 수업 관찰자료, 현직 과학교사 면담자료, 학생 면담자료, 학생 설문조사의 자료를 수집하였다. 예비교사 양성프로그램 차시별 종료 시, 프로그램 평가를 목적으로 심층면담을 정기적으로 실시하였다. 또한 예비교사들이 졸업 시 프로그램을 어떻게 인식하는지에 대한 조사를 실시하였으며, 이는 학부 재학 시 정기적으로 수집한 심층면담 결과와 유사하였다. 현직교사들의 인식을 조사하기 위해, 우편 설문조사를 실시하였다. 졸업 후 학교현장 임용 직후 2년간 교사 대상 사례연구를 실시하였으며, 2년차 종료 시에 면담을 실시하였다. 또한 학교 PBS 수업을 수강한 고등학교 2학년 대상 설문조사를 실시하였다.

자료분석

면담자료는 전사하였으며 코드를 기준으로 분석하였다. 심층면담과 관찰결과 자료는 PBS 수업 참여 학생의 입장에서 본 5개 영역 (a) 수업에서 얻은 성취도, (b) 이전 전형적 수업방법과의 PBS 수업의 차이점, (c) 성별 차이, (d) 공립학교 교육 여건에서 PBS 수업을 수행하는 데 직면하는 장애요인, (e) 실생활 연계로 구분하여 분석하였다. 설문조사는 소규모 인원을 표집했으므로 기술통계를 실시하였다. 관찰은 가능하면 상세히 기술하고 코드하였다. SPSS 15를 사용하여 통계분석을 실시하였다.

연구결과

예비교사 양성프로그램에 대한 연구결과

본 연구에 참여한 심층면담 및 설문조사 대상 현직 과학교사들에 따르면, 예비교사 양성프로그램의 PBS 수업의 교수방법에 대한 강의에서 가장 중요한 부분은 PBS 단원 개발, 비디오 촬영, 수업에서 다양한 평가방법을 적용하는 것이었다. 현직교사들은 예비교사 시절 작성한 평가방법을 참조하여 수업시간에 다양한 평가방법을 적용하고 있었다.

표 1.1 예비교사 양성프로그램 졸업 시 교수방법에 대한 자신감 : 전체 집단

구분	n	범위	최소치	최대치	평균	표준편차
과학 교수방법 자신감	23	3	2	5	4.35	.935
PBS 교수방법 자신감	23	4	1	5	3.57	.945
강의 교수방법 자신감	23	3	2	5	4.22	.850
탐구 교수방법 자신감	23	3	2	5	3.96	.878
협력학습 교수방법 자신감	23	3	2	5	4.13	.968
소집단 교수방법 자신감	23	3	2	5	3.96	.976
교생 실습 자신감	23	1	4	5	4.83	.388

예비교사 양성프로그램의 강의 종료 시 조사에 대한 연구결과. 예비교사 양성프로그램에서 PBS 수업의 교수방법에 대한 강의 수업 후 실시한 설문조사 결과에 근거하여, 예비교사에서 현직교사로 전환되면서 교사들이 어떤 배경에서 태도의 변화를 일으키는지에 대해 분석하였다. PBS 수업의 교수방법에 대한 강의를 수강하는 예비교사들은 수학, 컴퓨터과학, 과학 등의 영역의 예비교사들이 주류를 이룬다. 본 연구에서는 현직 과학교사와 동일한 전공 영역의 예비교사만을 연구대상으로 제한하였다. 전반적으로 예비과학교사들이 예비 수학교사 및 예비 컴퓨터과학교사들에 비해 유의하게 ($p = .038$) 높은 수준의 'PBS 수업 자신감'을 나타냈다. 졸업 직후 현직 과학교사들이 되었을 때, 이들의 PBS 수업 자신감은 탐구수업 ($p = .1.512$), 과학수업 ($p = .2.53$), 강의수업 ($p = .2.53$), 또는 수업자신감 ($p = .55$) 등과 유의한 차이가 나타나지 않았다. 예비교사 전체 및 교과영역별 연구대상이 여러 교수방법에 대해 어느 정도 자신감을 가졌는지 조사하였다 (표 1.1, 표 1.2).

표 1.2 예비교사 양성프로그램 졸업 시 교수방법에 대한 자신감 : 과학교사 집단

구분	n	범위	최소치	최대치	평균	표준편차
과학 교수방법 자신감	9	2	3	5	4.44	.726
PBS 교수방법 자신감	9	3	2	5	3.56	.882
강의 교수방법 자신감	9	2	3	5	3.78	.667
탐구 교수방법 자신감	9	1	4	5	4.33	.500
협력학습 교수방법 자신감	9	3	2	5	3.67	.866
소집단 교수방법 자신감	9	3	2	5	3.89	.928
교생 실습 자신감	9	1	4	5	4.78	.441

현직 과학교사에 대한 연구결과

종단 설문조사 분석결과

예비교사 양성프로그램에서 PBS 수업의 교수방법에 대한 강의를 시작한지 10년째 되는 해에 현직 과학교사 30명 대상 PBS 수업의 교수방법에 대한 강의를 평가하는 설문조사를 우편으로 실시하였다. 본 연구대상 30명 중 20명은 학부를 통해 PBS 강의를 수강하였으며, 나머지 10명은 대학원 과정(비 학위 과정의 교사연수 포함)을 통해 PBS 강의를 수강하였다. 응답자의 교직경력 평균은 2.45년(±1.35)이었다(표 1.3).

학부를 졸업하고 전일제 과학교사를 시작하자마자, 연구대상 졸업생 30명 중 22명은 과학수업에서 PBS 교수방법을 사용한 것으로 조사되었다. 거기다 대부분의 응답자

표 1.3 본 연구 대상 현직교사의 인적사항

근무학교 유형	응답자 수
농촌지역 고등학교	1
사립 고등학교	1
도심근교 고등학교	5
도심지역 고등학교	13
도심근교 중학교	2
도심지역 중학교	8

교직경력	응답자 수
1년	9
2년	5
3년	8
4년	4
5년	4

PBS 수업 강의 수강 시기	응답자 수
학부	20
대학원	10

들은 PBS 수업에서 많은 문제점에 부딪친 것으로 조사되었다. 이러한 교사들의 대부분은 수업 내용을 심화하고 확장하여 프로젝트 과제로 지도할 수 있는 시간이 부족하며, 나아가 학급 경영관리의 어려운 점을 핵심 요인으로 지적하였다. 교직경력 3년차 과학교사는 다음과 같이 응답하였다.

> 프로젝트 중심 교수방법은 훌륭하지만 과다한 교과내용을 진도에 맞추어 가르치는 데 시간적 제약이 있으며, 프로젝트를 통해 가르치는 내용이 교육과정과 일치하지 않는 점에서도 제약이 있다. 또한 교사 입장에서, 프로젝트 수업에서 학생들이 교사가 답변하기 어려운 문제와 능력을 넘어선 질문을 하게 되는 상황이 상당히 두렵기 때문이다. 그럼에도 연구진이 개발한 CD-ROM에 따라 탐구를 지도할 수 있을 것이라 생각한다. 올해는 한 번 시도해 볼 생각이다.

교직경력 1년차 고등학교 과학교사는 '수업 시 많은 학생들이 심화과제를 프로젝트 식으로 수행하게 되면, 대부분의 학생들은 시간을 많이 허비하게 된다'고 지적하였다. 또 다른 문제점은 우리가 인식하고 있는 관습을 따라야만 한다고 생각하는 점이다. 교직경력 겨우 3개월인 중학교 과학교사는 '교사는 동일한 학년에서 동일한 교과를 가르칠 때 전형적 교수방법으로 가르쳐야 하고, 교장선생님도 그렇게 기대하고 있으며 전형적 교수방법으로 가르쳐야 학부모들이 항의 전화를 하지 않을 것이다.'라고 설명하였다. 본 연구에 참여한 대부분의 교사들은 PBS 교수방법에 대한 강의를 수강하기 이전에는 PBS 교수방법이 있는지도 몰랐다고 응답하였다. 교직경력 1년차 과학교사는 '나는 과학수업에서 가능한 한 최대로 PBS 교수방법을 수업에 도입하려고 한다. 만일 예비교사 양성프로그램에서 PBS 교수방법에 대한 강의를 수강하지 않았다면, 이 PBS 교수방법을 과학수업에 적용할 수 없었을 것이다.'라고 응답하였다.

교사 사례연구 결과

학교 문화. 연구대상 현직 과학교사 3명 모두 학교 내 다른 동료교사와의 협력과 학교 교장선생님의 지원이 PBS 수업방법을 실천하는 데 가장 중요한 요인이라고 하였다. 스테이시(Stacy)는 'PBS 교수방법을 적용한 프로젝트 수업에 우리 학교 동료교사들과 함께 참여하고 있으며 항상 협력한다.'라고 말했다. 교사 간의 협력이 이 PBS 프로젝트 수업을 성공적으로 실천하는 데 가장 큰 도움이 되는 것으로 나타났다. 크리스틴(Christine)은 '나는 PBS 교수방법에서 느낀 점을 말할 수 있고, 또 수업에서 사용하는

자료나 아이디어를 공유하고 교환할 수 있는 동료교사가 있는 것이 가장 핵심적 요소이다.'라고 말했다. 본 연구의 연구대상 학교에서는 참여하는 과학교사들이 PBS 교수방법을 실천하기 전에 프로젝트 내용을 검토하고 친목을 도모하는 과정을 거치게 된다. 교사들은 동료교사들에게 프로젝트 관련 선호 아이디어를 설명하고, 동료들과 함께 실제 프로젝트의 내용과 선호 아이디어 간의 차이에 대해 토론하게 된다. 예를 들면 교사들은 수업목표로 충분히 가치가 있는지를 논의한다. 마지막으로 프로젝트에 대해 브레인스토밍을 한다. 크리스틴은 동료교사들과 함께 프로젝트 관련 내용에 대해 논의하는 과정이 얼마나 중요한지를 다음과 같이 설명하였다.

> 동료교사들과 토론하는 과정은 엄청나게 큰 도움을 준다. 내가 혼자서 고민하고 있을 때, 내가 하는 일에 대해 여러 방향으로 생각을 할 수 없을 때 큰 도움이 된다. 이러한 도움을 얻고 나면, 내가 하는 수업방법은 완벽하지 않다는 생각을 하게 된다. 프로젝트 중심 PBS 수업은 온전히 내 힘으로 만들어 낸 것이 아니다. 실제 프로젝트 중심 수업에서 프로젝트들은 전적으로 내가 다 만들어 낸 것 같이 느껴지기 때문에, 빈번히 '건드리지 마, 내가 다 만들어 냈어, 내가 다 만들어 낸 것에 대해 나쁜 소리 하지 마.' 등의 입장을 취하기 십상이다. 그렇지만 동료교사의 토론 과정에서 프로젝트는 역동적이라는 생각을 가지게 되며, 따라서 교사가 다 만들어 내는 것이 아니고 프로젝트 내용이 변화되는 것도 충분히 받아들일 수 있게 된다.

재키(Jackie)도 크리스틴과 동일하게 생각하였다.

> 다른 동료교사들과 개방적으로 협력하지 않았다면(사실 이 일은 예비교사 양성프로그램에서는 항상 학급 동료들과 협력했던 방법이었는데) 단 하루도 제대로 가르치기 어려웠을 것이다. 이전에는 나 자신을 스스로 독립적으로 학습하고 혼자서 모든 것을 할 수 있는 사람으로 생각했었다. … 중략 … 그런데 동료교사들과 토론 과정을 통해 수업을 준비하고 점검하는 개방적 마음가짐을 가지게 되었다. 이는 혼자 고립된 마음가짐을 가지는 것보다 더 좋은 것이었다. 이 부분은 참으로 큰 도움이었다. 만일에 이런 과정이 없었으면 나 혼자서 고립된 상황에서 했을 것이며, 실제 이 PBS 교수방법을 성공적으로 실천하지 못했을 것이다.

더욱이 재키는 예비교사 양성프로그램 동안에 협력 과정을 통해 마음가짐을 변화시켰다고 추가 설명하였다. '학부 때 우리는 항상 함께 협력하여 만들어냈고, 항상 그렇게 만들었기 때문에 나 혼자서 다했다는 생각을 갖지 않았다.'

크리스틴은 학부 시절 학급 동료들과 협력한 경험이 다른 동료교사들과 협력하는 데 큰 도움이 되었다고 하였다. 그녀와 달리 실제 다른 동료교사들은 협력하는 것에 대해 거부하는 입장을 취하는 경우가 많았다.

> 학부 시절 PBS 교수방법에 대한 수업을 듣는 동안, 학급 동료들과 토론하는 과정이 얼마나 가치있는지를 느꼈다. 그때까지도 나는 얼마나 고집스럽게 나의 교수방법을 주장했는지 몰랐다. 다른 학급 동료가 나의 교수방법의 장점에 동의하지 않는다는 의견을 내놓았을 때 비로소 내가 비상식적이라는 점도 깨우쳤다. 미루어 생각하건대 모두들 토론 과정에서 '대단해! 아이구! 꿍' 등의 생각을 했을 것이다.

크리스틴은 학교 문화도 중요하다고 덧붙여 말했다.

> 이 학교에서 근무하는 것이 얼마나 행운인지, 우리 학교 동료교사들은 비록 PBS 교수방법을 좋아하지 않더라도, 이에 대한 토론에 동참하고 협력해주고 있다. … 중략 … 실제 다른 학교에서 근무하는 친구 교사들은 항상 '그 PBS 교수방법 관련 문제에 대해 잘 모르겠는데'라고 말하는데 … 중략 … 이러한 학교 문화는 내가 현재 근무하는 PBS 학교 아닌 다른 학교에 근무하게 되면 틀림없이 직면하게 될 것이다.

또한 재키는 학교에서 변화를 저항하는 문화를 어려운 장애물로 설명하였다. 그녀는 학생들이 거부하는 문화적 저항을 지적하였다. 학생들은 '모든 학생들이 하는 일들은 내가 하겠다 또는 안 하겠다 등을 선택할 필요 없이 하면 되지만, 왜 다른 학급은 하지 않는 일을 우리 학급은 하고 있는지?'라고 거부한다는 점이다. 유사하게 교사로서 다른 동교교사들은 실천하지 않는 PBS 교수방법을 내가 혼자서 하게 될 경우, 여러 동료교사들로부터 거부당하게 될 것이다.

모범교사 3명 모두 학생들이 PBS 교수방법을 반복적으로 경험하게 되면, 프로젝트 수업 환경에서 효율적인 학습결과를 얻을 수 있다고 하였다. 재키는 다음과 같이 말했다.

> 학생들은 이제 충분히 경험을 했습니다. 협력은 어렵습니다. 학생들이 제대로 협력하려면 연습이 필요합니다. 올해 학생들은 작년보다 훨씬 더 프로젝트 관리를 잘 합니다. 초기에 반복적으로 나타난 문제들도 이제는 더 이상 발생하지 않습니다.

스테이시 역시 학생들이 프로젝트 진척 과정을 안내하고 평가할 수 있는 프로젝트 루브릭도 효과적으로 잘 사용하고 있다고 말했다.

학생들은 루브릭을 사용하고 있습니다. 학생들이 일종의 식료품 목록과 같은 루브릭을 상당히 잘 사용하고 있습니다. '우리가 이 내용은 완성했는지? 다른 내용도 완성했는지?' 작년부터 PBS 수업에 참여한 학생들은 루브릭을 사용하여 무엇을 해야 하는지 잘 알고 있습니다.

시간 관리. 모범교사 3명 모두 PBS 수업에서 프로젝트를 계획하고 실천하는 데 시간 관리가 중요하다고 지적하였다. 스테이시는 다음과 같이 지적하였다.

봄방학이 시작하는 무렵에 비로소 학생들은 프로젝트가 어느 정도 진척되었고, 주말까지는 얼마나 더 추진해야 하는지 등을 알게 되었습니다. 실제로 시간이 부족하다는 것을 느끼고 긴장했으며, 2주 전에는 상당히 많은 노력을 기울였습니다. 그 결과 학생들은 추진해 온 2~3주 프로젝트를 2~3일 분량 프로젝트 수준의 문제 상황 시나리오로 변경하고, 문제를 해결한 결과를 구두로 발표하였습니다. 이 과정에서 학생들은 2~3주 정도는 아니지만 프로젝트 추진을 경험할 수 있었습니다. 실제로도 학생들에게 2~3주가 걸리는 프로젝트를 수행할만한 시간이 없었습니다.

재키는 학교장이 PBS 수업에서 관련 학습내용 진도를 빨리 나가도록 기대하는 것은 비현실적이라고 지적하였다. 그녀는 학교장들이 '선생님은 신임 1년차 교사입니다. 조만간 진도를 빨리 나갈 수 있을 것입니다. PBS 수업은 진도를 빨리 나가기 어려운 교수방법입니다. 이 교수방법을 사용하면 심화내용을 다루거나 진도를 나가는 데 어려움이 있습니다.'라고 생각한다고 말했다. 크리스틴은 PBS 교수방법을 적용하는 교사들에게 '교사들이 계획하고 있는 멋진 프로젝트를 3주의 시간 동안 수업에서 어떻게 추진하여 완성할 것인가?'라고 질문하였다. 그리고 PBS 수업을 사전에 준비하는 시간이 중요한 관건이라며 다음과 같이 말했다.

PBS 수업의 프로젝트와 관련하여, 특히 집중할 수 있는 긴 시간이 필요합니다. 그러다 보면 교사는 이 작업을 다 마치지 못하여 집까지 가지고 가게 됩니다. 즉 긴 시간동안 집중해야 하는 것을 알고 있지만, 얼마나 긴 시간동안 집중해야 하는지를 정확히 알지는 못합니다. 실은 어느 정도 시간이 드는지 알고 있었지만, 실제로 프로젝트를 추진하는 데 소요되는 시간과 어느 정도의 시간이 있는지를 정확히 파악하지 못했다는 점입니다.

크리스틴은 임용 1년 차가 지나고, 방과 후 시간에 대한 규칙을 정했다고 말했다.

> 토요일에는 수업 준비 등의 일은 하지 않습니다. 그전에도 귀가하는 즉시 1시간에서 1시간 30분은 학교와 관련된 일은 아무 것도 하지 않습니다. 그리고 나서 학교 일을 하게 되면 밤늦게까지 합니다. 하지만 지금은 반대로 하고 있습니다. 학교에서 집으로 귀가하자마자 곧바로 모든 일을 매우 신속히 합니다. 그리고 나면 저녁에는 완전히 자유 시간을 가집니다. 네, 일종의 자기만의 규칙을 가지는 것이 좋습니다.

재키는 프로젝트 중심 PBS 수업은 전형적인 수업에 비해 준비하고 실행하는 시간이 훨씬 더 많이 소요되는 점을 언급하였다.

모범교사 3명 모두 학생들이 PBS 수업에서 시간 관리를 잘하는 것이 중요하다고 지적하였다. 스테이시는 학생들에게 최종 마감일 전에 중간 마감일을 정하여 학생들이 스스로 프로젝트를 추진하는 일정을 점검하고 추진 속도와 시간을 조정하도록 도와주는 것이 바람직하다고 지적하였다. '마감일을 다양하게 제시하는 것이 좋습니다. 점검하는 기간을 장기간, 단기간 그리고 때때로, 매일 등으로 다양하게 제시하고, 학생들이 자주 자신들의 진척 사항을 점검하여 제대로 하고 있는지, 도움이 필요하지는 않은지 등을 파악합니다.' 크리스틴과 재키는 학생들이 스스로 프로젝트 추진 일정을 정하도록 하고, 교사는 이에 따라 잘 추진하고 있는지를 점검하는 것이 중요하다고 강력히 주장하였다. 크리스틴은 다음과 같이 말했다.

> 마감일을 연장하는 것은 문제 해결에서는 치명적으로 나쁜 해결 방안입니다. 학생들은 끝까지 완성하기 어려울 것이며, 자신이 설정한 진도를 더욱 일정에 맞추어 지키지 못하게 되고, 매주 해야 할 많은 일이 있는데 이전에 완성하지 못했던 일들과 동시에 추진하기는 어렵다는 점입니다.

국가과학교육기준과 연계. 교사들이 PBS 교수방법을 적용한 수업의 단원을 개발할 때, 국가과학교육기준과 연계하고 학생들에게는 도전적이며, 주 차원에서 안내하는 평가방법을 포함시키면서 개발해야 할 것이다. 크리스틴에 따르면, PBS 수업은 전형적 교수방법보다 시간이 더 많이 소요되므로, 수업시간을 얼마나 효율적으로 사용하는가가 실제로 가장 중요한 부분이다.

> 실제 PBS 수업을 실천하는 교사는 충분한 시간을 들여 국가과학교육기준을 분석해야 한다. 즉, 교사는 수업지도안의 수업목표에서 사용한 동사는 무엇인지? 학생들이 해야 할 일은 무엇인지? 정확하게 제시해야 할 활동은 무엇인지? 등에 대해 분석해야 할 것이다. 그러나 실제 국가과학교육기준과 일치하지 않으면, 어떻게 일치시킬 것인가라는 문제에

직면하게 된다.

재키는 먼저 자신이 계획한 PBS 수업에 대한 루브릭을 만들고 그 좌측 칸에 국가과학교육기준의 내용을 포함시킨다. 그리고 나서 자신의 루브릭이 잘 만들어졌다고 생각되면, 프로젝트 추진에 필요한 재료들을 준비하고 이 재료들이 루브릭에 제시한 것들과 잘 병행하는 것을 점검할 수 있다. 루브릭은 학생들에게도 프로젝트의 구성과 각 활동을 추진하는 데 도움이 되는 주요 정보를 제공해 준다. 재키는 다음과 같이 설명하였다.

> 학생들은 프로젝트가 어떻게 구성되는지를 알고 싶어 한다. 학생들은 교사가 명확하고 간결하게 정보를 제공해 주기를 기대하고 있다. 수업이 종료되는 시점에서, 학생들은 자신들이 어느 정도 추진했는지, 아직 완성하지 못한 부분이 무엇인지, 무엇을 하고 있는지 등을 잘 모를 수 있다. 그때 학생들이 스스로 선택할 수 있는 부분과 교사 입장에서 제시하는 조건 사이에 균형이 이루어지도록 지도할 필요가 있다.

대부분의 현직 과학교사들은 주로 수업평가방법 안내서를 사용하고 있으며, 반면에 폴만(Polman)의 서술적 평가방법은 PBS 수업에서 매일의 학습활동을 평가하는 데 적절하지 않을 것이다.

수업환경에 대한 연구결과

인류학적 조사 연구결과. 본 연구에서 PBS 교수방법을 실천한지 1년 이내, 학생들은 PBS 수업을 적용하지 않았던 학교의 학생들과 주 전체 학생들에 비해 높은 과학성취

표 1.4 주 차원 과학평가기준을 통과한 학생 비율

	2008			2009		
	PBS 고등학교	전형적 고등학교	주 전체	PBS 고등학교	전형적 고등학교	주 전체
전체 학생	80	54	64	86	47	66
아프리카 아메리카 인	63	45	47	81	37	50
멕시코계	70	50	53	81	47	55
백인계	99	86	81	94	74	82
경제적 소외계층	81	47	50	85	45	53

표 1.5 PBS 교수방법에 대한 학생들의 인식

	응답자 수	범위	최솟값	최댓값	평균	표준편차
과학을 얼마나 좋아하는가?	12	5	1	5	4.0	1.1
과학수업에서 얼마나 많이 배웠는가?	12	4	2	5	4.0	0.8
과학에서 자신은 어느 정도 성공적인가?	9	2	4	5	4.4	0.5

도를 보였다. 이러한 결과는 연구 2년차에서도 동일하게 나타났다(표 1.4. 참조).

학생들의 학습에 대한 인식 연구결과. 본 연구에 참여한 학생 가운데 1명을 제외한 모든 학생들은 인종과 성별에 관계없이, PBS 수업에서 과학에 대해 자신감을 가졌고 많은 것을 배웠다고 인식하였다(표 1.5. 참조). 연구에 참여한 12명 중 1명을 제외한 나머지 모든 학생들은 과학을 좋아하고, 그 가운데 4명은 과학을 가장 선호하는 수업이라고 인식하였다. 대부분의 학생들은 과학에 대한 더 많은 자신감을 갖는 데에 흥미를 보였으며, 미래 과학 관련 직종에 대해서도 높은 관심을 표시하였다. 또한 대부분의 학생들은 PBS 수업이 통합적이며, 과학에 대한 자신감을 높이는 것으로 인식하고 있다. 이는 PBS 수업의 활동 중심 학습 때문이다. 놀랄 것도 없이, PBS 수업에서 교사의 변화된 역할도 학생들이 과학에 대해 높은 자신감을 갖도록 만드는 데 일조하였다. 교사는 학생들에게 지시하거나 가르치지 않고 상호작용하는 과정에서 프로젝트를 성공적으로 추진하도록 만들었다고 인식하였다. 교사는 학생들과 상호작용하는 과정에서 학생들이 어디서 시작했고 어떤 방법으로 프로젝트를 완성하는지를 알게 된다.

프랭크와 바질라이(Frank and Barzilai, 2004)의 연구결과에 따르면, PBS 수업에 참여한 학생들은 PBS 수업이 다른 과학수업 방법보다 어렵지만, 더 정확한 해결방안을 적극적으로 탐색하도록 만든다고 하였다. 전형적 수업과 비교할 때, 학생들은 '실제 프로젝트를 하면서 교과서는 크게 사용하지 않았다. 때때로 교과서는 참고 자료로 활용하였다.'라고 말했다. 실제로 PBS 수업에서는 프로젝트를 수행하고 발표하는 활동을 주된 학습활동으로 수행하였다. 전형적 수업에서는 학생들이 교과서를 참조하여 학습지에 완성하는 일을 많이 하는 반면, PBS 수업에서는 실험을 더 많이 수행하고 다양한 학습방법을 사용하였다. PBS 수업에 참여한 학생들은, 이 PBS 수업에서는 학습지를 거의 본 적이 없다고 말했다.

학생들은 과학내용 관련 탐구문제에 대해 정확한 과학적 사고 과정을 적용하면서

답하였다. 또한 지역사회를 기반으로 하는 과학 관련 문제를 해결하는 과정에서, 전형적 수업에서는 개인인 자신을 중심으로 설명하는 관점을 보였으나 PBS 수업에서는 우리를 중심으로 설명하는 관점으로 변화되었다. PBS 수업에 대해 토론하는 과정에서 남학생과 여학생의 차이가 뚜렷이 나타났다 (Carlo, Swadi, and Mpofu, 2003). 과학수업에서 PBS 교수방법을 보완하고자 한다면 무엇을 보완해야 하는가에 대한 질문에서, 남학생은 그룹으로 작업하는 것이 가장 도전적이었다는 의견을 제시하였다. 남학생들은 그룹으로 작업하는 것이 어렵다고 인식함에도 불구하고, 일부 남학생들은 이제는 그룹 작업을 선호한다고 말했다. 하지만 대부분의 남학생들은 여전히 개별적으로 작업을 하게 되면, 자신이 무엇을 해야 하는지 정확하게 아는 점과 다른 동료에게 의존하지 않는다는 점이 좋다고 응답하였다.

반면 여학생들은 그룹 작업에서 협력을 즐기는 경향을 보였다 (Deeter-Schmelz, Kennedy, and Ramsey, 2002). 여학생들은 그룹 작업을 하면 다른 사람에게 의존할 수 있고, 새로운 친구들을 만날 수 있으며 지역사회는 우리 집이나 가족과 같다고 느끼고 있었다. 이러한 여학생의 응답은 Zubair's (2008)의 연구결과와 유사한 것으로 나타났다. 즉, 여학생들은 그룹 작업에 대해 의견을 제시할 때 은유적으로 표현하며, 지방사투리를 더 많이 사용한다는 연구결과와 유사하였다. 여학생들에게 개별적으로 프로젝트를 수행하라고 할 때, '독립적으로 프로젝트를 수행하는 것을 좋아하지 않아요. 같이 그룹 작업을 하면 학급동료들에게 질문할 수 있어요. 개별적으로 하는 프로젝트는 좋아하지 않아요. 저는 실제 독립적인 성향을 가진 사람이 아닙니다.'라고 응답하였다. 여학생들이 그룹 작업을 긍정적으로 받아들이는 측면은, 오히려 한편에서는 이 PBS 수업의 그룹 작업으로 인해 여학생들의 성차에 따른 역할을 더욱 강화시키는 결과를 낳을 수도 있을 것이다. 남학생들은 '그룹 작업은 복잡합니다. 2인 1조로 역할을 선명하게 배분할 수 있는 것도 아니고, 실험할 때 한 그룹에 3~4명은 너무 많습니다.'라고 응답하였으며, 이러한 응답에는 PBS 수업에서 그룹 작업 시 지배 권력의 불균형이 존재하는 것을 암시하고 있었다.

일반 전형적 수업에서 남학생들은 종종 토론과 그룹 작업에서 압도적으로 주도하는 경향을 보인다. 이는 남학생들이 그룹 작업 시 리더십을 선호하는 경향과 유사하다. 남학생들은 그룹 작업 시 조원들에게 해야 할 일들을 분담시키며, 준비해야 할 재료들을 지시하고 앞으로 해야 할 일을 자신이 하겠다고 주도적으로 결정하는 등의 모습을 보였다. 반면 일부 여학생들은 단호한 태도를 보이면서 도전적으로 참여하기도 하였다.

이 PBS 수업은 여학생들에게 그룹 내 상호작용에서 자신의 의견을 다른 사람과 대등하게 제시하는 방법을 연습하는 기회를 제공하였다. PBS 수업에서 학생들이 그룹 작업에서 남학생과 여학생을 함께 포함시키는 교수방법은, 향후 대학교육에서 STEM 전공을 선택하는 남녀 비율의 균형을 이루는 데 도움이 될 것이다. PBS 수업의 그룹 작업에 대해, 학생들의 의견은 남학생과 여학생 사이에 큰 차이를 보였다. 그럼에도 불구하고 대부분의 학생들은 성별에 관계없이 개별 작업과 그룹 작업을 통틀어 장점을 경험할 수 있다고 응답하였다. '둘 다 좋아합니다. 그룹 작업은 다른 사람과 상호작용할 수 있으며 다른 조원들에게서 배울 수 있는 기회가 있어서 좋습니다. 또한 그룹으로 작업하면서 다른 사람을 더 잘 알 수 있게 됩니다. 하지만 개별적으로 작업하는 것도 좋아합니다. 조별 활동을 2인 1조로 할 때 상대방을 신뢰하기 어려울 때가 있습니다. 협력하는 사람으로 기대한 것에 못 미치는 경우가 있기 때문입니다. 또한 개별 작업은 내가 연구하고 싶은 부분을 연구할 수 있으며, 완성하고자 할 때 완성할 수 있기 때문입니다.'

결론

교사교육에 대한 시사점

어려움이 많은 데도 불구하고 PBS 교수방법을 가르쳐야 하는가? 우리 연구진들은 PBS 교수방법을 가르쳐야 할 충분한 증거가 있다고 생각한다. PBS 교수방법이 전형적인 교수방법보다 더 많은 시간을 필요로 하지만 연구에 따르면 이 수업을 들은 학생들은 여러 주요 시험에서 동일하거나 더 좋은 성취를 보이는 것으로 나타났다. 슈나이더 등(Schneider, Krajcik, Marx, and Soloway, 2002)은 연구를 통해 PBS 수업을 들은 고등학교 학생들이 그렇지 않은 학생들에 비해 전국 단위 평가 시험에서 44 % 더 높은 성적을 보인 것으로 나타났다. 가이어(Geier et al., 2008)도 도심 소재 중학교 학생들이 PBS 수업을 들었을 때 더 높은 성취도를 보이는 것으로 보고하였다. 이들 연구에서 PBS 수업에 참여하는 것은 학년에 관계없이 독립적인 효과이며, 참여할수록 참여도는 증가하는 것으로 나타났다. 참여도가 높을수록 학업성취도도 비례적으로 증가하였다. 본 연구에서도 PBS 수업을 들은 고등학교 학생들은 다른 학생들과 비교하여 주 차원

성취도 시험에서 월등히 높은 성적을 보였다.

예비 과학교사들은 PBS 수업을 어느 수준에서 경험해야 하는가? 본 연구에서는 예비 과학교사들이 PBS 수업을 어느 정도 수준에서 경험하는지에 따른 차이를 조사하지는 않았다. 하지만 본 연구에 참여한 현직 과학교사들은 예비교사 시절의 경험 여부가 학교 현장 수업에서 얼마나 빨리 PBS 수업을 도입하는가에 영향을 준다고 말했다. 재키는 다음과 같이 말했다.

> '전형적 수업에서 공부하다가 PBS 교수방법 강의에서 새로운 경험을 하고 그 차이가 큰 변화를 가져올 수 있다는 것을 느꼈다. 중간수준의 경험이 아니었다. 그 수업을 듣지 않았다면, PBS로 건너뛸 수가 없었을 것이다.'

스테이시는 PBS 교수방법에 대한 수업을 통해 생동감이 넘치는 대안적 방법을 경험했다고 말했다. 그 수업에서 프로젝트에 흠뻑 빠져 들었다고 말했다. PBS 교수방법에 대한 강의는 예비교사 양성프로그램의 졸업 이수 18학점 가운데 1/6에 해당되는 수업이며, 큰 부분을 차지한다. 이 수업으로 인해 특수교육, 교과내용학 등의 수업시간을 축소하고 있다.

학교 현장에서 PBS 수업 도입이 저조한 것에 대해 고민할 필요가 있는지? 예비교사 양성프로그램의 교수진들은 졸업생들이 현직교사로 임용된 후 학교 현장에서 PBS 수업을 어느 정도 실천하는가를 조사하고 난 후 예비교사 프로그램에 PBS 수업시간을 증가시키든지 할 것이라고 논쟁을 벌이곤 한다. 예비교사 프로그램은 현재 상태에서 새로운 것을 비록 도입하는 수준이 낮을지라도 도입할 필요가 있다고 느끼고 있다. PBS 수업을 실천하는 현직 과학교사들은 실로 예비 과학교사들이 졸업 후 학교 현장에서 해야 할 일이 무엇인가를 반영하고 있다. 벤 드리얼 등(Van Driel, Beigaard, and Verloop, 2001)은 PBS 수업이야말로 교수방법을 개혁하는 가장 강력한 방법이라고 밝히고 있다.

학교 과학 수업현장에 대한 시사점

본 연구에 참여한 현직 과학교사들은 PBS 수업에서 프로젝트의 내용은 국가과학교육기준의 내용 기준과 병렬적으로 제시할 수 있다는 점을 확신시키는 것이 가장 중요한 부분이라고 반복적으로 말했다. PBS의 프로젝트를 실천하기 전에 동료교사들과 교수방법에 대해 토론하는 과정에서 간학문적으로 연계된 학습기회를 찾아내고 제공할 수 있는 기회를 가질 수 있다고 하였다. 재키는 프로젝트 최종본에 대한 루브릭을 주 차원 교육과정의 내용 기준과 연결시켜 교육과정을 거꾸로 점검하는 방법이 큰 도움을 주었다고 하였다.

PBS는 국가과학교육기준과 일대일로 연결된다. PBS는 매일의 과학수업에 국가과학교육기준을 적용하도록 하고 있다. 만일 PBS가 제대로 실행되면, 국가과학교육기준이 학생 성취도에 연계되는 것을 보여주는 것이다. PBS 수업을 실천하는 교사들은 학생들이 과학내용을 성공적으로 학습하도록 할 뿐만 아니라, 과학수업에서 그룹 작업과 협력활동의 학습 여건을 매일의 일상적인 경험으로 제공하고 있다.

본 연구에 참여한 연구대상들은 주 차원 교육과정에 준하여 프로젝트를 설계하는 것이 시험에 나올 내용과 연결시키는 중요한 요소라고 말했다. 그럼에도 본 연구에서는 높은 시험성적뿐만 아니라 그 이상의 결과를 얻어냈다. PBS 교수방법에 대한 강의를 예비교사 양성프로그램에 포함시키고, 이 프로그램을 수강한 예비교사들이 졸업 후 학교 현장에서 PBS 수업을 실행하는 과정에서 과학이 실세계에서 어떻게 적용되는지를 체험할 수 있는 학습자 공동체를 수업시간에 만들어 내는 것으로 나타났다. 연구 참여 교사들은 PBS 교수방법을 통해 (a) 교육이론과 공립학교 수업현장의 실제, (b) 실세계 과학과 공립학교 학습, 그리고 (c) 국가과학교육기준이 과학교육의 목표인 점과 국가과학교육기준이 학생들의 학업성취도와 연결되는 점의 괴리를 잇는 고리를 만들어 냈다. 더 나아가 본 연구의 결과에 따르면, PBS 수업은 학생들의 실제 과학성취도를 주 차원 교육목표에 도달하도록 만들었다. 특히 사회경제적 저소득층, 농어촌, 멕시코계, 가족 구성원 가운데 처음으로 대학생이 나온 가정, 영어를 모국어로 사용하지 않는 가정 등의 취약 계층 학생들의 성취도를 증진시키는 데 효과를 거두었다. 학생 대상 설문조사 결과에 따르면, 많은 학생들이 가족 구성원 가운데 미국에서 고등학교를 처음 졸업하는 가정이며, PBS 수업에서 함께 그룹 작업한 학급동료들을 좋아하고, 고등학교 졸업 후에도 과학을 지속적으로 공부하고 싶다는 희망을 표현하였다.

감사의 글

본 연구의 연구진들은 학부 예비 과학교사의 응답내용과 자료를 분석해준 연구조원 Michael Marder와 Melissa Dodson에게 깊은 감사의 뜻을 표한다.

참고문헌

Angelo, T. A., and K. P. Cross. 1993. *Classroom assessment techniques: A handbook for college teachers*. 2nd ed. San Francisco: Jossey Bass.

Baumgartner, E., and C. Zabin. 2008. A case study of project-based instruction in the ninth grade: A semester-long study of intertidal biodiversity. *Environmental Education Research* 14 (2): 97-114.

Beck, J., c. M. Czerniak, and A. T. Lumpe. 2000. An exploratory study of teachers' beliefs regarding the implementation of constructivism in their classrooms. *Journal of Science Teacher Education* 11 (4): 323-343.

Boaler, J. 2002. *Experiencing school mathematics: Traditional and reform approaches to teaching and their impact on student learning*. Mahwah, NJ: Lawrence Erlbaum Associates.

Carlo, M. D., H. Swadi, and D. Mpofu. 2003. Medical student perceptions of factors affecting productivity of problem-based learning tutorial: Does culture influence the outcome? *Teaching and Learning in Medicine* 15 (I): 59-64.

Deeter-Schmelz, D. R., K. N. Kennedy, and R. P. Ramsey. 2002. Enriching our understanding of student effectiveness. Journal of *Marketing Education* 24 (2): 114-124.

Dewey, J. F. 1938. *Experience and education.* Indianapolis: Kappa Delta Pi.

Dickinson, G., and J. K. Jackson. 2008. Planning for success: How to design and implement project-based science activities. *The Science Teacher* 75 (8): 29-32.

Frank, M., and A. Barzilai. 2004. Integrating alternative assessment in a project-based learning course for preservice science and technology teachers. *Assessment and Evaluation in Higher Education* 29 (I): 41-61.

Geier, R., P. C. Blumenfeld, R. W. Marx, J. S. Krajcik, B. Fishman, E. Soloway, and J. Clay-Chambers. 2008. Standardized test outcomes for students engaged in inquiry-based science curricula in the context of urban reform. *Journal of Research in Science Teaching* 45 (8): 922-939.

H. R. 1804-103rd Congress: Goals 2000: Educate America Act. 1993. In *GovTrack.us* (database of federal legislation). *www.govtrack.us/congress/bill.xpd?bill = h103-1804*

Kirkpatrick, W. H. 1918. The project method. *Teachers College Record* 19: 319-335.

Krajcik, J. S., C. Czerniak, and C. Berger. 2002. *Teaching science in elementary and middle school classrooms: A project-based approach.* 2nd ed. Boston: McGraw-Hill.

Ladewski, B. G., J. S. Krajcik, and C. L. Harvey. 1994. A middle grade science teacher's emerging understanding of project-based instruction. *The Elementary School Journal* 94 (5): 499-515.

Marx, R. W., P. C. Blumenfeld, J. S. Krajcik, B. Fishman, E. Soloway, R. Geier, and R. T. Tal. 2004. Inquiry-based science in the middle grades: Assessment of learning in urban systemic reform. *Journal of Research in Science Teaching* 41 (10): 1053-1080.

Schneider, R. M., J. Krajcik, R. W. Marx, and E. Soloway. 2002. Performance of students in project-based science classrooms on a national measure of science achievement. *Journal of Research in Science Teaching* 39 (5): 410-422.

Siegel, L., G. Dickinson, E. Hooper, and M. Daniels. 2008. Teaching algebra and geometry concepts by modeling telescope optics. *Mathematics Teacher* 101 (7): 490-497.

Slavin, R. E. 1985. An introduction to cooperative learning research. In *Learning to cooperate, cooperating to learn*, eds. R. E. Slavin, S. Sharon, S. Kagan, R. H. Lazarowitz, C. Webb, and R. Schmuck, 5-16. New York: Plenum Press.

Steinberg, A. 1997. *Real learning, real work: School-to-work as high school reform.* New York: Routledge.

Thomas, J. W., and J. R. Mergendoller. 2000. *Managing project-based learning: Principles from the field.* Paper presented at the Annual Meeting of the American Educational Research Association, New Orleans.

Toolin, R. E. 2004. Striking a balance between innovation and standards: A Study of teachers implementing project-based approaches to teaching science. *Journal of Science Education and Technology* 13 (2): 179-187.

Van Driel, J. H., D. Beijaard, and N. Verloop. 2001. Professional development and reform in science education: The role of teachers' practical knowledge. *Journal of Research in Science Teaching* 38 (2): 137-158.

Vygotsky, L. S. 1962. *Thought and language*. Cambridge, MA: MIT Press.

Wurdinger, S., J. Haar, R. Hugg, and J. Bezon. 2007. A qualitative study using project-based learning in a mainstream middle school. *Improving Schools* 10 (2): 150-161.

Zubair, S. 2008. Silent birds: Metaphorical constructions of literacy and gender identity in women's talk. *Discourse Studies* 9 (6): 766-783.

CHAPTER 02

뉴욕시의 프로젝트 기반 방과 후 과학프로그램

Kabba E. Colley
Eduinformatics

Wesley B. Pitts
Lehman College
City University of New York

배경

10여 년 전, 여러 방과 후 프로그램들은 학교 체제를 확대하는 차원에서 대학 또는 비영리 단체와 학교가 파트너십으로 연계하여 운영되어 왔다. 프리드만 (Friedman, 2003)에 따르면, 이러한 방과 후 프로그램은 도심 지역 학생들에게 학습의 기회를 평등하게 제공하는 본질적인 방안이다.

파디건과 햄리치 (Fadigan and Hammrich, 2004)는 비형식 과학교육프로그램에 참여한 도심 지역 저소득층 10대 여학생 152명을 대상으로 학력 및 직업에 대한 종단연구를 실시하였다. 연구진들이 프로그램 성적, 설문조사, 면담 등의 수집 자료를 분석한 결과, 참여 여학생의 93 %가 고등학교 졸업 후 대학을 진학한 것으로 나타났다. 덧붙여 참여 여학생의 25 % 이상이 수학, 과학, 공학, 기술, 의학보건, 그 외 관련 유사 영역의 직업을 선택한 것으로 조사되었다. 이렇게 교육 및 직업을 선택할 수 있었던 것은 고등학교 방과 후 프로그램을 통해 지원, 안전, 재료를 충분히 제공하는 학습 환경 때문이라고 말했다.

푸스코 (Fusco, 2001)는 뉴욕시의 지역사회 기반 방과 후 과학프로그램에 참여한 학생들이 과학을 어떻게 받아들이는지를 연구하였다. 참여한 학생들은 과학에 대한 스스로의 흥미, 관심, 경험을 방과 후 과학프로그램을 통해 충분히 발휘하였다고 말했다. 이러한 방과 후 과학프로그램은 학생들에게 더 넓은 범위에서 지역사회 관련 일들을 연구하고 실천하는 지속적인 학습과 실천 과정이었다.

본 장의 저자들이 수행한 연구(Colley and Pitts, 2003)에서는 학생들이 프로젝트 설계 중심의 방과 후 과학프로그램에 참여한 후의 생태계 개념의 이해 수준을 조사하였다. 조사결과에 따르면 모든 학생들은 프로그램에 적극적으로 참여하였으며, 자신의 개인별 경험과 연관되는 개념으로서 생태계 개념을 학습한 것으로 나타났다. 그럼에도 불구하고 학생들이 프로젝트를 설계하는 것과 생태계 관련 질문에 대한 응답에는 차이가 있었는데, 이는 학생들이 가지고 있는 옳지 않은 개념 때문인 것으로 고찰되었다.

마쉬와 클라이트맨(Marsh and Kleitman, 2002)에 따르면, 방과 후 프로그램은 모든 학생들에게 도움이 되지만, 특히 사회경제적으로 소외된 학생들로 정규 교육과정에 따른 지원을 충분히 받지 못하는 경우는 더 큰 장점이 되었다.

스콧－리틀(Scott-Little, et al., 2002)은 방과 후 프로그램은 참여 학생들에게 긍정적 영향을 주는 한편, 학생들이 자료를 활용하여 보다 철저한 연구방법을 설계할 필요가 있다는 점을 강조하였다.

에클즈와 템플리턴(Eccles and Templeton, 2002)은 청소년 대상 방과 후 및 교과 외 프로그램에서 인지적, 심리적, 사회적 발전을 촉진할 수 있는 요소들을 추출하기 위한 심층 연구를 수행하였다. 연구결과에 따르면 청소년 대상 예방과 격려를 강화하는 프로그램들은 긍정적 결과를 더 많이 산출하는 반면, 부정적 결과는 감소되는 경향을 보여주고 있다. 흥미롭게도 일부 방과 후 프로그램은 교과 내용을 강조하지 않았는 데도 불구하고 학업성취도 증진, 학교 출석률 및 졸업률이 증가하는 결과를 얻고 있다. 그러나 에클즈와 템플리턴(Eccles and Templeton, 2002)은 이들 방과 후 프로그램의 특징들이 참여한 청소년들의 어떤 특징과 밀접히 연계되는지를 설명할 수 있는 이론적 배경은 부족한 것으로 논의하고 있다. 결론적으로 연구자들은 방과 후 프로그램을 개선하는 방안으로서 이론 기반 프로그램을 개발하고 실천해야 할 필요가 있다고 주장하였다.

방과 후 프로그램에 대한 최근 연구에 따르면, 이는 학생들에게 다양한 측면, 즉 과학 성취도 증진, 과학에 대한 긍정적 성향 개선, 미래 과학 관련 직업 선호도 증가 등의 장점을 달성하고 있다(Walker, Wahl, and Rivas, 2005). 이러한 연구결과는 특히 도심 지역 학생들에게 더욱 효과적인데, 이들은 과학 영역에서 재능을 충분히 발휘하지 못하는 집단이지만 과학 관련 미래 직업 선호도가 높은 학생들이었다(Friedman, 2003). 뉴햄프셔 주 전체 대상으로 추진된 연구에서는 방과 후 프로그램을 규칙적으로 참여한 학생들은 공부하는 방법을 개선시키고 학업성취도를 높인 것으로 나타났다(Frankel, Streitburger, and Goldman, 2005). 그러나 이러한 방과 후 프로그램을 운영하여 얻는 성과는 운영하는 사람들의 질적 수준에 따라 차이가 있음을 밝혀냈다.

이 장에서는 도심 지역 고등학교 학생들이 PBS 프로젝트 기반 방과 후 과학 프로그램 Explore PBSI(Project-based Science Instruction)에 참여하는 과정에서 과학을 공부하는 방법을 어떻게 향상시키는지를 보고하고자 한다. 이 학생들은 뉴욕시 퀸즈의 도심 생태계를 과학적 방법으로 탐구하도록 계획하고 실천한 후, 결과를 발표하는 PBS 프로젝트 중심 교수방법을 적용한 방과 후 프로그램에 참여하였다. 본 연구에서는 PBS 교수방법을 적용한 방과 후 프로그램이 학생들에게 과학교육 기준에 부합하면서 과학과정 기능을 이해하고 적용할 수 있도록 하는 데 얼마나 효과적인지를 조사하는 데 목적을 두었다. 과학과정 기능은 자신과 자신이 속한 지역사회 관련 연구문제를 찾아내고 조사를 수행하며, 연구결과를 실천하여 지역사회를 발전시키는 능력으로 정의한다. 이는 연구문제를 찾아내고 연구계획을 수립하고 실천하는 것(과학 실험기구 이용, 자료수집, 자료분석, 자료해석을 포함) 뿐만 아니라 연구결과를 발표하고 실생활에 실천하는 것을 포함한다. 본 연구에서 과학교육 기준은 뉴욕시 과학 성취도 기준(Board of Education of New York City, 1997), 뉴욕 주 학습 기준 4(New York State Education Department, 1996), 국가과학교육기준 목적 3(NRC, 1996)을 의미한다.

본 연구에서는 PBSI를 교수방법으로 도입하였다. 선행연구에 따르면 이 교수방법은 학생들이 과학을 학습하도록 지원하는 가장 좋은 교수방법으로 알려지고 있다(Moje, et al., 2001; Blumenfeld, et al., 1991; Krajcik, Czerniak, and Berger, 1998). 추가로 학생들이 프로젝트를 수행하는 과정에서 스스로 연구문제를 만들어 내고 연구계획을 수립하며, 그 계획을 실천하기 위해 상호협력하고 발표를 위한 보고서를 준비한다. 또한 동료 평가를 수행하는 방법을 학습하게 된다. 프로젝트 기반 학습 환경에서 학생들은 자신뿐만 아니라 지역사회와 연결된 문제에 초점을 두면서 학습을 하게 된다. 더 나아가 이를 통해 학생들은 자신의 학습에 전적으로 책임을 지도록 독려한다. 대부분의 학생들은 전형적인 학교체제에서 이러한 교수방법에 적응하기 어렵기 때문에, 이 프로그램을 시작하기 전에 충분한 시간을 배정하여, 학생들과 학부모를 대상으로 PBS 프로젝트 기반 과학 교수학습에 참여하는 필요한 사항과 기대수준에 대해 토론하였다. 이 토론에서는 학생, 교사, 학부모 등의 참여하는 사람의 역할과 책임을 명확히 하고, PBS 교수방법에 대한 옳지 않은 개념을 찾아내었다. 그럼에도 이 PBS 수업을 추진하는 일은 도전적이었다. 참여하는 교사들은 학생들에게 도움을 주고 멘토 역할을 할 수 있으며, 자료와 지원을 제공한다는 것을 인지하도록 프로그램을 운영하였다.

도입

탐색! 프로그램(Explore! Program)은 고등학교 방과 후 과학심화 프로그램이다. 이 탐색! 프로그램은 뉴욕시립대학교 단과대학 소피 데이비스 생의학교육의 퀸즈 브리지 의학 프로그램(the Queens Bridge to Medicine Program at the Sophie Davis School of Biomedical Education, City College of the City University of New York(CUNY))에서 지원하는 프로그램이다. 탐색! 프로그램은 CUNY 요크 대학(York College) 캠퍼스가 위치하는 퀸즈 뉴욕시(Queens-New York City) 사우스 자메이카(South Jamaica)에서 운영되었다. 당시 본 연구를 추진하는 시점은 이 탐색! 프로그램이 운영된지 9년째 되는 시기였다. 이 프로그램은 고등학교 학생들이 퀸즈 브리지 의학프로그램에 진학하도록 만든 일종의 파이프라인 프로그램으로 계획·실천되었다.

이 퀸즈 브리지 의학프로그램은 요크(York) 캠퍼스에서 운영되고 있으며, 점차적으로 CUNY 대학 준비 프로그램으로 확장되었다. 뉴욕시 공립고등학교 학생들이 이 프로그램을 이수하면 소피 데이비스 대학(Sophie Davis School)의 생의학 교육 프로그램을 통해 7년 과정의 학사 및 의학박사를 취득하게 된다. 1986년 설립한 이래, 브리지 프로그램은 대학에서 의학과 보건을 전공하려는 고등학교 학생 수를 증가시켰다. 브리지 프로그램에 등록된 고등학생들은 3학년이 되면 오전에는 소속 고등학교에서 공부하다가 오후에는 대학에서 대학 1학년 영어, 대수학, 화학 강좌를 2학기(1년)에 걸쳐 수강한다. 학생들은 이 프로그램에서 얻은 강좌 성적을 소피 데이비스 또는 다른 대학 입학서류로 활용한다. 이 프로그램을 통해 얻은 성적은 대학 수준 과학 및 보건 관련 전문 교육을 이수한 결과로 인정받는다.

브리지 프로그램과 탐색! 프로그램은 뉴욕시 공립고등학교에 다니는 소외된 소수민족 학생들이 의학과 보건 전문직을 선택하도록 지원하는 데 궁극적 목적을 두고 있다. 구체적으로 소피 데이비스 대학에서 의학을 전공하도록 지원하는 데 있다. 탐색! 프로그램은 고등학교 초기부터 참여하도록 학생들을 모집하는 데 목적을 두고 있다. 초기 탐색! 프로그램은 고등학교 9, 10, 11학년 대상 토요일 방과 후 과학 심화프로그램으로 시작하였다. 이 프로그램은 지역사회 파트너로서 뉴욕시 운영위원회, 퀸즈 자치구 회장, 뉴욕 주의회 등의 지원으로 환경과학의 영역을 추가하고 여름 프로그램도 운영하게 되었다.

본 프로그램에 많은 학생들이 참여하고 제대로 운영하기 위해서는 브리지 프로그램이 고등학교, 대학 프로그램, 지역사회 단체와 협력하는 파트너십을 구축해야 한다. 학생 모집은 주로 가을학기부터 시작하며, 봄학기, 여름학기로 이어진다.

먼저 가을학기 시작 무렵, 프로그램 운영자는 우선적으로 과학교사들에게 참여할 가능성과 잠재력이 있는 학생들을 파악하여 선별하도록 부탁하고, 과학교사와 함께 이들의 학업성취도와 장래 희망을 조사한다. 이 조사 과정에서 학생들은 과학 심화프로그램에 대해 알게 되고, 고등학교 재학 시 지원하려면 학업성취도가 어느 정도 필요한지도 알게 된다. 이 탐색! 프로그램 운영자는 퀸즈, 그 외 자치구 소재 고등학교 9, 10, 11학년 과학수업을 방문하고 브리지 프로그램과 탐색! 프로그램에 참여할 지원자를 동시에 모집한다. 이 두 프로그램에 참여할 학생들을 모집하는 동안, 운영자는 학생들에게 보건 관련 전문직에 대한 진로 상담과 함께 교육프로그램에 참여할 수 있는 기회를 동시에 제공하는 것이 특징이다. 대학 축제 기간 동안 참여할 학생들을 모집하게 되는데, 이때 학생과 학부모는 과학 심화프로그램과 소피 데이비스 프로그램에 대한 정보를 얻기 위해 참가하게 된다.

모집 대상 학생들은 고등학교 성적이 평균 75~90점이며, 과학에 높은 수준의 흥미를 보이는 학생들이 우선적이다. 여러 파트너십 대학들은 학업 성적 90점 이상의 학생들을 모집하기를 원한다. 그러나 성적이 좀 낮더라도 참여할 수 있는 기회를 제공하는 것이 중요한데, 이 연구의 공동연구원인 프로그램 운영자는 이들에게 보충 심화프로그램을 제공하면 그들이 재학하고 있는 고등학교에서 높은 성적을 얻을 수 있게 된다고 생각하기 때문이었다. 이러한 관점에서, 탐색! 프로그램은 과학과 보건 전공 전문직을 희망하는 고등학생들의 수를 증가시키는 방안으로 실천되었으며, 과학 심화 및 보건 관련 진로 교육에 대한 상담 기회도 제공하게 되었다.

탐색! 프로그램은 과학 심화 주제를 중심으로 무학년제 체제로 운영한다. 봄, 여름학기 동안 고등학교당 9, 10, 11학년(12학년 제외)에 걸쳐 25명 학생으로 구성되는 집단을 선발한다. 12학년은 브리지 프로그램에 참여한다. 학생들은 토요일 오전 9시부터 12

시까지 진행되는 프로그램을 5~8회에 걸쳐 참여한다. 그 참여 횟수는 각 주제별 교육 내용에 따라 차이가 있다. 이 프로그램이 중요한 이유는 지역사회 또는 대학 연계 파트너십을 통해 학생 집단별 선택한 주제 영역 전문성을 갖춘 전문가(대학 교수, 연구소 연구원 등)들이 이들을 지도하거나 실험 재료 또는 주제에 대한 강의를 부분적으로 담당하기 때문이다. 예를 들면 2005년 10학년 대상 범죄과학 주제의 토요일 프로그램을 5회에 걸쳐 제공하였다. 뉴욕시립대학교(CUNY) 존 제이 단과대학(John Jay College)의 교수들이 이 프로그램의 파트너로 참여하였다. 이 범죄과학 프로그램에 참여한 학생들은 범죄 현장 가상 시나리오에서 의미 있는 결론을 도출하는 데 필요한 다양한 유형의 과학적 증거를 수입하는 방법에 대한 강의를 요크 대학에서 3회에 걸쳐 수강하였다. 나머지 2회의 토요일 프로그램은 존 제이 단과대학 실험실에서 진행하였으며, 이때 학생들은 범죄과학 관련 전문 직종에 대한 진로 교육도 받게 된다. 이외에도 지역사회 인적자원들을 활용할 수 있다. 지역사회 교회 장로와 목사들과 함께 매년 대학 축제를 개최하였으며, 이 부분은 본 프로그램의 가치있는 부분으로 자리 잡았다.

연구방법

본 연구는 2004년 여름방학 동안 2주 환경과학 프로그램부터 시작하였다. 심수항해스쿠버 클럽(Aquatic Voyagers Scuba Club (AVSC)), 흑인 스쿠버 다이버 협회(National Association of Black Scuba Divers), 맨해튼 지역 전문대학 자치기구(Borough of Manhattan Community College (BMCC))와 협력하여 시작했다.

여름 프로그램은 환경과학 관련 주제로 6단계 활동으로 구성하였으며, 대학 교수진과 AVSC 회원들이 지도하였다. 학생들은 총 11일간(총 50시간) 아침 9시부터 오후 2시까지 참여하였다. 연이은 주말에 참여하는 일정은 2회에 걸쳐 진행되었다. 학생들은 4개 대학을 방문하고 그 대학들에서 제공하는 교육과 향후 선택할 수 있는 전문 직종에 대한 정보를 배우게 되었다. 또한 대학 캠퍼스에서 실제 물을 재료로 하는 실험수업과 워크숍에 참여하였다. 프로그램을 통해 얻어낸 중요한 성과 가운데 가장 의미 있는 것은 대학에서 제공하는 수업과 진로교육을 통해 학생들이 과학에 대한 흥미를 높이는 측면이었다.

프로그램의 제1주에는 퀸즈시 부룩빌 공원(Brookville Park)과 요크 대학(York

College)에서 공원 생태계에 초점을 맞추었다. 프로그램에서는 개별학생들에게 학생 안내서를 제공한다. 이 학생 안내서에는 다음의 내용들을 포함한다: 공원 생태계 도입, 실험 과정, 프로젝트 계획 학습지, 육상계 및 수계를 설명하는 방법, 프로젝트의 실험을 수행할 장소 선정, 실험 장소에서 서식하고 있는 식물을 기술하는 방법, 토양 성분을 실험하는 방법, 토양 표본의 성분에 대한 자료를 수집하는 방법, 실험 장소에서 서식하고 있는 수계 환경을 기술하는 방법, 수질 성분을 실험하는 방법, 수질 표본의 성분에 대한 자료를 수집하는 방법, 연구결과 보고서 형식, 용어와 개념 사전 등.

학생 안내서에 추가로 운영진 및 교사 지도서도 제공한다. 이 교사 지도서는 각 활동에 대한 학습목표, 뉴욕시 과학성취도 기준, 수업자료(재료, 실험도구, 공구 등) 목록; 학생 그룹을 편성하고 지도하는 등에 대한 단계별 교수방법; 공원 생태계 개념, 과학과정 기능; 평등성; 참고문헌 등을 명확히 제시하고 있다. 학생들은 토양, 질산염, 탁도, 물, 식물, 동물을 표집하고 토양 분석(질소, 인, 칼륨, pH)과 수질 분석(색도, pH, 온도, 염소농도, 산소용해도, 부유 찌꺼기에 서식하는 세균)을 실시한다. 학생들은 인터넷과 연결된 컴퓨터를 활용하여 자료를 기록하고 보고서를 작성한다. 학생들은 BMCC에서 제공하는 환경화학에 대한 워크숍에 참여한다. 이틀에 걸쳐 제공되는 워크숍은 강의(2회), 사례연구, 컴퓨터 기반 모델링을 포함한다. 제1주차 프로그램은 AVSC가 주관하는 1일 스쿠버 체험활동으로 마무리된다.

프로그램의 제2주에서는 스토니 브룩 대학교 해양과학 연구소를 방문한다. 이때 AVSC가 지원한다. 이 연구소에서 학생들은 뉴욕시와 롱아일랜드 해안 환경을 보호하기 위한 연구에 대해 공부한다. 스토니 브룩 대학교 해양과학 연구소에서 대형물고기를 연구하는 연구자가 참여하였다. 이 여름프로그램은 에버리 포인트(Avery Point)에 위치하는 커네티컷 대학교의 해양학 프로젝트 연구팀을 방문하는 주말 일정으로 마무리하게 된다. 모든 학생들은 수료식에서 이수증을 수여받는다.

본 연구에서는 다음의 세 가지 연구문제를 설정하였다. (1) 도심에서 거주하는 학생들이 프로젝트 기반 방과 후 과학프로그램을 통해 어떻게 학습하는가? (2) 학생들이 프로젝트 기반 방과 후 과학프로그램에 참여할 때 어떤 과학교육기준을 성취하게 되는가? (3) 이 프로그램의 장점과 단점은 무엇인가? 본 연구의 연구방법은 준실험 연구방법으로서 무작위 표집이나 통제 집단이 없는 사전, 사후조사의 연구방법으로 볼 수 있다. 본 연구에서는 탐색! 프로그램을 무작위로 표집된 연구대상에게 제공할 수 없는 상황이었으며, 시간 제약과 프로그램 운영 여건으로 인해 통제집단을 선정하기도 어려웠기 때문에 준실험 연구방법으로 설정하였다.

그러나 프로그램의 효과를 보기 위해서, 사전·사후 조사와 사후 반성적 평가 조사도 실시하였다(Lam and Bengo, 2003). 사후 반성적 평가 조사는 면담으로 실시하였으며, 이를 통해 학생들은 자신들의 과학 지식과 과학과정 기능이 프로그램 참가 전과 참가 후 얼마나 변화되었는지에 대해 설명하였다. 사전·사후 조사와 함께 사후 반성적 평가 조사를 통해 프로그램의 특징적 요소들의 영향에 대한 자료를 충분히 얻을 수 있었다.

연구대상

본 연구에 참여한 학생들은 주로 퀸즈시 공립 및 사립 고등학교에서 모집하였으며, 일부는 뉴욕시 다른 자치구에서 모집하였다. 연구대상 학생 18명은 공개 경쟁 모집을 통해 선발하였다. 지원자들은 고등학교 성적, 주 단위 표준화 검사, 개별 에세이, 과학교사 추천서를 제출하였으며, 이를 평가하여 선발하였다. 모든 학생들은 1년 단위 생물환경 매체에 대한 수업을 수강하였으며, 이 수업에서 전원이 평균 80점 이상을 받았다. 연구대상은 9학년 2명, 10학년 8명, 11학년 3명, 12학년 5명으로 구성되었다. 여학생 대 남학생의 비율은 5:4였다. 또한 아시아계 2명, 흑인계 12명, 라틴계 2명, 백인 1명, 아메리카 원주민 1명으로 구성되었다. 거의 모든 학생들은 저소득 소외계층 또는 중산층 가정이었으며 이민 1세대와 2세대였다.

조사도구와 자료수집

사전·사후 조사를 위한 설문조사는 뉴욕주에서 실시하는 평가 시험지 가운데 2001년 6월[2)]에 출제된 시험지에서 6개 문항을 선택하여 구성하였다. 시험지에서 선택한 6개 문항의 문항 번호는 65, 40, 41, 42, 43 그리고 44이다. 문항 65는 4개 하위 문항으로 구성되며, 학생들이 가설을 설정하는 실험을 계획하는 능력을 측정한다. 한편 문항 40, 41, 42, 43 그리고 44는 학생들이 자료를 분석하고 해석하는 능력을 측정한다. 문항 65, 40, 41 그리고 42는 개방형인 반면, 문항 43과 44는 선택형 문항이다. 학생들이 1시간 동안 사전 조사 시험을 치렀다. 사전 및 사후 조사 시험지 해답은 동일한 홈페이지에

2) www.nysedregents.org/LivingEnvironment/Archive/home.html

서 얻을 수 있다.

그룹 프로젝트 보고서는 프로젝트 종료 시 학생들이 그룹으로 준비하고 작성하는 보고서이다. 연구대상 5개 그룹 중 두 그룹은 3명으로, 나머지 세 그룹은 4명으로 편성하였다. 각 그룹은 연구계획을 수립하고, 브룩빌 공원의 생태계에 대한 자료를 수집·분석하여 연구 보고서를 준비하였다. 뉴욕시 과학 수행평가 기준(Board of Education of NYC, 1997)을 활용하여 학생들의 그룹 프로젝트 보고서를 평가하였다. 특히 각 그룹 프로젝트 보고서는 '기준을 전혀 만족시키지 못함=0; 기준을 부분적으로 만족시킴=1; 기준을 만족시킴=2; 평가 불가능함=UE'로 코드하였다.

사후 반성적 평가는 두 부분으로 구분하였다. 한 부분은 학생들에게 본 연구 프로젝트를 수행하면서 배운 새로운 개념, 용어, 과학 기능을 설명하도록 하였고, 나머지 부분은 연구 프로젝트를 수행하기 전에 배웠던 개념, 용어, 과학기능을 설명하도록 하였다. 개인별 사후 반성적 평가는 루브릭 채점방법(표 2.1)을 적용하여 점수를 산출하였다.

연구진 2명이 독립적으로 점수를 산출하였으며 결과를 비교하였다. 개별 학생의 점수는 두 연구진 점수의 평균으로 산출하였다. 개별 학생에 대한 평균점수를 산출하기 전에 채점한 연구진들은 점수를 산출한 근거에 대해 토론하였고, 만일 상호 점수 차이가 많이 날 경우 다시 점수를 매겨서 최종 점수를 산출하였다.

자료분석

사전·사후, 사후 반성적 평가에 대한 자료는 기술통계로 분석하였다. 참여한 학생들의 사전과 사후 점수에 대한 t-test를 실시하였으며 통계결과에 근거하여, (1) 참여 학생들의 과학적 소양과 과학과정 기능이 유의하게 증진되었는지, (2) 참여 학생들의 성별에 따른 유의한 차이는 있는지를 판단하였다. 그룹 프로젝트 보고서는 질적 자료를 분석하는 연구방법을 다음과 같이 적용하여 분석하였다. 먼저 지도교사 2명이 각 보고서의 내용, 문법, 구성을 평가하였다. 개별 보고서는 검사도구 및 자료 수집에서 설명한 코드에 따라 채점하였다. 마지막으로 과학 학습기준 메트릭스(표 2.2. p.41)를 개발하고 이를 활용하여 학생들의 보고서가 뉴욕시 과학성취도 기준을 만족시키는 증거를 제시하는지 여부를 평가하였다.

결론

사전 및 사후 평가 자료를 살펴보면 학생들이 과정 기능에서 0.47점 ($t=1.201$, $df=16$, $p=.247$)을 증가시켰으나 유의하지는 않았다. 덧붙여 학생들의 학년별, 성별 차이는 나타나지 않았다. 사전·사후에서 과학과정 기능에 유의한 차이가 나타나지는 않았지만, 사전과 사후 반성적 평가의 비교에서는 생태계 개념과 과학과정 기능에서 유의하게 ($t=2.516$, $df=16$, $p=.0229$) 높아진 것으로 나타났다.

사후 반성적 평가에서는 유의하게 증가한 결과를 얻은 반면, 사전·사후 검사 결과에서 유의한 증가가 나타나지 않은 것은 검사도구의 문제로 볼 수도 있다. 하지만 사전·사후 검사에서 사용한 검사도구는 주 차원 과학평가검사이며, 이 검사도구는 이미 주 교육청의 평가 전문가들이 신뢰도를 확보한 검사도구라는 점도 숙고해야 한다.

프로젝트 기반 프로그램 수업의 효과성은 한 번의 연구에서 수집한 자료를 근거로 판단하기는 어렵다. 그러나 학생들의 성취 수준을 종단적으로 조사한 자료에 근거하여 프로그램의 효과성을 판단할 수 있을 것이다. 탐색! 프로그램에 참여한 학생들의 고등학교 졸업률, 대학교 입학률, 진로선택, 학부모와 학생과의 비형식적 대화에서 나타나는 에피소드 형태의 증거자료 등에 비추어 볼 때, 이 프로그램이 참여한 학생들에게 가치와 장점을 제공했다고 주장할 수 있다.

학생들의 그룹 프로젝트 보고서를 분석한 결과에 근거하여 다음과 같은 결론을 도출하였다. 즉, 탐색! 프로그램에 참여한 모든 학생들은 뉴욕시 과학성취도 평가기준 가운데 다음을 성취한 것으로 나타났다.

- S5a－사물과 생물체 등의 자연현상에 대해 의문을 제기할 수 있다.
- S5f－학생들은 개별 또는 그룹으로 정보와 아이디어를 수집하고 공유하면서 작업한다.
- S6a－테크놀로지와 도구를 활용하여 자료를 수집하고, 그 자료를 해석하며 의미를 확장시킨다.
- S7a－다양한 방법을 동원하여 자료와 결과를 발표할 수 있다.
- S7b－사실과 정보에 근거하여 결론을 도출한다.

학생들이 개별 활동을 통해 부분적으로 성취한 기준과 그룹 활동을 통해 성취한 기준은 다음과 같다.

- S2a－생물체의 특징에 대해 이해한 것을 발표한다.
- S2c－생물체와 환경에 대해 이해한 것을 발표한다.
- S5c－유의한 자료를 증거로 활용하여 설명을 제시한다.
- S7c－연구목적에 적절한 형태로 발표를 준비하고, 이에 대해 청중과 원활히 의사소통한다.
- S8b－사물을 체계적으로 관찰하는 과정에서 얻은 과학에 대한 자신감을 표현할 수 있다(표 2.2, p.41).

뉴욕 주의 학습기준 4는 '학생들은 물리적 물질과 생명 환경에 대한 과학적 이론, 원리, 개념을 적용할 수 있으며, 과학의 역사적 발전을 인식한다'이다. 이 연구에 참여한 학생들을 프로젝트에 참여한 전과 후로 관찰하고 그룹 프로젝트 보고서를 검토한 결과, 이들이 학습기준을 완전하게 성취했다는 증거는 없었다. 그러나 학생들이 기준의 주요 학습내용 2가지를 완전하게 성취한 것으로 나타났다.

- 주요 학습내용 6 : 식물과 동물은 상호 의존하며 물리적 환경에도 의존한다.
- 주요 학습내용 7 : 사람의 활동과 의사결정은 물리적 및 생물적 환경에 지대한 영향을 주어 왔다.

예를 들면 연구진이 그룹 프로젝트 보고서를 검토하면서 다음과 같은 연구문제를 도출하였다.

- 부룩빌 공원에는 어떤 종류의 수계 동물이 살고 있으며, 상호 어떻게 연관되어 있는가?
- 공원의 서로 다른 다양한 지역에서 채집한 토양은 서로 다른가?
- 물의 산성도는 물과 가까운 위치, 토양과 먼 위치, 토양과의 연관성이 있는가?
- 물 주변에 있는 식물과 물에서 멀리 떨어져 있는 식물의 생활사의 유사점과 차이점은 무엇인가?
- 물은 화학적으로 오염된 상태인가?

그룹 프로젝트 보고서의 주제로 가장 빈번히 선택되는 내용은 식물 생활사, 동물 생활사, 사람의 영향, 물리적 조건, 생물적 환경, 종 사이의 관계, 상호 의존성이었다.

학생들은 프로젝트를 수행하면서 과학에 대한 오개념을 찾아내고 비판적으로 생각하게 되었다. 그리고 표집방법, 실험재료, 연구방법 등에 대해 질문하였다. 프로젝트를 어떻게 실천하는가에 대한 방법을 적극적으로 토론하였다. 학생들은 협력하고 논의하였으며, 프로젝트에 대한 아이디어와 기록들을 교환하고 공유하였다. 실험도구와 테크놀로지를 사용하여 자료를 수집하고 기록하였으며 의미를 해석해냈다. 최종적으로는 동료, 학부모, 다른 사람들을 대상으로 연구결과를 발표하였다. 발표시간 동안 각 그룹은 청중의 질문을 받았고, 일부 그룹은 답변하기를 어려워 하는 반면, 일부는 잘 응답하였다. 전반적으로 지도교사, 학부모, 학생들은 도심에 위치한 녹색 공간에 대한 사람의 영향, 공원 생태학에 대한 토론에 적극적으로 참여하였다.

토론의 내용 가운데 도심의 녹색 공간에 대한 대중의 관심, 과학, 환경의 상호작용에 대한 것은 과학자와 전문가의 의견으로 대체하곤 하였다. 그러나 이 프로그램에 참여한 학생들은 부룩빌 공원과 공원 생태계의 환경 여건에 대한 정보를 공개하고 토론하는 데 리더 역할을 맡았다. 학생들이 선택한 연구 주제는 부룩빌 공원의 환경 실태와 이와 관련된 문제들을 포함하였다. 발표를 하는 동안 프로젝트에 대한 논의가 이루어졌고, 청중들은 부룩빌 공원의 상태에 대해 더 많이 알게 되었다. 프로젝트 결과를 발표한 학생들과 청중들은 도심의 녹색 공간에 대한 사람의 영향을 완화시키는 방법을 논의하였으며, 여기서 학생들은 또 다른 새로운 것을 학습하는 것으로 나타났다.

학생들이 과학교육기준을 성취했는지를 보여주는 증거는 프로젝트를 시작하는 초기 단계에서도 찾아낼 수 있다. 학생들은 프로젝트를 시작하는 시점에서 과학적 과정에 참여하였다. 프로그램을 시작하기 전, 오리엔테이션 시간에서 학부모와 학생들은 프로그램의 목적과 실천하는 방법에 대해 논의하였다. 프로그램에 대한 논의를 진행하면서 학부모, 학생, 교직원, 담임교사는 프로젝트를 함께 학습하는 학습자 공동체로서 모두가 다 동등하게 중요한 결정권자의 역할을 담당하는 것을 인식하게 되었다. 논의를 시작하기 위해, 먼저 교수방법으로서 PBS 수업에 대해 간략히 소개하였다. 프로젝트 기반 교수방법의 기대효과, 요구사항, 어려운 점들을 토론하였다. 특히 학생들을 중심으로 학생들의 실생활과 연결된 연구문제를 만들어 내기, 학습에 대해 학습자 스스로 책임지기, 그룹 작업을 위해 협력하기, 프로젝트를 계획하고 실천하기, 최종 산출물을 발표하고 동료 평가하기 등에 대해 토론하였다. 프로젝트를 지도하는 교사는 지원자, 멘토, 협력자, 연구책임자의 역할을 수행하는 것으로 하였다. 학부모와 학생은 학습 목표를 수립하고(즉, 생태학 단원의 학습내용 맥락에서 과학지식과 과학탐구) 현장탐구활동을 어떻게 수행할 것인지를 계획하는 데 참여하였다. 학부모들은 자녀들이 학업성취도를 달성하고 과학을 학습하는 데 어떻게 지원할 것인지에 대해 가장 많은 관심을 가졌다. 또한 주거 지역의 환경을 더 많이 이해하는 데에도 관심을 가졌다. 학생들은 생태학을 학습하는 것에 관심을 가졌으며, 이 프로젝트 학습이 상급 학년을 준비하는 데 어떻게 도움이 되는지에 대해서도 흥미를 가졌다. 반면, 프로그램을 지도하는 교사와 학교 교직원들은 학생과 학부모를 적극적으로 참여하도록 하여 탐색! 프로그램을 더욱 향상시키는 데 관심을 가졌다. 덧붙여 프로젝트 기반 방과 후 과학프로그램을 통해 학생들이 획득한 과학과정 기능을 어떻게 평가할 것인지에 대한 방법을 배우기를 원하였다. 논의를 마무리하는 시점에서 학생들은 스스로 의문을 제기하고, 실험도구와 재료를 사용하여 생태학 현장 탐구 조사과정을 계획하는 과정에서 스스로 과학 학습목표를 만들어 내는 것에 동의하였다. 이 오리엔테이션에서 이상의 모든 설명을 듣고 나면, 학생들이 과학기술 논쟁거리에 대한 공적 논쟁과 토론에 지적으로 참여할 수 있다는 결론을 내리게 된다(NRC, 1996, p.13).

이 연구를 통해 프로젝트 기반 방과 후 과학프로그램은 도심지역 학생들에게 과학적 탐구활동을 학생 스스로 수행할 수 있는 학습 기회를 제공하는 데 가장 큰 장점이 있다는 점을 알게 되었다. 학생들이 스스로 연구 프로젝트를 계획하고 실천하며, 그룹 구성원들과 함께 협력하는 과정에서 학생들은 과학적 과정을 더욱 잘 이해하고 체험할 수 있게 되었다. 덧붙여 학생들은 인근 지역 공원이 놀이 공간뿐만 아니라 과학적 탐구와 과학지식을 학습할 수 있는 장소로서 중요한 것을 배우게 되었다.

이 연구를 통해 우리는 프로젝트 기반 방과 후 과학프로그램이 학생들이 과학에 흥미를 느끼도록 만들고, 과학 학습목표를 달성하도록 커다란 도움을 줄 수 있음을 발견하였다. 학생들은 친숙한 경험과 환경에서 과학을 학습하는 것이 자신들에게 큰 의미를 부여하며 과학과정 기술을 이해하고 활용하는 데 큰 도움이 되는 것을 알게 되었다. 그러나 학생들이 과학과정 기능을 얼마나 잘 사용하는 것을 알기 위해서, 교사는 여러 증거를 살펴보아야 할 것이다. 즉 다양한 평가방법을 통해 학생들의 과학 학습에 대한 다양한 정보를 수집해야 할 것이다.

결론적으로 이 연구에서 프로젝트 기반 방과 후 과학프로그램을 계획하고 실천하는 일이 쉽지 않다는 것을 체험하였다. 본 연구에서 직면했던 가장 큰 도전은 사용할 수 있는 수업시수와 필요한 자원의 확보였다. 실제 프로젝트를 계획하고 현장을 탐구조사하고 그 결과를 발표하는 데 할당한 시간은 턱없이 부족하였으며, 실로 더 많이 배정했어야 하였다. 프로그램을 수행하면서 계속 시간을 조정하고 다시 배분하였다. 미리 토양과 수질 검사 실험세트를 주문하였지만, 일부 재료는 제 시간에 도착하지 않아 사용할 수 없었다. 결과적으로 일부 표집된 재료는 화학물질과 용매가 부족하여 실험조사를 실시하지 않았다. 또 다른 측면에서 어려운 점은, 높은 지원율로 인하여 프로그램에 지원하는 학생들을 모두 수용하지 못한 점이었다. 이와 같은 여러 제약점에도 불구하고, 프로젝트 기반 방과 후 과학프로그램은 적절한 재원과 지원이 있다면 과학 성취도를 높이는데, 특히 소외계층 학생들의 성적으로 높이는 데 효과적임을 확신하였다.

표 2.1 프로그램 종료 후 및 반성적 평가 루브릭 채점방법

생태학 지도안
사후 및 반성적 평가 루브릭에 대한 채점
학생 이름 : ____________________

	준거	채점 점수					
		사후			반성적		
		0	1	2	0	1	2
A	생태학 개념/용어 생태학 개념/용어, 최소 1개를 정확히 제시함 생태학 개념/용어를 명확히 정의하고 설명함						
B	생태학 이외 개념/용어 생태학 이외 개념/용어, 최소 1개를 정확히 제시함 생태학 이외 개념/용어를 명확히 정의하고 설명함						
C	과학과정 기능 과학과정 기능, 최소 1개를 정확히 제시함 과학과정 기능을 명확히 설명함						
D	과학과정 이외 기능 과학과정 이외 기능, 최소 1개를 정확히 제시함 과학과정 이외 기능을 명확히 설명함						
E	응답의 질적 수준 잘 기록하고, 명확하고, 전문적이며, 철자/문법 오류가 없으며, 창의적임; 다양한 개념/용어, 과학과정 또는 과학과정 이외 기능을 포함하여 응답						
	합계						

비고사항 :

주 * 채점점수 : 0 = 기준을 만족시키는 증거가 없음; 1 = 기준을 부분적으로 만족시킴; 2 = 충분히 만족시킴

표 2.2 과학학습기준 매트릭스 : 학생 그룹 보고서의 내용과 뉴욕시 과학 성취도 기준의 연계성

<기준>

그룹 보고서	S2a/ S2c	S5a	S5c	S5f	S6a	S6b	S7a	S7b	S7c	S8a	S8b	총계
A	2	2	1	2	2	0	2	2	1	0	2	16
B	2	1	1	2	2	1	2	2	1	2	1	17
C	1	2	1	2	2	1	1	2	1	0	2	15
D	2	2	1	1	1	1	2	2	1	0	1	14
E	1	2	1	2	2	UE	2	2	1	2	2	17

1. S2a 생물체의 특징에 대해 이해한 것을 발표할 수 있다.
2. S2c 생물과 환경에 대해 이해한 것을 발표할 수 있다.
3. S5a 사물과 생물체 등의 자연현상에 대해 의문을 제기할 수 있다.
4. S5c 설명의 근거가 되고 믿을 수 있는 자료를 분석하여 증거를 도출하여 사용할 수 있다.
5. S5f 학생들은 개별 또는 그룹으로 정보와 아이디어를 수집하고 공유하면서 작업할 수 있다.
6. S6a 테크놀로지와 도구를 활용하여 자료를 수집하고 수집한 자료를 해석하며 의미를 확장시킬 수 있다.
7. S6b 수학내용기준 4의 개념과 기술을 사용하여 자료를 수집하고 분석할 수 있다.
8. S7a 다양한 방법을 동원하여 자료와 결과를 발표할 수 있다.
9. S7b 사실과 정보에 근거하여 결론을 도출할 수 있다.
10. S7c 연구목적에 적절한 형태로 발표를 준비하고 청중들과 원활히 의사소통할 수 있다.
11. S8a 실험 수행을 완성하는 과정에서 얻은 과학에 대한 자신감을 표현할 수 있다.
12. S8b 체계적으로 대상을 관찰하는 과정에서 얻은 과학에 대한 자신감을 표현할 수 있다.

주 * 채점 점수 : 0 = 기준을 만족시키지 못함; 1 = 부분적으로 만족시킴; 2 = 충분히 만족시킴; UE : 평가하기 어려움

감사의 글

이 장에서 제시한 본 연구는 여러 사람과 여러 단체의 지원 없이는 불가능한 일이었다. 다음 사람들에게 진심으로 감사의 뜻을 표하는 바이다. Dr. Femi S. Otulaja, Nicole Grimes, Monique Dawkins, Stephen DCosta, 학부모와 코디네이터 Ms. Carola Craig and Sandra Williams : 이들은 여름 탐구프로그램을 설계하고 실천하는 데 많은 도움을 제공해주었다. 또한, 해양 항해 스쿠버 클럽 (Aquatic Voyagers Scuba Club : AVSC)의 Judy Berhannan, Sujon Low와 그 외 회원들, Stony Brook University의 국립 흑인 스쿠버 다이버 클럽 (National Association of Black Scuba Divers : NABS) 회원들에게 특별

감사를 표한다. 그 외에도 Dr. William Wise at the School of Atmospheric and Marine Sciences와 Project Oceanology at the University of Connecticut Avery Point Campus, York College, the Sophie Davis School of Biomedical Education-Queens Bridge to Medicine Program, at the City University of New York 등의 기관에서 학생들에 다양한 활동을 제공해주고 동기를 높여준 점에 대해 깊이 감사드린다.

본 연구에 참여한 학생, 학부모, 교직원, 도움을 준 모든 사람들의 과학 탐구프로그램에 대한 헌신과 도움 없이 본 연구는 성공할 수 없었을 것이다. 특별한 감사의 뜻을 다시 한 번 더 표한다. 본 연구진들은 오히려 그들로부터 더 많은 것들을 배웠다.

참고문헌

Black, P. 1987. *Report: National curriculum: Task group on assessment and testing*. London: Department of Education and Science.

Blumenfeld, P. C., E. Soloway, R. W. Marx, J. S. Krajcik, M. Guzdial, and A. Palincsar. 1991. Motivating project-based learning: Sustaining the doing, supporting the learning. *Educational Psychologist* 26 (3 and 4): 369-398.

Board of Education of New York City. 1997. *Performance standards for science*. New York, NY: Board of Education of New York City.

Colley, K. E., and W. B. Pitts. 2003. After-school science. *The Science Teacher* 70 (3): 55-59.

Eccles, J. S., and J. Templeton. 2002. Extracurricular and other after-school activities for youth. In *Review of research in education*, ed. W. G. Secada, 113-180. Washington, DC: American Educational Research Association.

Fadigan, K. A., and P. L. Hammrich. 2004. A longitudinal study the educational and career trajectories of female participants in an informal science education program. *Journal of Research in Science Teaching* 41 (8): 835-860.

Frankel, S. L., K. Streitburger, and G. Goldman. 2005. *After-school learning: A study of academically focused after-school programs in New Hampshire*. Portsmouth, NH: RMC Research Corporation.

Friedman, L. 2003. Promoting opportunity after school. *Educational Leadership* 60 (4): 79-82.

Krajcik, J., C. Czerniak, and C. Berger. 1998. *Teaching children science: A project-based approach*. Boston: McGraw Hill College.

Lam, T. C. M., and P. Bengo. 2003. A comparison of three retrospective self-reporting methods of measuring change in instructional practice. *American Journal of Evaluation* 24 (1): 65-80.

Moje, E. B., T. Collazo, R. Carrillo, and R. W. Marx. 2001. "Maestro, what is 'quality'?" Language, literacy, and discourse in project-based science. *Journal of Research in Science Teaching* 38 (4): 469-498.

National Research Council. 1996. *National science education standards*. Washington, DC: National Academy Press.

New York State Education Department. 1996. *Learning standards for mathematics, science and technology*. Albany, NY: Department Office for Diversity, Ethics and Access.

Polman, J. L. 2000. *Designing project based science instruction: Connecting learners through guided inquiry*. New York, NY: Teachers College Press.

Scott-Little, C., S. Hamann, and S.G. Jurs. 2002. Evaluations of after-school programs: A meta-evaluation of methodologies. *American Journal of Evaluation* 23: 387-419.

Walker, G., E. Wahl, and L. M. Rivas. 2005. *NASA and after-school programs: Connecting to the future*. New York, NY: American Museum of Natural History.

CHAPTER 03

학생은 과학자

교과탐구를 통해 과학을 가르치는 안내서

Kanesa Duncan Seraphin, University of Hawaii
Erin Baumgartner, Western Oregon University

배경

국가과학교육기준(National Science Education Standards, NSES)에서는 과학을 수동적인 과정(학생에게 과학을 보여주는)과 대비되는 능동적인 과정(학생이 과학을 실행하는)이 되어야 함을 강조하고 있다. 학생들이 교실 내에서나 밖에서 과학적 이슈를 효과적으로 조사하고, 평가하고 다루기 위해서 교과탐구의 맥락에서 실험을 통해 학습하는 것이 필요할 것이다. 교과탐구는 그 해당 교과의 온전하고 완성된 실행에 실제로 참여하는 것을 통해 교과를 학습하는 것을 의미한다. 이와 같이 학생들은 온전한 과학적 과정에 참여하게 되는 것이다. 학생들은 과학적 조사가 다양한 차원으로 구성된다는 것을 알게 되고, 항상 정해진 하나의 방식대로만 진행되지는 않으며 조사의 결과뿐만 아니라 그 과정의 세세한 측면들이 모두 관여하게 됨을 알게 된다. 교과탐구에서 가장 중요하게 강조해야 할 요소 가운데 하나는 학생들이 자신이 발견한 것에 대해 동료학생들과 나아가 지역사회 구성원들과 소통하는 일이다. 특히 이러한 교과탐구의 실행을 통해 학생들은 시민차원에서 이슈에 대한 논의에 참여하고, 자신이 내린 결론을 명확히 전달하고 때때로 방어하며, 자신이 해석한 것에 대한 추가적 정보와 대안적 관점을 고려하고 연결시킬 수 있게 된다.

탐구로서 과학을 가르치기 (TSI)

탐구로서 과학을 가르치는 것은 과학이 수행되는 방식대로 과학을 가르치는 교과탐구를 이용하는 것을 뜻한다. 이런 형태의 학습에서 내용은 학습의 최종 목적일 뿐만 아니라 지식구성의 기본 틀 모두에 해당된다. 학생들은 스스로 데이터를 수집하고 해석하는 것을 통해 원리를 시험하고 연관성을 찾아가는 과정에서, 과학의 기초적인 토대를 이해할 수 있다. 예를 들어 아이디어를 시험하고 재시험하는 것은 학생이 과학적 이론을 구성하는 것과 같은 기초적, 그러나 복잡한 아이디어를 이해하는 데 도움이 된다. 교과적 체험을 통해 학생들은 왜 과학이론이 곧바로 사실로 전환되는 것이 아니라 오히려 좀 더 예측적이고 연결시키는 능력에 힘입어 더욱 견고한 설명과 그에 따라 수반되는 이론들로 전환되는지를 이해하게 된다 (Young, 1997).

학생들은 과학이 실제 실행되는 과정을 체험할 수 있는 교과탐구를 통해, 과학을 학습하는 과정이 지역사회의 과정과 유사함을 경험하게 된다. 학생과 교사는 함께 자연세계를 발견하고 이해하는 과정에 참여한다. 과학자의 행태를 적용함으로써, 학생들은 다양한 지식 습득의 도구 및 소통의 기술을 사용하는 방법을 배운다. 이러한 과학적 행태는 완전함, 부지런함, 공정함, 호기심, 새로운 생각에 열린 마음, 회의주의, 상상력 그리고 의사소통과 같이 과학적으로 소양을 갖춘 개인에게 필수적인 과학적 '사고의 습관 (habit of minds)'과 유사하다 (AAAS, 1990).

교과탐구 수업 실제에 과학적 행태 (demeanor)를 결합하는 것은 상당한 노력과 수행, 관심을 요구하기 때문에 어려울 수 있다 (Hammer, 1990). 교사가 교과탐구를 성공적으로 활용하기 위해서는 교사 스스로 과학교과 전공영역을 올바르게 이해하고 있는 것을 전제로 해야 한다 (Wee et al., 2007). 교사들이 과학내용을 충분히 이해할지라도 과학자들이 중요하게 여기는 과학적 형태를 항상 제대로 표현할 수 있는 것으로 보기는 어렵다 (Zembel-Saul et al., 2002).

이 장에서는 과학의 교과탐구를 가르치는 데 있어서 난점을 극복하도록 도와주기 위해 개발된 교수와 학습 틀을 그려내고 있다. 그 틀은 하와이 대학교 (University of Hawaii)의 교육과정 연구개발 그룹 (Curriculum Research and Development Group, CRDG)에서 개발된 TSI (Teaching Science as Inquiry) 프로그램에 기초한 것이다. TSI는 교사와 학생이 과학하기 과정에서 공동체로 참여하도록 도움을 준다. 이 과학하기 과정은 교실 내에서 점진적이고 지속가능한 기능을 실천하면서 기존의 교수 수행에 탐구를 접목해서 만들어가는 보조적 기술과 내용 기반의 모형을 통해 촉진되는 것으로 볼 수 있다(Pttenger and Bert, 2006). TSI 모형은 과학내용과 탐구과정의 심화된 이해를 도모하여 교사가 교실에서 성공적으로 진정한 과학을 진행할 수 있도록 하는 것과 동시에 학생들이 자신의 과학적 사고의 습관을 키워나갈 수 있도록 한다(Pottenger, Baumgartner, and Brennan, 2007; Handler and Duncan, 2006). 그리고 학생들이 참된 과학 탐구 수행에 참여하도록 한다(Pottenger and Berg, 2006; Pottenger et al., 2007).

중재의 특징

과학적 조사의 비선형적 단계들

TSI 학습 모형은 실제 과학적 산물이 비전형적으로 발달되어 온 과정을 활용하는 모형이다. 즉, 과학적 조사가 진행되는 과정에서 언제든 새로운 질문을 할 수 있다는 것이다. 더 나아가 데이터를 해석하는 과정에서 종종 연구 가설이나 설계를 새롭게 수립하기도 한다. TSI는 5개의 통합적이고 중첩되는 교수 단계를 통해 교수의 틀을 제공한다 (표 3.1). TSI는 또한 다양한 모드의 탐구(표 3.2)를 통해 학생들이 과학적 사고를 할 수 있게 한다. 즉 학생 개개인에게 적절하고 논리적으로 중요한 조사와 탐색을 위한 기회를 제공하게 된다.

TSI 학습 모형에서 학생들은 주도적 활동가로 장기적 탐구조사 과정에서 스스로 질문을 만들어 내고 답을 해나간다. TSI는 소수의 핵심적 개념을 활용하여 관련된 기술을 개발하고 학생들이 서로 가르치는 활동을 강조한다. 이러한 점 때문에 학생들은 교실에서 뿐만 아니라 교실 밖에서도 학습한 것에 대해 의사소통하며, 이러한 활동의 과학 학습공동체는 이 학습 모형의 필수적 특징이다.

5단계 구조를 가진 TSI는 다른 기존의 학습 모형의 요소들(예를 들면 Bybee, 1993)을 공유하고 있다. TSI의 독특한 특징은 (a) 교수 단계가 서로 얽혀 있는 것 (b) 다양한 형태의 탐구를 사용하도록 강조하는 것을 들 수 있다. TSI에서 교수는 연속적이며 다양한 방향으로 진행될 수 있고, 학습 과정 중간에 끼워들어 갈 수 있다. 이는 교사가 융통성을 발휘해서 학생들의 학습 순환주기 중간에 개입하여 자유롭게 학생들이 스스로 관심을 보이는 것을 탐구활동 내로 수용할 수 있도록 한다. 더욱 중요한 것은 TSI는 본질적으로 학생 중심 프로그램을 가능하게 한다는 것이다. 학생들이 동료 교수자의 역할을 하는 것이다. 학생들은 전 과정을 통해서 의사소통 및 공동체 형성을 활발히 하게 된다. 학습은 다양한 형태 또는 모드를 통해 성취되고, 이는 학생 개개인이 잠재력을 발현시키고 스스로 취약한 부분을 개선시키는 기회를 제공한다.

교과탐구의 단계

TSI 교수 접근법의 기본 철학은 순환적 과정을 교수활동과 결합시키는 것이다. 이 순환은 NSES에서 내용과 탐구 기준 뿐만 아니라 과학 교수 기준(NRC, 1996; 표 3.1에서 연계성을 자세히 설명하였다.)에서 더욱 강조해야 할 것으로 제안한 추천 사항들을 상당 부분 반영한 것이다. 과학적 탐구 조사 활동에서 TSI 교수 모형은 '탐구열기'로 시작된다. 이 단계는 학생들이 해결할 문제를 스스로 찾아내거나 자신의 주변에서 찾아낸 질문을 구안해 가는 것으로 구성된다. '탐구열기' 단계는 온전히 학생이 주도하는 것으로, 교사의 질문이나 시범, 경험을 제시하거나 뭔가 이상한 특징들을 언급하는 것은 학생들이 대상 내용에 대해 초기 질문을 만들어 낼 수 있도록 돕기 위한 것일 뿐이다.

탐구열기 단계가 끝나면 학생들은 자신의 문제를 해결하거나 질문에 해답을 찾는 방안을 만들어 내는 과정에 참여한다. TSI 학습 모형에서 창안하기는 테스트를 통해서 탐구조사를 안내할 가설을 만드는 단계일 수 있다. 혹은 실험이나 현장연구의 설계이거나 문제를 해결하거나 질문에 답을 찾아 주는 기구의 고안일 수 있다. 결국 학생들은 정신모형과 물리적 인공물이나 탐구 과정 모두를 만들어 낼 수 있다. 문제에 대한 이러한 사고과정에 참여함으로써 학생들은 탐구 기능을 개발시키고 과학적 개념을 심층적으로 이해하게 된다.

탐구조사는 TSI 학습 모형의 한 단계로, 실질적으로 새로운 지식을 수집하는 것으로 볼 수 있다. 탐구조사 과정을 통해 창안하기 단계에서 만들어진 모형과 과정들은 관찰을 하고, 가설을 검증하고, 자료를 수집하고 분석하는 모든 과정을 안내하는 역할을 한다. 실제 현직 과학자들이 겪게 되는 현장에서 탐구조사는 종종 새로운 질문을 만드는 '탐구열기' 단계나 새로운 탐구 과정을 제안하는 '창안하기' 단계로 이어지는 경우가 발생한다. 현재 진행 중인 탐구조사 과정을 보완하거나 아예 새로운 조사 과정이 되는 경우도 있다. 그러므로 학습은 순차적으로 일어나는 것으로 보는 것은 무리이다. 학생들은 자연스럽게 단계들을 앞으로 혹은 뒤로 뛰어넘는 것이 허용된다. 중요한 것은 완

표 3.1 NSES의 내용과 탐구 기준 및 과학 교수 기준의 강조점을 연계하고 과학탐구의 본성에 기초한 TSI 교수 모형의 5단계(NRC, 1996)

단계	묘사	NSES 연계
1. 탐구열기	· 흥미로부터 문제의 초점을 이끌어 낸다. · 탐구의 초점을 개발한다 : 질문, 문제나 필요성	· 교수 기준 각각 학생의 흥미, 강점, 경험, 수요를 이해하고 대응하기
2. 창안하기	· 질문이나 문제 혹은 필요성에 대한 검증 가능한 방안(가설)을 만든다. · 해결의 성공 정도나 작동가능성을 결정하는 방법이나 테스트 고안(실험)을 만든다.	· 내용과 탐구 기준 과학적 개념을 이해하고 탐구능력을 개발하기
3. 탐구조사	· 창안하기 단계에서 고안한 대로 테스트를 수행한다. · 창안하기 단계에서 고안한 대로 분석을 수행한다.	· 내용과 탐구 기준 과학적 질문을 조사하고 분석하는 활동 · 내용과 탐구 기준 설명을 만들거나 수정하기 위해 증거와 전략을 활용하고 전략, 능력, 사고를 학습하면서 탐구를 수행하기
4. 해석하기	· 평가 연구자들은 테스트의 작동 여부나 성공에 대해 결론을 이끌어 낸다. · 결론을 평가 공동체는 연구의 결론을 평가한다. 대안 설명과 추가적 정보를 논의한다.	· 내용과 탐구 기준 실험 결과에 대해 과학적으로 논쟁하고 설명한다.
5. 교수 (탐구의 4단계 모두에 걸쳐 적용)	· 학생 공동체 내에서 새로운 개념, 방법, 연계성에 대해 의사소통한다. · 더 큰 규모의 일반 대중을 대상으로 교육적인 방법과 여타 언론매체를 활용하여 새로운 개념, 방법, 연계성에 대해 의사소통한다.	· NSES 내용과 탐구 기준 학생들은 동료 학생들에게 자신의 생각과 산출물을 과학적으로 설명하고 일반인을 대상으로 발표하여 의사소통하기 · 내용과 탐구 기준 설명을 만들고 수정하기 위한 증거와 전략을 사용하기. 그리고 전략, 능력, 사고를 학습하면서 탐구를 수행하기

주 * Baumgartner et al., (2009)에서 수정

강하고 단선적인 과정이라기 보다는, 순환적이고 논리적 과정이라는 점이다.

탐구조사 단계에서 수집된 정보는 '해석하기'를 요구한다. 해석하기는 반성적이고

내적 과정이면서 동시에 객관적이고 외적 과정이다. 내적 해석하기 과정 동안에는 학생 연구자들은 자신이 수집한 정보를 평가하고 결론을 만들고, 어쩌면 대안 설명을 만들어 내고, 자신의 연구 과정에서 발생했을 수 있는 잠재적 과학적 오차를 확인·기록하는 데 시간을 할애해야 한다. 이후에 정보는 교실 공동체에 의한 외적 해석을 위해 발표되고 이상적으로 평가와 검토를 위해 일반 대중뿐만 아니라 과학자 공동체까지 발표되기도 한다.

*교수단계*는 탐구계열의 각 부분에 결합된다. TSI 학습 모형에서의 교수는 학생에서 학생, 학생에서 교사·교수뿐만 아니라 교사에서 학생·교수도 포함한다. 학생이 탐구 조사를 통해 지식을 만들어 가는 동안에 교사로부터 학생에 대한 교수는 더욱 제한적이 되고, 학생이 자신의 공동체 내에서 지식을 공유하는 과정(교실 내 혹은 교실 밖 전체에서)은 교수의 주가 된다. TSI 순환 과정은 이처럼 형식적 교실 환경(교과탐구의 TSI 단계가 고등학교 교실에서 특별히 어떻게 활용되는가에 대하여 기술한 Baumgartner et al., (2009)연구를 참고)에 잘 적용된다.

지식습득의 다양한 모드

TSI는 탐구의 단계에 추가적으로 탐구의 다양한 모드(mode)를 탐색함으로써 얻어지는 과학의 융통성을 강조한다(Pottenger and Son, 2005; Pottenger et al., 2007). 다양한 모드로 지식을 생성하고 습득하는 과정을 활용하는 것은 교과탐구의 중요한 측면이다. 왜냐하면 과학은 다양한 모드로 실행되고(Windschitl et al., 2007), 과학의 본성을 다양한 측면에서 조사하는 것은 개념적 변화를 통해 학생의 학습이 촉진되도록 도와주기 때문이다(Tytler, 2002).

TSI 탐구 모드는 [표 3.2]에 자세히 제시되어 있다. 이 탐구 모드는 교사와 학생이(즉, 모든 사람들) 합리적으로 과학적 탐구를 수행할 수 있는 방식뿐만 아니라 새로운 지식이 습득되고 채택될 수 있는 다양한 방식을 잘 나타내고 있다. 다양한 탐구 모드의 사용은 지식의 발달 과정에 대한 연구를 잘 반영하고 있다. 학생들은 다양한 출처를 통해 얻은 증거를 활용하여 생각과 논쟁을 구성하면서 지식을 만들고, 다른 사람들과의 담화에 참여하거나 새로운 지식의 관점으로부터 자신의 생각을 재구성하면서 개념적 변화를 이루어낸다(Zembel-Saul et al., 2002).

다양한 모드의 활용은 TSI의 중요한 특징으로 여러 방식으로의 탐구와 조사활동의

표 3.2 TSI에서 제안하는 탐구 모드

탐구 모드	내용
호기심	외적 환경에서 미지 혹은 예측 가능한 것에 대한 비형식적이거나 자발적인 탐색을 통해 새로운 지식을 찾는다.
반복적	반복을 통해 탐구를 타당화함으로써 새로운 지식을 찾는다. 뭔가 보이고 묘사되는 것의 반복성을 테스트하는 것이다.
테크놀러지	인공물, 시스템, 테크놀러지의 구안, 산출, 테스트를 통해 부족한 것을 충족함으로써 새로운 지식을 찾는다.
권위적	전문가의 자문이나 산출물을 통해 만들어진 지식의 발견과 평가를 통해 새로운 지식을 찾는다.
귀납적	데이터의 패턴과 데이터의 연계에서의 일반화 가능한 관계에 대한 새로운 지식을 찾는다. －가설을 발견하는 과정
산출물 평가	기준에 충족하는 기술의 산출물의 수용력에 대한 새로운 지식을 찾는다.
기술적(묘사적)	사물과 사건을 정확하고 적절한 표상으로 나타내어 새로운 지식을 찾는다.
연역적	사고와 증거를 논리적으로 종합하여 새로운 지식을 찾는다. －가설을 만드는 과정
실험적	가설에서 이끌어낸 예측을 검증하는 것을 통해 새로운 지식을 찾는다.
전이적	한 분야의 지식을 새로운 방식으로 다른 분야에 적용함으로써 새로운 지식을 찾는다.

결합을 강조한 것이다. 이 점에서 기존의 전통적인 '핸즈온' 접근법과의 가장 큰 차이를 보인다. 신중한 교사들은 지식에 도달하는 경로를 다양하게 제공하는 방법으로 교과탐구의 교수를 실행할 수 있는 기반을 마련한다. 왜냐하면 이것은 탐구란 항상 과학자 수준의 전 규모적인 실험을 필요로 한다는 인식을 제거해주기 때문이다. 예를 들어 권위적 탐구, 즉 기존의 인증된 출처에서 제공하는 정보를 평가하는 방법은 핸즈온이 아닌 과학적 탐구의 아주 좋은 예가 된다. 탐구의 다양한 모드의 활용은 또한 학생 주도성을 더욱 더 가능하게 한다. 지식을 만들어 가는 데 다양한 경로가 있기 때문에, 오히려 학생 주도적이기 쉽다는 의미이다. 나아가 산출물 평가와 같은 탐구 모드에 대한 강조는 과학적 사고 기술이 어떻게 더 넓은 사회에 적용되는가를 잘 나타낸다. 이는 학생의 과학적 경험을 그들의 일상의 경험과 연결하도록 도와줄 수 있다. 이러한 강조는 학생들이 자신을 둘러싼 세계로부터 얻은 정보를 평가하는 데 필요한 비판적 사고력을 개발할 수 있도록 해주며, 학생들이 한 분야에서 지식을 얻는 과정을 다시 다른

분야에 적용할 수 있도록 하는 탐구의 전이적 모드에 참여하도록 촉진한다. 그러한 활동은 모든 학생들이 전문적인 과학자가 되든지 그렇지 않든지 간에 과학적 사고를 일상의 문제를 해결하는 데 활용할 수 있도록 준비시켜 준다.

다양한 탐구 모드를 기존 수업에 접목함으로써 교사는 학생들을 더 많은 학습 방식에 참여할 수 있게 한다. 또한 이는 좋은 과학 수업에 대한 NSES의 추천사항이기도 하다. 여기서 제안하는 바는 교사는 과학자가 지식을 습득하는 다양한 방법을 학생에게 분명히 제시해야 한다는 것이다. 예를 들어 단원은 권위적 탐구로 시작할 수 있으며 이때 학생은 관심 있는 주제에 대한 현재의 지식을 조사연구할 것이다. 그리고 이어서 호기심을 통한 탐구로 전개될 수 있다. 즉 해당 주제에 대해 질문을 만들게 된다. 마지막으로 이들 질문의 일부는 실험탐구를 통해 다시 다루어진다.

과학은 진정한 사고 수업이다.

과학을 학생과는 관계가 없는 듯 보이는 요리책처럼 철저하게 일련의 순서에 따른 과정(전통적 교과서에서 종종 제시되는 소위 말하는 과학적 방법)으로 제시하기 보다는 TSI는 지역적 개념을 활용하여 학생들의 참여를 증진시킨다. NSES 추천사항[표 3.3]에 따르면 교사와 학생은 지리적으로나 경험상으로 그들이 처한 곳에서 시작한다. 이는 개인의 흥미, 경험, 수요를 활용할 수 있는 기회를 극대화한다. 연구소 과학자나 자연보존단체와 같은 지역 자원은 학생을 동기 유발시키거나 물리적·학문적 자료를 제공하는 도움을 주는 데 활용된다. 다른 교사와 전문가의 전문성에 맞춘 교육과정의 이러한 모형화는 과학학습을 증진시키고 학생에게 진정한 모형을 제공한다.

교과탐구를 통한 교수는 교사가 수업에서의 리더십의 역할을 보존하면서도 '나는 그 질문에 대한 답을 모른다.'라고 말할 자유를 허용한다. TSI는 발견하는 과정을 강조함에 따라 교사와 학생 모두가 결과를 알지 못하는 미지의 상태에서 조사탐구를 수행하며, 이러한 과정에서 교사와 학생은 책임을 공유하게 된다. 교사는 사실을 순서대로 나열하는 대신 분석에 의해 학습을 촉진하는 과학적으로 제기된 질문을 학생이 만들도록 도움으로써 탐구의 과정에 참여하도록 독려한다. 학생은 자신의 설명을 과학 지식에 대한 개인적 이해와 연결지어 보도록 한다. 또한 학생들은 증거에 기반을 두고 설명을 만들며 평가한다. 이 과정의 일부로서 학생 연구자들은 자신의 결과를 해석하는 시간을 갖게 된다. 물론 이 모든 것은 진정한 과학 탐구과정을 잘 예시한 것으로 볼 수 있다.

표 3.3 TSI와 NSES의 과학 교수를 위한 중요한 추천사항에서 강조된 교과탐구 전략, 내용과 탐구, 평가 측면에서의 연계

교과탐구 전략	NSES 더 강조할 점
지식 생성과 습득의 다양한 모드를 사용한다.	**내용과 탐구 기준** 탐구, 기술, 개인 및 사회적 관점에서의 과학, 과학사와 과학철학의 맥락에서 교과내용을 학습한다.
지역적 개념을 사용하여 학생들이 지리적 또는 경험적으로 처한 곳에서 시작하도록 유도한다.	**교수 기준** 각 학생의 흥미, 강점, 경험, 수요를 이해하고 부응한다.
지역 자원(연구소 과학자와 자연보존단체 등)을 활용해서 학생의 동기유발을 이끌어내고 물리적 · 학문적 자료를 제공한다.	**교수 기준** 교육과정을 선정하고 적용한다. 다른 교사와 공동으로 작업하여 과학프로그램을 개선시킨다.
학생과 교사 모두에게 알려지지 않은 결과를 활용한 조사활동을 한다.	**교수 기준** 학습의 책임을 학생과 공유한다.
학생이 과학적 질문을 하도록 돕는다.	**내용과 탐구 기준** 과학적 질문을 조사하고 분석하는 활동을 한다.
학생을 연구자로 대하고 자신들의 결과를 해석할 수 있는 시간을 제공한다.	**교수 기준** 학생의 과학지식에 대한 이해와 활용, 사고, 탐구과정에 초점을 맞춘다.
교실 공동체, 과학 공동체 혹은 대중을 대상으로 학생들이 제안한 설명을 평가하고 검토하기 위해 정당화하고 의사소통하는 기회를 학생에게 제공한다.	**교수 기준** 학생들 상호 간에 과학적 토의와 논쟁을 할 수 있는 기회를 제공한다.
학생의 관찰, 질문 만들기, 조사활동과 새로운 정보를 이끌어내는 사고의 과정과 자신의 아이디어에 대해 보고하는 능력을 평가한다.	**교수 기준** 학생의 이해 수준을 지속적으로 평가한다(그리고 이 평가의 과정에 학생들이 참여하도록 함). **평가 기준** 학생을 자신의 성과와 타인의 성과에 대한 지속적 평가에 참여하도록 한다.
모든 단계에서 융통성(예를 들어 내용, 과정, 난이도)과 교사의 수요에 맞는가에 대한 평가를 적용한다.	**평가 기준** 교사는 외적 평가의 개발에 참여한다.
프로젝트 기반 단원을 사용하여 논리적 사고를 요하고 아이디어의 조직화를 필요로 하는 총체적 수행 기반 평가로 활용한다.	**평가 기준** 과학적 이해와 추론을 평가한다.
수행 기반 평가를 활용하여 학생이 자신의 자료를 수집하고 과학자 및 대중과 공유하는 기회를 갖는다. 이는 지식의 제고와 재구조화를 요한다.	**내용과 탐구 기준** 학생 모둠은 종종 결론을 주장하고 난 후에도 다시 자료를 분석하고 종합한다.

더 나아가 과학자로서 학생들은 제안한 설명을 정당화하고 동료들과 의사소통한다. 그러고 나서 이 정보는 교실 공동체 내에서 발표되고 평가와 검토를 위해 일반 대중뿐만 아니라 나아가 과학 공동체에 발표되기도 한다. 이러한 방식으로 학생들은 단순히 과학적으로 들리는 문자와 과학적 증거로 지지할 수 있는 문장 사이의 차이를 알아가게 된다.

교실에서 TSI 모델을 구현하기

TSI 구조는 유연하기 때문에 모든 요소들이 교사의 지속적인 수행에 효과적으로 녹아 들어갈 수 있다. 프로젝트 기반 TSI 단원에 소요되는 시간은 일정하지 않다. 프로젝트 기반 학습에 경험이 많은 교사는 1년 교육과정에 걸친 장기 프로젝트를 구현할 수 있을 것이고, 초임교사는 1년 과정에서 1개나 2개의 프로젝트를 실행할 수 있을 것이다. 비형식 교육을 담당하는 교사들은 학생들과의 접촉 시간이 제한적이어서 장기 프로젝트를 진행하기에 어려운 점이 있지만, TSI에 따른 전략을 효과적으로 활용할 수 있다.

TSI 단원 예시 : 병들어가는 산호의 사례

'병들어가는 산호의 사례 : 해양 소양 원칙이라는 주제를 가지고 진정한 연구를 교실 탐구 조사활동으로 변환'은 TSI 기반 수업 시리즈로 고등학교 학생들이 산호가 차등화된 감염 정도에 따라 어느 정도 표백되는지에 대한 가설을 만들고 테스트하도록 안내한다.[3)] 이 수업 시리즈는 고등학교 교사, University of Hawaii 교육자들, Hawaii Institute of Marine Biology 연구원들이 공동으로 개발한 것이다(그림 3.1). 우리는 TSI가 교실에서 진행되는 수업 내용에 적용될 수 있는 좋은 모형으로 제시하고자 한다.

'병들어가는 산호의 사례'는 지역 기반의 특성을 지니고 있어서 학생으로 하여금 과학과 그들의 삶에 대한 연계성을 만들어 가는 기회를 제공한다. 이 수업 시리즈는 하와이 지역의 학교 대상으로 고안된 것으로, 먼저 '탐구열기'는 학생들이 최근 북서 하와이 섬의 산호 표백화 사건에 대한 신문기사를 읽으면서 시작된다. 학생들은 이어서 National Marine Fisheries Service를 위해 표백화 사건의 원인을 조사하는 연구를 고안

---

3) Tice and Duncan, (2009)와 www2.hawaii.edu/~katice/GK12/index_coral.html의 보충자료를 참고.

하고 실행하는 임무를 맡게 된다.(이러한 지역적으로 적절한 'hook(올가미, 끌어들임)'은 다른 지역의 수업에서도 변형하여 활용할 수 있다. 즉, 학생들에게 그들의 주변 환경이나 생활에서 찾아볼 수 있는 사건이나 사례를 제공하는 것이다. 예를 들어 태평양 북서쪽에 거주하는 학생들은 연어의 떼죽음과 같은 주제에 대한 기사를 읽을 수도 있다.)

학생들은 산호 표백화의 개념에 대해 소개를 받고 산호의 생물학과 생리학에 대한 토의를 통해서 과학탐구의 창안하기 단계로 넘어간다. 이 단계에서 학생들은 동일 지역의 어떤 산호는 표백화가 일어나고 그 이웃한 산호는 건강한 상태를 유지하는지에 대한 원인을 설명하는 가설을 만든다. 여러 가지 변인들이 표백화의 감염도 혹은 민감도에서의 차이를 설명할 수 있다. 산호마다 다른 종류의 편모충(어떤 편모충은 표백에 저항하여 더 잘 견뎌낸다. 역자 주석: 대부분의 산호초 표면에는 편모충이 서식하고 있으며, 산호초와 편모충은 공생 관계이다.)을 가지고 있을 것이다. 산호마다 서로 다른 미세 환경 조건을 경험했을 것이다. 또는 산호마다 유전적 차이로 인해 표백화의 감염도가 다를 것이다. 다시 말해 이러한 가설 형성 활동은 대상 질문에 따라 해당 지역적 상황에 맞도록 접목시킬 수 있다.

창안하기 단계를 진행하면서 학생들은

그림 3.1 (위) 과학자와 교사가 협력하여 산출물 평가를 통해 산호초를 표집하고 지도를 작성하는 방법을 개발한다. (중간) 과학자와 교사는 공동으로 산호초를 실험적으로 표집하고 확인하는 작업을 한다. (아래) 학생은 교실에서 모형 산호초를 이용하여 연구를 반복하고 과학자와 교사처럼 동일한 탐구조사 단계를 경험해 나간다.

자신이 제안한 산호 표백화에 대한 설명이 정확한지를 결정하는 실험을 고안해야 한다. 이 활동을 진행하기 위해서 편모충 가설은 비용문제로 배제된다(이러한 상황은 실제 연구소의 과학자들이 직면하는 딜레마이기도 하다). 이 단계에서 학생들이 연구할 산호초가 제시된다. 이 산호초는 교실에서 재현되는데 브로콜리(broccoli) 통꽃이 건강한 산호 군락을, 콜리플라워(cauliflower) 통꽃은 표백화된 산호를 나타내는 것으로 한다(그림 3.1). 학생들은 산호초를 보고, 관찰한 표백화 양상을 가장 잘 설명하는 변인이 환경 변인인지 유전적 변인인지를 결정하는 산호초 채집 요강을 만들어야 한다.

탐구조사 단계에서 학생들은 연구팀별로 채집할 장소를 지도에서 확인하고 채집 요강에 따라 산호초 군락별 샘플 조직을 채집하여 유전적 차이를 분석한다. 또한 자동계측기 모형을 산호초 군락 위에 놓고 수심과 온도를 측정한다. 각 산호초 군락에 고유번호를 부여하고, 각 번호는 특정 유전자형과 연관된다. 전체 학급에서 학생들이 수집한 자료를 공개할 때, 교사는 학생들에게 산호초 군락별 고유번호에 해당하는 유전자형에 대한 정보를 제공한다.

손에 넣을 수 있는 환경자료, 유전자료, 모든 산호초 군락의 위치를 이용해서 학생들은 산호 표백화의 누덕누덕 기운듯한 특성의 원인에 대한 가설을 주장할 수 있다. 자신의 해석에서 학생들은 건강한, 그리고 표백화된 산호의 유전형 빈도수를 조사하여 두 집단 사이의 유전적 차이에 대한 테스트를 실시한다. 그리고 산호초 지도를 MS 엑셀 프로그램을 이용하여 그려서 미세환경적 조건과 산호초 표백화의 번짐에 대한 상관관계를 조사한다.

학생들이 자신들의 데이터를 모으고 조사하면서 탐구의 교수 단계에의 능동적 참여자가 된다. 학생들은 자신이 수집한 데이터의 양을 조정하고 경쟁 가설을 지지하는 증거의 경중을 따진다. 이렇게 해서 학생들은 서로에게 자신의 활동을 기술하고 자신이 추론한 것을 설명해야 한다. 교수 단계는 형식적 연구보고서로 절정에 이르며, 이 보고서에는 학생들이 자신의 결과를 과학보고서나 유명 언론 매체의 과학기사의 형태로 제출한다. 학생들이 실제적으로 특정 청중을 선택하도록 한다. 예를 들어 지역 신문, 공동체 모임, 항공사 잡지, TV 뉴스 방송, 과학 잡지 등이 있다. 학생들의 보고서는 실제 연구 중인 과학자의 활동을 그대로 따라 하거나 연구보고서 형태로 작성된다.

추가적인 TSI 기반 수업 아이디어들

효과적인 TSI 기반 수업이나 수업단원은 학생들로 하여금 문제를 탐구 조사하는 데 참여하도록 한다. 즉 문제에 대한 탐구조사를 통해 결과를 더욱 발전시켜서, 일반적 과학적 주제에 대해 배우거나 논쟁을 하도록 만드는 의욕뿐만 아니라 특별한 주제를 찾아내도록 한다. 이들 탐구조사는 학습단원이 교수 목적에 더 잘 부합하도록 하고, 학생의 학습 수준에 적합하도록 하며 통합교과의 특징을 갖게 된다. 이 탐구조사는 보다 학생 주도적으로 진행되기 때문에, 융통성과 분명한 의사소통은 필수 기능이 된다.

조류 이동과 강가 유역을 모니터링한 결과가 실제 과학적으로 활용되고 산출물을 만들어 내는 일과 같은 지역 논제들은 진정한 TSI 기반 수업을 고취시킬 수 있다. 공동체 협력은 더욱 포괄적인 공동체 지역사회 파트너십으로써 학생들이 좀 더 광범위한 지역사회를 대상으로 자신의 과학적 사고를 토론할 수 있는 기회를 제공하는 진정한 방법이다(학생-과학자-협력을 형성하도록 제안했던 Baumgartner et al. (2006) 참고). 예를 들어 하와이의 한 TSI 기반 프로젝트는 하와이의 귀상어 표지방류와 성장에 대한 프로젝트와 관련하여 만들어졌는데, 궁극적으로 여러 교사와 수백 명의 학생연구자들이 자료를 수집하

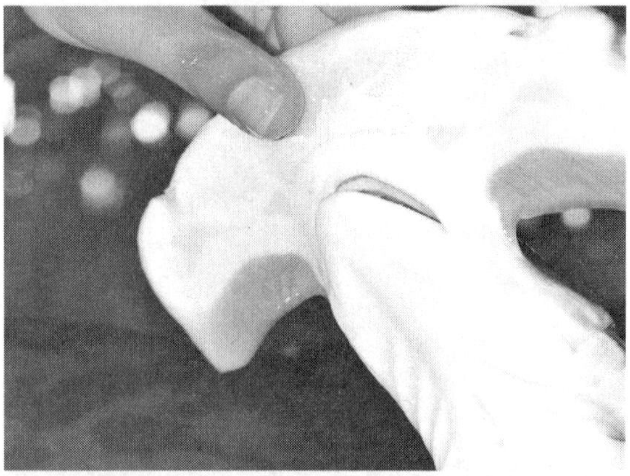

그림 3.2 (위) 학생 연구자는 어린 귀상어의 몸무게를 측정하고, 표지를 달기 위한 준비를 한다. (중간) 상어의 전기감지 기관, 즉 로렌지니의 팽대부가 뚜렷하게 보인다. (아래) 학생은 상어를 놓아주어 등지느러미에 표지를 단 채로 수영하여 떠나가도록 한다.

는 데 참여하게 되었다. 이후 이 내용은 과학 잡지에 실리게 되었다(그림 3.2, Handler and Ducan, 2006).

전문연구자들과 협력하는 것이 반드시 진정한 과학적 경험을 하는 데 필요한 전제 조건은 아니다. 학생들은 전문과학자들이 지역사회 환경을 조사할 때 활용하는 기술, 연구장비, 전략을 사용할 수 있다. 예를 들어 학생들이 학교 교정(또는 가정)에서 식생 지도를 그리고, 서식하는 새들 또는 철새들의 개체 수를 추적하는 관찰이나 실험을 수행하며, 침입한 외래종이나 해충을 추적하고, 인근 지역 강유역의 수질을 검사하고 추적하는 일에 참여하기도 한다(이러한 활동이나 기타 활동에 대한 수업 계획과 아이디어는 홈페이지[4]에서 찾아볼 수 있다). 또한 교사들은 학생들이 탐구조사하는 시나리오나 '미스테리'를 구성할 수 있다. 범죄 과학수사 형태의 미스테리가 기초 생물, 물리 혹은 화학 개념을 가르칠 수 있다(Duncan and Daly-Engel 2006 참고).

TSI 기반 단원은 또한 의사소통적이다. 즉 참여하는 모든 사람들과 일반 대중에 이르기까지 연구 아이디어와 결과를 공유한다. 이러한 의사소통은 과학에서 사람의 요소를 탐색하는 과정과 같은 방식이다. 과학이 과학연구를 수행하는 과학자 공동체임을 강조하는 일은 과학을 학문으로 가르치는 교과탐구의 주요한 요소이기 때문이며, 이는 곧 과학학습에서 뿐만 아니라 과학자 공동체에도 실질적으로 영향을 줄 수 있다. 예를 들어 AntWatch 프로젝트[5]는 하와이의 *Wasmannia auropunctata*라는 외래종인 작은 불개미의 서식지를 조사하여 지도에 표시해 왔다. 이 프로젝트에는 500명 이상의 학생들이 참여하면서, Wasmannia의 초기 개체군 집단을 여러 개 발견하였을 뿐만 아니라 또 다른 외래종을 발견하였으며, 나아가 과학계에 전혀 알려지지 않은 제3의 신종을 발견하였다(Gruner, Heu, and Chun, 2003). 다른 프로젝트인 하와이의 만조와 간조 사이의 프로젝트(Our Project in Hawaii's Intertidal (OPIHI))는 15명의 교사와 거의 1,000명의 학생들이 참여하고 있으며, 이를 통해 하와이의 조간대의 유기물을 조사·감시해오고 있다(Baumgartner et al., 2009[6])). 이 프로젝트들은 지역적 이슈를 다루고 있으나 원리들은 다양한 환경이나 교과에 걸쳐 전이될 수 있다. 사실 OPIHI 프로젝트는 LiMPETS로 알려진 캘리포니아-지역 조간대 감시 프로젝트와 유사하다(Pearse, Osborn, and Roe, 2003).

---

4) www.hawaii.edu/gk-12/evolution

5) www.hawaii.edu/ant

6) www.hawaii.edu/gk-12/opihi

교사들은 학생들이 교실 혹은 학교 단위의 심포지엄을 개최하여 이러한 결과를 서로 공유하는 활동에 참여시킬 수 있다. 인터넷을 이용하여 더 많은 청중에게 파급할 수 있게 하며 다른 학교들, 학부모 및 공동체와의 연계를 이끌어낼 수 있다. 예를 들어 한 중학교에서는 한 학년의 전체 학생들과 교사들이 모두 함께 강유역 수질 추적 프로그램에 참여할 수 있다. 한 학년 전체 학생들이 참여하게 되면, 교사와 학생들이 같은 날, 같은 지역에서 여러 지점으로부터 강물을 채집하여 수질을 조사할 수 있다. 학생들은 학교 전체 연구 심포지엄에서 수입한 자료를 전체적으로 종합하고 학교 홈페이지를 통해 학교 밖 지역사회와 공유할 수 있게 된다. 해당 학년의 모든 교사들이 참여하게 되면, 교사들은 일부 학생들이 야외답사를 간다고 수업을 빠지는 것으로 불편해하지 않을 것이며, 강 유역 연구주제에 관련되는 수학, 미술, 일기, 쓰기 교과목을 통합시키는 다학문적 단원 수업을 개발하는 공동 작업의 기회를 가질 수 있다.

평가

TSI 기반 프로젝트 접근 방법은 프로젝트 그 자체로 핵심 활동과 총괄 평가를 자연스럽게 이끌어내는 반면, 수업 단계에서 형성 평가를 지속적으로 실시할 수 있는 기회를 많이 제공한다. TSI 단원는 다양한 방식으로 지속적이고 융통성 있게 평가할 수 있다. 학생들이 관찰하고 질문을 만들고, 자신의 아이디어와 사고 과정을 보고하고, 이러한 사고는 탐구활동으로 이어지면서 새로운 정보를 이끌어내게 된다. 예를 들어 '병들어가는 산호의 사례'에서 학생 모둠은 우선 산호 표백화가 가능할 수 있는 원인을 나열해보게 된다. 그리고 나서 모의 산호를 가지고 연구해볼 수 있는 방법을 고안한다. 모둠으로 교실에서 표본추출 방법을 논의하고 합의한다. 평가는 또한 답사과정에서 나타날 수도 있다. OPIHI의 경우, 학생들의 지식은 표본 테크닉을 정확하게 구사하고 맞닥뜨린 유기체의 이름을 알아내는 능력을 살펴봄으로써 평가될 수 있다. 앞서 언급한 7학년 팀과 같은 강 유역의 감시활동 프로젝트에 참여하는 학생들은 여러 팀이 다른 지역에서 수집한 자료를 모아서 학교로 돌아오게 되면 자연스럽게 평가할 수 있는 기회를 갖는다. 만일 각 팀이 적절한 자료 수집 테크닉을 사용하지 못했다면 학생들이 자신의 결과를 보여주는 자리에서 분명하게 이것이 드러나게 될 것이다.

TSI는 모든 단계에서 융통성을 강조하며, 교사들은 TSI를 적용할 때 자신의 필요에 맞는 평가 전략을 사용할 것을 권장 받는다. TSI 구조는 폭넓은 범위의 학습 단계와 내용 영역에 걸쳐 적용할 수 있기 때문에 교사 접근성이 뛰어나다. 내용이 융통적이기 때문에 평가는 각 교사가 전통적인 방식으로 목표로 설정한 내용을 다룰 수 있을 뿐만 아니라 비전통적인 방식(예를 들어 포스터, 에세이, 시, 구두로 이야기 만들기, 프로젝트에 효과적으로 참여할 수 있는 능력을 보여주기)으로도 가능하다.

TSI는 자체만으로 논리적 사고와 아이디어의 조직화를 요구하는 총체적 수행 기반 평가를 탁월하게 해낸다. TSI 수업에는 전형적인 프로젝트 마지막에 행해지는 평가는 파워포인트를 이용한 형식적 발표뿐만 아니라 과학적 보고서, 법의학의 법적 보고서, 팸플릿, 마을회관의 회의(즉, 교실 토론), 과학 포스터, 오픈 하우스를 포함한다. 이러한 수행 기반 평가는 학생들에게 자신의 자료를 학교 공동체, 과학자, 일반 대중과 함께 수집하고 나누는 기회를 제공한다. 예컨대 하나의 TSI 기반 프로젝트에서 하와이 카일루아 만(Kailua Bay)의 앞바다 아주 작은 섬에 있는 섬새류 새끼에 대한 탐구조사를 성공리에 마친 학생은 지역의 해변 공원으로 가는 관광객을 위해 그 새의 둥지 만들기에 대한 정보와 섬새류에게 해가 되는 것을 피할 수 있는 조언을 나눌 수 있도록 하는 도로표지를 개발했다.

TSI 기반 프로젝트에서 학생들은 자신이 교실 밖에서 비형식적 방식으로 학습했던 지식들을 서로 의사소통하는 기회를 갖는다. 귀상어 표지방류와 성장 연구(Hammerhead Shark Tagging and Growth Study)에서 한 학생은 다음과 같이 기록했다. '그동안 나는 상어가 비열하고 나쁜 것으로 생각했다. 그러나 지금 나의 관점은 상당히 많이 변했다. …나는 이 지식을 잘 키워나갈 것이고 내 친구들과 가족들에게 전해 줄 것이다.' 또 다른 학생은 '솔직하게 말해서 나는 상어가 정말로 무섭지 않다는 것을 내 동생에게 가르쳐 줄 수 있다(Duncan, 2010).' 이러한 예들은 TSI 기반 프로젝트가 학생들이 과학적 발견을 하고, 이에 대해 서로 의사소통하고 나누는 역량을 키우는 데 상당한 효과가 있다는 것을 보여주는 것이다.

교사들은 학생들의 태도가 긍정적으로 변화하는 것 뿐만 아니라 종종 이러한 학생들의 지식면에서의 숨겨진 진가나 성취를 평가할 수 있다. 학생들이 학습 단원에 대해 어떤 의견을 가지고 있는지를 물어 보거나, 학생들이 자신의 지식과 태도가 어떻게 변화했다고 인식하는지를 물어봄으로써 이를 평가할 수 있다. 이러한 학생 자기반성(reflection)은 또한 탐구의 단계와 모드를 분명하게 인지할 수 있는 기회를 제공하며 학생들로 하여금 의식적으로 과학하기의 과정을 학습하도록 해준다. 예를 들어 '병들어가는 산호' 수업 시리즈의 결론 단계에서 교사는 학생들에게 산호 유전학에서 얻는 지식을 자신의 학교 근처 식물의 문제해결을 위한 지도만들기 작업에 적용하는 자신의 능력에 점수를 주도록 해봤다. 학생들은 먼저 이런 종류의 작업을 하는 데 있어서 자신감에 점수를 매기도록 하고 나서 자신이 사용할 과정을 자세히 기술하고 고려해야 할 요인들을 적어보도록 했다. 또 다른 예로 귀상어 연구에서 학생들은 모의 표지방류하는 실험을 일종의 평가로 시행하였다. 각 모둠은 서로 다른 유기체의 사진을 부여받았고 자신이 관심 있고 교실 '표지방류 키트'에서 제공된 재료들을 사용하는 연구 질문에 기초한 연구문제를 표지하도록 고안되어 있었다. '표지방류 키트'는 실제 표지방류 실험 도구 일부와 도구의 사진이 포함되어 있다. 참여 교사가 자신의 학생들이 모의 표지방류 실험을 수행하는 것을 관찰하면서 "나는 진심으로 이 활동이 좋다. 학생들은 실제로 사고(THINKING)를 하고 있다. 학생들이 스스로 사고하도록 만드는 것은 너무나 어렵다."라고 이야기했다(Duncan, 2010). 이런 유형의 평가는 학생들의 태도, 역량에 대한 느낌, 지식과 기술을 새로운 상황에 전이시키는(탐구의 전이 모드) 능력을 다룬다. 이러한 기술의 전이는 과학적 관찰과 실험을 수행하는 사람의 능력 가운데 본질적인 요소에 해당된다. 이것이 TSI 틀의 검증서인 셈이다.

미래 과제의 방향 : TSI에 대한 전문성 개발

교과탐구에서 전문성 개발이란 교사로 하여금 과학탐구의 성공적 조력자가 되도록 도와주는 것으로 정의할 수 있다. 즉, 교사로 하여금 자신의 교실이 과학자 공동체처럼 작동할 수 있도록 만드는 것으로 학생들이 과학 수행에 참여함으로써 과학을 학습하도록 하는 것이다. 우리가 이루어 내려는 전문성 개발 프로그램은 교육자들에게 학생들이 기초 과학개념을 이해하도록 도울 뿐만 아니라 과학적 개념을 얻고 시간이 지나면서 이를 다듬어가는 과정을 이해하도록 함으로써 학생의 과학적 소양을 조력할 수 있도록 가르친다(그림 3.3). TSI 프로그램을 통해서 교사는 전문 과학자들이 사용하는 도구와 기능을 적극적으로 활용하는 진정한 과학 활동을 개발하도록 배운다. 교사들은 학생들이 어떤 도구와 기능을 사용할지를 평가하고 결정하도록 돕는 것을 배운다. 또한 교사들이 학생들에게 교실 안팎에서 과학 맥락 내에서의 사회적 상호작용의 기회를 제공하도록 독려한다. 교사가 교과탐구를 가르친다는 것은 교사가 토의, 통찰, 자원을 적

그림 3.3 (위) TSI 물리 해양 과학 전문성 신장 코스에 참여한 교사가 파도 모양에 대한 해안선 기울기의 효과에 대하여 탐구함으로써 파동역학을 이해하는 과정을 시작한다. (중간) 그리고 나서 교사는 파고, 파장, 파의 주기와 같은 파의 다양한 특성을 계산하기 위해 식을 경험적으로 유도한다. (아래) 마지막으로 교사는 이러한 지식을 실제 해안 연구에 적용한다.

절히 사용함으로써, 학생의 사고와 추론을 효과적으로 안내하고 있음을 의미한다. 그러므로 과학을 가르치는 것은 탐구에 의해서라기보다 탐구로서, 탐구를 통해서라고 하는 것이 더 적절하다(van Zee et al., 2005).

우리가 진행해왔던 TSI 전문성 개발 연수는 교사에게 가능한 가장 진정한 탐구의 경험을 제공하기 위해 특별 내용의 초점을 주로 다루었다. TSI 연수에서 제공한 테마 주제는 천문학(초등), 해양과학(고등학교), 지속가능 에너지(중학교), 물리와 생리학(중학교~고등학교), 물체가 왜 가라앉고 뜨는가(중학교)를 포함하고 있다(표 3.4 참고). TSI를 위해 새로운 내용 초점을 개발하는 데 덧붙여서 우리의 미래 과제는 교사를 중심 테마에 연관된 일련의 연수를 통해 교사를 안내하는 모듈화된 TSI 연수의 개발을 포함한다.

우리의 현재 TSI 전문성 개발은 3시간의 후속 경험을 연계한 2일(17시간) 워크숍으로 구성된다. 초기 워크숍의 목적은 교사들이 일련의 주제 특성 내용을 이해하면서 TSI 교수 모형의 기초를 갖추도록 하는 것이다. 참가자는 교수 수행의 각 측면을 활동 내에서 소개하는 반복적 과정을 통해 일련의 활동들에서의 TSI의 단계와 모드에 적응하게 된다. 참가자는 교과탐구에 대한 기초를 잘 형성하게 되며 동시에 자신의 과학 탐구 교수 수행의 지원을 위해 상호작용하는

표 3.4 TSI의 교수 계열 : 해양과학

교수적 요소	내용/과정능력
도입 : 미지의 해양 생물체 관찰	과학자는 누구인가? · 과학자의 전문성과 인간적 자질에 대한 열린 토론
활동 : 생각 교환–해양 소양의 필수 원칙(Ocean Literacy Essential Principles: OLEP)	해양과학을 가르치는 데 있어 과학개념 · OLEP와 내용 기준(지역적 · 국가적)과의 연관성에 대한 토의
전문적 수행 반추 : 과학적 사고의 습관과 OLEP	과학적 소양이 무엇인가? · 해양 소양이 과학적 소양을 어떻게 증진시키며 연관이 있는가, 우리가 학생들에게 이것을 어떻게 개발시키도록 도울 수 있는가–과학적 연구의 인간적 요소와 과학적 사고 습관의 해석에 대해 토의
활동 : 과학적 사고 습관을 수행하기	물고기 인쇄와 물고기 해부 · 교사는 과학적 습관(예, 호기심과 관찰)을 사용하여 물고기에 대해 학습한다.
전문적 수행 반추 : 탐구의 단계	탐구 교수 계열 · 교사는 탐구의 CRDG(Curriculum and Research Development Group)의 단계를 통해 안내된다 : initiation, invention, investigation, interpretation, instruction
활동 : 과학적 사고의 습관 수행하기	관찰과 비판적 사고 · 교사는 위험한 화학물질인 H_2O의 위해성에 대해 물질 안전 훈련을 통해 안내받는다.
전문적 수행 반추 : 과학적 사고의 습관	탐구의 모드 · 교사는 과학의 행태가 일상생활에서 중요하게 적용되는 다양한 방식과 수업에서 어떻게 작동될 수 있는지를 탐색한다.
활동 : 모래를 매개로 한 탐구의 단계들을 수행한다.	모래 탐구조사 · 교사는 모래의 성질을 조사하고 모래 형성에 대해 배운다. 그러고 나서 자신의 지식을 적용하여 지역의 미지의 표본과 일치하는 적절한 해변을 찾아본다. 마지막으로 자신의 표본과 전세계적으로 수집된 표본을 비교한다.
전문적 수행 반추 : 탐구의 모드	탐구의 모드 · 교사는 과학자가 서로 다른 모드의 탐구를 통해 자신의 일을 진행해 가는 다양한 방식을 탐색하고 자신의 모래 탐구활동의 모드에 적용해본다.
활동 : 탐구의 단계와 모드를 완성된 수업에 적용하기	해변 오염 · 교사는 근처 해변에서의 오염 연구를 동기화하고, 고안하고 수행하는 작업을 공동으로 시행한다.

표 3.4 TSI의 교수 계열 : 해양과학(계속)

교수적 요소	내용/과정능력
전문적 수행 반추 : 탐구의 적용	탐구활동의 반추와 개발 · 자신의 기존 교육과정을 이용하면서 교사는 동료나 조력자의 지원을 통해 기존 수업을 재고안하여 탐구 기반이 되도록 한다.
교실에서의 전략의 실행 : 온라인 자료와 온라인 학습 공동체의 지원을 받는다.	확장된 수행 · 교사는 탐구 전략을 자신의 학생에게 시도해 보고, 교사 자신과 학생에게 어떤 영향이 미쳤는지 검토하고, 부족한 점, 도전과제, 성공한 점을 확인해 본다. 교사는 온라인을 통해 코치하는 동료와 조력자로부터 도움을 받는다.
후속 연수 : 3시간짜리 면대면 모둠연수로 TSI의 동기교사들이 참여하여 해양과학에서 밀도를 탐구 조사하는 연속된 3개의 활동을 포함한다.	밀도 관측소, TSI 검토, 지원 그리고 책무 · 교사들은 3개의 서로 다른 활동에서 밀도를 탐구 조사한다(이는 다양한 모드를 통해 개념을 가르치는 TSI 교수방법적 구조의 융통성을 보여준다). 이후 동료 참가자들과 자신의 수업과 실제 교실에서의 탐구 전략 실행에 대해 토의와 보고를 실시한다.

교사 및 조력자 네트워크의 일원이 된다.

초기 워크숍 이후 3~4개월이 지나면 교사는 후속 경험(3시간짜리)에 참여한다. 이는 교사로 하여금 연수 동안에 형성되어 교사를 위한 심도 있는 지원을 제공하는 전문가 공동체를 유지하도록 돕는 역할을 한다. 이 후속 활동은 교사가 자신의 동료와 함께 자신의 수행 결과를 나누는 자리를 마련함으로써 책임감을 다지도록 돕는다. 게다가 이는 참가자가 어떤 탐구전략, 어떤 수업이 잘되고 혹은 잘 되지 않았는지를 서로 나눔으로써 지속적 개발의 기회를 제공한다. 이러한 후속연수 동안에 교사들은 탐구를 시도했던 것에 대한 반추를 나누고, 구조화된 동료 피드백 세션에 참여하고, 조력자들과의 Q & A 세션에 참여하고, 수업안을 마련하여 동료의 비평을 듣는다.

지난 2년간 우리는 괌과 중국뿐만 아니라 카우아이, 하와이, 마우이, 오아후 섬에서 TSI 전문성 개발 연수(18회)를 개발 시행해 왔다. 2008년 Pacific Resource for Education and Learning (PREL)에 의해 외적 평가가 시행되었고, 참여자들의 긍적적인 피드백이 있었다. PREL에서 참여자의 전문성 개발의 효과성에 대한 참여자의 의견을 알아보았으며, 일반적 워크숍 평가 등급은 높게 나왔다. 학습 환경의 존중(TSI의 공동체 및 협동적 본성)이 가장 높게 평가되었다.

교사의 전문성 개발 인정 포트폴리오에 대한 교사의 지필 의견 또한 기존의 수업 수행에서 TSI 전략의 실행에 대한 전문성 개발의 긍정적 효과를 나타내고 있다. 예를 들어 하와이 섬의 한 고등학교 교사는 '워크숍이 올해의 교육과정 기획에서 나에게 큰 도움이 되었다. 이런 형태의 학습이 어떻게 효과적인가 그리고 학생들이 자신이 학습하는 데에 어떻게 참여하게 하는가에 대한 예를 매일 보고 있다.'고 진술하고 있다. 카우아이 섬의 7학년 담당 교사도 자신의 전문성 개발 인정 포트폴리오에서 TSI 워크숍에 대해 유사한 의견을 적었다. '이 워크숍에서 내가 얻은 가장 중요한 것은 과학 탐구를 가르치는 것에 대한 새로운 관점을 갖게 된 것이다. 이전에도 내가 활동이나 프로젝트에 대해 괜찮은 아이디어를 갖게 되는 기회가 있었지만 이내 곧 사라지곤 했다. 왜냐하면 전통적인 과학적 방법의 모형에 잘 들어맞지 않았기 때문이다. 지금 나는 과학적 탐구가 항상 장기적이고 주어진 과정을 거쳐야만 하는 것은 아니라는 것을 이해하게 되었다. TSI 워크숍에 참여한 이후 나는 이러한 새로운 아이디어를 나의 수업에 정기적으로 적용하고 있다'.

요약

TSI는 교사와 학생 모두 교과탐구에 참여하도록 하는 토대를 제공한다. 융통성 있고 물 흐르는 듯한 학습 순환의 채택은 학생에 대한 교수방법과 의사소통이 지식 생성의 다양한 모드와 잘 결합되어 있는 것으로 TSI 접근 방법의 특징이다. 이러한 학습 모형은 학습자가 과학의 완성도 높고 총체적인 수행에 참여함으로써 과학적 소양을 키우는 방법을 제공하여 실제 과학자와 연관된 형태와 사고의 습관을 배양할 수 있다. 이 모형은 융통성이 있으므로 어떤 단계나 어떤 내용으로도 결합이 가능하다. 이는 과학 교수를 위한 NSES 강조점에 대한 추천사항과 맥을 같이 하고 있으며 다양한 사례들에서 성공적으로 수행되어 왔다. TSI의 융통성과 적용성은 K－12 교수 프로그램에서 NSF STEM 졸업생을 통해 지원받는 프로그램들과 성공적으로 잘 결합되어 사용되어 왔다. 이 프로그램들은 Sea Grant, The Centers for Ocean Science Education Excellence (COSEE) network, Berniece P. Bishop Museum, Kohala Center, Maui Economic Development Board이다. 최근 Western Oregon University의 생물 교수방법 수업에서의 예비교사를 위한 틀로서의 TSI 프로그램을 채용하여 TSI가 예비교사의 전문성 개발을 위한 기작으로서 사용될 수 있는 가능성을 보여주었다.

참고문헌

American Association for the Advancement of Science (AAAS). 1990. *Science for all Americans*. New York, NY: Oxford University Press.

Baumgartner, E., K. D. Duncan, and A. T. Handler. 2006. Student-scientist partnerships at work in Hawai'i. *Journal of Natural Resources and Life Sciences Education* 35: 72-78.

Baumgartner, E., C. J. Zabin, J. K. Philippoff, E. Cox, and M. L. Knope. 2009. Ecological monitoring provides a thematic foundation for student inquiry. In *Inquiry: The key to exemplary science*, ed. R. Yager, 191-209. Arlington, VA: NSTA Press.

Bybee, R. 1993. *Reforming science education: Social perspectives and personal reflections*. New York: Teachers College.

Duncan, K. M. 2010. A partnership approach to improving student attitudes about sharks and scientists. *School Science and Mathematics* 110 (5): 35-47.

Duncan, K. M., and T. S. Daly-Engel. 2006. Using forensic science problems as teaching tools: Helping students think like scientists about authentic problems. *The Science Teacher* 73 (11): 38-43.

Gruner D. S., R. A. Heu, and M. Chun. 2003. Two ant species (Hymenoptera: Formicidae) new to the Hawaiian Islands. *Bishop Museum Occasional Papers* 74: 35-40.

Hammer, D. 1999. *Teacher inquiry*. Center for the Development of Teaching Paper Series. Report: ED433997.

Handler, A. T., and K. M. Duncan. 2006 Hammerhead shark research immersion program: Experiential learning leads to lasting educational benefits. *Journal of Science Education and Technology*. 15(1): 9-16.

National Research Council (NRC). 1996. *National science education standards*. Washington DC: National Academy Press.

Pearse, J., D. Osborn, and C. Roe. 2003 Long-term monitoring program and experiential training for students (LiMPETS): Monitoring the sanctuary's rocky intertidal with high school students and other volunteers. In *Ecosystem Observations*, ed. J. Caress, 6-9. Monterey, CA: Monterey Bay National Marine Sanctuary.

Pottenger, F. M., and K. Berg. 2006. Inservice training in science inquiry. Paper presented at the Pacific Circle Consortium Conference. Mexico City, Mexico.

Pottenger, F. M., and Y. Son. 2005. Inquiry, Socratic questioriing, and student reflective assessment in the science classroom. Paper presented at the Pacific Circle Consortium Conference. Sydney, Australia.

Pottenger, F. M., E. Baumgartner, and C. A. Brennan. 2007. Teaching science as inquiry (TSI): Teacher professional development. Paper presented at Hawaii Charter School Administrative Office Breaking Barriers to Learning Professional Development Conference. Honolulu, HI.

Tice, K. A., and K. M. Duncan. 2009. The case of the sick coral: Translating authentic research into a classroom inquiry investigation of ocean literacy principles. *Current* 25 (2): 1-9.

Tytler, R. 2002. Teaching for understanding in science: Constructivist/conceptual change teaching approaches. *Australian Science Teachers' Journal* 48 (4): 30-35.

van Zee, E. H., D. Hammer, M. Bell, P. Roy, and J. Peter. 2005. Learning and teaching science as inquiry: A case study of elementary school teachers' investigations oflight. *Science Education* 89 (6): 1007-1042.

Wee, B., D. Shephard son, J. Fast, and J. Harbor. 2007. Teaching and learning about inquiry: Insights and challenges in professional development. *Journal of Science Teacher Education* 18 (1): 63-89.

Windschitl, M., K. Dvornich, A. E. Ryken, M. Tudor, and G. Koehler. 2007. A comparative model of field investigations: Aligning school science inquiry with the practices of contemporary science. *School Science and Mathematics* 107 (1): 382-390.

Young, D. B. 1997. Science as inquiry. In *Envisioning process as content: Towards a renaissance curriculum*, eds. A. Costa and A. Liebmann, 120-139. Thousand Oaks, CA: Corwin Press.

Zembel-Saul, C., D. Munford, B. Crawford, P. Friedrichsen, and S. Land. 2002. Scaffolding preservice science teachers' evidence-based arguments during an investigation of natural selection. *Research in Science Education* 32: 437-463.

CHAPTER 04

"누가 우리 옥수수를 먹었는가?"

Craig Wilson, Timothy P. Scott
Texas A & M University
Juan D. Lopez, Jr.
USDA－ARS, Areawide Pest Management Research Unit

배경

아이들은 호기심을 가지고 태어나는 것 같다. 어린 아이들은 항상 열광적으로 산만하리만치 질문을 해댄다고 알고 있다. 아이들이 주변의 흥미로운 세상에 대해 만지고, 냄새 맡고, 맛보고, 듣고, 보는 순간마다 '이건 뭐야?'를 주문 외우듯 연발한다. 아이들은 숙련된 관찰자이다. 요컨대 우리 모두는 과학자의 도구를 가지고 세상에 들어왔다. 그러나 어쩌면 혹은 어딘가에는 이러한 질문에 대한 갈증이, 질문을 위한 그리고 질문에 대한 충분한 시간이 제공되지 않는 교실에서 묵살당하고 억눌러지고 있을 것이다. 암기는 질문하기 보다 더 우위에 서있는 가치있는 것으로 여겨진다. 미래 과학자 프로그램은 질문을 중심으로 만들어지지만 우리 안에 내재된 과학자를 다시 일깨운다는 보다 큰 목적을 가지고 있다. 사회는 과학적으로 소양 있는 시민들에 의해 더 나아질 것이다. 이는 단순히 과학을 탐색할 수 있게 하는 것뿐만 아니라 과학에 대해 질문할 수 있게 만들기 위해서다.

들어가며

'누가 우리 옥수수를 먹었는가?'는 매우 단순한 질문으로 들린다. 그러나 학생들의 호기심을 자극해서 답을 찾기 위해 궁금증을 만들고, 더 많은 질문을 하도록 고안된 것이다. 이는 미래 과학자 프로그램(Future Scientists Program; FSP)의 목적이기도 하다. FSP는 USDA/Hispanic Serving Institutions National Program(HSINP; 멕시코계 지원연구소 국가프로그램)후원 하에 USDA/Agricultural Research Service(ARS; 농업연구서비스)가 지원하고 텍사스 A&M 대학교의 자연과학대학 수학과학교육센터(Center for Mathematics and Science Education; CMSE)에서 운영하는 프로그램이다. 이 프로그램은 교사, 학생, 학부모, 과학연구자로 구성된 협력적 공동체에서 개발되었고 '모든 사람은 자연세계에 대해 이해하고 배우는 것으로부터 나오는 흥분과 개인적 만족감을 나눌 자격이 있다'는 것을 주제로 하고 있다(NRC, 1996, p.1). 중요한 것은 이 프로그램이 USDA/ARS에 의해 지원을 받고 있어서 재정이 부족한 학교와 교육청은 경제적인 부담을 가지지 않아도 된다는 것이고, 그래서 교사들이 열정적으로 참여하도록 주요 장애물을 제거할 수 있다(Alberts, 2008).

교사들은 자신의 지역 USDA/ARS 연구 실험실에서 개최되는 2일간의 미니 여름 프로그램에 참여함으로써 교사들이 자신의 학생들이 '대중 담화에 지적으로 참여하고 과학적이고 기술적 고려를 다룬 문제들을 가지고 논쟁을 하는 데 참여하도록' 도와줄 수 있게 된다. 이러한 참여는 NSES 목표 3(NRC, 1996, p.13)에 근거한 것이다. 교사의 초기 참여는 주기가 거듭되면서 자신의 교실에서 수업을 진행하고 동시에 이 프로그램에 대한 지속가능성을 보장한다.

초점은 농작물의 해충, 즉 회색담배나방 유충(*Helicoverpa zea* (Boddie))으로 발생되는 수억 달러 상당의 연간 피해와 이 해충을 억제시키는 노력에 맞추어져 있다. FSP는 K－12 학생들에게 이 해충에 대한 연구를 하는 연구 프로젝트를 수행하게 함으로써 과학적 탐구를 하고, 이에 대한 이해를 개발해나가는 능력을 배양할 수 있게 하는 발판이 된다. 교사들에 의해 안내받고, 프로그램 스텝과 USDA/ARS 과학자에게 자문을 구하면서 학생들은 해충의 한살이 주기를 다 살펴볼 수 있도록 키우게 된다. 그리고 해충이 자라나는 옥수수 열매에 미치는 악영향을 줄일 수 있는 방법을 탐색하고 연구하기 시작한다. 학년 말이 되면 학생들은 자신의 연구 결과를 지역 USDA/ARS 실험실에서 열리는 과학 포럼에서 발표한다. 이 포럼에서 학생들은 포스터를 발표하고 자신의

그림 4.1 텍사스 주의 Bryan에 있는 Bonham 초등학교 학생들이 회색담배나방 유충(옥수수 등의 해충)의 한살이의 다양한 단계에 대한 초기 연구를 발표하면서 보여준다.

연구를 동료, 학생, 교사, 학부모, 과학연구자, 지역사회의 초대된 사람들 앞에서 파워포인트로 발표하게 되는데 Student Research Presentation Day (SRPD)로 알려지고 있다. 이는 또한 대안적 평가 전략으로 '초점을 점수나 학점이 아니라 이해를 수반한 학습에 두는 평가를 강조하여, 열심히 공부하는 학생들에게 시험에 따른 긴장감과 스트레스를 줄여줄 수 있다'는 점에서 Scott et al., 2008에 의해 추천된 방법이다. 이 프로젝트는 모든 학생에게 열려 있는 것으로 과학영재나 과학에 대해 지대한 관심을 가진 특수한 학생을 대상으로 하지 않는다를 전제로 한다. 교사들이 프로젝트에 가장 잘 참여하고 열중했던 학생이나 이 프로젝트에 참여하면서 가장 많은 혜택을 받았다고 생각하는 학생들을 선발해내도록 한다. 이에 대한 철학은 은퇴한 화학자이자 NASA에서 연구 팀장을 지냈고 AAAS (American Association for the Advancement of Science)의 프로그램에서 자원봉사하고 있는 Don Rea가 말한 것과 유사하다. 그는 '우리는 과학자가 되고 싶은 학생들에게 개인 교습을 제공하려는 데 관심이 있는 것이 아니다. 우리의 목적은 전체 학급의 과학적 이해를 증진시키고자 하는 데 있다 (Lempinen, 2006, p.1892).'라고 말했다. 미국의 일반 시민은 과학을 재연결하고 재결합하면서 정보를 활용하여 의사결정을 할 수 있어야 한다.

이 프로그램은 현재 ARS 연구에 대해 널리 알렸을 뿐만 아니라, 학생들이 과학에 대한 관심을 높이고 참여하도록 하는 데 도움을 준 노력에 대해 2008 USDA/ARS Administor's Outreach, Diversity, and Equal Opportunity Award를 받았다. USDA는 CMSE와 FSP를 CMSE 기관의 국가모델로 사용할 수 있도록 논의하기 시작했다. 이 상을 수상한 이후, 이 프로그램은 2009~2010년 동안에 애리조나 주와 캘리포니아 주가 함께 시작하게 되면서 국가 차원으로 확대되고 있다. 국가 수준으로 보면 100개의 USDA/ARS 실험실이 참여하고 있다. USDA는 CMSE(수학과학교육센터)에서 FSP(미래 과학자 프로그램)를 자신의 기관의 국가모델로 사용하는 것에 대해 논의하고 있다. 기초과학 개념과 지역의 농업연구의 사회적 이익을 잘 예시해주는 수단으로 사용될 수 있을 것이다. 또한 이 프로그램을 통해 차세대 과학자를 고무시키고 지지하게 되고, 모든 학생과 궁극적으로 시민들의 지식을 저변으로 확대한다는 바램을 갖게 된다. 이는 말 그대로 윈-윈 상황으로 볼 수 있다. 이 공동연계는 참여하는 과학자와 연방기관에게 뿐만 아니라 교육적 그리고 지역적 공동체에게도 유익하다(Beck et al., 2006).

NSES 관점의 측면

이 프로그램은 NSES의 밑에 깔린 학교 과학의 각 목표들을 다루고 있다. 이 문건의 초점은 목적 3('과학적 · 기술적 문제에 대한 공적 토론과 논쟁에 지적으로 참여한다.')에 있다. 그래서 이 목적에 대한 프로젝트의 정합성을 먼저 설명할 것이다. 이 목적과 다른 3개의 목적의 관계에 대한 설명은 그 다음에 이어지게 되는데, 이 4개의 목적들이 서로 상당한 연관성이 있다.

'과학은 일반적으로 널리 알려진 아이디어에 대한 도전을 환영하고 모든 사람의 잠재력을 키워내는 문화 속에서 가장 잘 작동한다. 과학적 방법으로 사고하고 새로운 증거의 관점에서 자신의 견해를 재평가해보는 것은 민주주의를 더 강화시키는 데 큰 도움이 된다(Omenn, 2006, p.1696)'. 이 숭고한 목적으로 인해서 미래 과학자 프로그램(FSP)을 채택한 것이다. 이를 달성하기 위해서는 교사들이 연구 환경을 편안하게 느낄 수 있도록 돕는 것이 우선시 된다. 그러한 상황은 대부분의 교사에게 매우 낯설고 불안하기 마련이다. Pfund et al., (2006)이 추천한 것에 따르면, 프로그램 책임자는 협력 과학자들을 특별히 선발하게 되는데, 협력 과학자 선발 기준은 자신의 연구에 대해 의사소통하는 능력과 이전에 보여주었던 교육 봉사활동의 헌신 정도이다. 이 연구는 교사에게 즉각적으로 관련성이 있음을 알게 하고 흥미를 불러일으켰다. 왜냐하면 각 USDA/ARS 실험실은 인근 농장과 농부들에게 고통을 주던 경작 관련 문제들에 초점을 맞추어 왔기 때문이다. 종종 이러한 문제들은 국가 혹은 세계적으로도 이미 문제로 인식되거나, 잠재적으로 일어날 개연성을 갖는 경우가 많다. 예를 들어 애리조나 주 투산에 있는 USDA/ARS Carl Hayden Bee Research Center에서의 여름 연수에서 교사들에게 양봉의 수명과 농작물의 가루받이 나아가 국가 식자재 공급에 부정적 영향을 주는 Colony Collapse Disorder (CCD)의 실태 문제를 소개했다. 이와 유사한 예로 캘리포니아 주 리버사이드의 USDA/ARS 산하 미국 염분 실험실에서 실시한 교사프로그램이 있다. 교사들은 이 실험실의 임무에 대해 배웠다. 이는 소금 피해 경작지에서 농작물 생산량의 문제를 해결하는 새로운 지식과 기술을 개발하고, 농지에 물을 지속적으로 댈 수 있는 능력을 향상시키며, 염분, 독성 물질, 살충제, 병원균의 지표와 지하수 자원의 붕괴를 방지하는 것이다. 이 두 사례에서의 문제는 모두 지식과 이해가 상충하는 이해관계를 놓고 벌이는 논쟁을 파악하고 균형을 잡을 수 있는 능력을 가진 시민에게는 반드시 필수적이며 절박한 문제이다.

각 여름 연수에서 하나의 공통 주제는 연구모형으로써 옥수수 해충(회색담배나방 유충)의 연구이다. 왜냐하면 곤충과의 접촉은 모든 연령의 학생들이 즉각적으로 흥미를 느낄 수 있는 무언가가 있기 때문이다. 보다 큰 그림은 USDA/ARS가 통합 해충 관리(Integrated Pest Management)를 통해 옥수수 해충에 의한 피해 금액을 조절하는 대안적 활동 과정을 추진하는 것이다. 이는 한 밭에서 그 다음 밭으로 해충을 통제해가는 대응적 방식이기보다, 함께 양립시키면서 통제해가는 방식으로 해충이 서식하는 지리적 범위 안에서 이동하는 해충 종에 대한 예방적 억제의 개념이다. 텍사스 주 College Station의 Area-wide Pest Management Research Unit (APMRU)의 미션은 다양한 전략과 기술을 개발하고 융합하고 평가하여 실제 농장과 곡물의 해충 관리 시스템에 적용하는 것이다. 교사와 학생이 깊이 있게 배우고, 보다 큰 그림을 그릴 수 있도록 도와주는 데는 이러한 구체적 사례가 탁월하다. 초기에는 해충의 한살이에 대해 배우고, 그 다음에는 연구프로젝트에 몰입하게 되며, 아마도 자신의 개인적 결정이 지식과 보다 넓은 과학적 이해에 근거해야 한다는 것을 이해하게 될 것이다(Texley and Wild,

1996, p.27). 바로 그때가 되어서야 참가자들이 과학적이고 기술적인 문제에 대한 제대로 된 논쟁에 참여할 수 있는 준비태세를 갖추게 되었다고 할 수 있다.

NSES의 목적 1은 '자연세계를 알고 이해하는 과정에서 풍요로움과 흥미로움을 경험'하게 하는 것이다(NRC, 1996, p.13). 이 프로그램은 과학교사, 학생, 학부모, 지역 공동체의 다른 구성원을 독려해서 ARS 과학자에 의해 자신의 뒷마당에서 행해지는 세계 수준의 농업 연구에 대해 식견을 갖도록 고안된 것이다. 학생들은 과학에 대해 상당 수준의 흥미를 가지고 이 상태를 유지하도록 꾸준히 독려 받는다. 학생의 일상생활에 적절하면서 최첨단의 연구로 시작해보는 것보다 더 좋은 게 어디 있겠는가? 대부분의 USDA/ARS 실험실은 지방이나 시골에 자리 잡고 있으며, 인근 학교 학생들은 '땅'에 대한 친밀함과 흥미를 갖기가 쉽다. 예를 들어 애리조나 주 Mammoth의 교사인 Manuel Chavez는 이 프로그램에 참여하게 된 이유를 다음과 같이 진술하고 있다. '시골 학교에 있기 때문에 대부분의 시간에 우리 학생들은 많은 농가에서 옥수수를 키우는 San Pedro River Valley의 환경에서 자라는 곤충이나 벌레 등에 친숙하다. 8월 하순과 9월 초 옥수수가 익어가기 시작할 때, Mammoth, San Manuel, Oracle의 세 마을 공동체에서 온 가족들이 녹색 옥수수 타말레 요리를 위한 마사빵을 만드는 데 필요한 흰 옥수수를 사기 위해 방문한다. 마사빵을 만들 때 상당수의 학생들이 그 벌레를 접하게 되기 때문에 학생들은 필요한 정보를 가지고 있고, 학생들이 옥수수 해충의 한살이에 몰두하게 하는 것은 큰 혜택이 될 것이다.' 이러한 초기의 동기유발(참여하기) 외에도 학생들은 과학적 연구와 가능한 미래 직업에 대한 직접적인 통찰의 기회, 옥수수 해충과 같은 흔한 농산물 해충에 대한 전문적 관심을 갖게 되고 단순하게 손으로 직접 곡식을 심고 수확하는 것 이상의 특별한 것으로 농사를 바라보기 시작하게 된다. 또한 옥수수와 함께 자라는 옥수수 해충은 실제 미국에서 서식하는 것으로 학생들에게 과학의 다양한 측면을 탐색하게 하는 기회를 제공한다.

이 곤충은 토마토 과일벌레, 목화 솜벌레, 사탕수수 머리벌레 또는 딸기 과일벌레로 알려진 것으로 어떤 곡식을 먹는가에 따라 이름이 바뀐다. 벌레는 일반적으로 옥수수 껍데기에서 자라고 내부를 먹으면서 성충이 되어간다. 자란 성충은 약 한 달 정도의 상대적으로 짧은 한살이 동안 어린 옥수수로 퍼져나가거나 다른 곡식으로 번져간다. 이 벌레가 학교 과학 수업에서 완벽한 표본이나 모델로 도입되는 것은, 교사와 학생들이 쉽게 알에서 애벌레, 번데기, 나방이 되는 전체 과정을 따라갈 수 있는 것으로, 정확하게 이런 이유 때문이다. 짧은 탐구조사 시간을 맞바꾸어서 학생들이 일생에 처음인 진정한 과학적 수업이라는 수확을 거둬들일 수 있게 된다. 학생들은 지속적으로 연구 프로그램의 일부가 된다. 이 연구프로그램에서 학생들은 개별적으로 곤충의 한살이를 관찰하게 되며 이러한 핸즈온 탐구를 통해 곤충의 한살이를 배우도록 독려된다. 학생들은 교사의 안내를 받으면서 자신의 관찰 능력을 개발하는 것으로 시작해서, 질문 만들기, 연구 수행하기, 자료 수집하기, 실험 고안하기를 해나가면서 해충에 의한 곡물의 막대한 피해를 줄일 수 있는 방법을 검증해 본다. 이것은 '실세계'의 문제이며 학생들은 해결책을 찾는 데 도움을 주는 일에 적극 참여한다.

NSES 목적 2는 '개인적 결정에 과학적 과정과 원리를 적절하게 사용한다'이다 (NRC, 1996, p.13). Math and Science Partnership 프로그램은 'No Child Left Behind Act (누구도 뒤쳐지지 않도록 한다는 법령)'의 일환으로 만들어졌고, K-12 교육에 과학자와 수학자의 참여를 의무화하였다 (Drayton and Falk, 2006). 미래 과학자 프로그램 (FSP)은 교육적으로 지원을 제공하는 데 열정을 갖추고 있을 뿐만 아니라 자신이 수행하는 연구의 내용과 과정에 대해 의사소통을 잘 할 수 있는 과학자들을 주의깊게 선발하는 일을 한다. 우선적으로 교사들이 자신의 학교에서 가장 가까운 연구소에서 서로 다른 연구 프로젝트를 소개받는다. 이는 교사들이 자신의 학생이 스스로 개발할 연구 프로젝트를 결정하게 될 때 적절한 과학적 과정과 원리들을 사용하는 탐구에 잘 참여할 수 있도록 도와주기 위한 훌륭한 준비과정으로 제공된다. Ledley et al., (2003)이 '과학자들이 과학을 하는 데 사용하는 때론 우아하고, 때론 주접스럽고, 비밀스럽고, 흥분되는 스키마 (schema)를 학생들이 키워갈 수 있도록 하는 것'으로 설득력 있게 묘사했던 것이 이 프로젝트들이다. 때로 구불구불한 과정을 통해서 학생들은 옥수수 해충의 과학에 몰입하게 되고, 연구가 신뢰감 있고 가치있게 되려면 자신의 연구를 어떻게 수행하는가 뿐만 아니라 무엇을 하는가가 매우 중요하다는 것을 이해하도록 돕는다. 마찬가지로 학생들은 질문을 하고, 의구심을 갖도록 독려된다. 학생들은 이 과정에서 신뢰할만한 파트너가 되어가며 긍정적으로 대응하게 되는 것이 발견되고 학생 자신들이 내린 결정이 실질적인 문제를 다루는 데 영향력을 가지게 됨을 깨달아간다.

NSES의 목적 4는 학생들이 과학적 소양을 가진 자로서 지식, 이해, 기능을 사용하여 일생동안 직장생활에서 경제적 생산성을 높일 수 있도록 도움을 준다(NRC, 1996, p.13). 자주 그리고 비관적으로 언급되어 왔던 바와 같이 미국은 Rising Above the Gathering Storm (COSEPUP, 2005)이라는 보고서에서 증명한 것처럼 과학을 전공할 졸업자를 배출하는 데 상당히 뒤쳐져 있다. 이 보고서에서는 하나의 극복방안으로 '교사들이 과학, 수학, 기술에서의 최신 발견이나 발달을 따라잡게 하기 위하여' 최고의 수업을 실현하도록 변화시키는 여름 강좌를 활용하도록 제안했다. 이 보고서는 또한 학생들이 핸즈온 연구를 경험하는 것은 궁극적으로 과학 분야에 진출하지 않더라도 과학에 대한 흥미를 유지할 수 있도록 독려하게 될 것이라는 가설을 제안했다. FSP는 과학교육에서 최근 대통령의 주도하에 변화를 이루어내어 재조명된 부분을 강화시키는 데 신뢰로운 대안이라 할 수 있다. Lederman과 Malcom (2009)은 '과학자는 학생뿐만 아니라 일반 대중이 과학이 무엇인지 그리고 과학교육이 증거와 논리적 분석에 기반하여 실세계를 알아가는 하나의 방법이어야 한다는 것을 분명히 이해하도록 하는 데 기여해야 한다.'라고 제안했다. 두 학자는 또한 이러한 노력은 지역에서 출발해야 한다고 추천하고 있다. FSP는 과학교사와 학생뿐만 아니라 학부모와 지역사회 구성원까지를 대상으로 하고 있다. 예를 들어 애리조나 주 Tombsotne의 USDA/ARS Watershed Management Research Unit은 투입을 추적하고, 지식과 기술을 모두 포함한 연구결과를 이해관계자와 의사결정권자 그리고 대중에게 전달하면서 Walnut Gulch Experimental Watershed 내 모든 지역사회와 상호작용하고 있다. FSP는 각 연구소 및 실험실이 학교 지역공동체에서 가치있는 교육 자원이 되도록 도울 수 있게 고안된 국가모델로 발전할 수 있는 잠재력을 가지고 있다.

프로그램의 특징

FSP는 교사 전문성 신장의 기회가 되어 교사로 하여금 과학 학습 공동체를 만드는 것을 도와준다. 우선 USDA/ARS 연구 실험실에서 열리는 미니 여름 강좌를 통해 USDA/ARS 과학 연구자와 기술자를 교사와 연계시켜준다. 이 프로그램은 NSES에 의해 권장되는 탐구 중심 과학을 교사들이 직접 해보는 것으로 시작된다. 이러한 활동은 National Science Resources Center (NSRC)에서 권장하는 방법으로 학교 과학을 가르치는 데 분명한 변화를 가져올 수 있도록 독려하게 된다. 협력관계는 교사들이 학생들과 공동으로 작업할 수 있도록 고무시켜서 학생들이 '질문하기, 실험하기, 이론을 전개하기, 자신의 생각을 다른 학생들과 함께 의사소통하기'를 배우게 한다 (p.1). 이는 FSP를 전국 단위로 확대할 수 있는 잠재력이 있음을 보여주는 것이다. 이 프로그램은 애리조나와 캘리포니아 주에서 처음으로 실험실로 확장이 시작되었는데, 두 주는 모두 히스패닉 인구의 수가 매우 많다는 공통점이 있다.

지역의 USDA/ARS 연구소로부터 출퇴근이 가능한 거리에 있는 과학교사들을 대상으로 2일간의 연수에 참여하도록 모집하였다. 교사들은 자신의 학교와 교육청으로부터 서면 지원서를 갖추어야 하고, 프로젝트의 모든 과정에 참여하는 데 동의해야 한다. 이를 통해 1년 동안 최소 하루라도 프로그램 스태프가 교사뿐만 아니라 학생들과 공동으로 작업할 수 있게 허락되는데, 이는 참여교사가 학년 말인 5월 연구실험실에 학생 연구 발표 날(Student Research Presentation Day) 학생들과 함께 오도록 하기 위해서 교육청이 대체 교사를 제공하는 것을 동의해야 하는 부분이 있다. 이것이 학교가 감당해야 할 유일한 비용인 셈이다. 교사들은 참여함으로써 일정의 수당과 디지털 현미경을 받게 된다. 4번의 개별 연수가 4개의 서로 다른 연구소(실험실)에서 매년 각 장소에서 10명의 교사를 대상으로 열린다. 예를 들어 2009년 6월 4개의 Future Scientists 연수가 각각 애리조나 주의 Tucson과 Tombstone, 캘리포니아 주의 Riverside와 Parlier에 위치한 USDA/ARS 실험실에서 개최되었다. 이전에는 알칸사스, 뉴멕시코, 오클라호마, 텍사스 주에서 열렸다.

여름 연수

한 번의 연수에서 10명의 교사들이 옥수수 해충에 대한 연구와 한살이에 대해 배우게 된다. 이 연수는 교사들이 해충의 한살이, 야외실습, 해당지역해충관리본부(APMRU)에 연관된 현재 USDA/ARS 연구를 체험하는 활동을 포함한다. 특히, APMRU의 연구들은 밭에서 밭으로의 대응적 통제라기보다는 해당 지역의 지리적 영역 내에서 이동하는 곤충 종의 예방적 억제 개념이다. APMRU의 과제는 다양한 전략과 기술을 개발, 융합, 평가를 통해 곡물의 해충에 대한 관리의 체계적 접근을 시도하는 것이다. 참가자는 이전의 학생 연구 프로젝트를 살펴보고, 해충에 대한 자신의 질문에 대한 다양한 해결 방안을 브레인스토밍을 통해 논의한다. 이는 학생들이 온전한 한살이를 통해 옥수수 해충을 키우는 데 익숙해지게 되고 국가적으로 진행되는 최첨단 연구를 배우게 한다.

초점은 옥수수 해충의 한살이이지만 프로그램은 더 넓은 범위와 호소력을 갖게 된다. 왜냐하면 이는 국가과학교육기준의 K-4 학년에서 생물체의 한살이, 5-8 학년에서 생물계의 구조와 기능, 번식과 유전, 9-12 학년에서 생물학적 진화와 생물체의 독립성과 행동을 다루기 때문이다. 고등학교 수준의 일부 교사는 정규 생물 수업에서 제공되는 연구에 덧붙여서 AP 환경과학 수업과 환경시스템 수업을 위한 프로젝트로 개발할

그림 4.2 교사는 벌레의 출몰 비율을 알아보기 위해 야생 옥수수를 연구하고 식물이 심어진 아래 토양의 번데기를 찾아 파헤친다.

수 있기도 하다. 활동들은 또한 실업계 농업 수업에 효과적으로 적용할 수 있다. 저학년에서는 교사가 한살이의 내용 기준에서 추천되는 개선점을 사용하는 데 도움을 주면서 강조점이 과학적 과정과 탐구조사 능력에 맞춰진다.

모든 Future Scientists 연수에서의 공통적인 테마는 탐구조사와 실험이다. 옥수수 해충의 한살이에 대한 실제 연구가 공유되지만, 교사들에게는 '시험을 위해 가르친다'는 압박이 늘 따라 다닌다. 그래서 특정 내용에 초점을 맞추게 된다. 각 Future Scientists 연수는 각 주의 기준과 각 실험실 상황에 맞도록 특화되어 있다. 각 실험실 소재지에서 다른 연구 단원의 일부에 대해 작업을 하는 것은 교사들로 하여금 연구가 지역기반으로 어떻게 진행되는지를 좀 더 잘 이해할 수 있게 한다. 서로 다른 배경을 가진 과학자들과 상호작용하는 것을 통해서 과학자에 대한 틀에 박힌 이미지를 없애고, 이는 자신의 학생과 이러한 이해를 나누게 되는 상황으로 이어진다. Abruscato (2000)는 '과학자의 전형적인 틀은 학생들에게 과학이나 과학 관련 분야로의 진로 선택을 방해할 수 있다고' 제안한 바 있다.

연구를 수행한 해

교사들은 주의깊게 선발된 과학연구자들과 상호작용을 통해 (Russell, Hancock, and McCullough, 2007) 최첨단 연구를 직접 배울 수 있으며, 나아가 교사들은 '과학적 탐구란 과학자들이 자연세계를 연구하면서 발견한 증거를 기반으로 설명을 제안하는 다양한 방법을 일컫는다는 것'이며 '탐구란 과학자들이 자연세계를 어떻게 연구하는지를 이해하고 이에 대한 지식을 발달시켜가는 학생 활동이라는 것'을 잘 이해하게 된다. 그러고 나서 교사는 학교 수업에서 학생들을 대상으로 연구 경험의 요소들을 적용하는 방법을 결정해야 한다. 이는 부분적으로 프로그램 팀장의 안내를 통해 이루어지고, 다른 교사들과의 협력을 통해 이루어진다. 이는 NSTA의 '과학기준으로 가는 길, 고등학교용 (Texley and Wild, 1996) 전문성 신장 기준 D (Pathways to the Science Standards, High School Edition Professional Development D)에서 추천하는 바와 같다.

이 프로그램은 '개인적 적절성과 지역적 중요성을 가지는 지역적 이슈에 대해 연구하면서 배우는 것'이 주안점이다. 왜냐하면 *Helicoverpa zea* 나방이라는 옥수수 해충은 국가적으로 기회적 식충이다. 이 나방은 멕시코에서 옮겨와서 그 애벌레가 1차적으로 옥수수 알갱이를 먹고, 뿐만 아니라 면화, 토마토, 사탕수수, 딸기에 엄청난 피해를 입힌다. 특히 딸기의 경우는 캘리포니아 지역 농부들에게 수억 달러의 피해를 입히면서 해로운 영향을 많이 준다. USDA/ARS 연구소는 대부분의 경우 시골, 즉 농업 지역사회에 위치해 있으면서 이 지역에 거주하는 학생들은 농업에 관여하며 기본 배경지식을 가지고 있다. 연수에서의 연구는 학생과 그 가족, 지역사회에 직접적이고 즉각적인 연결성을 갖게 된다. 이는 교사가 이 프로그램에 학생을 참여하도록 만드는 유인력이 된다. 교사들은 종종 해충의 피해 문제를 해결하는 것을 돕는 데 상당한 흥미를 갖게 되고, 그리고 나면 옥수수 해충에 대한 과학에 참여하고 몰입하게 된다. 처음에 이러한 관여는 교사에 의한 안내로 시작되고, 그 다음에는 과학자의 도움, 학교에서 방문, 장비 대여 및 이메일로 질의 응답하는 등의 도움을 받는다. 또한 프로그램 팀장은 학기 중 연구에 참여하는 교사와 학생을 지원하기 위해 학교를 방문한다. 그는 학생이 남쪽 주들에서 면화솜의 바구미벌레가 박멸되었던 것과 같은 박멸 노력과 반대되며 현재 사용 중인 해충 억제 방법에 대한 찬반과 관련한 질문을 만들고 학습하는 데 참여하도록 독려한다. 궁극적으로 학생들을 독려하여 자신의 연구를 수행하면서 억제 효과에 도움이 될 수 있을 과정을 개발하게끔 한다. 이것은 복잡한 과정을 거치는 것으로 환경이나 박쥐의 개체 수에 불리하게 영향을 주지 않도록 하기 위해 다수의 요인이 고려되어야 한다. 박쥐는 먹잇감 중의 하나인 이동하는 나방에 엄청나게 의존하고 있는 만큼 먹이그물의 없어서는 안 되는 부분이다.

어떤 특별하게 전도유망한 연구 프로젝트가 텍사스 주 Bryan의 Kemp 초등학교의 5

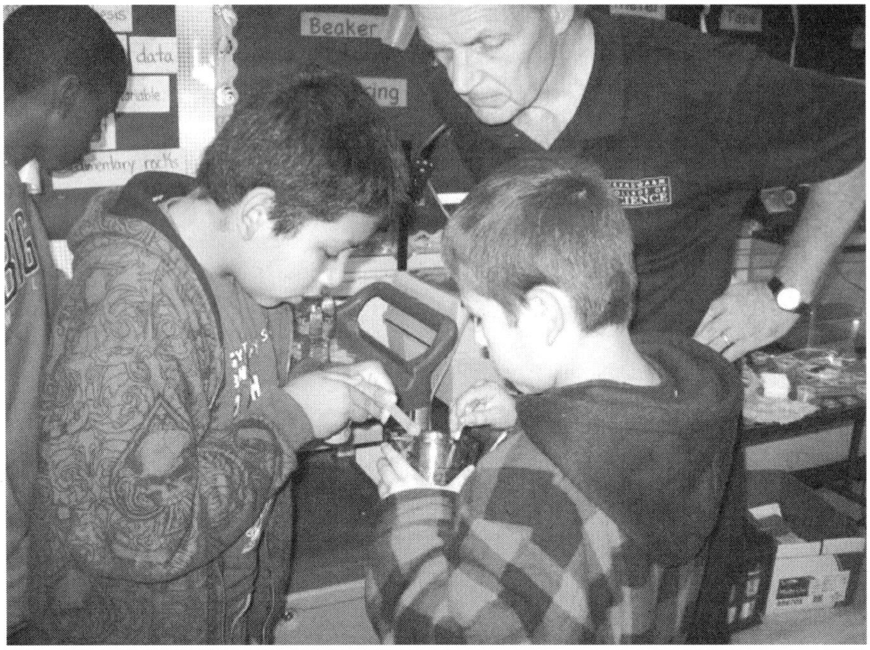

그림 4.3 텍사스 주의 Bryan에 있는 Bonham 초등학교 학생들이 자신들의 초기 연구를 회색담배나방의 유충(옥수수 등의 해충)의 한살이에서 다양한 단계를 발표하면서 보여준다.

학년 학생 2명에 의해 진행 중이다. 이 학생들은 벌레의 한살이의 2가지 측면에 초점을 맞추었다. 첫째, 암컷 나방이 알을 낳아 둘 장소인 옥수수 수염을 냄새로 찾아낼 수 있다는 것이다. 둘째, 텍사스 주에서 나방의 자연적 포식자는 멕시코 자유꼬리 박쥐다. 탐구조사 할 질문은 '옥수수 수염에 물과 토양 비료인 박쥐 똥을 섞은 용액을 스프레이로 뿌리면 옥수수 수염에 알을 낳는 나방이 억제되거나 줄어들까?'이다. 만일 나방이 억제되거나 줄어드는 것으로 나타나면, 이 연구의 결과는 자연 비료의 적용을 통해 옥수수 식물의 성장을 향상시키는 부수적 이점을 지니며 환경적으로 우호적인 벌레 억제 방안이 되는 셈이다. 그러나 결과와 상관없이 이 학생들은 살충제의 사용에 대한 대안적 억제 방법을 찾아내는 과정을 통해 환경적 이해관계를 다루게 되는 것이다. 이런 모든 노력은 학교 동료 학생들 사이의 논쟁을 유발하게 되었다. 학생들은 모두 각 억제 방법에 대한 찬성과 반대 의견들에 대해 배우게 되었다.

학교방문

이 프로그램의 중요한 요소는 교사가 여름 연수에 참여한 다음 학년도에 교사와 학생을 지원하는 것이다. 이 프로그램 팀장은 각 교사의 교실에서 적어도 하루 동안 가르쳐야 하고 항상 이메일을 통해 질문에 대한 답을 할 수 있게 한다. 당시 근처에 위치한 USDA/ARS 연구 실험실 과학자들이 핵심 역할을 수행하도록 추진한다. 예를 들어 2008~2009학년도 한 과학자는 당시 프로그램에 참여했던 교사들을 가르쳤고, 또한 이전 연도에 가르쳤던 교사들의 교사와 프로그램 웹페이지를 통해 그와 연락했던 교사들도 관리했다. 개인적으로 1학년에서 8학년에 걸친 3,141명의 학생들과 상호작용을 했던 셈이다. 31개의 서로 다른 학교에 재학 중이었던 학생들의 인종을 보면 흑인 10.8 %, 백인 21.7 %, 멕시코인 67.4 %이었다. 이러한 방문은 팀장이 프로젝트가 학생들에게 어떤 영향을 미치는지 그리고 핸즈온, 탐구기반 과학을 증진시키려는 교사들의 노력을 어떻게 지원하는지를 알아볼 수 있게 한다. 학생들의 민족성이 주로 멕시코계에 집중된 것은 USDA/ARS 실험실의 위치가 그러한 학교들의 인근에 있었기 때문이다. 이 프로그램은 최근에 USDA/Hispanic Serving Institutions National Program (HSINP)의 산하기관으로 옮겨갔다. 이러한 이유로 초기의 확장은 멕시코계 인구가 많은 장소가 되었다.

결과 : 학생 연구 발표일

프로그램은 학년 말에 진행되는 학생 연구 발표일 (Student Research Presentation Day; SRPD)에 최고조로 달한다. 이 발표일에 학생모둠/학급 연구물이 발표된다. 학부모들도 그 학년도에 학생들과 활발하게 활동하는 바 SRPD에 교사가 외부활동에 참여하여 프로그램 관계자들의 학교 방문을 원활하게 하는 등 그 학년도의 필요한 지원을 받을 수 있도록 서명했던 학교장, 교육청의 과학 담당 장학관들이 함께 초대된다. 학년 말 행사는 과학 학술모임이나 학회와 유사하게 진행되어 포스터와 논문이 발표된다. 이러한 발표일의 활동들은 발표된 학생 결과물의 질적인 면을 살펴보는 '실질적 학습'에 대한 테스트가 된다. 각 참가 교사는 프로그램에서 가장 큰 흥미를 끌었던 4~5명의 학생 결과물을 선택하여, 그들의 연구를 파워포인트 발표나 포스터 발표로 준비시킨다. 그리고 나서 학생들은 자신의 연구를 학부모, 동료, 교사, 행정담당자, 스태프, 연구과학자의 앞에서 발표한다.

과거 몇 해에 걸쳐 SRPD에서의 비슷한 수의 남・여학생들의 발표는 놀라울 정도였다(Gurian and Ballew, 2003; Hyde and Linn, 2006). 발표장에서는 각 학생의 발표 중간과 종료 후에 질의응답 시간을 가졌고, 과학자들은 언제나 학생 발표자에게 논평을 제시하였다. 그 다음 과학자 질의응답 패널로 자원한 4명의 연구과학자들이 청중으로부터 그들의 연구에 대한 현장에서의 질문에 응하였다. 질문들이 폭넓은 범위의 주제를 다루고 있어서 해충 연구에 직접적으로 연관되어 있는 것부터 다른 지역의 연구 프로그램에 대한 것까지 다양하다.

발표장에서 질문이 허락되기 전, 각 과학자들은 자신이 처음 과학에 흥미를 느끼게 된 때와 계기, 각자 어떻게 이 연구소에서 일하게 되었는지, 그리고 이 직업이 어떤 기회들을 제공하는지, 예를 들어 직업 만족도에서 세계 여행에 이르는 내용 등에 대해 간단히 이야기 한다. 이것은 인기가 많은 순서이고 이어서 역시 호응도가 같은 정도로 높은 식사가 이어진다.

오후에 모든 참가자는 특별한 실험실에서 현재 수행 중인 좀 더 시각적인 연구 프로젝트의 상호작용 견학에 참가한다. 그 견학에서는 과거 텍사스 주 College Station에 USDA/ARS Southern Plains Agricultural Research Center에서 과학자들이 동물의 위나 옆구리에 '카뉼라'라는 플라스틱 장치를 장착한 관을 달고 있는 젖소를 보여주었다. 이 장치는 다양한 내장 기관들에 쉽게 접근하기 위한 것으로 젖소가 다양한 음식을 얼마나 빠르게 소화시키고, 음식을 먹고 난 후 어떤 생물학적 화학적 과정을 거치는지를 관찰할 수 있게 한다. 학생들이 자신의 손을 카뉼라에 넣어서 젖소의 위 내용물을 채취하고 표본을 현미경으로 보면서 포함된 미세유기물들을 살펴볼 수 있도록 하였다. 또 뉴멕시코 주 Las Cruces의 Cotton Ginning Research Unit 견학에서 과학자들이 각 학생들에게 미니 씨아를 조작하여 여러 면화 꼬투리를 씨아로 빼내는 것을 해보게 하여 그 과정을 직접 볼 수 있고, 씨와 분리된 면화 섬유질을 모으는 것 역시 볼 수 있게 한다. 학생들은 두 줄로 목화솜을 뽑는 기계를 가까이서 살펴보고, 그것이 후추 수확에 어떻게 적용되는지 알아보게 한다. 이 두 과정 모두 전통적으로 수작업으로 이루어졌던 것으로 노동 집약적이고 고비용인 과정이었다. 만일 이 과정이 기계화된다면 미국 후추 생산 증대로 외국으로부터의 수입품에 경쟁력을 유지하게 될 것이다. 이러한 견학은 교사와 학생의 과학기술 연구가 다수의 여러 복잡한 이슈들과 얽혀 있다는 것을 이해하는 데 큰 도움이 된다.

프로그램 요소의 증진과 확산

단원의 이 부분이 진행되는 동안 프로그램 팀장은 교육 및 과학 학술학회에서 발표를 한다. 예를 들어 2008~2009년에 팀장은 프로젝트를 알칸사스, 캘리포니아, 콜로라도, 인디애나, 노스캐롤라이나, 오클라호마, 텍사스 주의 교사와 학부생에게 소개했다. 원래 의도는 잘 드러나지 않는 청소년 계층을 염두에 둔 것이나 상당한 생명과학과 농업과학에 노력을 해왔던 교사들을 대상으로 하고 있다. Fort Worth에서 열린 텍사스 주 과학교사 학회에서 120명의 교사에게 발표하고, 캘리포니아 주 Anaheim의 전국 규모 학회에서 American Indian Science & Engineering Society (AISES) 학부생들과 상호작용하고 나서 다시 오클라호마 주의 Tahlequah에서의 AISES Region IV Conference에서 발표하는 것은 특히나 가치있는 것이다. 다른 흥분되는 곳은 다음과 같다. Rio Grande Valley에서 열린 Hispanic Engineering, Science, and Technology (HESTEC) 주간; Society for the Advancement of Chicanos and Native Americans in Science (SACNAS)의 전국규모 학회; 그리고 Hispanic Association of Colleges and Universities (HACU)의 전국규모 학회.

번식기 효과와 벌레 수송 자료

곤충에 대한 수요가 College Station Area-wide Pest Management 연구 단위의 능력을 넘어서는 지점에 이르렀다. 결과적으로 Wayne Ivie라는 Southern Plains Area Research Center (SPARC) 센터장과 John Westbrook이라는 Area-wide Pest Management Research Unit (APMRU) 책임자는 College Station에서 교사의 애벌레 수요에 바로 응대하는 것이 1차적 업무인 생물학 보조로 일할 학생을 채용했다. 이것은 매우 환영할만하고 필수적인 것으로 16,561마리의 애벌레가 preK－12에 걸친 12,476명의 학생들 연구를 위해 배송되었다. 2005년 배송이 시작된 이래, 배송된 벌레의 수는 해마다 꾸준히 증가했다.

이 서비스는 무료이고 SPARC에서 비용을 담당하고 있다. 미시시피 주의 USDA/ARS의 Crop Science Research Laboratory가 Genetics and Precision Agriculture and the Corn Host Plant Resistance Research Units를 통해서 Tennessee 주의 Monsanto insect rearing facility로부터 알을 공급하고 있다. 이러한 일들을 꾸준하게 무료로 공급하여 이 프로그램을 안정적으로 지원하고 있다. 이것이 교사의 참여 노력을 높이 평가하고 과학에 대한 학생들 사이의 열정을 창출하기 위한 교육 기부 사업에서의 파트너 사이의 진정한 협력의 사례이다.

미래 과학자 웹사이트

상호작용적 프로젝트 웹사이트는 워싱턴 DC의 USDA/HSINP에서 개발되었다(www.hsi.usda.govICornEarWormlmain.htm). 이 사이트는 PestWatch로 불리는 자료 입력이 가능한 실시간 추적 시스템을 갖추고 있다. 이 시스템은 개별 학급이 벌레 증식 자료를 입력할 수 있고, 자신의 데이터를 같은 교육청 내의 다른 학교의 데이터와 비교하거나 더 지역을 넓혀서 주 내의 다른 학교의 데이터, 또는 다른 주의 데이터와도 비교가 가능하다. 게다가 예를 들어 아이오와 농부 옥수수 카메라(Iowa Farmer Corn Cam)와 옥수수 키우기의 저속도 촬영과 같은 일련의 비디오가 연결되어 있다.

미래 과학자 프로그램(FSP)의 확장

현재 FSP는 과학에 대한 흥미를 잃어버리는 학년인 4~12학년 학생들을 대상으로 추진한다. 예를 들어 2005 National Assessment of Educational Progress에 따르면 4~12학년 사이에 과학에 대한 학생의 성취도는 꾸준히 감소한다고 보고하였다. 국가 평가에서 4학년의 68 %가 기초 성취 수준이거나 그보다 위인데, 8학년에서는 59 %이고 12학년은 54 %이다(Nagel, 2007).

이러한 개혁의 노력을 더욱 확장하기 위해서, 시범적 프로그램이 2007년 여름 2명의 Texas A & M University 학부생을 위해 텍사스 주 휴스턴에 있는 USDA/ARS 연구소 Children's Nutrition Research Center(CNRC)의 Mike Grusak 박사가 멘토링을 하면서 시행되었다. 그러고 나서 2008년 여름, 9명의 Texas A & M College of Science에 재학 중인 학부생에게 College Station에 있는 USDA/ARS Plains Area Research Center(SPARC)에서 함께 일할 기회를 제공하고 연구 과정을 배우고 참여하게 하였다. Undergraduate Research Internship(URI : 학부생 연구 인턴십)은 금전적 보상보다는 학

점을 취득하게 하고 생물학 491 : 독립연구(다양한 단과대학에서 교수진들이 지도하는 연구 과목)의 일환으로 간주된다(1~4학점). 게다가 8학점이 직접 선택과목으로 활용될 수 있다. 추가 학점은 일반 선택과목 학점으로 사용할 수 있다. 만일 학점이 부과되지 않으면 학생들에게 연구경험을 쌓게 하는 것만으로도 환영할만하다. 이 프로그램은 재차 2009년 여름에 개설되었고, 7명의 과학자가 참여해서 학생들이 SPARC 연구시설에서 작업하도록 구체적인 프로젝트를 기안하였다.

연구 과학자들이 자신이 선택한 연구 분야에서 경험을 쌓도록 고무시키기에는 자신의 지식을 나누고자 하는 열정으로 자신의 분야에서 활약하는 전문가의 멘토링을 받는 것보다 더 좋은 방법은 없을 것이다. 이들은 모두 자신의 분야에서는 지도급 학자들이며 기꺼이 자신의 연구 전문성을 공유하고, 때로는 민감한 연구 프로젝트를 둘러싼 논쟁과 대중담화의 문제에 자신의 관점을 공유한다.

성공의 증거

프로그램 성공의 최고의 잣대가 그 해 마지막에 발표되는 최종 학생 연구물이라는 것은 시작 단계부터 결정된 사항이다. 이것이 바로 잘 알려진 학생 연구 발표일(Student Research Presentation Days)이다. 이 날은 Drayton과 Falk(2006)가 이야기한대로 과학자, 교사, 학생 사이에 1년에 걸쳐 이룩된 공동작업 유연관계의 최고조이다. 그리고 교사에게 제공된 초기의 '비계' 때문에 성공한 것이다. 학생들은 높은 수준의 발표물을 자신감 있고 침착하게 연구과학자들 앞에서 발표한다. 이 프로젝트는 자료 수집에 투입한 시간의 길이도 다양하다. 그러나 모든 학생들이 최소한 6주(곤충의 한살이의 평균적 생존기간)동안 프로젝트에 참여하였다. 이 발표들은 'Essential Features of Classroom Inquiry(교실 탐구의 핵심적 특징, NRC 2000, p.29)'에 대한 폭넓은 형태를 보여주고 있어서 더 교사 중심적이고 안내적인 것에서부터 교사가 학생의 제안과 투입에 대응하는 역할을 거쳐, 연구 활동이 전적으로 학생 중심이고 학생의 질문, 흥미, 열의에 의해 주도된다는 생각까지 전 범위의 탐구가 제시된다.

교사 안내는 종종 프로젝트가 한살이의 기초 관찰과 곤충이 나방이나 나비로 되는지를 알아보는 연구에서부터 벌레가 동족을 먹는지를 관찰하는 실험까지 저학년에서 더 많이 언급된다. 이러한 실험들은 종종 수업 혹은 모둠 프로젝트로 수행되지만 교사의 융통성으로 개별 학생들이 개인 연구를 수행하기도 한다. 이전에 수행된 연구 프로젝트에서 추출한 다음의 예들은 학년별로 연구의 폭과 깊이를 잘 조명해준다.

2학년

교사는 2005년 뉴멕시코 주 Las Cruces의 USDA/ARS Jornada Experimental Range and Cotton Ginning Research Unit에서 개최된 여름 연수에 참여하였다. 그녀는 5학년 교사로서 프로그램에 참여했으나 2005학년도에 2학년으로 재배정 받았다. 이에 따라 우리는 옥수수 해충 연구를 자신의 새로운 상황에 가져올 수 있게 지원하여, 그녀는 자신의 수업안을 조정하였다. 그 학년도의 끝 무렵 그녀의 반 학생들은 완벽한 한살이를 통해 성공적으로 해충들을 키우는 데 성공했고, 각 단계에 꼭두각시 인형을 만들어서 다른 학생들에게 한살이에 대해 인형극으로 풀어내었다. 특히 창의적인 한 학생은 한살이를 유머 있게 그려낸 큰 삽화 만화책을 만들었다. 그는 학생 연구 발표일에 이를 공개하였다.

3~5학년

텍사스 주의 Lubbock의 3학년 학생은 '내가 옥수수 수염의 냄새를 위장해서 나방의 알 낳기를 억제할 수 있을까?'라는 질문을 스스로 제기하고 답을 할 수 있었다. 뉴멕시코의 Las Cruces의 5학년 여학생은 '해충은 얇은 껍질을 가진 옥수수 알을 다른 종류의 두꺼운 껍질을 가진 옥수수 알보다 더 선호할까?'라는 것을 알아보기 위해 실험하였다. 텍사스 주 Beaumont에서 5학년 학생 한 모둠은 건강한 사람의 영양에 대해 공부하였고, 자신들의 관심사를 벌레의 식단으로 돌려서 벌레의 한살이에 영향을 주는 먹이 유형을 탐색하였다. 이 학생들은 자신의 먹이 칼로리 실험 (이 장의 부록 참조)을 연구 계획안의 기준 형식에 맞게 고안하였다.

중학교

텍사스 주 Junction에 위치하는 중학교 여학생 2명이 '우리가 나방의 성별을 번데기 시기에 성공적으로 알아낼 수 있을까?'를 자신들의 연구 질문으로 하기로 결정했다. 두 여학생은 우선 자신의 프로젝트를 Junction 중학교 과학 대회에서 발표했고 1등을 하였다. 그런 다음 텍사스 주 San Angelo에서의 지역 과학기술 경진대회에서 생명과학 분야 팀 경쟁에서 1등을 하였다. 이 학생들은 텍사스 주 San Antonio에서 열린 주 과학기술 경진대회에 초청되어 농업분야에서 수상했을 뿐만 아니라 Discovery Young Scientists Competition에 참여하였다. 그들의 연구는 해충을 억제하는 데 있어 탁월하지는 않았지만, 두 학생이 자신들에게 흥미로웠던 질문을 충분히 잘 이끌어냈고, 그 답을 위해 노력했다는 중요한 목적을 달성했다.

고등학교

학생 기초연구

한 연구 프로젝트의 예로서 알칸사스 주 Valley Springs 고등학교 10학년 생물학 학생들은 장기간에 걸쳐 진행되는 프로젝트를 개발하였으며 수차례 벌레를 주문하였다. 그들의 연구는 '열린 탐구'의 모범적 사례가 된다. 이 학생들은 여러 개의 지속적 프로젝트를 진행하였으나 초기의 탐구조사 문제는 '옥수수 해충의 한살이는 얼마나 될까? 애벌레의 성장 비율은 얼마나 길까? 우리가 제2세대를 만들어 낼 수 있을까?'였다. 그들은 벌레의 성장을 매일 데이터로 기록하며 관찰하였으나 제2세대를 만드는 것은 성공하지 못했다. 그들은 모든 것을 올바르게 했다고 생각했고, 번식에 영향을 미치는 요인을 연구하기로 해서 USDA/ARS 연구소의 선임 곤충학자 Juan López 박사의 자문을 받았다. 그들은 낮 동안에 교실이 일정한 온도(20~22°C)를 유지하고 있지만, 우연히 수위 아저씨가 '북극과 같은 환경'에서 일하는 것을 좋아했다는 것을 알게 된다. 그들은 벌레가 추운 온도에 민감하게 반응하는 것을 알았고, 이 문제를 야간에 따뜻한 보관함에 따뜻한 패드를 넣어서 해결하였다. 이를 통해 제2세대를 만드는 것에 성공하였고, 거기서부터 더 복잡한 조사탐구인 한살이의 길이에 대한 온도 변화의 효과로 옮겨가게 되었다. 그래서 같은 방식으로 벌레가 차가운 들판의 곡식에 의해 억제될 수 있는지를 살펴보고자 하였다.

이와 함께 학생들은 또한 자신들의 일부 벌레가 휴면기에 들어간다는 것을 경험하게 되었고, 암컷 · 수컷이 동종이형이라는 것에 대해서도 배웠다. 처음에는 자신들의 연구 데이터로부터 알게 되었고, 그 다음에는 온라인 연구를 통해 알게 되었다. 이들의 연구를 위해 담당 교사는 2006년 차로 여러 시간 걸리는 알칸사스 주 Stuttgart에 있는 USDA/ARS Harry K. Dupree National Aquaculture Research Center에서의 여름 연수에 참여했었다. 이 교사는 이 해충 연구를 해마다 꾸준히 새로운 학생들과 함께 성공적으로 수행했고, 이전 년도 학생들의 연구에 새로운 학생들이 투입되는 방식으로 확대되었다.

수상을 한 학생 연구

일부 학생들은 시군, 주, 그리고 전국 규모 과학대회로 진출하기도 한다. 예를 들어 2008년 알칸사스 주 Alpena High School의 고등학생이 전국 대회인 Future Farmers of America (FFA) Agri-science Fair에서 3등을 하였다. 그녀의 프로젝트는 생화학 분야였고, 현재 유기적으로 증대되는 식량과 해로운 살충제로 처리되는 식량에 대한 대중적 담화와 논쟁의 대상인 *Helicoverpa zea*를 대상으로 연구하였다. 그녀는 보편적으로 사용되는 방부제인 벤조산 나트륨이 옥수수를 소비하는 사람들에게는 염려를 끼치지 않으면서 옥수수 해충의 한살이에 부정적 영향을 줄 것이라는 가설을 세웠다. 이 실험은 또한 다른 수준의 방부제를 테스트하였고, 각 수준에서의 옥수수 해충에 미치는 영향을 검사하였다. 그 데이터와 관찰 결과는 그녀의 가설에서 제안한 것이 옳았다는 것을 보여주었다. 그러므로 농부들은 자신의 곡식에 벌레와 다른 해충을 억제하는 살충제로 일반적인 살충제 대신에 방부제를 사용할 수 있을 것이다. 연구를 계속하기 위해서 학생은 옥수수 해충의 성충으로의 성장을 추적하여 방부제가 해충의 성장과 성장률에 차이를 만들어 내는지를 보기 위해 통제집단의 벌레와 비교하였다.

연구의 출판

과학자 집단에서 실시할 수 있는 학습의 최종 테스트에서는 Texas A & M University와 USDA/ARS 과학자와 공동 저자로 다음과 같은 논문을 발표한 텍사스 Bryan 고등학교 3학년 학생이 달성하였다 : Coleopteran과 Lepidopteran 애벌레 먹이에 대한 *Bacillus thuringiensis Kurstaki*와 중탄산나트륨의 효과 (Skrivanek et al., 2006). 학술지 남서 곤충학자 (Southwest Entomologist)에 실린 초록은 다음과 같다.

> 우리는 만일 중간 창자의 pH가 Btk에 민감한 lepidopteran 애벌레의 알칼리 pH에 맞춰지면 *Bacillus thuringiensis* 아종인 *kurstaki* (Btk)가 Coleopteran 애벌레에 부정적 영향을 미친다는 가설을 테스트하였다. 옥수수 해충 또는 꼬투리벌레인 *Helicoverpa zea* (Boddie) (Lepidoptera: Noctuidae), 그리고 딱정벌레인 *Tenebrio rnolitor L.* (Coleoptera: Tenebrionidae)

애벌레를 TRT 1에 두고 콩－밀 병원균 곤충 식이법(SWD)을 꾸준히 먹이고; TRT 2에서 SWD+중탄산나트륨(중간 창자의 pH를 바꾸기 위한); TRT 3는 SWD+B사; TRT 4는 SWD+중탄산나트륨+Btk. TRT 1, 2, 3에 딱정벌레는 모두 살았고 적당히 몸무게가 증가하였다. TRT 4의 딱정벌레는 일부 죽었고 몸무게 증가가 나타나지 않았다. TRT 1의 꼬투리벌레는 모두 살았고 낮은 치사율을 보였으며 몸무게도 늘었다. TRT 3과 4의 꼬투리벌레는 높은 치사율과 몸무게가 전혀 늘지 않았다. 중탄산나트륨을 포함한 TRT 2와 4에서 유의미하게 꼬투리벌레와 딱정벌레에서의 중간 창자의 pH 값이 올라갔고, 딱정벌레의 경우 산성에서 알칼리로 바뀌었다. 우리의 결과는 Btk를 먹이면 알카리성 중간 창자를 가진 Coleopteran 애벌레가 부정적 영향을 받을 것이라는 가설을 지지하고 있으며, 또한 꼬투리벌레 중간 창자의 알칼리성이 증가하면 Btk에 대한 민감도를 높아짐을 제안한다.

이는 정말로 학생에게 개인적 연관성을 갖추고, 지역적 중요성과 국가적 영향으로 확장 가능한 잠재력을 갖춘 지역사회 이슈에 대해 노력하는 학생의 예이다.

프로그램의 대중화

윌슨 박사는 2009년 2월 15일 텍사스 주의 오스틴에서 개최된 마라톤 대회에서 교육적 요소를 포함하는 프로그램을 대중들이 경험하도록 하였다. 그는 옥수수 해충을 잡아서 Bryan ISD 5학년 1250명 학생들 모두에게 그가 함께 뛰고 있는 '친구'가 암컷인지 수컷인지 물었다. 마라톤이 끝나고 학생들의 추측한 자료를 종합해서 성별이 확인될 수 있는 그 벌레가 번데기가 되고 난 후에 학생들에게 피드백을 제공했다. 이 이야기는 웹페이지[7]에서 볼 수 있다.

결론

예외 없이 여름 연수와 1년간의 후속 활동을 위해 관계자들의 상당한 협력과 지원이 있었다. 그리고 학생 연구 발표일에 그것이 최고조에 달했다. 개발된 과학 학습 공동체가 참된 협력체제 위에 만들어졌다. USDA/ARS 연구과학자들은 시간을 할애해서 자신

7) www.science.tarnu.edularticlesI639

의 연구에 대한 교사들의 질문을 받고 전문성을 기꺼이 함께 나누고자 하였다. USDA/ARS 행정직과 CMSE 스태프 모두 각각의 연수가 성공할 수 있도록 노력했다. 이런 심도 있는 실천적 지원, 교사를 준비시키는 본래 재교육의 철저함(Kyle, Bonnstetter, and Gadsden, 1988), 그리고 이들을 여름에 USDA/ARS 연구 실험실의 문화에 참여시키려는 것, 마지막으로 탐구의 노출은 모두 성공적인 요소였다고 할 수 있다. 이 프로그램은 교사로 하여금 '과학의 본성이 창의적으로 지식을 만드는 과정이라는 것을 심층적으로 이해하도록' 하였다(Drayton and Falk, 2006, p.253). 중요한 것은 학생들의 도전정신을 불러일으켰고 종종 자신의 연구를 수행하는 데 있어서 예상을 뛰어 넘었으며, 올해만 보더라도 2004년 College Station의 USDA/ARS Southern Plains Agricultural Research Center에서 학생 연구 발표일에 참가했던 5학년 학생이 그곳의 여름 일자리에 지원했다. 지금 그 학생은 고등학교 2학년이 되었다.

다음 인용문은 FSP의 전망을 잘 요약해준다. '옥수수 해충을 관찰하고, 이에 대해 연구를 수행하는 일은 섬세한 과정이다. 그러나 여러분이 조금만 주의한다면 상당한 재미를 갖게 될 수 있다. 만일 여러분이 충분히 관찰한다면, 한 번도 가능할 것이라 생각하지 못한 것을 배울 수 있다. 우리가 참여할 수 있게 해준 것에 대해 감사드린다(Snook ISO, Texas, sixth graders).'

FSP의 참여를 통해서 학생(K−12)에게 '누가 내 옥수수를 먹었는가?'라는 질문을 조사하게 함으로써 자신이 '과학적 · 기술적 문제에 대한 공적 토론과 논쟁에 지적으로 참여하는 것'을 시작할 수 있도록 해주는 모델을 제공한다.

감사의 글

이 연구는 USDA/HSINP, USDA/ARS/SPA와 Texas A & M University의 Center for Mathematics and Science Education(CMSE)의 지원으로 진행되었다. 여기서 제시된 의견들은 저자들의 의견임을 밝혀두며, 반드시 지원기관의 생각으로 볼 필요는 없다. 덧붙여 우리는 학교에 벌레를 배송해주는 데 도움을 준 Chris Parker와 Parker Knutson의 지원에 큰 감사를 표한다.

참고문헌

Abruscato, J. 2000. Teaching children science: Discovery methods for the elementary grades and middle grades. Needham Heights, MA: Allyn and Bacon.

Alberts, B. 2008. Editorial: Considering science education. Science 21 (319): 1589.

Beck, M., E. Morgan, S. Strand, and T. Woolsey. 2006. Mentoring: Volunteers bring passion to science outreach. Science 24 (314): 1246-1247.

Drayton, 8., and J. Falk. 2006. Dimensions that shape teacher-scientist collaborations for teacher enhancement. Science Education 90 (4): 734-761.

Gurian, M., and A. Ballew. 2003. The boys and girls learn differently action guide for teachers. San Francisco, CA: Jossey-Bass.

Hyde, J. S., and M. C. Linn. 2006. Gender similarities in mathematics and science. Science 27 (314): 599-600.

Kyle, W. c., R. J. Bonnstetter, and T. Gadsden. 1988. An implementation study: an analysis of elementary students' and teachers' attitudes towards science in process-approach vs. traditional science classes. Journal of Research in Science Teaching 25 (2): 103-120.

Lederman, L., and S. Malcom. 2009. Editorial: The next campaign. Science 6 (323): 1265.

Ledley, T., N. Haddad, J. Lockwood, and D. Brooks. 2003. Developing meaningful student-teacher-scientist partnerships. Journal of Geoscience Education 51 (1): 91-95.

Lempinen, E. 2006. Education: Senior scientists and engineers bring experience to class. Science 30 (312): 1891-1892.

Nagel, D. 2007. STEM Education: Prepping students for sCIence. The Journal. www.thejournal.com/articles/21366

National Academies Committee on Science, Engineering, and Public Policy (COSEPUP). 2005. Executive summary. Rising above the gathering storm: Energizing and employing America for a brighter economic future. Washington, DC: National Academies Press.

National Research Council (NRC). 1996. National science education standards. Washington, DC: National Academies Press.

National Research Council (NRC). 2000. Inquiry and the national science education standards. Washington, DC: National Academies Press.

National Science Resources Center (NSRC), National Academy of Sciences (NAS) and Smithsonian Institute. 1997. Science for all children: A guide to improving elementary science education in your school district. Washington, DC: National Academies Press.

Omenn, G. 2006. Presidential address: Grand challenges and great opportunities in science, technology, and public policy. Science 15 (314): 1696-1704.

Pfund, C., C. M. Pribbenow, J. Branshaw, S. M. Lauffer, and J. Handelsman. 2006. The merits of training mentors. Science 27 (311): 473-474.

Russell, S. H., M. P. Hancock, and J. McCullough. 2007. The pipeline: Benefits of undergraduate research experiences. Science 27 (316): 548-549.

Scott, T., C. Schroeder, H. Tolson, and A. Bentz. 2008. Effective K-12 science instruction: Elements of research-based science education. Pamphlet for ISDs.

Skrivanek, S., B. Ripple, J. Lopez, and M. Harris. 2006. Effects of Bacillus thuringiensis Kurstaki and sodium bicarbonate in coleoptera and lepidopteran larval diets. Southwest Entomologist 31 (1): 55-58.

Texley, J., and A. Wild, eds. 1996. NSTA pathways to the science standards. High school edition. Washington, DC: National Academies Press.

Wilson, H. C. 2001. A multiple case study: The perceptions and experiences of four research scientistscience teacher teams in a scientific work experience program for teachers (SWEPT). Unpublished doctoral dissertation. College Station, TX: Texas A & M University.

부록

질문

벌레가 먹는 먹이의 종류가 달라지면, 성충이 될 수 있는 애벌레의 개체수에 어떤 영향을 줄까?

가설

벌레가 사람과 같이 건강하기 위해 균형 잡힌 식단이 필요하다고 가정하면, 저칼로리 식단(낮은 에너지 식단)을 가진 벌레는 애벌레가 되지 않을 것이다.

재료 및 준비물

일상적 식단을 유지하는 벌레 24마리 (한 마리씩 한 컵에 담긴), 대체 음식인 신선한 양상추, 토마토 (매일 다르게 한다) 조각 (물기를 머금은 휴지 종이 위에 토마토를 올려놓는다).
(학생들은 토마토 과일 벌레(큰담배 밤나방의 유충)이므로 그 벌레가 토마토를 먹는다는 것을 이해한다.)

과정

벌레가 두 번째 탈피 단계에 이를 때까지 원래 먹이를 먹게 놓아둔다.

1. 실험군으로 같은 크기의 벌레 24마리를 모은다.
2. 8마리 벌레는 오직 양상추만 먹는 저칼로리 식단에 두고 이를 그룹 1로 정한다.
3. 8마리 벌레는 잘 익은 토마토의 중간 칼로리 식단에 두고 이를 그룹 2로 정한다.
4. 8마리 벌레는 고칼로리 식단에 두고 이를 그룹 3으로 정한다.

자료

모둠 번호	1	2	3
번데기로 된 벌레 수			
번데기가 되는 데 걸린 일 수			

결론

학생들은 학생 연구 발표일인 5월에 자신의 결과를 발표할 수 있었다. 고 칼로리, 중간 칼로리의 모든 벌레들은 성공적으로 잘 번데기가 되었다. 그러나 벌레들이 양상추를 피하는 것을 발견했다. 그래서 학생들은 이 벌레가 면화솜 벌레라는 이름으로도 불릴 수 있다는 것을 알고 실험을 먹잇감으로 '사각형으로 자른 면솜'을 사용하는 것으로 다시 재고안하기로 결정하였다. 이것은 매우 귀중한 수업이 되었다. 왜냐하면 때때로 연구는 계획한대로 잘 되지 않는 경우가 많아서 다시 재고하고, 재고안해야 하는 경우가 빈번하기 때문이다.

다른 연구 프로젝트들은 웹사이트[8]에서 찾아볼 수 있다.

8) www.hsi.usda.govICornEarWormlmain.htm

CHAPTER 05

예비과학교사 프로그램을 위한 생물학의 응용

Hakan Akcay
Marmara University

배경

아이오와 대학교는 미국연방 교육부로부터 1993년에 지원을 받은 이후 새로운 과학교사 양성프로그램의 다양한 유형을 연구하고 시도해왔다. 1993년에서 1998년 동안에 3번의 Salish 연구지원을 받았다. Syracuse University를 중점 대학으로 한 IMPPACT (Investigating the Meaningfulness of Preservice Programs Across the Continuum of Teaching)는 National Science Foundation의 지원을 받았으며, 이러한 Salish 노력은 현재까지도 이어지고 있다. 아이오와 대학교에서 추진한 개혁 가운데 하나는 각 주요 과학 교과의 응용과목을 도입하는 것이다. 이는 1982년 교사재교육 프로그램인 아이오와 츄타콰 프로그램(Iowa Chautauqua Program)의 일환으로 처음 시도되었다.

아이오와 대학교의 박사과정 학생으로서 저자는 '생물학의 응용'라는 과목에 참여할 좋은 기회를 갖게 되었다. 2년 동안 처음에는 조교로 그 후에는 강사로 참여하였다. 현재는 터키의 Marmara 대학교에서 교수로 재직 중이지만, 저자는 아이오와 대학교에서 응용 교과들에 대해 배웠던 것을 도입하고 있고, 재직 중인 대학에서도 이러한 교육과정을 만들어가면서 발전시키고 있다. 저자의 첫 번째 시도는 생물학이었다. 개념을 잡아오다가 2010년에 처음 도입시켰다. 우리는 이 장에서 보고되는 것과 유사한 데이터를 얻기를 희망하고, 향후 나오게 될 보고서에서도 이를 점검해볼 것이다.

Salish 연구는 개혁 마인드를 가진 교사를 양성하기 위해서, 새로운 방향을 제공하는 일련의 추천사항으로 마무리되었다. 추천할만한 프로그램의 특징은 다음과 같다.

1. 주요 과학교과 한 영역을 아우르는 강력한 과학 요소(30+학점)와 부차적 과학 영역(최소 15학점)
2. 과학사, 과학철학, 과학사회학의 구체적 활동내용(6학점)
3. 디자인 세계(기술)에의 입문과 자연세계와의 연계(6학점)
4. 최소 2번(1학기에 한 번씩)의 주요 과학 교과의 응용을 현재 논의되는 이슈를 다루는 작업을 통해(안내 질문, 가능한 설명, '가장 적합한' 해결법의 선택, 조정 활동) 경험하기
5. 과학과 기술의 연구 경험
6. 세 학기에 걸친 교수법 계열과 초등학교, 중학교, 고등학교에서의 경험으로 제공하는 세 학기 동안 학교 현장 참관실습과 병행
7. 한 학기 동안 교생실습하기
8. 학사 학위에 필요한 대학의 일반교육(약 30학점)
9. 일반교육(교육사, 교육심리, 특수교육, 다문화, 현장개선연구, 10학점)

초창기 Salish 프로젝트에 참여한 약 20여 개 대학교가 추천된 변화방식을 시도하는 데 참여하였다. 이 모든 것이 이후 10년간 아이오와 대학교의 다양한 교수진에 의해 도입되고 시도되었다.

아이오와 대학교에는 주요 교과(생물학, 화학, 물리학, 지구과학)에 대해 4개의 응용 과목이 개설되었다. 이들 과목개설은 과학내용 경험(교수강의, 교과서, 시범실험에 의한)의 양을 확대하거나 바람직한 교과교육학적 지식을 갖는 것보다 더 중요하게 여겨졌다. 이 수업 과정들은 교사들이 전형적인 개념(내용 그리고/또는 교육학적)을 새로운 상황에서 사용하는 능력을 갖출 수 있도록 하는 것으로 확신하며 만들어졌다. 응용과학의 계열은 각 교과영역의 사회적·교육적 측면에 초점을 맞추는 과목들로 구성된다. 학생들은 과학 분야의 교사양성프로그램에서 얻은 정보를 활용하여 우리 사회에서의 사회적 문제를 논의하는 방법을 기획하게 된다. 또한 교사는 문제를 명확히 하기 위해 정보를 활용하고, 자료를 수집하며 자신의 입장을 지지하기 위해 논쟁을 만들어가고,

그 문제를 해결하기 위해 적절한 정보를 활용하는 것을 배운다. 이것이 대학 캠퍼스에서 예비교사를 위한 '생물학 응용' 교과－저자가 아이오와에서 배웠고, Marmara 대학교에서 2011학년도부터 적용하도록 준비 중인－에 대한 연구이다.

응용과목 접근법의 효과 연구하기

참여 학생에 대한 생물학 응용 프로그램의 효과가 2학기 동안에 걸쳐 연구되었다. 41명(남학생 13명, 여학생 28명; 초등과학 전공 19명, 중등과학 전공 22명)의 예비과학교사가 생물학 개념의 사회적 및 교육적 응용 교과목을 수강하였다. 한 명의 관심 있는 대학원생이 자료 수집과 분석을 보조하였다. 터키에서의 표본에 대한 자료 수집은 2010~2011학년도에 걸쳐서 이루어졌다. 다른 나라의 유사한 응용교과의 결과를 비교하는 것이 저자의 의도이다.

교과목의 특징

이 교과는 한 학기 4학점을 이수하는 교과목이다. 수업은 주당 3시간 수업을 14주 동안에 걸쳐 진행하는 것을 포함한다. 대부분의 학생 프로젝트 작업은 정해진 수업시간 밖에서 이루어진다. 이 수업의 필수조건과 경험의 특징은 교과 요목에 잘 나타나 있는 바와 같이 모든 학생이 생물학 지식을 사용할 수 있는 구체적인 연구 질문을 찾아내는 것을 주된 내용으로 포함한다. [표 5.1]은 교과의 측면과 각 학생이 완수해야 할 필수 과제를 나열하고 있다. 학생 및 교과에 대한 반응의 변화는 응용 교과가 유의미하게 새로운 과학교사의 교육에 기여하고 있음을 보여준다. 이 교과의 목적은 전통적인 과학 내용을 추천된(그리고 연구 기반의) 교수방법론에 연관 짓는 것을 잘 보조해주는 것이다.

이 교과가 진행되는 동안 저자는 학생들이 과학, 기술, 사회 간의 상호작용을 다양한 맥락에서 공부할 수 있는 기회를 갖도록 하는 학습 환경을 조성하고자 하였다. 또한 학생들은 이 시스템이 서로에게 어떻게 영향을 미치고, 인간에 의해 영향을 받는지에 대해 일반론적인 탐색을 하였다. 학생들은 과학, 기술의 이슈가 사회 맥락에서 어떤

표 5.1 생물 응용 교과 수업 차시의 구성

1. 개별 학생의 개인 프로젝트는 개인적 그리고/또는 사회적 문제를 해결하기 위한 생물학 연구의 활용을 잘 나타내야 한다.
2. 모둠 프로젝트(3~4명으로 구성)는 생물학 연구가 그 해결에 도움이 될 수 있는 지역적이고 현재 진행 중인 문제를 다루어야 한다.
3. 지역 교사가 사용하는 과학-기술-사회(STS) 접근 교수방법을 평가하는 논문의 준비
4. 유명 언론 매체에서의 10개 보고서에 대한 문제, 해결, 잠재적 조치의 관점에서 비평
5. 생물학 지식이 주장을 만들어 내는(혹은 반박하는) 데에 유용할 것 같은 제품 광고의 분석
6. 교수접근법(K-16)으로서의 STS의 사용과 함께 프로그램 결과와 개선방안에 대한 문헌 고찰의 준비
7. 수업에서 다른 학생들이 완성한 개별 프로젝트의 분석
8. 다른 모둠에서, 다른 학생들이 만든 개별 및 모둠 차원 실행방안의 정교화
9. 개별 학생이 개별 프로젝트나 모둠 프로젝트에 대해 학급의 다른 학생이 '가장 중요하게' 추진해야 할 조치로 확인한 것은 무엇인지에 대한 보고

방식의 의사결정에 이르는지를 학습하도록 장려되었다. 이는 NSES의 목적 2와 목적 3과 함께 하는 것이다. 목적 2는 개인적 결정에 과학적 탐구와 원리를 적절하게 사용하는 것이며, 목적 3은 과학적·기술적 문제에 대한 공적 토론과 논쟁에 지적으로 참여하는 것이다(NRC, 1996, p.13).

생물학 응용 교과에서 학생들은 역할 연극, 논쟁, 도서관 검색, 브레인스토밍, 문제해결, 개별과 모둠 프로젝트의 보고, 사례연구, 학급 토의, 다양한 공동체 조직에서의 발표와 같은 다양한 학습 경험에 참여하게 되었다. 연구한 문제와 이슈들은 모두 학생들이 스스로 찾아내고 확인한 것이다.

이 교과는 학생들이 텔레비전 프로그램, 전국 및 지역 신문의 기사, 대중잡지에 실린 글에서 발췌하여 찾아내고 제기한 이슈와 질문에 초점을 맞추었다. 이 수업의 첫 번째 목적은 이들 보고서들이 제기한 질문을 구조화하는 것이다. 그 다음 과제는 생물학적 정보와 탐구 기술을 자신들의 문제를 탐색하는 데 적용하는 것이다. 확인된 이슈, 구조화된 질문들, 제안된 해결 및 답안들은 학급 토의, 개별 및 모둠 프로젝트를 위한 주제로 제공된다. 이슈에 대한 분석 이후에 개인적 실행 및 조치가 예상된다. 이슈와 질문은 단순히 전형적 과학내용보다 훨씬 더 많은 지식으로 확장시키는 도구로 제공된다. 학생들이 더 많은 정보를 탐색하고, 대안적 해결방안을 고려하며 실질적으로 이러한 경험들을 다양한 실제 세계의 이슈들을 다루는 데에 활용하는 과정을 경험하면서

이들은 학생들이 동료들, 교사, 학교와 지역사회 지도자, 전문가와 상호작용하는 동기와 기회를 제공했다.

이 교과의 주요 초점은 생물학적으로 적절한 지역의 이슈나 문제를 확인하고 찾아내는 것이다. 이는 개인적으로 적절하고 흥미로운 문제가 될 수밖에 없다. 이러한 지역의 문제는 종종 시의원, 관리자 위원회, 교육 전문위원회, 또는 여타 지역사회 단체들이 제기한다. 각각의 학생은 공공기관의 담당자, 생물학자, 전문가(대부분 대학 수준의 생물학 소양을 가진), 그리고 일반 대중의 구성원들과 함께 이야기하면서 얻어진 정보를 활용하여 문제를 분석한다. 입장을 표명하고, 논쟁에 참여하고, 논설문을 쓰고, 논쟁에 등장하는 중요한 사람들을 위하여 구체적인 정보를 수집함으로써 각 학생이 이슈들에 직접적으로 참여하도록 독려한다. 물론 강조점은 생물학적 지식과 과학적 과정의 '사용'에 있다. 학생 프로젝트는 생물학적 개념과 과학적 과정을 지역사회와 실질적 의사결정 상황에 사용하는 직접적 경험을 제공하기 위해 고안된 것이다.

저자는 각 학생이 수행할 조치들을 기록하고 증거를 조합하여 자신의 입장을 정교화하는 기말 보고서를 준비할 것을 예상한다. 요약 분석은 활동의 결과와 중요성에 초점을 맞추는 데 필요하다. 각 학생들은 문헌 조사를 마치고, 개인적으로 '전문가'와 상호작용하고, 연령, 교육, 사회경제적 배경, 기타 요인들의 차이에 따라 나타나는 대중의 의견을 정리하고, 비교하고 분석하는 과정을 통해 조사할 것으로 예상된다.

그룹 프로젝트

이 수업의 또 다른 초점은 첫 수업 토의에서 찾아낸 목적을 달성하기 위해 3~4명의 학생들이 협동적으로 작업하는 수업 프로젝트를 확인하는 일이다. 이러한 시도는 협동학습, 업무 분담, 모둠 구성원 내의 다양한 개인적 강점의 활용, 모둠의 동력을 실제로 보여줄 수 있도록 고안되었다. 종종 지역 단체, 시민들과 교류하는 활동도 포함된다. 이는 종종 카운티나 아이오와 시티에서 시의회나 시위원회의 참여를 의미한다. 상당한 수업시간은 소규모 모둠에 의해 탐색한 이슈들을 가지고 모든 수업 참여자가 참여하는 관련 공무원과의 발표와 토의를 하는 데 사용되었다.

수업 프로젝트는 모둠의 노력으로 진행되기 때문에, 개별 학생의 평가가 각 모둠의 다른 학생들에 의해 완성된다. 각 프로젝트에 대해 3개의 질문이 제기된다. 다른 학생

표 5.2 학생 개인 및 모둠 프로젝트의 제목 2학기 동안의 개별 프로젝트[1)]

개별 프로젝트	모둠 프로젝트
에이전트 오렌지(고엽제)	가상 국립환경/에너지 센터
Menomune's 토론	도시를 오염시키는 라돈(Radon)
기록 갱신 · 불법약물	데이트, 강간, 약물
간염 백신	지구온난화
파킨슨 병	대체 에너지원
교액성 신경장애	유전자 변형 식품
만성 소비성 질병	청소년 비만
패스트 푸드	에너지 음료
인종 차별	당뇨병
습진	도시 수질오염
다운증후군	재활용
인명구조: MPS & BMT	콜레스테롤
슬픔과 절망 vs. 우울	영양
에킨스 다이어트(황제식이요법)	복제
척추측만증	
우울과 상담 서비스	
금연	
갑상선 병	
CPR & AED 응급처치	
자폐증	
장기기증	
성인 근육 퇴화	

1) 이 목록은 학생-교사가 안내하지 않았으며 '제안된 프로젝트 목록들'에서가 아닌-들이 제안한 개별 그리고 모둠 프로젝트의 제목을 요약해서 제공한 것임을 독자들에게 밝혀둔다. 대신 모든 개별 프로젝트들은 학생들의 개인적 연관성이나 학생들이 찾아낸 문제들이기 때문에 선정되었다. 마찬가지로 모둠 프로젝트는 학생 연관성을 가지고 있고 특별한 흥미를 가진 것이다. 이들은 또한 지역 기반이고 현재 관심사인 것이었고 지역사회 지도자들이 문제로 인식한 것도 있었다. 한편으로 모든 것이 개별 학생의 개인적 관심사와 연관되어 있다. 제안된 계획, 조치, 해결방안이 종종 각 학생에 대한 이 장의 원고내용보다 많은 문서들을 통해 결과적으로 만들어졌다. 모든 강좌들이 '자신들의' 프로젝트를 위한 작업을 하기 위해 혹은 그들 자신의 문제와 관련 있는 다른 학생들의 도움을 얻기 위해, 수업에 다른 학생들의 참여와 협조를 이끌어내면서 학생에 의해 이끌어졌다(Akcay and Yager, Forthcoming).

들 각각이 무엇을 했는가? 상대적 성공은 무엇이었나? 다른 학생과 비교하여 참여의 질과 양을 어떠했는가? 또한 각 프로젝트 모둠의 각 구성원들은 다른 특정 모둠의 모든 구성원의 노력을 평가하도록 요구되었다. [표 5.2]는 학생이 2학기에 걸쳐서 수행한 개별 및 모둠 프로젝트의 주제들이다.

교과 특징

각 학생에게 강좌 수업 중에 대중 언론매체의 기사에서 10개의 보고서를 찾아 비평하도록 요구했다(각 3~4장의 인쇄물). 최소한 이들 중 하나는 세계적 지도급 환경단체에서 출판한 환경 보고서에 초점을 맞추고 있는 World Watch Institute의 잡지인 World Watch Magazine의 보고서를 포함하도록 하였다. 최종 보고서는 문제, 해결, 잠재적 조치를 포함하는 새로운 보고서로 종합하려는 시도가 담겨있다. 개별 기사는 분석에서 사용된 구체적인 인용구를 참조하도록 하였다. 읽었던 기사들은 모둠 프로젝트와 개별 프로젝트 작업을 보충하는 데 사용되었다. 최종 보고서의 정보는 다음의 질문에 적절한 정보를 포함하도록 하였다.

1. 왜 여러분은 이 문제나 이슈가 중요하다고 판단했는가?
2. 여러분의 문제와 이슈에 관련 있는 생물학적 개념, 법칙, 원리는 무엇인가?
3. 여러분은 문제와 이슈를 해결하는 방안을 어떻게 제안하는가?
4. 문제와 이슈를 해결하기 위한 여러분의 노력에서 사용되는 생물학적 기초지식, 법칙, 원리는 무엇인가?
5. 문제나 이슈를 해결하기 위해 임의의 조치를 취하게 될 때 어떤 난관에 부딪히게 되었는가? 다른 사람으로부터 어떤 도움을 받았는가?
6. 문제나 이슈를 해결하기 위해 취하게 되는 다음 단계의 구체적인 조치는 무엇인가?

이 교과의 다른 측면은 학습자(학생)가 생물학적 정보(생물학 관련 대학 강의 수강으로부터 얻었던)를 적용하도록 도와주기 위해 어떤 기술을 활용하는가를 결정하는 교육(어떤 학년 단계이든)을 고려해보는 것이다. 초등학교, 중등학교, 대학교에서의 STS 프로그램에 대해 검토해보도록 하였다. STS 프로그램은 인간의 삶 속에서 과학과 기술에 대한 교수와 학습을 증진시키는 것으로 나타났다. 이는 현재 진행 중인 이슈에 초점을 맞추고 이를 해결하려는 시도는, 학생을 현재 및 미래의 시민 역할을 준비할 수 있게 하는 최상의 방안으로 제공된다. 이는 다음과 같은 것을 의미한다. 우선 지역적, 광역적, 국가적 그리고 세계적 문제를 학생들이 인지하고 확인하기; 이들을 다루는 개인과 모둠 활동을 기획하기; 그리고 탐구조사 대상인 이슈를 해결하도록 활동이나 조치를 고안하는 것으로 발전시키기. 이 교과의 강조점은 과학과 기술이 주된 요소로써 학생들이 살아갈 실제 세계에서 책임 있는 의사결정하기이다. 이러한 접근법은 모두에게 과학적 그리고 기술적 소양을 달성하도록 하는 수단을 제공한다. 개별 학생들은 대학 강의에서 얻은 내용과 적용된 교수전략의 차원에서 상세하게 분석할 수 있는 예시 프로그램을 찾아내어야 한다.

성공 평가하기

학기 중간에서 말로 접어든 교과 강좌들은 시간을 개별 및 모둠 프로젝트에 대한 학생 발표에 할애한다. 학급 구성원은 모든 프로젝트에 대한 토의에 참여하여 제안점을 제시하고, 비평과 평가를 하게 될 것으로 예상되었다. 이러한 발표는 다른 사람, 즉 수강을 하지 않는 사람들과 공유할 수 있는 곳에서 열리도록 고안되었다. 종종 발표에 일반 시민, 청소년 단체, 사업 단체, 정부 기관, K－12 학생들이 참여하였다. 학급의 반 정도는 중간고사 무렵에 그리고 나머지 반은 학기 말에 모둠 보고서를 완성하도록 하였다.

저자는 두 번의 시험을 계획하였다. 첫 번째는 저자가 선정한 기사 인쇄물로 구성된 것이었다. 학생들에게 개별적으로 이것을 분석하도록 요구하였다. 학생들은 활동이나 조치를 계획하고 생물학적 개념을 특정 상황에서 사용한 능력을 나타내도록 요구받았다. 두 번째인 기말 시험은 학급에서 다른 학생이 완성한 개별 프로젝트 가운데 하나를 비평하도록 하는 것이다.

조사도구와 자료수집

저자는 다양한 자료원을 사용하여 예비 과학교사의 응용 접근법에 대한 신념을 조사하였다. 자료원들은 (1) 학생의 반성적 글; (2) 개별 및 모둠 프로젝트 보고서; (3) 응용 접근법이 다른 학년 수준에서 적용되었을 경우의 수업에 대한 분석; (4) 다른 학생들이 완성한 두 개의 서로 다른 최종 보고서 분석; (5) 구성주의적 교수 실행 설문지 실시의 결과.

질적 자료 수집

첫 번째 자료 수집 방법은 각 학생의 반성적 글쓰기이다. 매주 수업 차시의 마지막에 나는 예비 과학교사들에게 무기명으로 수업 주제와 토의에 관련된 열린 질문에 대해 답하도록 하였다. 두 번째 자료 출처는 학생의 개별 및 모둠 프로젝트에 대한 평가를 포함하였다. 개별과 모둠 프로젝트는 생물학적 개념과 과학적 과정을 지역 공동사회와 실질적 의사결정 상황에서 사용하는 직접적 경험으로 제공하도록 고안되었다. 각 학생은 자신의 개별 프로젝트에 대한 기말 보고서를 준비하도록 하였다. 이 보고서는 자신이 취한 입장과 수행된 조치들에 대한 기록, 성공의 정도를 나타내는 증거들을 정교화하도록 하였다. 요약 분석을 보고하도록 하였고 이것은 활동의 결과와 중요도에 초점을 맞추도록 하였다.

생물학 응용 교과에 대한 학생의 반응뿐만 아니라 학생에게서 나타난 변화는 응용 교과가 교사교육에 크게 기여하게 됨을 나타내고 있다. 이 교과의 목적은 전통적 과학 내용을 추천된(그리고 연구 기반의) 교수방법론에 연관 짓는 데 도움을 주자는 것이다. 다른 자료는 개별과 모둠의 노력 그리고 모든 학생에 대한 평가와 도전이다. 학생들은 단순히 듣고 관찰하지 않았다. 그들은 다른 학생이 참여한 수행과 결과를 수집하였다. 종종 학생들에게 초등학교, 중등학교, 대학교에 적용한다고 가정하여 산출물들의 각기 다른 해석과 활용을 제안하도록 요구했다. 각 학생은 하나의 예시 프로그램을 찾아서 교과 내용과 사용된 교수전략 측면에서 세심히 분석하도록 하였다.

마지막 질적 자료원은 학생들의 최종 보고서이다. 각 학생은 학급의 다른 학생들 가운데 한 명이 완성한 개별 프로젝트를 검토하도록 하였다. 이 검토보고서에서 다음 사항을 분명히 확인해야 한다.

1. 이슈가 무엇이었는가? 그것은 얼마나 중요했는가?
2. 보고서를 쓴 학생은 어떤 정보원을 사용했는가?
3. 학생들이 이미 알고 있는 어떤 생물학이 이 프로젝트를 분석하는 데 있어 유용하다고 증명되었는가?
4. 학생들은 어떤 새로운 생물학적 지식을 배웠는가? 이 정보의 출처는 무엇이었는가?
5. 학생들이 사용된 여론 조사를 어떻게 평가하였는가? 그것은 효과적이었는가? 어떤 문제는 없었는가? 이 분야에서 사용되어 왔던 대안적 방안은 무엇인가?
6. 어떤 조치가 취해지거나 계획되었는가? 학생들은 양질의 시민의식의 측면에서 이

조치를 어떻게 평가하였는가? 학생들은 어떤 대안적 조치를 제안했는가?

7. 개별 프로젝트를 좀 더 깊이 있게 분석한 후에 학생들이 어떤 개별적 조치를 취했는가?
8. STS 중심 연구를 위해 학생들이 어떤 시사점을 알게 되었는가? 어떻게 더 많은 학생들이 이러한 교과로부터 직접적 경험을 얻도록 할 수 있을까?

질적 자료 분석

예비 과학교사의 응용 접근법에 대한 인식은 열린 질문 지필 응답(개별 그리고 모둠 프로젝트 보고서뿐만 아니라 반성적 글), 응용 접근법이 다른 학년에서 사용되는 수업의 분석, 다른 학생에 의해 완성된 2개의 다른 최종 보고서의 분석을 통해 정리되었다. 일종의 해석학적 설명 방법(Strauss and Corbin, 1990)에 의해 묘사된 해석적·기술적 접근과 Glaser and Strauss(1967)에 의해 기술된 것처럼 상시 비교 분석을 도입한 방법이 사용되었다. 이들 모두 질적 자료를 분석하는 데 활용되었다.

양적 자료 출처

양적 자료는 구성주의적 교수 실행 척도(Constructivist Teaching Practice Scale: CTPS)에 대한 설문조사를 통해 수집되었다. Yager(1991)는 CTPS를 일찌감치 개발하여 교사들이나 학생들이 구성주의적 교사 수행의 활용에 대한 자신의 경험을 반추할 수 있도록 하였다. 이것은 자가 점검 도구로 교사나 교과가 학생이 스스로의 의미를 구성하도록 허용하는 정도를 결정할 수 있도록 하였다. 또한 이는 한 교수자가 과학교과를 가르치는 데 응용 접근법을 활용하는 정도를 판단하는 데 사용될 수 있다. 교사가 학생이 스스로의 의미를 구성할 수 있도록 허용하는 정도는 교사마다 다르고, 개개의 학생마다 그리고 특별한 교실 환경에 따라 다르다. CTPS는 '응용 관점'(부록 A 참고)에서 교수와 학습을 특징짓는 15개의 문장으로 구성된다. 학생은 이 문장들의 등급을 수업에서 자신의 경험에 대한 인식에 따라 부여한다. CTPS는 교수 평가지와 함께 학기 말에 학생에게 투입된다. CTPS로 수집한 자료는 수업에 대한 응답자의 인식의 경향을 특징짓기 위해 각 항목별로 빈도 분포를 사용하여 분석되었다.

응용 과목 효과에 대한 증거

생물학 응용 교과는 학생이 수업시간, 교실 그리고 대학교를 넘어서서 실제 일상생활의 문제에 적용될 수 있는 정보를 찾을 때 능동적으로 참여하도록 하는 데 탁월하다. 학생에게 탐구조사하고 분석하고 실제 상황에 개념과 과정을 적용하게끔 한다. 양질의 프로그램은 학생이 교실 밖 그리고 캠퍼스 밖의 일상생활로 확장되는 기회를 마련한다. 학습에 대한 이러한 새로운 초점은 학생에게 변화를 가져오고, 이에 대해 책임을 지는 힘을 가진 미래 시민으로서의 힘을 키우게 하는 토대를 제공하는 데 도움을 준다. 이러한 응용 접근법은 또한 학생들이 자신의 삶에 영향을 주는 이슈에 대응하는 능동적이고 책임 있는 시민이 되도록 하는 기술을 개발시키도록 해준다. 새로운 응용 접근법에 대한 학생 응답에서 전형적으로 나타난 예들의 일부는 다음과 같다.

> 이것은 우리의 흥미를 적극적으로 나타낼 수 있게 하며, 이를 지역사회와 연계시킨다.
>
> 이것은 개인에게 자신이 배운 것을 제어할 수 있는 권한을 주고 사회적 이슈에 대한 연구와 조치를 취하는 기회를 제공한다.
>
> 매우 좋은 경험이었다. 나는 우리 사회에 많은 중요한 주제에 대해 배웠다.
>
> 나는 정말 이 수업을 즐겼다. 수업에 참여하는 것이 좋았고, 나는 내 의견에 따라 많은 것을 배웠다. 나는 생물학을 이해하고 재미있게 만드는 다른 방법들을 발견했다.

예비 과학교사들은 생물학 응용 수업이 지역적, 국가적, 지구적 이슈에 관련된 생물학적 개념을 활용하는 데 도움이 되었다고 이야기했다. 예시 내용은 다음과 같다.

> 이 교과는 내 생물학 지식을 바깥, 진짜 세상의 이슈에 적용하는 데 도움을 주었다. 나는 또한 새로운 지식을 이전의 지식에 추가시켜 나갔다.
>
> 대체로 나는 이슈 중심의 공부는 교과목에 관심을 갖게 하는 훌륭한 방법이라고 생각한다. 나는 내가 공부하는 것에 흥미를 가지고 있을 때 더 잘 배우게 되는 것을 안다. 어린이들이 자기가 공부하는 데에 흥미를 가지게 할 수 있는 가장 쉬운 방법은 자신이 공부하는 것을 선택하도록 하는 것이다. 나는 기준들(NSES)이 여러 가지 것들을 이야기하고 있다는 것을 안다. 그러나 중요한 점 가운데 하나는 핸즈온과 학생 중심이라는 것이다. 내가 이 수업에서 보다 더 학생 중심이 되게 하거나 핸즈온이 되도록 할 수 있다고 생각하지는 않는다. 또한 서로 다른 개인적 이슈를 연구하게 함으로써 학생들이 어떻게 과학

> 이, 구체적으로 생물학이 자신의 개인적 생활과 연관되는지를 깨닫게 할 수 있다. 배우고 있는 것이 실제 세계에서는 적용될 수 없는 쓸데없는 정보일 뿐이라는 생각을 많이 했다. 이슈로 시작하는 것을 경험하면서 배운 것이 실제 세계와 정말 연관이 있다는 것에 조금의 의심도 갖지 않게 되었다. 전반적으로 나는 현재의 이슈나 개인적으로 적절한 이슈의 연구를 통한 과학학습은 학습을 위한 매우 좋은 방법이라고 생각한다. 그것은 재미있는 학습법이고 과학수업을 지루함 대신 흥미롭게 만드는 데 도움을 줄 것이다. 학생에게 강의하는 교사보다는 학생이 자신의 교사가 되도록 하는 것을 권한다.

생물학 응용 접근법의 활용은 학생의 학습 동기유발에 좋은 방법이다. 학생들은 사회적 이슈에 연결시키는 능력을 가지고 있다. 왜냐하면 이러한 이슈들은 자신의 지역사회의 이슈들과 함께 자신의 삶에 직접적 관련을 가지기 때문이다. 학생들이 자신의 이슈를 선택할 수 있다면, 더 큰 흥미를 유발하게 된다. 학생들에게 자신의 학습에 능동적으로 참여하는 기회를 가지게 하는 것은 매우 좋은 동기유발 방법이다. 학생이 연구, 면담, 지역사회와의 공동작업, 자료 수집, 방안 수립과 실천에 직접 참여하게 될 때, 학습에 대한 동기유발이 극대화된다. 왜냐하면 학생들이 능동적 역할과 분명한 이유를 가지게 되기 때문이다. 학생이 교사의 강의만을 듣는 직접적 교수는 학생이 흥미로워할 만한 어떤 것도 제공하기 어렵다. 예비 과학교사들은 응용 과목이 학생 중심이고 과학학습에 대한 동기유발을 불러일으켰다고 이야기한다. 학생들이 이야기하는 응용 교과에서의 자신의 경험에 대해 회고한 내용의 예는 다음과 같다:

> 이것은 매우 학생 중심 과정이다. 이것은 이번 학기에서 내가 가장 좋아하는 수업이었다.
>
> 이슈 중심 연구는 매우 긍정적인 학생 주도 수업을 독려한다.
>
> 학생들은 주제를 선택한다. 주제는 개인적 차원에서 학생에게(그리고 사회) 적절하다. 학생들은 서로를 평가한다. 내가 프로젝트를 즐겼다고 말할 수 있다. 그러나 그것을 하는 데 상당히 많은 추가적 시간을 써야만 했다.
>
> 생물학에서의 사회적 이슈는 학습자의 동기를 유발하는 좋은 방법이다. 이는 완벽하게 일상에 적용할 수 있는 교과의 적절성을 다루게 된다. 나는 학생이 어떤 수준에서든 단지 개인적 차원에서 연관시키는 것만으로도 동기유발이 될 수 있다고 느낀다.
>
> 생물 수업에 사회적 이슈를 적용함으로써 교사는 동기유발을 하는 뭔가를 허용하게 된다. 학생들은 생물학이 자신의 삶과 지역사회에 연관되는지를 알게 되면서 동기를 유발하게 되고, 이러한 동기는 교실에 엄청난 힘을 만들어낸다. 일단 학생이 적절한 주제에 참여하

고 배우고 싶게 되면 교사는 전문가를 참여시켜 주제에 관련되는 개념과 과정을 연결시키면서 수업을 진행하고, 이 방법은 교사가 직접 가르치는 것보다 더욱 쉽다.

응용 접근법은 타인과의 사고 교류와 협동을 강조하는 교실 환경을 만듦으로써 사회적 및 의사소통 능력을 증진시킨다. 학생들은 모둠 활동에서 분담을 통해 효과적으로 과제에 대해 협력하는 것 뿐만 아니라 자신의 생각을 분명히 통합하는 법을 배우는 것이 틀림없다. 학생들은 자신의 생각을 교환하고 타인들과 상호작용하는 법을 배우게 된다. 더 나아가서 사회적으로 허용 가능한 방식으로 자신이 기여한 바를 평가하게 된다. 이는 실제 세상에서는 성공에 필수적인 것이다. 왜냐하면 학생들은 타인의 생각들 사이에서 협동하고 다루어야 하는 다양한 경험에 항상 노출될 것이기 때문이다. 내 학생들이 이와 관련하여 언급한 내용들은 다음과 같다.

> 솔직히 나는 이 수업에서 했던 만큼 프로젝트를 즐기지 않았다. 모든 프로젝트는 지극히 흥미로웠다. 다른 수업에서는 수업을 빨리 끝내고 나와서 내 프로젝트에 시간을 사용하고 싶었다.
>
> 정보를 단지 보여주고 외우게 하는 대신 자기 학습을 하게끔 고무시키는 일이다.
>
> 나는 감히 말하건대, 이 수업에서 대중을 대상으로 조사하면서 매우 긍정적인 경험을 했고 생물학이 우리 삶에 어떻게 영향을 미치는지에 대해 매우 많은 것을 배웠다.

예비 과학교사들이 반성적 글쓰기를 통해 보여준 반응과 과제물은 단순히 긍정적일 뿐 아니라 과학을 어떻게 배우고, 어떻게 가르쳐야 하는지에 대해 새롭게 이해한 내용들이 포함되어 있다. 다음은 이러한 태도를 보여주는 반응들이다.

> 내가 특별한 사례에서(개별/모둠 프로젝트를 통해서) 생물학에 대해 더 많은 것을 배웠을 뿐 아니라 가르치고, 배우고, 생각하는 새로운 방법을 배울 수 있었다. 나는 처음에는 모든 것에 대한 구체적인 지시나 안내가 없어서 두려웠다. 그러나 지금 나는 이런 방식이 더 좋아졌다.
>
> 이전에 과학을 배웠던 방식과 비교해서 이 응용 방법은 완전히 다르다. 전통적인 방식에서 나는 교과서에 있는 대로 과학을 배웠다. 특히 생물학은 그랬다. 생물학은 언제나 암기과목이었을 뿐이었다.

다학문적 접근법은 학생들이 급격히 발전하는 기술 사회에 대응하도록 하여 책임

있는 시민으로써 준비시키고 촉진한다. 이 응용 접근법은 교실에서의 향상된 학습을 이끌어 내고 다학문적 접근 교수의 예로 제공된다. 예비 과학교사는 응용 접근법이 다학문적 학습의 예가 되는 것으로 보고 있다. 내 학생들 가운데 한 학생은 다음과 같이 쓰고 있다.

> 응용 접근법은 매우 복잡한 과목이어서 그것에 대해 수많은 질문거리가 생긴다. 비록 믿기는 어렵지만, 교실에서 다학문적 학습과 비-다학문적 학습 모두 일어날 수 있도록 만드는 데 탁월하다. 그래서 나는 언젠가 내 수업에서 이 접근법을 사용하고 싶다.

예비 과학교사의 반응에 따르면 학습이론으로서 구성주의의 여러 가지 이점이 있다. 학생들은 능동적으로 참여할 때가 수동적으로 듣기만 할 때 보다 자신이 더 많이 배우고, 배우는 것을 매우 즐기게 되었다고 적고 있다. 교육이 가장 잘 일어나는 것은 기계적 암기보다는 사고와 이해에 집중할 때이다. STS/구성주의적 사고는, 사고하고 이해하는 법을 학습하는 데 중점을 두고 있다. 학생은 또한 과학정보를 이용해서 실제 문제를 해결하게 된다. 왜냐하면 구성주의 학습은 본질적으로 전이 가능하기 때문이다. STS/구성주의는 자유로운 학습 환경을 학생들에게 제공한다. 구성주의 교실에서 학생들은 과학적 원리를 조직화하여 만들어 내고, 이는 다른 학습 환경에서도 사용될 수 있다. 다음은 내 학생들이 이에 대해 직접 이야기한 것이다.

> 나는 자유로움에 대해 준비가 되어 있지 않았다. 나는 수업에서 생물학과 관련된 것을 더 많이 공부할 것으로 예상하고 왔었다.
>
> 나는 이 수업을 수강신청하고 나서 곧바로 매우 놀랐다. 왜냐하면 내가 생각했던 것과 완전히 다른 장면들이 연출되고 있었기 때문이다.
>
> STS 방법론과 철학의 자유스러움에 익숙해지는 데 어느 정도 시간이 필요했지만, 곧 매우 재미있게 느껴졌다.

예비 과학교사는 또한 사회가 자신이 고려했던 이슈에 종종 관심을 기울이지 않았다는 것을 지적했다. 일부 학생들은 종종 더 폭넓은 사회를 대상으로 행동을 취하는 것을 불편해 하는 것 같았다. 그러한 학생의 예는 다음과 같다.

> 내 교실에서 나는 구성주의적 접근을 주로 실행하는 편일 것이다. 나는 응용 접근법을 좋아하긴 하지만 그것을 단지 가끔씩만 사용하면 좋겠다고 생각한다. 그 이유가 내가 사회

에 더 넓게 행동을 취하게 되면, 전체적으로 추천받거나 지지받기 어려울 것이기 때문이다. 나는 정말 모둠 학습과 동료에게 자료를 발표하는 것을 더 선호한다. 이러한 이유 때문에 협동 학습과 간단한 구두 발표는 더 자주 하게 될 것이다. 나는 사회에서 행동을 취하는 것에 대한 아이디어는 높게 평가한다. 그러나 내 경험으로 사회는 정말 내가 발표해왔던 관심사와 관련되는 행동이나 조치를 취하는 것에 별다른 신경을 쓰지 않는다.

양적 자료의 과학적 분석

구성주의 교수 실행 척도(Constructivist Teaching Practice Scale: CTPS) 설문지를 통해 얻은 자료를 항목별로 분석하였다. 수업에 대한 응답자의 인식의 경향성을 특징짓기 위해 빈도 분포를 활용하였다. [표 5.3]과 [표 5.4]는 각 문장에 대해 다양한 방식으로 응답한 학생의 수와 백분율을 나타낸다. 이 표들은 학생들이 생물학 응용 교과를 학생 중심으로 진정한 학습 환경을 잘 예시하고 있다고 보고 있음을 나타낸다. 이러한 수업에서는 학생들이 과학을 학습하는 기회를 많이 제공했다. 또한 결과는 이 교과가 시작 전과 학기 말의 평가에서 정교화시킨 목적을 달성했음을 나타낸다.

결론

생물학 응용 교과는 학생들에게 과학적 정보를 실제 세계의 이슈에 대한 의사결정에 적용시키는 기회를 제공하였다. 이 교과의 맥락에서 학생들은 수강한 학생 수만큼의 다양한 사례를 통해 응용 접근법에 대해 소개받는 셈이 되었다. 이러한 예와 함께 학생들은 새로운 교수적 접근을 과학의 교수 학습에서 효과적으로 실행하는 데 필요한 교수전략으로 논의하였다. 이슈는 더 많은 전통적 과학내용을 공부하도록 만드는 매개로 제공되었다. 이슈는 학생들이 학교 내 동료들, 다른 교수 구성원 및 지역사회 전문가와 상호작용하도록 동기를 유발하고, 자극하여 그 기회를 제공하게 된다. 응용 교과는 과학적 소양을 증진시키게 된다.

응용 교과를 통한 접근은 학생들이 과학 교수와 학습을 학습의 모든 측면을 포함하는 새로운 방식으로 볼 수 있도록 도와준다. 과학을 이런 방식으로 다루게 될 때, 예비 과학교사들은 자신이 '모든 것을 아는 자'가 될 필요가 없으며, 오히려 학생이 자신의 질

표 5.3 생물학 응용 수업에서의 다양한 경험에 대한 예비 과학교사의 인식: 파트 A

	학생		학생-교사		교사	
	예비 과학교사 수	%	예비 과학교사 수	%	예비 과학교사 수	%
논쟁거리/주제를 찾는다	24	63.2	9	23.7	5	13.2
질문을 한다	21	55.3	14	36.8	3	7.9
어떤 인적자원/자료로 정보를 수집할 것인지를 알아낸다	21	55.3	12	31.6	5	13.2
사용할 자료를 어디서 찾을 것인지 장소를 알아낸다	24	63.2	13	34.2	1	2.6
필요한 인적자원을 찾아가거나 연락한다	23	60.5	8	21.1	7	18.4
조사 및 다른 활동을 계획한다	21	55.3	11	28.9	6	15.8

표 5.4 생물학 응용 수업에서의 다양한 경험에 대한 예비 과학교사의 인식: 파트 B

	아니오		무응답		예	
	예비 과학교사 수	%	예비 과학교사 수	%	예비 과학교사 수	%
주제는 학생들과 연관되는 내용이다	0	0	4	10.5	34	89.5
교사는 다양한 평가방법을 사용한다	2	5.3	8	21.1	28	73.7
학생들이 다양한 평가방법을 사용한다	6	15.8	7	18.4	25	65.8
학생들은 자기평가를 한다	3	7.9	4	10.5	31	81.6
학습한 과학개념을 새로운 상황에 적용한다	0	0	6	15.8	32	84.3
학습한 과학기능을 새로운 상황에 적용한다	0	0	3	7.9	35	92.1
학습한 결과를 행동으로 실천한다	1	2.6	4	10.5	33	86.9
학생들이 과학개념과 원리를 찾아내고 사용한다.	1	2.6	2	5.3	35	92.1
과학학습이 학교 밖 생활에 영향을 주는 것을 증거하는 자료들이 있다	0	0	3	7.9	35	92.1

문에 대한 가능한 해답을 조사탐구 할 수 있도록 조력하는 역할을 수행하게 되는 것을 깨닫는다. 과학은 단지 매주 주어진 시간에 가르칠 수 있는 과목이 아니다. 대신에 교육과정 각각의 모든 측면으로 통합될 수 있는 중요한 교과목으로 보인다. 교사양성 프로그램은 예비교사들에게 과학, 기술, 사회의 상호작용에 대한 이해를 향상시킬 수 있는 학습 환경을 제공해야 한다.

참고문헌

Akcay, H., and R. E. Yager. Forthcoming. Accomplishing the visions for teacher education programs advocated in the national science education standards. *Journal of Science Teacher Education*.

Glaser, B. G., and A. L. Strauss. 1967. *The discovery of grounded theory*. Chicago, IL: Aldine.

National Research Council (NRC). 1996. *National science education standards*. Washington, DC: National Academies Press.

Strauss, A., and J. Corbin. 1990. *Basics of qualitative research*: *Grounded theory procedures and techniques*. Newbury Park, CA: Sage.

Yager, R. E. 1991. The constructivist learning model: Towards real reform in science education. *The Science Teacher* 58 (6): 52-57.

부록 A

구성주의 수업전략 평가 척도 (CTPS)

다음의 평가척도를 완성하시오. 다음의 각 구성주의 수업전략의 선 위에, 여러분이 이 수업에서 경험한 것과 가장 일치하는 곳에 √표 하시오.

교사	논쟁거리/주제를 찾는다.	학생
아니오	주제는 학생들과 연관되는 내용이다.	예
교사	질문을 한다.	학생
교사	어떤 인적자원/자료로 정보를 수집할 것인지를 알아낸다.	학생
교사	어디서 사용할 자료를 찾을 것인지 장소를 알아낸다.	학생
교사	필요한 인적자원을 찾아가거나 연락한다.	학생
교사	조사 및 다른 활동을 계획한다.	학생
아니오	교사는 다양한 평가방법을 사용한다.	예
아니오	학생들이 다양한 평가방법을 사용한다.	예
아니오	학생들은 자기평가를 한다.	예
아니오	학습한 과학개념을 새로운 상황에 적용한다.	예
아니오	학습한 과학기능을 새로운 상황에 적용한다.	예
아니오	학습한 결과를 행동으로 실천한다.	예
아니오	학생들이 과학개념과 원리를 찾아내고 사용한다.	예
아니오	과학학습이 학교 밖 생활에 영향을 준다는 것을 증명하는 자료들이 있다.	예

| CHAPTER 06 |

나노기술이 지역사회에 미치는 영향을 조사하여 과학, 기술, 사회를 연결하기

Joseph Muskin
University of Illinois
Next Generation School

Janet Wattnem
Mahomet Weymour School District

Barbara Hug
University of Illinois

배경

수업시간에 나누는 대화 가운데, 일부 학생들은 나노기술을 사용하여 세탁과 멸균의 기능을 가진 새로운 세탁기에 대해 이야기하고 있었다. 대화 내용은 다음과 같다:

학생 1 : 그러니까 이 세탁기는, 세탁할 때 은나노 입자를 옷에 집어 넣으면서 세탁한다는 말이지?

학생 2 : 그래, 나도 그렇게 생각해. 지금 이야기하고 있는 세탁기가 우리 집에 있는 것 같아. 그런데 우리 집에서는 이 세탁기 아직 한 번도 사용한 적은 없어.

학생 1 : 너희 집에 이 세탁기가 있다고? 비싸지는 않니?

학생 2 : 우리 집에서는 은으로 된 부분은 사용한 적이 없거든. 그래서 나도 잘 몰라. 그리고 이 세탁기는 물과 관련해서는 효율적이야. 물이 절약되거든.

학생 3 : 잠깐, 어떻게 은나노 입자를 사용하지 않고 세탁기를 사용할 수 있어? 그리고 어떻게 물이 절약되는지를 알 수 있어?

이 대화는 학생들에게 친숙한 상황에서 나노기술을 사용하는 것에 대한 단원의 수업에서 이루어진 내용이다. 미국 국가과학교육기준(NSES)의 목적 3은 학생들이 '과학적·기술적 문제에 대한 공적 토론과 논쟁에 지적으로 참여할 것'을 요구한다. 이 장에서 다루고 있는 단원 '세탁하기 위해 드는 비용은?'[9]은 학생들이 실생활에 직접적으로 영향을 줄 수 있는 나노기술을 사용하는 것을 이해시키는 일련의 활동들을 통해 이 목적을 설명하는 데 초점이 맞추어져 있다. 이 단원은 중·고등학생들을 대상으로 과학 교육과정을 적용할 때, 가능한 다양한 수업단계에서 미생물학, 물질의 특성, 과학과 기술의 영향 등의 내용을 통합시키기 위해 개발되었다.

도입

'공적 토론에 지적으로 참여하기' 위해서, 학생들은 과학적으로 설명하고 과학적으로 변호할 수 있는 능력이 필요하다. 이 능력은 과학적 연구활동의 핵심적 요소로 알려지고 있다(Michaels, Shouse, and Schweingruber, 2008). 우리는 학생들이 이와 같은 과학적 능력을 계발할 수 있도록, *주장, 증거, 추론의* 설명 체계를 포함된 학습자료를 개발하였다(McNeill and Krajcik, 2008; Novak, McNeill and Krajci, 2009).

이 단원은 최근 은나노 입자를 항균제로 결합시킬 수 있는 제품을 소개하면서 시작된다. 학생들은 제품을 조사하고 학급 전체를 대상으로 발표한다. 그 다음, 학생들은 은나노 입자가 세균에 미치는 효과를 검증하는 실험을 수행한다. 이 직접적인 경험을 통해, 학생들은 제조업자들의 주장과 자신들의 실험결과를 연결시킬 수 있다. 단원의 마지막 활동은 기술이 사회에 주는 시사점을 강조한다. 역할놀이 논쟁을 통해, 학생들은 여러 가지 관점들로부터 기술을 조사한다.

이러한 교육과정 자료들은 일리노이대학교 내 나노단위 화학－전자－기계 제조 시스템 센터(Nano-CEMMS)에서 개발되었다. 이 센터는 미국과학재단(NSF) 기금으로 설립되었으며, 센터의 목표들 중 한 가지는 차세대들이 첨단 나노기술 사용에 따른 논쟁을 다룰 수 있도록 교육봉사를 제공하는 것이다. 이 센터에서는 교육자들과 연구자들이 함께 협력하여, 주 및 연방 차원의 교육기준을 성취하며, 과학적으로 타당하고 교육적으로 활용할 수 있는 자료들을 만들어 낸다.

---

9) 다음 웹페이지에서 다운로드 가능하다. http://nano-cemms.illinois.edu/ssi

연구방법

이 장에서 우리는 서로 다른 두 학교에서 이 교육과정 자료를 활용한 것에 대해 보고하고자 한다. 한 학교는 작은 중서부 도심지역에 위치하며 약 900명의 학생이 다니는 고등학교이다. 이 학교에 다니는 학생들은 다양한 사회·경제적 배경을 갖고 있다. AP 생물 교과를 수강하는 2개 학급의 학생들과 일반생물 교과를 수강하는 1개 학급의 학생들이 연구에 참여하였다. 대부분의 학생들은 고등학교 11학년 혹은 12학년이었다. 두 번째 학교는 같은 도심지역 내에 위치하며, 약 200명의 학생이 다니는 소규모 사립 중학교이다. 연구에 참여한 학생들은 과학수업을 수강하는 7학년 학생들이었다. 과학수업에 대해 수집한 자료에 근거하여, 이 과학수업에서 학생들이 학습한 내용이 NSES 목적 3과 연결되는지를 분석하였다. 수집자료는 과학수업 전후의 사전·사후 검사와 수업관찰에 대한 내용들이다.

교육과정 단원 "세탁하기 위해 드는 비용은?"에 대한 설명

제품 조사하기

이 단원은 학급 전체가 나노 입자들을 사용한 제품에 대해 토론하는 활동으로 시작된다. 삼성에서 만든 새로운 세탁기는 은나노 입자를 포함하고 있는 물로 옷을 세탁한다. 옷이 세탁될 때, 은나노 입자들은 옷감 사이에 들어간다. 이렇게 세탁한 옷을 입으면, 나노 입자들이 박테리아가 옷감에서 서식하는 것을 방해한다. 더러운 옷이나 몸에서 나는 냄새의 원인은 박테리아에 있으며, 나노 입자들이 더러운 냄새들을 감소시킨다. 이 제품을 선택한 이유는 단원 마지막 부분에 사회적 시사점을 이끌어내는 기반을 만들어 주기 때문이다.

이런 도입을 거친 후, 학생들은 은나노 입자를 사용하는 다른 제품을 알아보고 조사하게 된다. 새로운 나노기술에 대한 프로젝트[10]를 통해, 학생들은 나노기술을 활용한 수천 개의 제품에 대한 데이터베이스를 만든다. 이 조사에서 학생들은 은나노 입자를

---

10) 다음 웹페이지 www.nanotechproject.org/inventories/consumer

사용한 제품 수백 개를 찾아내게 될 것이다. 학생들은 학급 전체를 대상으로 조사한 제품에 대해 2~3분 동안 발표한다. 이런 발표 시간에, 학생들은 상당히 다양한 제품들이 은나노 입자를 항균제로 사용하고 있음을 알게 된다.

나노입자 검증하기

제품들에 대해 발표한 후, 수업에서는 은나노 입자들이 정말로 항균제로써 효과적인지에 대해 질문하고 토론한다. 학생들은 항균제가 효과가 있는지를 조사할 수 있는 방법을 찾아야 한다. 이 활동은 곧바로 단원의 두 번째 단계로 이어지는 부분이다.

이러한 항균제가 효과적이라는 주장을 조사하기 위해서, 학생들은 주어진 맥락에서 미생물학의 기본 개념을 익힌다. 학생들은 세균을 접종하고 배양하는 기술에 대한 설명을 듣고 시범실험을 관찰한다. 이 시범실험 관찰 과정에서 학생들은 세균배양 아가(agar)배지를 만질 수 있다. 학생들은 이 경험을 통해 세균을 접종할 때, 아가가 찢어지지 않도록 하려면 얼마나 세게 압력을 가해야 하는지를 이해하게 된다. 그리고 나면 학생들은 세균이 은나노 입자에 대해 얼마나 민감한지를 검사하기 위해 실험탐구를 시작한다 (이와 같은 실험탐구에 대한 상세한 설명은 2008년 Muskin 등의 논문을 참고할 수 있다).

우리는 이 실험탐구가 학생들에게 실험설계가 얼마나 타당한지를 깊이 있게 토론하는 기회를 제공하는 것을 알게 되었다. 학생들은 실험탐구를 시작할 때, 대조군이 무엇인지 왜 대조군이 모든 실험에서 중요한 요소인지를 논의한다. 실험탐구에서 자료수집과 자료분석 단계를 거치고 나면, 학생들은 은나노 입자들이 효과적인 항균제인지를 평가할 수 있게 된다. 이 평가활동이 단원의 세 번째 부분에 해당된다.

사회적 시사점 토론하기

과학 교육과정에서는 기술이 사회에 어떤 영향을 주는지에 대한 내용을 중요하게 다루지 않는 경향이 있다. 이 단원에서 이 중요한 주제는 역할놀이 토론으로 최고점에 해당되는 활동에서 소개되고 있다. 학생들에게 문제 상황이 포함되는 시나리오를 제공한다. 학생들은 이 문제 상황 시나리오에서 서로 다른 역할들을 맡고, 문제에 대해 토론하며, 맡은 역할에 관련되는 정보를 조사한다. 그리고 나서 다른 역할을 맡고 있는 학생들과 논쟁을 벌인다. 최종적으로 그룹 단위로 수집한 정보와 논쟁한 결과에 근거하여 해결안을 제안한다.

우리가 사용했던 시나리오는 한 병원에서 은나노 입자들을 사용하는 세탁기를 구매할 것인지 여부를 논의하는 상황에 대한 내용이었다. 이 시나리오는 단원 시작 부분에서 학생들에게 소개한 실제 제품에 근거하고 있다. 이불보, 베갯잇 등의 세탁물들을 세탁할 때, 나노입자들은 세탁물 섬유 사이에 들어가 남아 있으면서 항균제 역할을 수행한다. 이 시나리오에서 병원 측은 이 은나노 입자 세탁기를 사용하면, 환자들이 세균에 감염되는 가능성을 줄일 수 있고 물을 적게 가열해도 되기 때문에 전통적인 세탁기보다는 더 경제적일 것이라는 점을 고려한다.

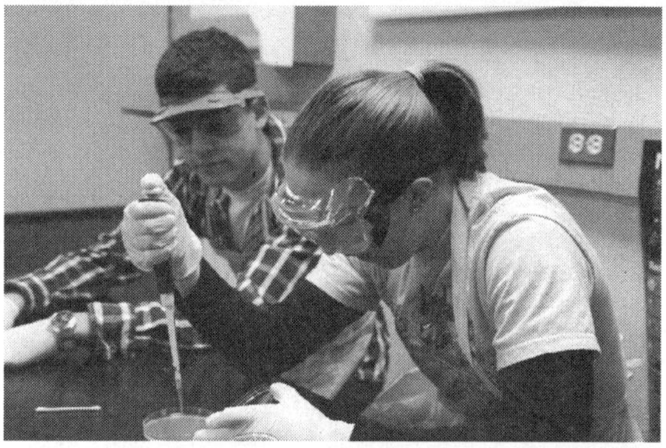

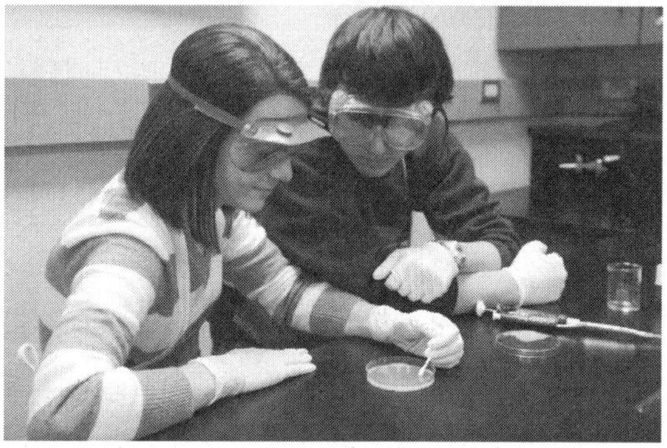

학생들은 다음의 5가지 역할을 각각 수행하게 된다. 건강관리사, 환자, 병원구매책임자, 병원법무상담사, 환경관리사. 개별 학생은 자신이 맡은 역할이 가져야 할 고유의 관심과 정보를 제공받는다. 예를 들면 건강관리사 역할을 맡은 학생은 환자들이 병원에 입원한 후 세균에 어느 정도 감염되는지에 대한 통계자료를 제공 받는다. 환경관리사 역할을 맡은 학생은 은나노 입자들이 환경에 미치는 영향에 대한 정보를 제공받는다. 학생들은 동일한 역할을 맡은 다른 급우들과 만난다. 이 그룹들은 제공받은 자료들을 읽고 토의하며, 토의 결과로부터 탐구해야 할 질문들이 무엇인지를 찾아낸다. 질문에 대해 탐색하는 과정에서 학생들은 다른 사람들이 직면하는 복잡한 논쟁들을 자신의 입장에서 이해하고 발전시킨다.

학생들이 맡은 역할의 입장을 분명히 주장할 수 있게 된 후, 학생들은 새로운 그룹으로 넘어간다. 직소 전략을 적용하는 데, 각 새로운 그룹에는 5가지 역할 각각을 맡은

학생들이 1명씩 구성원으로 포함된다 (Johnson, Johnson, and Holubec, 1998). 만약 새로운 그룹에 역할별 한 학생이 구성원으로 포함되지 않았다면, 두 학생이 같은 역할에 배정되었거나 한 그룹 내에서 역할 하나가 배정되지 않았을 것이다. 이 새로운 그룹들은 병원자문위원회를 대표한다. 이 병원자문위원회 위원으로써, 이들은 병원에서 은나노 입자를 사용하는 세탁기 채택을 추천할 것인지 여부를 결정해야 할 것이다. 학생들은 각자 토론에 참여하는 과정에서 일차적으로 맡은 고유의 역할에 대한 입장을 인식하게 되고, 다른 역할을 가진 학생들이 주장하는 공정한 관심사들이 있다는 것도 재빠르게 알게 된다. 새로운 그룹마다 무엇을 추천할 것인지에 대해 결정한 후, 그 결정 과정에서 발생했던 몇몇 논쟁과 이 결정에 도달한 이유와 토론한 내용을 다른 나머지 학생들을 대상으로 간략히 발표한다.

우리는 이 시나리오에서 제시한 역할들이 잘 진행되는 것을 알았다. 전체 그룹의 절반 정도가 새로운 세탁기를 채택하겠다고 추천하고, 다른 나머지 절반은 추천하지 않겠다고 결정하였다. 우리는 서로 다른 그룹에서 결정한 추천들이 서로 다르다는 점으로부터, 한 가지 추천이 다른 추천보다 더 좋은 것이라고 주장할 수 없으며, 가장 좋은 추천이 논쟁거리의 모든 부분을 해결하지 못한다는 점을 강조할 필요가 있음을 느꼈다. 모든 그룹들이 결정한 내용을 발표한 후, 수업에서는 학급 전체를 대상으로 논쟁들을 해결하는 과정에서 얻을 수 있는 보상과 초래되는 위험들이 서로 다르기 때문에 단 한 가지 결정이 있을 수 없다는 점에 대해 토론하였다. 이 단원에서는 학생들이 과학 지식은 변할 수 있으며, 과학이 어떻게 사용되는지에 대해 주의를 기울일 필요성을 느낄 수 있는 학습 기회를 제공하였다.

뒤돌아보면서 저자들은 교사들이 실천하는 여러 교수방법들은 예기치 않게 학생들의 관점에 영향을 줄 수 있음에 주목하였다. 교사들이 가지고 있는 편견은 학생들의 토론에 영향을 주고, 특정한 결과를 이끌어낼 수 있다. 이러한 교사의 편견이 학생들의 관점에 의도하지 않은 영향을 줄 수 있기 때문에, 가능한 학생들의 토론에 관여하지 않아야 할 것이다. 비록 교사의 개인적 편견을 완전하게 제거하기 어려울지라도, 학생들이 논쟁에 대해 다양한 결과를 얻을 수 있도록 주의를 기울여야 할 것이다.

결과와 성공의 증거

사후 평가 자료에 근거하여, 우리는 이 단원의 결과로 나타난 학생들의 학습을 기록하였다. 우리는 학생들의 응답을 조사하여, NSES 목적 3과 관련된 세 가지 핵심 주제를 알아냈다. 이 주제들은 (1) 다양한 관점과 잠재적인 편견을 인식하는 능력을 발달시킴, (2) 주장을 지지하려면 증거가 필요하다는 점, 그리고 (3) 결정으로 인해 초래되는 영향이었다. 여기에서 우리는 학생들의 사례를 사용하여 세 가지 주제들을 설명하고 이 단원을 실행하는 동안에 학생들이 어떻게 달라졌는지를 상세히 전달하고자 한다.

주제 1 : 다양한 관점과 잠재적인 편견을 인식하는 능력을 발달시킴

이 주제는 학생들이 서로 다른 출처의 자료들을 분석했을 때 분명해졌다. 학생들은 자료들에 편견이 있다는 것을 인식하게 되면, 증거로 사용하기 위해 수집했던 자료를 더욱 면밀하게 조사하게 한다.

> 학생 1 : 과학적 이야기나 대중 매체의 보고서들로부터 완벽하게 객관적인 정보를 찾아낸다는 것이 매우 어려울 수 있다는 것을 알게 되었어요.

학생들은 다양한 견해들을 고려해야 할 필요성이 있었다는 점도 깨닫게 되었다.

> 학생 2 : 이미 추측하고 있긴 했는데, 다양한 뉴스들은 한 가지 논쟁에 대해 또 논쟁거리가 될 수 있는 것에 대해 서로 다른 견해를 보여주는 것을 알았어요.
>
> 학생 3 : 그것은 언론이 밝혀내는 요소들보다 더 많은 요소들이 있을 수 있다는 것을 의미하는 것 같아요.

대부분의 학생들은 이와 같은 다양한 견해들은 정당한 이유가 있다는 점도 공유하였다.

학생 4 : <세탁하기 위해 드는 비용은?> 단원을 통해, 과학의 발달이 가져오는 긍정적이고 부정적인 것들에 대한 더 폭넓은 견해들을 가지게 되었어요. 긍정적인 효과는 기존 방식의 세탁기를 대체한다는 점이지만, 환경에서는 부정적인 효과가 있을 수 있겠죠.

학생들은 서로 다른 관점들을 지지해주는 데는 증거가 사용되었을 것이라는 점을 배웠다. 한 학생은 이 복잡한 내용을 이해하였으며, 이에 대해 다음과 같이 말했다.

학생 5 : <새로운 세탁기>란 주제는 긍정적인 생각과 부정적인 생각을 모두 포함하고 있어요. 이것은 비용은 더 적게 들고 효율성도 증가된 것 같지만, 환경을 파괴하지 않을까 싶어요.

학생들은 모든 정보의 출처들을 조사하게 되었고, 출처들이 어떤 다른 생각들을 포함하고 있는지를 고려하기 시작했다. 일부 학생들은 단원 학습을 넘어서서 이 개념을 일반화시켰고, 이제 자료의 출처가 타당성이 있는지 여부를 습관적으로 살펴보게 되었다고 말했다.

학생 6 : 이제부터 과학적 보고서를 살펴보게 되면, 나노기술 단원에서 무언가를 증명하려고 노력하는 과학자들이 더 많은 편견을 가질 수 있음을 우리가 어떻게 알아내었는지에 대해서 생각하게 되었어요. 그래서 누가 이 과학적 보고서를 작성했는지를 살펴보게 되었어요.

학생들은 그들이 자료의 출처를 평가하여 출처에 기반한 편견들을 찾아볼 필요가 있었음을 깨달았다.

학생 7 : 이것이 내가 생각하는 방식에 영향을 주었어요. 이제부터 나는 한 제품에 대한 개인적 관점이 보고서에 영향을 줄 수 있다는 점을 알게 되었고, 의견을 만들어내기 전에 얼마나 많은 연구를 해야 한다는 점도 알게 되었어요,

우리는 학생들이 토론을 준비하는 과정에서 정보의 타당성을 판단하는 방식이 매우 흥미롭다는 것을 관찰하였다. 예를 들어 병원구매책임자의 역할을 맡은 그룹들 가운데 한 그룹은 세탁기 제조회사의 웹사이트를 제공받았다. 이들은 제조회사가 편파된 출처일 수 있음을 재빨리 깨달아 제조회사가 내세운 수많은 주장들의 타당성을 조사하기 시작하였다. 다른 그룹들 또한 동일하게 행동하였다.

중학교 한 그룹의 토의 과정에서도 출처의 편견을 조사하는 학생들의 사례가 추가적으로 관찰되었다. 이 그룹의 학생들은 조사하는 과정에서 박사학위를 가진 사람이 제공하는 정보를 찾았다. 학생들은 이 정보가 정확하고 편견이 없을 것이라 여겼다. 나중에 이들은 첫 번째 사이트에 있는 정보와는 전혀 다른 모순되는 정보들을 접하면서 깜짝 놀랐다. 그 후 이 학생들은 사이트 저자들이 누구인지를 더욱 신중하게 찾아본 후, 첫 번째 사이트가 운동권 단체에 의해 운영되는 것을 깨달았다. 이 학생들은 첫 번째 사이트에 의해 강하게 동조가 되었다는 점에 대해 스스로 놀랐다. 이 그룹은 가능한 편견을 찾는 데 더욱 조심하게 되었다.

주제 2 : 주장을 지지하려면 증거가 필요하다는 점

단원은 주장, 증거, 추론을 통합하여 과학적으로 설명하는 방법을 강조하였다. 과학적 설명을 강조하는 요소 하나 하나는 단원의 모든 활동의 구성 요소들이었다. 과학적 설명을 사용할 때, 학생들은 자신의 생각을 지지하기 위해 증거를 사용해야 함을 알았다. 학생들이 토론을 준비할 때, 왜 자신들의 주장을 펼치기 위해 증거로 사용할 수 있는 자료를 갖고 있어야 하는지를 더 잘 이해하기 시작했음이 분명해졌다. 학생들은 증거 없이는 주장들이 지지되지 않게 쉽게(잘못) 만들어질 수 있음을 알았다.

> 학생 8 : 수집한 증거는, 사람들이 듣고 있는 것이 항상 맞는 것은 아니라는 점을 이야기해주는 데 이용될 수 있어요.

학생들은 논쟁에서 주장을 지지할 하나의 방법으로 증거를 받아들이게 되었다. 학생들은 증거를 사용면서부터, 토의에서 "이 사람도 이야기했고, 저 사람도 말했다."는 식의 토론은 하지 않게 했다. 대신 학생들은 지지된 토론 쟁점에 초점을 맞추고 토론을 생산적으로 진행하게 되었다. 학생들은 주장을 지지하는 증거를 사용하고, 이를 듣고 있는 학생들은 증거가 충분한지 여부를 판단하게 된다는 점을 설명하였으며, 이러한 측면에 근거하여 학생들이 이 주제를 제대로 이해하고 있음을 알 수 있다.

> 학생 9 : 글쎄요. 여러분의 결과를 보여주고 발견한 것을 설명해보세요. 그러고 나면 아마 몇몇 사람들의 마음을 변화시킬 수 있을 겁니다.

학생들은 증거의 사용은 누군가의 의견을 단지 변화시키려고 하는 것 이상임을 깨달았다. 대신 증거는 주장을 평가하는 데 사용되었고, 그룹이 추천할 내용을 논리적으로 만들기 위해 사용한 증거를 평가하는 데 사용되었다.

학생 10 : <증거>는 <은나노 입자들>이 어떻게 환경과 인간에 영향을 주는지에 대해서 이야기해주고 있어요. 우리는 이제 은나노 입자들을 사용할 것인지 말 것인지를 결정할 수 있습니다.

주제 3 : 결정으로 인해 초래되는 영향

이 활동에 참여하는 과정에서, 학생들은 모든 결정들은 영향력을 갖고 있으며 이 영향력들은 좋거나 나쁜 것이 아닌 오히려 두 가지 요소를 모두 포함하는 것들이라는 것을 깨닫는다. 나아가 학생들은 한 가지 문제를 해결하는 과정에서 종종 다른 문제들이 만들어진다는 것을 깨닫기 시작한다. 이러한 사실들은 한 학생은 다음과 같이 말한 내용에서 찾아볼 수 있다 :

학생 11 : 활동에서 얻은 결과를 살펴보면서, 우리가 은 때문에 생긴 문제를 해결하기 위해 생각했던 방법들 가운데 일부는 과학으로 해결해야 하는 새로운 문제들을 만들어낸다는 것을 알았어요.

학생들은 어떤 것이든지 간에 최종 결정을 내리면 반드시 고려해야 하는 갈등상태가 있음을 알게 되었다. 몇몇 학생들의 관점은 환자에게는 좋지만 환경에는 좋지 않은 점에 초점을 맞추었고 나머지는 정반대였음을 이해하였다. 이 모든 서로 다른 관심들은 최종 의사결정 과정에서 고려될 필요가 있었다. 한 학생은 다음과 같이 나타냄으로써 그 갈등상황을 잘 표현해주었다.

학생 12 : 나노기술은 일상생활을 변화시킬 수 있어요. 세탁기 사례에서 살균된 의류가 사람들에게는 좋은 점이 있지만 환경에 꼭 필요하지는 않습니다. 나노기술은 그 밖에 모든 물건들처럼 (깨끗하고 건강한 면에서는) 좋지만 (자연에서 좋은 것에 해가 되는 면에서는) 나쁘다는 특질을 모두 가지고 있었습니다.

몇몇 학생들은 더욱 깊이 이해하여, 종종 우리가 긍정적이고 부정적인 효과 모두를 알기 위해 충분한 증거를 갖지 못한다는 점을 깨달았다.

학생 13 : 나는 우리가 모든 것에 답을 찾으려고 하나, 그렇게 하기에 우리는 항상 충분한 정보가 없다는 점을 알게 되었어요. 때때로 우리는 꼭 현명해져야 하고, 추측하는 것을 배워서, 그것이 어떻게 나타나는지에 따라 만족해야 합니다.

결론

이 단원의 학습 결과로서 NSES에서 목표했었던 것처럼, 학생들은 자신들이 사는 지역과 더 큰 사회에 잠재적으로 영향을 미치는 문제에 대한 토의에 비판적으로 참여한다. 교육과정 개발자로서 우리는 사회적 시사점을 가진 문제 주변에 있는 과학적 담화에 학생들을 참여시키기 위해 실제 상황을 선택함으로써, 교육자료를 고안하는 데 탐구에 기반한 접근방식을 이용하는 것이 중요하다는 것을 알고 있다.

이 단원을 개발하면서 우리는 나노기술이 실생활에 사용되면서 부과되는 문제를 선택하였다. 활동들은 학생들이 다양한 탐구를 통해 문제를 과학적으로 이해해나갈 수 있게 했다. 이런 형태의 교육과정적 접근은 학생의 태도와 과학 학습을 잘 향상시킨다는 연구결과들이 문헌 (Bennett, Lubben, and Hogarth, 2007)에 잘 나타나 있다.

일련의 활동들은 학생들이 은나노 입자를 다양한 탐구활동에 적용시킬 수 있게 해주었다. 이 단원에는 학생들이 주도적으로 다양한 과학적 실습에 참여하는 활동들이 포함되어 있다. 이 실습들은 조사 계획 및 실행, 자료 분석, 과학적 설명 발전시키기, 과학적 연구 실행, 과학적 논쟁에 참여하기 등이 포함되어 있다.

나노기술은 그 자체로 최근 과학에 도입되었기 때문에, 그리고 Gardner, Jones, and Falvo (2009)가 주목하듯이, 미래에 장래성 있게 사용될 것이라는 점 때문에, 흥미로운 사회적 문제에 초점이 맞추어진 자료들로 개발되고 있다. 우리는 이 센터 소속 연구자들과의 협력으로 이런 미래 기술의 사용에 대한 긍정적이고 부정적인 잠재성을 인식하게 되었다. 이와 같은 새로운 기술들은 종종 사회적 문제들의 중심에서 알려지게 되고 있으며, 따라서 미래 교육과정 개발을 위한 풍부한 맥락으로 간주되어야만 할 것이다.

이 단원에 대한 추가적인 자료들은 웹페이지[11]에서 이용할 수 있다.

11) http://nano-cemms.illinois.edu/education과 http://nano-cemms.illinois.edu/materials

감사의 글

이 연구는 NSF 채택 번호 #0749028 (CMMI)의 지원으로 추진되었다. 여기에 제시된 의견들은 이 글을 쓴 저자들의 의견일 뿐 NSF나 일리노이 대학교의 의견은 아니다. 또한 우리는 "세탁하기 위해 드는 비용은?"이란 단원 및 내용을 개발하는 데 큰 도움을 주었던 Matt Ragusa에게 감사한다.

참고문헌

Bennett, J., F. Lubben, and S. Hogarth. *2007*. Bringing science to life: A synthesis of the research evidence on the effects of content-based and STS approaches to science teaching. *Science Education* 91 (3): 347-370.

Gardner, G., M. Jones, and M. Falvo. 2009. "New science" and societal issues. *Science Teacher* 76 (7): 49-53.

Johnson, D. W., R. T. Johnson, and E. J. Holubec. 1998. *Cooperation in the classroom*. 7th ed. Edina, MN: Interaction Book Company.

McNeill, K., and J. Krajcik. 2008. Assessing middle school students' content knowledge and reasoning through written scientific explanations. In *Assessing science learning: Perspectives from research and practice*, eds. J. Coffey, R. Douglas, and C. Stearns, 10 1-116. Arlington, VA: NSTA Press.

Michaels, S., A. W. Shouse, and H. A. Schweingruber. *2008. Ready, set, science! Putting research to work in K-8 science classroom*. Washington, DC: National Academies Press.

Muskin, J., J. Wattnem, M. Ragusa, and B. Hug. 2008. Real science or marketing hype? *Science Teacher 74* (4): 57-61.

National Research Council (NRC). 1996. *National science education standards*. Washington, DC: National Academies Press.

Novak, A., K. McNeill, and J. Krajcik. *2009*. Helping students write scientific explanations. *Science Scope* 33 (1): 54-56.

CHAPTER 07

Tahoma 야외 학교

과학 학습과 교실 안·밖의 환경

Oksana Bartosh
Canadian Council on Learning, Canada
Amy E. Ryken
University of Puget Sound, USA
Margaret Tudor
Pacific Education Institute, USA
Jolie Mayer-Smith
University of British Columbia, Canada

배경

우리가 일상생활에서 과학적 정보와 과학적 탐구의 산물을 접하다 보면, 과학적 소양이 필요하다는 것을 알게 된다(AAAS, 1993; NRC, 1996). 학습 기준은 학생들이 과학적 개념과 기능을 사용함으로써 토론하고 문제를 해결하는 데 적극적으로 참여할 수 있는 책임있는 민주시민이 될 준비를 하도록 강조하고 있다. 세계가 직면한 수많은 환경문제들이 늘어남에 따라, 학생들이 이런 문제 저변에 깔려 있는 과학적 개념과 사회적 이슈를 이해하여 효과적인 해결방안을 모색할 수 있게 하는 것이 중요하다. 미래를 준비하는 교육 방법은 학생들이 이 행성을 지킨다는 책무성과 책임감뿐만 아니라 과학에 대한 이해를 돕기 위한 통합적 맥락으로써 환경을 사용하는 것을 포함시키고 있다. 학생들이 다른 형태의 소양－환경적 소양－을 쌓게 하는 것은 21세기를 맞이하기 위한 준비로 대단히 중요하다(Hungerford, 2010; NAAEE, 2004).

도입

과학은 종종 과학적 개념들이 환경교육의 기초를 형성하므로, 과학은 환경교육을 통합시키기 위한 가장 적합한 과목으로 간주된다(Han, Rellergert-Taylor, and Krumpe, 1988; Simmons, 1989). 과학적 탐구의 핵심적인 특징인 질문하기, 주장을 위한 증거 조직하기, 결과에 대해 의사소통하기 등(Martin-Hansen, 2002)은 학생들이 '과학의 과정' (NRC, 1996, p.105)을 복잡한 환경 문제와 상호 작용에 적용하도록 해준다. 환경교육은 새롭고 흥미로운 학습 상황, 활동들, 관점들을 제공할 수 있다. 또한, 환경교육은 과학 교육과정을 더욱 적절하고 다양한 학생들이 접근할 수 있게 해줄 수 있다. 대부분의 전형적인 과학교육은 많은 학생들의 경험과는 동떨어져 있어 자신의 삶과는 관련성이 적은 지식을 획득하거나 개념을 학습하는 데에 초점을 맞추고 있다. 반대로 환경교육은 지역환경과 지역사회의 문제에 집중함으로써, 이런 이질적인 과학 개념을 좀 더 흥미롭고 잘 기억될 수 있게 만들어 준다(Dillon and Scott, 2002, Gough, 2002). 또한 환경교육은 과학을 더욱 문화적이고 사회적으로 관련성이 있게 만들어 줌으로써 학생들이 새롭고 유용한 사회적˚인지적 기능을 개발할 수 있도록 해준다.

과학이 환경교육에 가장 적합한 것으로 여겨질지라도, 융합과 통합과학적 모델의 지지자들은 환경교육을 과학, 사회, 수학, 언어 및 예술 등을 포함시키고 있는 넓은 범위의 학교 교과목에 포함시킬 것을 권하고 있다. 예를 들어 Rosenthal(2003, p.154)은 예술에 기반한 접근 방식을 주장해왔는데 이런 접근법은 교사들이 모든 학생들이 "우리가 인간 및 비인간적인 시스템 손상에 대한 창의적이며 장기적인 요구를 하는 세상"에 진출하기에 유리한 "체계적 사고, 간학문적인 문제 해결, 협동, 그리고 사회적이고 환경적인 책임의식 등을 배양"시킬 수 있다.

학생들을 교실 밖으로 데리고 나가는 것은 타당하고 중요한 교육적 훈련으로써 인식되고 있다. 그러나 다양한 수준의 교사들은 과목 특수화된 교육과정을 실행해야 하며 위임된 학습 성과를 올려야 하는 풍토에서, 통합적 비형식적 야외에서 하는 그리고 지역사회 배경이라는 점에 직면하면 도전적이라고 느낀다(Falk and Balling, 2001; Michie, 1998; Price and Hein, 1991; Simmons, 1998; Smith and Williams, 1999). 학생들을 야외조사와 시민참여 과정에 연루시킬 것 또한 설명하는 통합의 모델들이 필요하다.

이 장에서 우리는 환경을 과학, 언어, 건강과 피트니스, 그리고 서비스 교육 등을 위한 통합적인 맥락으로써 사용하는 고등학교 프로그램에 대해 설명한다. 우리는 이 프로그램이 학생들의 과학, 환경적 개념, 그리고 탐구 기능의 이해에 어떻게 영향을 미치는지를 탐색한다.

프로그램 설명 : 고등학교 야외 학교

Tahoma 야외 학교는 Washington 주의 Seattle로부터 30분 거리에 위치한 인구 17,800명으로 구성된 도심 지역의 한 고등학교에서 실행되었던 프로그램이다. 수년 동안 교사들과 직원들은 서로 다른 학년 및 과목 영역들을 연결하는 끈으로써 탐구, 논리적 사고 그리고 환경교육을 통해 흥미롭고 혁신적인 프로그램을 고안하려고 태평양 교육연구소(Pacific Education Institute: PEI)[12)]와 가깝게 연구해 왔다. 이런 조정 노력들에 의한 도움을 받아 그 교육청은 수학, 언어 영역, 그리고 과학 분야의 주 표준검사에서 상위 10 %의 점수를 획득한 학생들로 인해 워싱턴 주 내 10개 최상위 등급의 교육청 중 하나가 되었다.

주제별로 편성된 수업은 종합고등학교에서 일반적으로 제공하는 서로 관련성 없는 과목을 통합해 주고 교사와 학생들의 학습 공동체를 만들어 준다(NRC and Institute of Medicine, 2004). Tahoma 야외 학교 프로그램은 NSES 프로그램 기준 B에 의해 제안된 것으로 과학 수업을 (언어영역, 건강과 피트니스 등을 포함하는) 다른 학교 교과목에 연결시키고 1년간 학습하는 10학년 야외 환경 과목이다(NRC, 1996). 프로그램의 목표들은 (1) 학생의 학습을 향상시키기 위함; (2) 학생들을 환경적으로 교양있는 시민과 평생 학습자가 될 수 있도록 가르치기 위함; (3) 학교에서의 학습과 학교 밖 세상 사이에 연결선을 만들어 주기 위함; 그리고 (4) 지역사회와 환경에 대한 인간의 영향력을 탐색하기 위함이다. 서비스－학습 구성요소는 지역 자연 공원에 있는 교실 밖으로 학생들을 참여시키며, NSES 프로그램 기준 D인 : "좋은 과학 프로그램들은 교실 밖 세상으로의 접근을 필요로 한다."(NRC, 1996, p.218). 학생들은 현장 조사를 실시한다.

---

12) The Pacific Education Institute (www.pacificeducationinstitute.org)는 환경을 하나의 통합적 맥락으로 사용하기 위해 고안된 교육과정을 통해 학생들의 학습을 향상시키는 데 흥미를 가진 이해관계자들의 협회이다. 사업가 모임, 비영리적인 교육 및 환경 단체, 주립기관, 국가 환경교육 프로그램, 주민 환경 학습 센터 그리고 사립학교들의 대표들을 포함시킨다.

공원 환경을 탐색하면서, 그들은 “질문을 하고 답할 방법을 찾는다. 그들은 자료를 수집하고 그것을 어떻게 표현할지를 결정한다. 그들은 자료를 조직해서 지식을 생성한다 (NRC, 1996, p.33).”

이 프로그램은 환경교육, 야외 교육 그리고 책무성 등에 대한 주제를 가지고 3명의 교사들이 담당교과목 영역과 통합시키면서 가르친다. 연간 약 90명의 학생들이 등록하는데 이들의 성취도 수준은 다양하다.

학생들은 이틀에 한 번씩 만나서(이 학교는 순환 시간표로 운영한다.) 하루 종일 야외학습에 참가한다. 보통 하루는 교사와 학생들이 지역사회 환경 운동가들과 야생 생물학자들의 프레젠테이션, 신문기사, 책, 초청 강연 등을 활용해 환경 문제에 대해 토의하는 전체 그룹 세션으로 시작한다. 전체 그룹 세션 후에 수업은 30명씩 세 그룹으로 나뉘어서 진행되는데 한 그룹에 교사 한 명이 담당한다. 그룹들은 그날 남은 시간 동안 세 명의 교사들 사이를 순환하면서 수업을 받는데, 모든 학생들은 과학 한 시간, 언어영역 한 시간, 그리고 건강 및 피트니스 한 시간 수업에 참여하게 된다. 종종 수업은 일반적인 주제 위에 구축되며 과학, 언어영역, 그리고 피트니스 기능과 개념들의 적용이 필요한 통합된 평가를 적용한다.

야외 학교 교육과정

야외 학교 교육과정은 환경에의 책무성, 환경적 지속가능성, 그리고 책임감이란 주제를 포함시키고 있다. 교육과정은 세 명의 교사가 야외 환경교육과 생태학을 자신의 학생들의 요구에 맞춘 기존 자료로 편집하여 설계하였다(표 7.1 참조).

해당 학년의 1년 동안 진행되는 프로그램은 먼저 물에 대한 단원(9~12월분)으로 시작한다. 학생들은 문헌, 과학적 탐구, 낚시와 등산 등 레크리에이션과 같은 활동을 통해 자연 세계와의 연결을 탐색한다. 언어영역 수업에서 학생들은 강과 바다 그리고 인간 삶에서 그것들이 하는 역할에 관한 책을 읽는다(‘흐르는 강물처럼’과 ‘노인과 바다’ 등). 과학시간에 그들은 수서생태계를 공부하고 마을에 있는 강을 찾아가 건강한 강에 대해 한 가지씩을 탐색하는 야외 조사 연구 과제를 완성한다. 건강과 피트니스 수업에서 학생들은 플라이 낚시 기술, 물고기 동정 및 분류 학습을 하고 어떻게 해야 야외 환경에서 책임감 있게 행동하게 되는지에 대해 토의한다.

두 번째 단원(1~3월 분)에서 학생들은 자연 세계에서 인간의 행동을 탐구한다. 그들은 위험에 처해보기, 자기조절하기, 그리고 인내하기에 대한 주제를 토의한다. 그들은 극심한 자연 환경에 있는 인간의 행동에 대한 책(Touching the Void)들을 읽고 암벽 등반하기, 지도그리기, GPS, 그리고 오리엔티어링 기능 등을 학습한다.

세 번째 단원(4월 분)은 시 쓰기와 자전거 타기와 같은 레크리에이션 활동에 초점이 맞추어져 있다. 학생들은 지역 산길을 탐색하고 자연 세계에 대한 시들을 읽는다.

네 번째 마지막 단원(5~6월 분)은 생태계 개념으로 구성되어 있다. 학생들은 야생에서의 생존, 자립, 그리고 자아실현의 아이디어에 대해 책을 읽고 토의한다. 과학 시간에 그들은 지역에 자라는 식물과 원주민들이 그것들을 이용하는 방법을 배운다. 그 해는 밤샘 캠핑 여행과 지역에 있는 산인 Mailbox 정상까지 자전거로 오르면서 끝을 맺는다.

환경교육과 환경지킴이

야외 학교 프로그램에서 환경교육과 환경지킴이는 중요한 요소이다. 이 프로그램의 교육과정에서는 과제와 토론을 통합하는 근거로 이 주제를 도입하고 있다. 학생들은 아침시간에 환경 주제에 대해 토론하고 발표한다. 그리고 교사는 의견을 제시하며 이 과정에서 학습이 일어난다.

> 학급 전체의 큰 그룹에서는 여러 다양한 논쟁거리에 대해 토론할 수 있다. 우리들이 직면하는 문제들, 신문에 나타나는 현재 논쟁거리들, 그리고 환경을 지켜야 할 책무감에 대해 이야기하였다. 그러다가 중요하다고 생각하는 논쟁거리가 지속적으로 언급되면, 이 내용을 토론의 핵심적 내용으로 받아들이게 된다. 우리는 이에 대해 서로 이야기한다.

추가로 수많은 수질, 토양조사 등의 현장 탐사는 연간 진행된다. 1학기 동안 학생들은 지역사회 봉사활동 장소로 지정된 곳의 시냇물에 대한 논쟁거리를 탐구하는 그룹 연구 프로젝트를 수행한다. 그리고 나서 학생들은 개별적으로 환경 관련 논쟁거리와 환경지킴이를 주제로 선택하여 2차 연구 프로젝트를 수행한다. 학생들은 조사방법과 보고서 작성방법에 대해 공부한다. 한 학생은 이러한 과정에 대해 다음과 같이 설명하였다:

표 7.1 야외 학교 프로그램: 교육과정 주제들과 활동들

	언어영역	건강과 피트니스
9~12월		
주제: 인간과 자연, 인류의 자연세계와의 관계, 자연의 의인화 통합적 과제: 물/강 문제에 대한 연구과제	노인과 바다 • 인물묘사; 은유; 상징; 우화; 암시; 주제/동기 흐르는 강물처럼 • (에몬스와 녹색강 여행으로 강화된) 의인화 • 예시 • 해설 에세이 강 패킷 • 두 개의 소설을 보충교재로 사용 • 위의 학습 목적을 강화 • 책무성 연구 구성요소(강 과제) • 2차적 출처의 문헌으로 연구	낚시 기능과 활동들 • 낚시 장비 • 던지기, 미끼 끼기, 매듭짓기 • 던지기 대회 • 막대기의 의인화, 던지기 환경지킴이 • "흔적 없이 떠나라" 물에 대해 읽기 수서무척추동물의 한살이 물고기 동정 강에서의 실습
1~3월		
주제: 생명의 세계, 위험, 안내 통합적 과제: 쓰기	파리대왕 • 주제/동기 • 상징주의 • 우화 • 어법 주제의 단위(인내, 야망, 이중적 자연, 위험에 탐닉) • 허공 속으로 • Touching the Void (영화 제목) • Shackleton(영국인 남극 탐험가) • 그 외	오리엔티어링 • LOTF 훈련 • GPS 암벽등반 • 용어와 장비; 기술; 구조; 안전; 의사소통; 운동 원리들; 등반 활동들 피트니스 검사 • 개인적 피트니스 계획 Touching the Void • 대규모 토의
4월		
주제: 자전거 타기와 시 쓰기	문학 동아리 • 자연과 환경에 대한 독서 시 쓰기 • WASL 실습	자전거 타기 • 안전; 유지; 기능들; 실전 경험 피트니스 검사 • 개인적 피트니스 검사
5~6월		
주제: 현장 탐사 통합적 과제: '나는 숲에 갔다' 책무성에 초점을 맞춘 최종 과제	야생 속으로 • 토의 기능; 어법; 역설 Walden • 책무성 • 본문 간 연결 • 자립과 자연 "나는 숲에 갔다." • 개인적 담화	환경지킴이 강 복구 보호 탐색

과학	서비스-학습	다른 현장 경험들
수서무척추동물 • 한살이 • 분류 • (화학, 생물학, 환경적 영향을 포함하는) 수질 실험 설계(연구 과제) 공동체와 생태계 생태계에 영향을 주는 인간경영 상징주의 • 점박이 올빼미; 연어 강에 대한 최종 과제	수서무척추동물 조사 책무성 • 관심사/문제 파악 • 조정 시작 서식처 복구 • 침입종 제거 등산로 구축 교육과정에 연결 • 의인화 학습 • 주제 학습 • 상징주의 학습 • 반성적 글쓰기 • 던지기 연습	걷기 • 녹색 강 • Snoqualmie의 Mid Fork • Emmons/ 빙하분지 • Holder/Carey 강 걷기 마음의 습관 • 감각을 통해 자료모으기 • 경탄과 경외로 반응 나타내기 • 명확성과 정확성을 갖고 사고하고 의사소통하기 • 이해와 공감을 갖고 듣기
생명체와 계 • 상호관계들 • 제한요인들 • 인간/환경 상호작용 • 생명의 연속성 개울/강 역학 지도제작/지도그리기 • 토양 조사 DNA 연구과제	자료 수집 • 침식 평가 • 토양 자료 수집 • 그 지역의 지도그리기 서식처 복구 • 침입종 제거; 원산지 종 심기 등산로 만들기 교육과정에 연결 • 오리엔티어링 • 구조 훈련	걷기, 눈 위 걷기 등 • 수직적인 세계 • 백색 강 걷기 • Taylor Mt. Geocache 걷기 놀라운 경주 마음의 습관 • 지구력 • 책임감 있게 위험감수하기 • 충동성 다스리기 그 밖의 기능들 • GIS 훈련 • Arcview 훈련
인체 시스템	서식처 복구 • 등산로 만들기 교육과정에 연결 • 야외에서 시 쓰기	자전거 타기 마음의 습관 • 융통성 있게 사고하기 • 경탄과 경외로 반응 나타내기
생태학 식물과 동물의 동정 • 현장 안내 • 계 • STELLA 민속식물학	서식처 복구 등산로 만들기 교육과정에 연결 • 현장 조사/안내 개발 • 야외 독서/글쓰기	걷기 • Mailbox 정상 • 베이스캠프에서 밤샘

칠판에 30~40개 주제를 써놓고, 각자가 가장 선호하는 주제 1개를 선택하였다. 선택한 주제에 대해 수많은 질문을 던졌다. 지구온난화를 주제로 시작하였으며, 지구온난화에 영향을 주는 요소에 대해 토론하고 이를 환경문제로 확장하였다. 아시다시피 나무, 낚시, 해양 생물 등은 환경과 연관된다. 이러한 환경 관련 요소를 조사하고, 각각 요소에 대한 노트를 만들어 전체 개요를 작성하였다. 그런 후 지금 우리는 논문을 작성하는 중이다. 이 모든 과정이 연구를 수행하는 과정으로 볼 수 있다.

최종적으로 환경과 환경지킴이 교육은 야외활동의 일부로서 학생들이 봉사활동 프로젝트에 참여할 수 있다. 다시 말해서 교사들은 이에 대해 '환경 논쟁거리에 대해 토론하는 것은 우리 학생들이 학교 밖 야외에서 봉사활동을 실천하는 일과 연결된다. 학생들은 야외에 나갔을 때 우리가 올바르게 행동하는 방법을 토론하고, 아시다시피 그 방법은 환경에 흔적을 남기지 않는 것이다. 우리는 항상 이에 관련된 것들에 대해 많은 것들을 이야기 한다.'

봉사활동을 통한 학습

봉사활동을 지도하는 교수학습방법은 '학교 공부에 지역사회 봉사활동을 통합하여, 심층적으로 배우고 시민 책무감을 가르치며 지역사회를 발전시키는 것이다 (National Commission on Service-Learning, 2002, p.3).'

일부 사람들은 이 봉사활동을 환경교육 프로그램의 성공요소로 간주한다 (Athman and Monroe, 2004). 교사는 학교 공부를 지역사회에서 필요한 것뿐만 아니라 개인적 발전과 책무감과 통합시키면서 프로그램을 개발할 수 있다. 야외 학교의 교사들은 프로그램의 주요 목적으로 지역사회와 '연결하기'와 '지역사회로 되돌려주기'를 강조한다. 이에 따라 환경프로그램에 봉사활동 관련 프로젝트 2개를 포함시켜 계획하였다. 9월부터 다음 해 6월까지의 기간 동안 학생들은 롱캐빈리치 자연보호 관리소의 담당자[13]와 협력한다. 한 학생은 다음과 같이 이야기하였다:

우리는 자연보호 관리 지역 내에 나무를 심었다. 꽤 많이 심었다. 그리고 블랙베리 나무들을 뽑아냈다. 이 블랙베리는 침입종으로 새로 심은 나무들을 죽이기도 한다. 그래서 우

13) county representatives on restoring the Log Cabin Reach natural area

리는 새로 심은 나무들 주변에 검은색 매트를 덮었으며, 블랙베리가 새로운 나무들이 자라는 곳으로 넘어오지 않도록 조치하였다.

다른 봉사활동 프로젝트는 공원에 오솔길을 만들고 관리하는 프로젝트이다. 한 학생은 '우리는 테일러 산(Taylor Mountain)에 등산하였다. 오솔길을 청소하고, 나무뿌리, 잎들을 치웠다. 일들이 재미있었다.'라고 이야기하였다. 학생들은 이 장소를 2주에 한 번씩 하루 내내 방문하면서 관리하였다. 봉사활동 요소에 추가하여, 교사들은 이 장소에서 교실 수업에서 공부한 개념, 주제를 가르칠 수 있다. 예를 들면 학생들은 수질검사, 토양검사를 실시하고, 낚시방법을 연습하고, 학술지에 투고할 논문을 작성하고 그리고 야외에서 '흔적을 남기지 않고 다니는 것'에 대해 토론한다.

교육과정 모형 : 현장 탐사와 시민 참여

야외 학교 프로그램은 2개 교육과정 모형, 현장 조사와 시민 참여를 포함한다. '과학 지식은 절대적이지 않으며 자연 세계를 일관성 있게 설명하려는 시도들이며 계속 진화하고 있는 것이다'라고 하듯이(White, 2003, p.174), 학생들은 자연 현상과 과학 현상을 탐색하기 위해 서술하고 비교하며 상관관계를 찾아내는 현장 탐사 방법을 배운다(그림 7.1). 현장 조사는 세 가지 유형으로 탐사할 수 있다. 기술적인 현장 탐사는 자연 시스템의 부분들을 설명하거나 수량적으로 조사하는 연구이다. 기술적인 현장 탐사는 동일한 조건 하에 서로 다른 생물체의 개체군이나 서로 다른 두 조건에서 한 종류의 생물체의 개체군에 대한 자료를 수집하고 비교하는 연구이다. 상관적인 현장 탐사는 두 가지 변인의 측정과 관찰하여 패턴을 발견하는 연구이다(Ryken et al., 2007; Windschitl et al., 2007).

현장 탐사는 과학 탐구(국가과학교육기준 내용 기준 A)의 주요 요소를 포함하는데, 여기에는 '환경의 물리적 조건, 생물체, 사건에 대해 질문하기, 체계적인 방법을 자료 수집하기, 수집한 증거에 근거하여 묘사하고 설명하며 예측하고 모델하기' (NRC, 1996, pp.122, 145) 등이 있다. 덧붙여 학생들은 지역사회 특정 위치를 선택하고 관점을 가지고 연구하게 된다(CEE, 2002). 학생들은 현장 탐사에 대해 현장감 있게 설명하곤 한다. 한 학생은 다음과 같이 이야기하였다 :

핵심 질문 지역사회 주택개발이 인근 시냇물의 물고기들에게 어떤 영향을 주는가?	
현장 탐사 유형	탐구할 연구 문제
서술 연구 관찰과 측정이 가능한 변인들을 선택하기	강가의 어느 위치에 물고기들이 더 많이 있는가?
비교 연구 최소 2개 이상의 다른 지역, 시간 또는 개체군에서 관찰과 측정이 가능한 핵심 변인 1개를 선택하기	계절에 따라 물고기에게 필요한 용존 산소량은 달라지는가? 주택 건설 후, 강 상류와 강 하류에 살고 있는 물고기의 수에는 차이가 있는가?
상관 연구 연속적인 값으로 측정할 수 있는 변인 2개를 선택하고, 이 두 변인의 상관관계를 검증하기	강변에 주택이 더 많이 들어설수록 물고기의 수는 감소하는가? 사람 인구의 증가와 물고기 개체군의 감소에는 어떤 상관관계가 있는가?

그림 7.1 학생들이 제안한 현장 탐사 연구 문제

> 우리는 실험설계, 자료수집 그리고 … 산소의 농도 <용존 산소량>, 그리고 그 외의 요소들을 찾아냈다 … 우리는 식물에 대해 가설을 설정한 것처럼, 수질에 대해서 가설을 만들었다. 물이 어떻게 달라지는지를 알기 위해 상당히 많은 과학실험을 했고, 자료를 수집했다. 그리고 재미있었다.

학생들은 자신들이 수행한 조사에 대해 토론할 수 있게 되었고 다른 과학자들의 연구에 자신의 조사결과를 연결시킬 수 있었다. 한 학생은 다음과 같이 이야기하였다:

> 우리는 강에서 서식하고 있는 곤충과 여러 강들을 조사하였다. 먼저, 강에 대해 질문을 나열하고 이들 가운데 과학적으로 조사하기 가장 좋은 질문을 찾아냈다. 그리고 나는 곤충연구를 수행하였다. 강물에 떠 있는 통나무가 곤충에게 어떤 영향을 주는지에 대해 연구하였다. 그래서 우리는 강으로 가서 서로 다른 지역을 선택하여 자료를 수집하고 그리고 또 강으로 가서 곤충을 잡았다. … 잘 진행되었다. … <내가 발견한 것은> 내가 기대한 대로, 내가 생각할 때 강 상류보다 하류에 곤충이 더 많을 것이라 생각했다. … 그리고 내가 생각한 것처럼 하류에 곤충이 더 많았다. 현장에 탐사 나가기 전에 교실에서 많은 연구를 수행하였다. 교실에서 수행한 연구결과에 근거하여 야외 현장에서 실험을 수행하였다. 그리고 이것이 맞았다. … 내가 생각할 때 강물에 떠 있는 통나무들이 물보다 빨리 흘러가기 때문에 통나무 조각에는 유기물질들이 있는데, 곤충들은 유기물질을 먹이로 먹는다. 하류에 통나무들이 많이 몰려 있고, 그래서 강 하류에는 곤충들이 더 많이 서식하고 있다. 강 하류에는 먹이가 더 많이 있으며, 그래서 곤충이 더 많이 서식하고 있다.

단계 1	학급 동료와 지역사회 구성원들의 협력 하에, 사람과 자연세계의 상호작용으로 일어나는 논쟁거리를 마을 단위, 지역 단위 그리고 지구촌 단위로 파악하고 설명하라. · 자연세계, 정치적 · 경제적 체계, 문화를 찾아내고 설명하라.
단계 2	주요한 결정권자(예를 들면 정부, 다양한 문화 단체, 산업체, 소비자, 협회, 개인 등)를 찾아내고 그들의 관점, 관심 그리고 시사점을 도출한다. · 각 결정권자들이 가지는 가치와 믿음에 대해 설명한다.
단계 3	논쟁거리에 관련된 대안을 찾아내면서 제시하는 방법을 설명한다. · 다양한 계획을 수행하게 될 때, 그에 따르는 현실성, 실현성 그리고 효과성 등을 고려하라.
단계 4	동료들과 협력하여 논쟁거리를 해결하는 실천 방안을 만들어 낸다. · 목표, 일정, 과제, 산출물, 역할 분담, 평가방법 등을 포함하는 실천 방안을 제시하라.
단계 5	실천 계획의 당위성을 준비하라. · 실천 계획을 추진할 때, 주요 결정권자들이 주는 영향과 이에 대한 반응 그리고 실행 후 나타날 수 있는 결과(환경적, 건강, 공공정책, 경제적 등의 측면)를 고려하라.
단계 6	실천 계획을 수행하라. · 시민 행위를 증거로 수집하라(결정권자들과의 의사소통, 비디오테이프, 사진, 산출물, 실천한 시간 등).
단계 7	실천 계획의 효과성을 평가하라. · 초기 설정한 근거로 효과성을 평가하고, 실천 시 예측하지 못했던 결과에 대해 설명하라.

그림 7.2 벤치마크와 통합된 시민 참여

야외 학교 프로그램들은 국가과학교육기준의 과학기술 내용 기준 E와 개인적 · 사회적 견지에서의 과학 기준 F와 일맥상통하며(NRC, 1996), 또한 시민참여(그림 7.2)를 벤치마킹하여 지역사회 주요 결정권자들이 참여하는 과학적 과정을 강조한다(Ferguson et al., 2004). 학생들은 논쟁거리를 찾아낸다. 즉 사람과 자연세계 사이의 상호작용에 관련되는 논쟁거리로서 다양한 결정권자의 견지를 고려해야 하고, 실천 계획을 만들어 내야 하며, 계획을 실천하고 평가하는 논쟁거리이다. 한 학생의 이야기를 들어보자.

이제 우리는 프로젝트를 제대로 추진하고 있다. 우리가 생각해보아야 할 것을 주제로 정했다. 나는 쓰레기를 정했는데, 우리 주변의 환경에 어떤 영향을 주는지를 알아냈다. 다른 친구 모두 각각 주제를 선택하였다. 선생님은 자료를 수집하고 보고서를 작성하는 방법을 가르쳐 주셨다. 나는 지금 재활용하는 방법에 대해 글을 쓰고 있다. 그리고 쓰레기가 환경에 영향을 주기 때문에 쓰레기양을 줄여야 하는 것에 대해서도 쓰고 있다. 우리가 지금 하는 일들이 다음 세대에 영향을 줄 것이다.

평가 전략

학습결과를 평가하기 위해, 교사는 전형적인 퀴즈에서 간단한 반성적 의견에 이르기까지, 그리고 통합적 연구와 연구 보고서도 활용한다. 예를 들면 학생들은 야외 수업에서 수질 관련 논쟁거리(과학)에 대해 조사를 계획하고 수행한 후, 조사한 결과를 종합해서 보고서(과학과 언어)를 작성한다. 학생들이 작성한 환경 관련 논쟁거리에 대한 보고서를 통해, 학생들이 주제와 관련된 개념(과학)을 어느 정도 이해하는지와 다양한 정보와 참고문헌을 얼마나 잘 사용하는지(언어)를 평가할 수 있다. 다른 통합적 과제에서는 학생들에게 추리 소설 이야기를 작성하도록 한다. 학생들은 산에서 일어난 범죄 현장에 대한 사실을 설명하는 것에서부터 이야기를 시작한다. 학생들은 이야기(언어)를 창작하며, 이야기에는 DNA 개념(과학), 암석이 굴러내리는 것(보건 수업에서 학습한 내용)에 대한 지식과 기능이 포함된 미스터리를 해결하는 내용이 들어있다. 마지막으로 학년 말, 학생들은 이 프로그램을 통해 얻은 경험에 대해 반성적으로 생각해 본다. 학생들은 '숲에 갔던 일'의 제목으로 작문 보고서를 작성한다. 이 작문 보고서에는 자연세계와 환경지킴이의 가치의 관계를 탐구하는 내용이 포함되어야 한다.

학생 학습의 증거

야외 학교 프로그램은 고등학교 수준에서 과학, 언어, 보건 영역을 연결한 학습 맥락에서 환경 주제를 통합시키는 방법을 제안하고 있다. 학생들은 탐구 중심의 과제를 수행하면서 학습한 내용을 기록하고 체험한 일들에 대해 반성적 사고를 한다.

예측/가설	학생들은 독립변인(예 : 시간, 지역, 생물체, 개체군)이 종속변인에 어떤 영향을 주는지 예측한다. 학생들은 예측/가설에 대한 설명을 제시한다.
재료	학생들은 조사를 수행하는 데 필요한 재료와 도구를 열거한다.
통제변인 (동일하게 유지하는 변인)	학생들은 변인을 측정하여 자료를 수집할 때 최소한 두 가지 이상의 방법으로 조건을 동일하게 유지할 수 있다는 것을 보여주어야 한다.
조작변인 (변화시킬 수 있는 변인)	학생들은 변화시키는 것(예 : 지역, 재료, 서식지, 시간, 생물체 또는 개체군 등)에 대해 언급해야 한다.
종속변인 (측정 가능한 변인)	학생들은 자료를 관찰하고 수집하고 기록하는 것에 대해 언급해야 한다.
실험 단계 (반복 실험이 가능한)	반복 실험이 가능하도록 실험 과정의 각 단계를 상세히 제시하였다. 학생들은 수집한 자료를 표로 나타낼 때 일자, 시간, 날씨조건 등을 포함시켜야 한다. 학생들은 한 장소에서 자료를 수집할 때 한 번 이상 측정해야 하는 것을 알고 있어야 한다.

그림 7.3 탐구과제 루브릭

탐구 수행 과제

태평양 교육 연구소에서는 시나리오 기반 탐구 과제를 개발하여, 학생들의 주제와 연관된 과학지식과 현장 조사 설계 능력을 평가한다. 이 과제는 학년 초와 학년 말에 수행한다. 학년 초, 학생들은 토양의 물 분석 과제를 수행한다. 이 과제에서 학생들은 지역별 서로 다른 토양에 물이 여과되는 시간의 차이를 조사하는 실험을 설계하도록 한다. 학년 말, 학생들은 지표면의 열점 조사 과제를 수행한다. 이 과제에서 학생들은 서로 다른 지역의 차이는 지표면의 온도에 영향을 주는지를 조사하는 연구를 설계한다. 학생들은 종속변인, 독립변인(또는 조직변인), 통제변인을 찾아내어 포함시킨다. 학생들은 다른 사람이 조사를 반복할 수 있도록 실험과정을 단계별로 상세히 작성한다. 학생들의 과제 산출물은 루브릭(그림 7.3)으로 평가된다.

탐구 수행 과제를 분석한 결과, 학생들은 시간이 흐름에 따라 현장 탐사 과정을 더욱 잘 이해하는 것으로 나타났다. 대부분의 학생들(75 %)은 제안한 연구 문제에 해답을 제안할 수 있을 만큼 상세하고 복잡한 조사를 설계할 수 있었다. 프로그램 사전 조사에서 일부 학생들은 독립변인과 통제변인을 찾는 데 어려워했다. 반면, 프로그램 사후 조사에서는 대부분의 학생들이 3개의 변인 모두를 포함시켰다. 학년 말, 학생들은

질문

폭포가 있는 산의 서쪽 방향의 강우량은 산의 높이가 높아질수록 강우량도 변하는가?

가설 (예측)

고도가 높아질수록 강우량이 변한다면, 산의 높이가 높을수록 강우량도 많아질 것이다. 왜냐하면 높을수록 습도의 양이 많아지기 때문이다.

재료

고도 측정기, 계량컵, 스톱워치

과정

실험과정을 구체적으로 설명하기 위해서 모식도를 그리고 각 부분에 대한 간략한 설명을 제시할 수 있다.

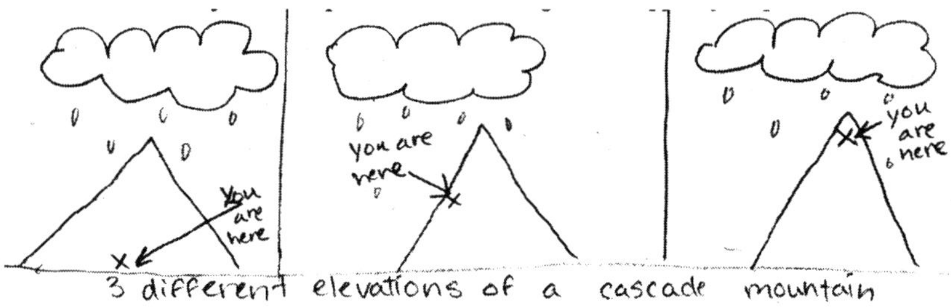

1. 일자, 시간, 장소를 기록한다.
2. 비오는 날씨를 묘사한다(흩뿌리는 듯이 비가 온다. 심하게 온다. 차갑게 온다 등).
3. 산에서 서로 다른 3지점을 선정한다. 각 지점에서 강우량을 측정하게 된다.
4. 서로 다른 3지점의 높이를 측정한다(예 : 5 m, 500 m, 1,000 m 등).
5. 각 지점에 가서 나무가 많지 않는 개방된 장소를 선정한다.
6. 계량컵을 들고 3분간 기다린다.
7. 3분 동안 계량컵에 수집된 강우량(mL)을 측정한다.
8. 다른 두 지점에서도 단계 5~7까지를 실시한다.
9. 유사한 비오는 날씨에 동일한 높이의 지점에서 전체 조사 과정을 3번 더 반복한다.

그림 7.4 탐구 과제 루브릭 : 학생 반응

측정치를 기록하는 표를 더욱 잘 만들었으며, 조사의 과정도 단계별로 더욱 상세히 제시할 수 있었다.

[그림 7.4]는 탐구 수행 과제에 대해 학생들이 응답한 대표 사례이다. 이 사례에서 학생은 예측하였으며(산에 더 높이 올라갈수록 강우량은 더 많아질 것이다.) 예측에 대한 설명(왜냐하면 산에 높이 올라갈수록 대기의 습도가 높아지기 때문이다)을 제시

하였다.

추가로 학생들은 동일한 조건(예 : 3분 동안 비를 모은다. 개방된 장소를 선정한다. 비오는 날에 측정한다.)에서 표집하고 측정하는 것을 언급하고, 연구에서 세 가지 다른 높이의 장소(조작변인)를 언급하고, 그리고 각 장소에서 반복으로 측정하는 것을 언급해야 한다.

학생의 반성적 결과

야외 학교 프로그램을 통해 얻은 학습경험을 조사하기 위해, 참여한 학생들 가운데 일부 학생을 선정하고 프로그램 시작 전 학기 초와 종료 후 학기 말에 면담을 실시하였다. 면담을 통해 학생들은 환경과학 개념, 사람과 환경의 상호작용, 그리고 사회적 기능이 증진한 것으로 밝혀졌다.

과학 개념에 대한 이해

면담 결과에서 학생들은 과학의 개념을 이해하였으며, 과학 내 서로 다른 영역뿐만 아니라 과학 외 다른 교과 영역을 연결할 수 있었던 것으로 밝혀졌다. 학생들은 탐구기능을 신장시켰고 현장 탐사를 수행하는 방법을 알게 되었으며, 학습이 참여하고 관련 있으며 개인적인 것으로 인식하였다. 교육과정은 물리, 화학, 생물, 그리고 환경과학을 포함하며, 야외 학교 프로그램에 참여한 학생들은 집단, 순환, 수용능력 등의 관련되는 개념을 이해하게 되었다. 대부분의 개념과 논쟁거리는 실제 체험하는 활동 중심 조사와 그룹 작업으로 탐색되었다. 학생들은 질문을 던지고, 정보를 찾아내고, 다양한 견지와 관점을 탐색하도록 독려되었다. 한 학생은 다음과 같이 이야기하였다:

> 우리는 먼저 질문들을 여러 개 던지고 그리고 우리 조의 질문을 선택하였다. … 질문에 대한 정보를 수집하였다. 수질을 집중적으로 연구할 수 있는 가능성이 있었다. 토양이 수질에 미치는 영향에 집중할 수도 있었다. 지역의 토착종들이 수면의 높이에 미치는 영향을 연구할 수도 있었다. 그리고 나서 우리는 추가 정보를 수집하는 데 사용할 수 있는 다양한 실험키트를 모았다. 나는 토착종과 침략종이 수질에 미치는 영향에는 차이가 있는지에 대해 질문하였다. 토착종이 서식하는 장소들이 수질이 더 좋은 것을 발견하였다. 라즈베리 같은 확산력이 더 높은 침략종이 서식하는 장소에는 블루베리가 거의 발견되지 않

으며, 그러한 지역은 수질도 형편없었다.

현장 탐사는 프로그램 교육과정의 일부이며, 학생들은 물과 관련되는 실험을 설계하고 수행해야 한다. 그러나 교과서를 읽으면서 유사한 주제를 찾아낸 학생들과는 달리, 야외 학교 프로그램에 참여한 학생들은 자료 수집한 장소에 봉사활동을 실천하는 것을 학습하게 된다. 이 요소로 인해 학습이 더욱 실천적이고 오래 기억하는 것이며 흥미롭게 된다.

야외 학교 프로그램은 여러 교과영역을 통합시키기 때문에, 학생들은 환경 주제를 다양한 학문적 입장에서 탐구하게 되며, 이러한 과정에서 교과 영역을 연결시킬 수 있는 능력을 키우게 된다. 이 프로그램에 참여했던 학생들은 창의적이고 전문적인 글쓰기, 상징, 비유, 풍유, 그리고 동기 등을 활용한 영어문법, 그리고 게임, 건강, 오락 기술을 적용한 체육교육에 대해 공부한 것을 기억하고 있다. 이 학생들은 세 교과 영역을 통합한 것을 통해 더욱 통합적인 학습을 경험하였다고 말했다. 한 학생은 다음과 같이 이야기하였다:

> 영어작문 수업에서 작품과 관련 자료를 인용하는 방법을 배우고 있다. 그리고 이 방법은 과학수업의 프로젝트와 연결된다. 플라이 피싱[14]과 물고기에 대하여 조사하였고 실제 체육교육 시간에는 플라이 피싱을 실제 해보고 있다. 그리고 나서 우리는 물고기에 대한 과학, 어류학에 대하여 공부하고 있다. 이 공부는 항상 서로 섞여 있다. 즉, 통합되어 있다.

학생들은 자신에게 의미 있는 과제를 수행할 때 학습에 책임감을 가지고 집중할 수 있다. 다음에서 학생의 이야기를 들어보자.

> A 선생님은 우리들에게 유전학, 암석등반, 그리고 이야기 만들기를 통합하여 글을 작성하도록 하였다. 이 과제는 참 멋진 과제였다. 살인자 미스터리에 대한 이야기였다. 무슨 일이 일어났는지, 누가 살인을 저질렀는지, 형사가 어떻게 범인을 찾아내는지, 왜 범인이 살인을 저질렀는지를 설명해야만 하였다. 실제 글을 작성하는 일은 상당히 재미있었다. 실제 작성해야 하는 분량보다 5~6페이지 더 많이 썼다. 선생님은 12페이지를 요구하셨는데, 나는 19페이지로 끝마쳤다. 정말 이 글을 작성하는 일이 좋았다.

14) 플라이 피싱(fly fishing): 제물낚시, 짐승의 털로 만든 가짜 벌레를 이용하는 낚시

환경 이슈에 대해 학습

1년간의 강의기간 동안, 학생들은 다양한 환경 이슈에 대한 연구 프로젝트를 수행하였다. 조별 토론을 통해 발견한 주제들은 지구온난화, 기후 변화, 오염, 산성비, 산림벌목 등이었다. 국가과학교육기준의 내용 기준 F는 사람이 천연 자원을 사용하는 방법과 인간의 활동이 자연세계에 미치는 영향을 탐구하는 것을 강조하고 있다. 학생들은 환경 이슈를 더 많이 인식하게 되었다. 한 학생은 다음과 같이 이야기하였다:

> 우리는 우리가 선호하는 환경 이슈를 선택하였다. 우리가 선택한 주제는 산림벌목이었으며, 일반적으로 전 세계에 어떤 영향을 주는지, 산림벌목으로 인해 지금은 무슨 문제가 일어나고 있는지 … 우리가 공부하고 또 깨우치고 있는 내용이 정말 중요한 논쟁거리라고 생각하였다.

학생들은 정보를 조사하는 방법과 정보를 평가하는 방법을 배우고, 환경 이슈에 대한 주요 결정자들의 관점들을 비교하고, 가능한 해결안을 제안했으며, 각 학생들이 선택한 주제들과 개인별 생활양식이 어떻게 연결되는지에 대해 반성하였다.

사람과 자연세계의 상호의존성에 대해 학습

토론과 읽기 과제를 통해 야외 학교 학생들은 사람과 자연세계의 상호의존성에 대해 이해하게 되었으며, 이 이슈에 대한 다양한 문화적 관점을 탐색하게 되었다. 학생들은 사람을 환경의 통합된 일부로 간주하였으며, 사람의 활동과 선택이 자연세계의 균형에 섬세하게 영향을 준다는 것을 알게 되었다. 예를 들면 학생들은 사람이 환경의 일부이며, 사람의 활동이 지구 다른 편의 환경 상태에 간접적 영향을 준다는 것을 알게 되었다. 이에 대해 한 학생은 다음과 같이 이야기하였다:

> 환경은 저기 떨어져 있는 숲속과 비슷하지 않다. 숲속에는 사람들이 살고 있지 않으며, 당연히 사람들이 하는 행동도 그곳에는 없다. 지금까지 일 년 동안 우리가 공부한 것이 바로 그것이다. 우리가 하는 것은 무엇이든 우리가 보지 못하는 것에 영향을 준다. 그리고 도로를 따라 내려가서 숲에 가보면, 우리가 보지 않았던 것들이 많이 있다. 그러나 우리는 그것들을 고려해야 한다. 비록 우리가 직접적으로 영향을 주지 않더라도 말이다.

학생들은 야외 학교 프로그램에 참여하면서 개인별 생활양식과 선택을 다시 생각하게 되었으며, 지구에 대한 책임감 있는 행동을 하는 방법을 고려하게 되었다. 학생들은 정말 즐겁게 참여하는 야외 체험 학습에서 책임감을 가져야 한다는 생각이 들었으며, 이 생각 때문에 일상 행동을 변화시켰다고 하였다. 프로그램은 학생들의 행동을 변화시켰으며, 환경지킴이 역할이 책무감이 아니라 환경을 해결하는 방안으로 인식하고 있었다. 한 학생은 다음과 같이 이야기하였다.

> 환경을 보살피는 일이 '그저 내가 해야 하는 일'이기 때문이 아니라 '정말 내가 하고 싶어 하는 일'인 것이다. 환경에 대해 학습하는 일은 정말 이해하도록 노력해야 하며, 책임이라고 생각하지 말아야 한다. 그러나 사람들은 단지 우리가 해야 할 일이라고 생각할 수 있다. 하지만 우리는 우리가 사람을 사랑하고 있기 때문에, 또한 우리 모두가 기대하고 있기 때문에 이 일을 해야 한다고 생각해야 한다. 우리는 이 세상이 어떠해야 하는가에 대해 이야기한다. 그리고 우리가 현장 탐사를 갈 때, 가기 전에 거기서 올바르게 행동하는 것이 무엇인지를 공부하고 가야 한다는 것이다. 우리는 야외 탐사를 하는 동안 쓰레기를 하나도 버리지 않고 올 때, 비로소 흔적을 남기지 않는 방법을 배웠다. 우리가 숲에서 나뭇가지 하나 부러뜨리지 않을 때 방문하기 전 상태와 똑같이 환경을 지켜준다는 것도 배웠다. 우리가 이 일을 시작하는 것이 곧 우리의 역할이다. 이제 더 이상 해야 할 일에 대해 이야기를 더 들을 필요가 없다. 우리는 마땅히 해야 할 일을 하게 되었다. 왜냐하면 이곳의 문제가 무엇인가를 이해하고 있기 때문이다. 그리고 우리가 무엇을 할 수 있는가를 알고 있기 때문이다.

평생학습 기능

야외 학교 프로그램에 참여한 학생들은 국가과학교육기준의 교수 기준에서 제시한 것과 같이 과학 관련 대화에 참여하고 협력하였다. 그룹 프로젝트를 수행하고(학교 및 학교 밖 활동), 읽기자료와 야외활동에 대해 토론하고 반성하는 과정에서 학생들은 자신과 학급 동료들을 더욱 잘 이해하게 되었다.

학생들은 의사소통 기능과 대중 연설 기능을 배우고 개별 및 그룹으로 작업하는 방법을 배웠다. 다양한 활동을 체험하면서 학생들은 자신의 삶의 선택과 개인적 목적에 대한 시사점을 얻게 되었다. 학생들은 자신에 대한 신념과 다른 사람의 신념도 배우게 되었다. 이에 대한 한 학생의 이야기를 들어보자.

생각해보면, 나는 내 자신에 대해 배웠다. 내가 무엇을 하고 싶어 하는지, 어디에 가고 싶어 하는지, 더 사교적이고 다른 사람들 앞에서 이야기하는 것이 더 편해지고 나 자신을 꾸미지 않는 채 있는 그대로 표현하는 것을 알게 되었다. 다양한 이슈, 정치 등에 대한 나의 관점, 나의 선호도를 알게 되었다. 또 내가 믿고 있는 것에 대해, 어떤 상황에서 어떻게 대응할 것인가에 대해, 어떻게 헤쳐 나갈 것인가에 대해, 더 열심히 노력하고 스스로 동기를 북돋는 것에 대해 알게 되었다. 과학, 기초과학에 대해 많이 배웠다. 사실 재미있었다. 작문 그리고 영어, 실제 다른 수업에서보다도 이 수업에서 더 많이 배웠다. 왜냐하면 우리가 치른 작문 시험 모두는 우리가 어떻게 변했는가에 대해 작성하는 것이었기 때문이다. … 생각을 많이 해야 하는 질문들, 그리고 어떤 것들에 대해 질문을 하도록 만들었으며, 스스로 생각을 많이 하게 되었으며, 내 자신에 대해 많은 것을 알게 되었다. 어떤 것들에 대해 내가 어떻게 생각하는지를 알게 되었다. 그리고 나서 일부 작성한 것을 큰소리로 발표하였고, 다른 사람들은 이 모든 것들에 대해 어떤 견해를 가지는지를 배웠다. 다른 사람들의 생각에 대해 어떻게 하면 개방적일 수 있는지에 대해서도 배웠다.

학생들은 협동하는 방법을 더욱 개발하였고 동료들과 함께 작업하는 방법, 서로 도와주는 방법, 다른 사람의 생각을 개방적으로 받아들이는 방법, 그리고 다른 사람의 의견과 견해를 가치있게 받아들이는 방법을 배웠다. 이에 대해 한 학생은 다음과 같이 이야기하였다:

성숙한 것들을 많이 배웠다. 그룹의 일부가 되는 방법, 다른 사람들의 의견을 존중하는 방법 … 그리고 사람들을 있는 그대로 존중하는 방법. 나는 다른 사람과 함께 잘 협력하는 것을 배웠다. 그들이 반드시 나랑 같아야 할 필요가 없는 것도 배웠다. 그리고 또 전반에 걸친 모든 것들을 존중하는 것을 배웠다. 그리고 항상 모든 사람들 앞에 서지 않으면서 큰 소리로 말하지 않으면서도 역할을 할 수 있는 방법도 배웠다. 뒷자리에 앉아서 그리고 다른 사람이 무엇을 말하는지를 들으면서 … 생각해보니, 내가 다른 사람들을 더 잘 받아들이고 감수성이 풍부한 그런 사람이 되어 있었다.

이 프로그램은 학생들에게 신체적, 정신적, 그리고 지적으로 도전심을 심어주었다. 큰 통합적 연구 프로젝트는 학생들이 세 교과 영역의 지식과 기능을 적용하고 고등학교 교육과정을 넘어서야 한다. 추가로 이 프로그램은 교육과정에 도전적일 뿐만 아니라 강도 높은 신체 활동, 즉 나무심기, 침략종 식물 제거하기, 산길 걷기, 산악자전거 타기, 암석 등반하기를 포함한다. 많은 학생들은, 특히 이전에 야외 활동이나 레크리에이션 경험이 없는 학생들은 어려움이 더욱 컸다. 그럼에도 불구하고 학생들은 프로그램을 통해 인내심을 배우고 어려운 도전을 극복하는 방법을 배웠다. 한 학생은 이에 대해 다음과 같이 이야기하였다:

> 그들은 <선생님들은> 어떻게 정상으로 올라가는지의 방법을 알려주지 않았다. 등산을 할 때, 앉아서 돌아오기를 기다리고 있었다. 나는 도전적으로 '아니, 나는 정상으로 올라가고 있어'라고 계속 말하고 있다. 왜냐하면 선생님들은 우리에게 등산하여 산 정상에 올라갈 것인지 아니면 안 올라갈 것인지의 선택권을 주었다. 그리고 나는 선생님들에게 내가 할 수 있다는 것을 보여주고 싶었다. 나는 이 수업이 쉽다고 생각해서 이 수업을 수강하지 않았다. 이 수업을 수강한 것은 우리가 하려는 것을 하기 위함이다. 그래서 실로 도전적이다. 왜냐하면 선생님은 학생들이 더 많이 하도록 강요하기 위해 거기 있는 것이 아니기 때문이다. 우리 스스로 분발하는 것이다. 그리고 도전적인 것은 더 좋은 것을 만들기 위해 스스로 더욱 노력하는 것이다. 그게 가장 어려운 것이다.

학생들은 특별히 프로그램의 사회적 측면, 체험중심 활동, 재미있고 흥미로운 수업을 해주는 교사로부터 칭찬을 받는 것, 그리고 프로그램의 활동들이 실제 생활에 적용할 수 있다는 사실(지방 공무원으로부터 지역 수질과 토양에 대한 자료를 수집하는 일)을 즐기는 것으로 나타났다. 이러한 활동들로 인해 학생들이 동기를 유발하게 되는데, 이에 대해 한 학생은 다음과 같이 말했다:

> 개인적으로 나에게 학교란 특히 올해 이 시기에 지난 2개월 동안 대부분의 시간에 집중하기 어려웠다. 그런데 이번 수업에서는 동기유발을 지속적으로 할 수 있었다. 집중하기 쉬었다. 과제를 완성하기 훨씬 수월했으며 여러 가지 일을 할 수 있었는데, 왜냐하면 모든 것들이 생각컨대, 즐거운 일들이었다.

결론

이 야외 학교 프로그램은 고등학생들을 대상으로 통합적 학습 맥락으로써 환경을 사용하는 방법의 예시를 보여주고 있다. 이 프로그램을 통해 학생들은 과학 개념을 이해하고, 동네, 지역, 지구촌 이슈를 토론하는 데 참여하고, 지역사회 프로젝트에 참여하게 된다. 타호마 야외 학교 프로그램은 학생들이 과학, 기술, 환경, 그리고 사회에서 일어나는 현상과 주제를 연결시키는 기회를 제공하여, 학교 학습이 학생들에게 직접적으로 연관되고 참여할 수 있도록 만드는 특징이 있다. 환경과 사회에 연결되는 도전적인 주제에 대해 지적으로 토론하고, 프로그램에서 경험한 활동들에 대해 반성적으로 사고한다. 또한 교실 밖에서 하루 내내 하는 활동에 참여하며, 지역사회 구성원과 적극적으로 연계하는 일들에서 학생들이 처음으로 지역사회 삶을 체험하게 되면, 나아가 적극적이며 책임을 지는 바람직한 시민이 되는 것이다.

감사의 글

이 연구를 수행하는 일들은 일종의 들뜬 기분으로 하는 여행 여정과 같았다. 우리 연구진들은 타호마 교육청 교수학습 담당 교육전문직 Nancy Skerritt와 태평양 교육 기관 동료들의 지원, 안내, 충고에 대해 감사를 표한다. 특별히 이 연구에 참여하여 흥미로운 경험을 공유해 준 타호마 야외 학교 교사와 학생들에게 진심으로 감사를 표한다. 이들이 참여하지 않았다면 이 연구를 수행할 수 없었을 것이다.

참고문헌

American Association for the Advancement of Science (AAAS). 1993. *Benchmarks for science literacy*. New York: Oxford University Press.

Athman, J. A., and M. C. Monroe. 2001. Elements of effective environmental education programs. In *Defining best practices in fishing, boating, and stewardship education*, ed. A. J. Fedler, 37-48. Washington, DC: Recreational Boating and Fishing Foundation.

Council for Environmental Education (CEE). 2002. *Science and civics: Sustaining wildlife. Houston*, TX: Council for Environmental Education.

Dillon, *J*., and W. Scott. 2002. Editorial: Perspectives on environmental education-related research in science education. *International Journal of Science Education* 24 (11): 1111-1117.

Falk,J., and J. Balling. 2001. The field trip milieu: Learning and behavior as a function of contextual events. *Journal of Environmental Education* 76 (1): 22-28.

Ferguson, L., M. Tudor, O. Bartosh, and T. Angell. 2004. Technical report #1: Environmental education frameworks that integrate Washington State's learning standards. Olympia, WA: Pacific Education Institute.

Gough, A. 2002. Mutualism: A different agenda for environmental and science education. *International Journal of Science Education* 24 (11): 1201-1216.

Ham, S. H., M. H. Rellergert-Taylor, and E. E. Krumpe. 1988. Reducing barriers to environmental education. *Journal of Environmental Education* 19 (2): 17-24.

Hungerford, H. R. 2010. Environmental education (EE) for the 21st century: Where have we been? Where are we now? Where are we headed? *The Journal of Environmental Education* 41 (1): 1-6.

Martin-Hansen, L. 2002. Defining inquiry : Exploring the many types of inquiry in the science classroom. *The Science Teacher* 69 (2): 34-37.

Michie, M. 1998. Factors influencing secondary science teachers to organize and conduct field trips. *Australian Science Teacher's Journal* 44 (4): 43-50.

National Commission on Service-Learning. 2002. Learning in deed: The power of service-learning for American schools. www.wkkf.org/pubs/PhilVoI/Pub3679.pdf

National Research Council (NRC). 1996. *National science education standards*. Washington, DC: National Academies Press.

National Research Council and Institute of Medicine. 2004. *Engaging schools: Fostering high school students' motivation to learn*. Washington, DC: National Academies Press.

North American Association for Environmental Education (NAAEE). 2004. Excellence in environmental education-Guidelines for learning (PreK-12). www.naaee.org/programs-and-initiatives/guidelines-for-excellence/materials-guidelines/learner-guidelines

Price, S., and G. Hein. 1991. More than a field trip: Science programs for elementary school groups at museums. *International Journal of Science Education* 13 (5): 505-519.

Rosenthal, A. 2003. Teaching systems thinking and practice through environmental education. *Ethics and the Environment* 8 (1): 153-168.

Ryken, A. E., P. Otto, K. Pritchard, and K. Owens. 2007. *Field investigations: Using outdoor environments to foster student learning of scientific processes*. Olympia, WA: Pacific Education Institute.

Simmons, D. 1998. Using natural settings for environmental education: Perceived benefits and barriers. *Journal of Environmental Education* 29 (3): 23-32.

Simmons, D. A. 1989. More infusion confusion: A look at environmental education curriculum materials. *Journal of Environmental Education* 20 (4): 15-18.

Smith, G. A., and D. R. Williams, eds. 1999. *Ecological education in action: On weaving education, culture and the environment*. Albany, NY: State University of New York Press.

White, R. 2003. Changing the script for science teaching. In A *vision for science education: Responding to the work of Peter Fensham*, ed. R. Cross, 170-183. London: RoutledgeFalmer.

Windschitl, M., K. Dvornich A. E. Ryken, M. Tudor, and G. Koehler. 2007. A comparative model of field investigations: Aligning school science inquiry with the practices of contemporary science. *School Science and Mathematics* 1 (107): 367-390.

CHAPTER 08

Driving Question Board를 활용하여 학생들의 목적의식을 개발

Ayelet Weizman, Yael Shwartz and David Fortus
Weizmann Institute of Science

배경

우리는 Driving Question Board (DQB)라고 불리는 교수 도구에 대하여 설명할 것이다. DQB는 학생들이 자신들의 개인적인 생활 및 흥미를 프로젝트에 기반한 단원의 핵심이 되는 과학 · 기술 내용에 연관 짓도록 도움으로써 학생들의 목적의식을 지원할 수 있다. DQB는 driving question을 표시한 커다란 포스터 게시판이다. 학급 전체가 하나의 그룹이 되어 DQB를 작성하여, 단원을 진행하는 동안 학급 공동체가 구성한 지식을 표현한다. DQB는 시각적 조직자로서 기여하고, 단원 내에서 다양하게 맥락화된 특징들을 종합하여 제공한다. 그리고 단원을 진행하는 동안 학생들이 로드맵을 가지고 자신의 방법을 찾도록 돕는다. 우리는 단원 내에서의 다양한 활동과 주요 학습 목적 간의 분명한 연관성 만들기, 학생의 사고에 초점 맞추기, 큰 질문을 작은 질문으로 세분하기 등의 세 가지 특징을 사용하는 프로젝트 기반 학습에서의 "목적의식"을 정의하기 위하여 선행 연구들을 분석했다.

이 장에서 우리는 각각 도시, 도시 근교, 시골에 있는 3개의 학교에서 빛에 대한 6학년용 프로젝트 기반 단원의 예비 활동을 소개한다. 그리고 3개의 학교에서 학생과 교사가 DQB를 활용하는 것을 지켜보았다. 학생의 학습, 일반적으로는 단원에 대한 태도와 특별히 DQB에 대한 태도 등을 평가하기 위해 사전・사후 검사, 개별 인터뷰, 교실 비디오 등을 활용하였다.

서론

학생들은 흔히 과학이 교실 밖 일상생활과 관련 있다고 생각하지 않음을 보고하는 연구 논문들이 있다. 미국 국가과학교육기준(NRC, 1996)은 학생의 개인적 · 사회적 삶과 과학을 연관시키는 것으로 과학 교육과정 자료를 맥락화할 것을 권고한다. 올바른 과학 개념을 연관된 맥락에서 소개하는 것은 과학을 의미 있게 만들고 내재적 동기를 강화시키며, 학생들의 학습을 발전시킨다(Blumenfeld and Krajcik, 2006; Blumenfeld et al., 1991; Deci and Ryan, 1987; Edelson, Gordin, and Pea, 1999).

의미 있는 문제나 상황의 활용은 학생들이 기존 지식에 깊게 연관되거나, 이에 기반한 인지적 체계를 가질 수 있게 한다. 따라서 교수방법을 맥락화하는 것은 학생들이 복잡한 과학적 아이디어를 이해하도록 도울 것이다(Kozma, 1991). 학생이 과학 교실에 갖고 오는 이전의 아이디어는 새로운 아이디어와 관련되고 통합되며, 과학적 현상에 대한 이해를 구조화하도록 재조직된다(Linn, 2000). 교사나 교육자는 교수방법을 맥락화하는 것을 통하여 학생들이 개념 간의 연관성에 주목하도록 할 수 있고, 다양한 관점으로부터 나온 과학적 아이디어와 학생들을 연관시킴으로써 학생들이 자신의 지식을 조직화하고 통합하도록 도울 수 있다(Rivet, 2003). 따라서 맥락화된 교수방법은 사실과 정보에 관련된 지식을 강조하기 보다는 과학적 개념, 연관성, 과정에 대한 이해를 더 강조하고 있다.

미국 국가연구위원회(National Research Council)는 학생들이 자신들에게 개인적으로 관련 있는 현상을 조사해야 한다고 강조하면서, 권장하는 교수방법적 접근으로 과학 탐구를 명확히 제시하고 있다. 그들은 과학 지식을 구성하고, 평가하고, 의사소통하고, 추론하는 것과 같은 과학자의 학문 규범을 대표하는 과학적 실천을 학생들에게 소개하기 위해서는 교육과정은 탐구에 기반해야 한다고 명시한다(NRC, 1996). 탐구 기반 수업은 교사에게 많은 도전을 준다. 연구논문들에서는 교사들이 다음과 같다고 주장한다.

1. 교사들은 활동을 학습 목표나 조사를 이끄는 주요 질문과 거의 연관시키지 않는다.
2. 내용은 때때로 간과되고, 과학적 아이디어의 토론에는 최소의 시간만 사용된다.
3. 교사들은 종종 활동을 '알 필요가 있는 것'에 대한 활동으로 제시하며, 과제를 완성하는 목적으로 활용한다.
4. 교사들은 활동을 하는 이유에 대해 거의 토론하지 않는다.
5. 교사들은 학생들에게 그들의 학문적 연구 활동과 관련하여 모호한 피드백을 제공한다 (Harris, 2005).

교사가 직면하는 또 다른 도전은 다양한 교실에서 학생들은 과학과 관련된 서로 다른 경험과 서로 다른 사전 지식을 가지고 있다는 사실과 연결된다. 교사들은 교실에서 도구에 접근할 필요가 있는데, 이 도구는 학생들에게 자신들의 개인적인 경험에 근거하면서 동시에 학습자 공동체로서의 학급을 보여주는 "과학 이야기"를 위한 공통적인 기반을 만들 수 있는 기회를 제공할 것이다 (Wenger, 1998; Shwartz, Weizman, and Fortus, 2009).

이러한 도전과 기회에 부응하는 한 가지는 프로젝트 중심 과학 (Blumenfeld & Krajcik, 2006)인데, 이것은 다음의 4가지 방식으로 맥락화된 교수방법을 활용한다. (1) 학교 밖에서 영향을 미치며 학생들에게 유의미한 문제와 상황을 활용한다 (Edelson et al., 1999), (2) 의미 있는 문제 상황은 내용을 이해하도록 학생들을 동기화하고 과학 학습 과제에 참여시키며, 과학적 아이디어와 개념을 아는 것의 목적을 제공한다 (Krajcik et al., 2002), (3) 어떤 형태의 닻 내리기 (anchoring) 상황을 활용하는 것은 모든 학생들을 위한 공통적인 경험을 제공하면서 학생들을 과학적 내용과 연관시킨다. (4) 수업시간을 연장해가면서 동일 문제에 관여하는 것은 다양한 관점을 분석하도록 만든다(Marx et al., 1997).

탐구 과정을 맥락화하는 것은 학생들이 과학적 아이디어의 유용성과 타당성을 소중하게 생각하도록 돕는다. 모든 프로젝트 중심 과학 단원은 학습을 위한 맥락을 만들기 위하여 driving questions (Krajcik et al., 1998)을 사용한다. Driving question은 학생들의 진짜 흥미 및 호기심과 관련시키기 위하여 일상생활 언어를 사용하는 풍부한 개방형 질문이다. 질문은 바로 해결되지 않으며, 몇 주 동안 교실 안팎에서 완수할 수 있는 일련의 탐구를 요구한다.

그러나 driving question은 정해진 답이 없다는 점에서 다음과 같은 몇 가지 어려움이 있다. (1) 해결책은 보통 다양한 하위 질문을 포함하며 어떤 것은 다른 것들과 다소 연관이 없는 것처럼 보인다. (2) 학생들은 자신들이 조사하고 싶어 하는 driving question과 관련 있는 자신들만의 질문을 가지는 경향이 있다. (3) 학생들은 driving question에 응답하기 위해 필요한 과학적 원리들 간의 연관성을 인식하는 데 어려움을 가질 것이다. (4) driving question에 대한 충분한 설명을 위해서는 시간이 필요하기 때문에 학생들은 자신들이 어디에 있는지를 추적하는 것을 잊을 것이다. 이러한 어려움 때문에 교육과정은 학생의 학습을 촉진하기 위하여 비계(scaffolds)를 제공해야만 하고, 학생들이 driving question과 관련한 활동들 간의 연관성을 인식하도록 도와야 한다. 비계는 driving question을 작은 아이디어로 나누는 하위 질문을 포함하며, 단원의 초기 단계에서 만든 산출물과 수집한 증거를 제시하는 것도 포함한다.

Driving Question Board(DQB)는 이러한 비계를 구조화하기 위하여 개발된 도구이다(Singer et al., 2000). DQB는 학생들이 만든 결과물뿐만 아니라 driving question의 하위 질문 및 학생들의 답을 수집하고, 분류하고, 제안하는 데 사용되는 커다란 포스터이다.

하위 질문들은 단원의 첫 번째 수업에서 학생들이 만들지만 나중에 수정할 수 있다. DQB에는 driving question을 쓰는데, driving question 주변으로는 학생들이 제기한 하위 질문들을 쓰며, driving question은 단원 내에서 다뤄진다. 크고 복잡한 질문을 선택하는 과정과 이것을 감당할 수 있는 하위 질문들로 세분하는 것은 학생의 문제 해결 능력을 위한 비계를 제공한다.

DQB는 교사와 학생 모두에게 다양한 과학적 개념을 위한 시각적 정리와 조직화 도구로서 기여한다. 단원을 진행하는 중에 학생들이 배운 것과 활동한 것, 앞으로 어디로 진행할지를 보여줌으로써 DQB는 학습을 조직화하는 것을 돕고, 특정 내용 주제에 초점을 맞춘다. 이것은 또한 질문의 형태로 개념과 과정 간의 연관성을 제시하기 때문에 개념과 과정의 통합을 분명하게 보여준다.

각 수업의 마지막에 교사는 수업 중에 대답이 된 질문과 새로 나타난 질문을 추가하기 위하여 DQB를 다시 찾는다. 이것은 학생이 사전 지식에 의지하도록 하고, 사전 지식과 새로 배운 개념 간의 연관성을 만들도록 한다. DQB는 driving question에 의해 만들어진 맥락을 지지하기 때문에 다양한 활동과 driving question간의 분명한 연관성을 제공한다.

덧붙여서 조사를 하는 동안 만들어진 산출물은 DQB에 제시된다. 따라서 이것은 학습자 공동체의 학생들이 구성하게 된다. 이것은 학생들 스스로 만들었기 때문에 학생들에게 주인 의식을 가지도록 할 수 있다.

DQB가 과학 내용의 모든 측면을 통합하는 데 도움이 되기 때문에 DQB의 유리한 점은 특별히 탐구 기반 학습에서 두드러진다. 이것은 문자 그대로 활동들, 질문들, 설명들 간의 관계를 보여준다. 이것은 장기간의 조사를 추적하도록 돕고, 개별 활동의 맥락과 이 맥락이 어떻게 driving question과 관련되어 있는지에 대하여 학생들에게 상기시킨다.

연구의 목적

우리의 주요 목적은 학생의 학습과 관련된 단원 내에서의 모든 맥락화된 도구를 대표하는 것으로서의 Driving Question Board의 영향을 조사하는 것이다. 우리는 DQB가 학생의 목적의식 개발에 미치는 영향에 대한 증거를 찾았다. 이들 증거는 다음과 같이 특징지을 수 있다. (1) 과학적 개념, 단원 학습 목표, driving question들 간의 연관성을 만들고, 이를 학생들의 개인적, 사회적인 생활과 관련짓는다. (2) 자신들의 학습에 초점이 맞추어져 있고 조직화된 것을 느낀다. (3) 질문은 큰 driving question으로부터 나온 작은 문제들을 해결한다. 우리가 추구하는 연구 문제는 다음과 같다. (1) 서로 다른 학급에서 DQB는 어떻게 사용되었나? (2) DQB는 학생의 목적의식 개발에 어떤 영향을 미치는가? (3) 학생들은 DQB가 도움이 된다는 것을 알게 되었는가?

연구의 맥락

교육과정과 이의 국가기준과의 관계

연구의 맥락은 '과학과 기술을 통하여 우리 세계를 조사하고 질문하는 것(Investigating and Questioning Our World Through Science and Technology (IQWST))'이라고 불리우는 3개년 중학교 개혁 중심 교육과정에 포함된 빛의 본질에 대한 프로젝트에 기반한 과학 단원이다. 이 교육과정은 기준에 기반하고 학습 목적 중심이며, Wiggins and McTigte (1998)가 제안한 역방향 설계 접근(backwards design approach)에 근거한다.

이것은 6～8학년을 대상으로 하며, 물리, 화학, 생물, 지구과학의 4개 과학 영역의 단원을 포함한다.

매년 모델링, 증거에 기반한 설명, 조사 설계 등과 같은 과학적 실천과 개념을 통합하면서 일련의 4개 단원을 포함한다. 조정된 교육과정은 핵심 과학 개념에 대한 일관성 있는 이해의 개발과 탐구 중심이며 맥락화 된 학습 지원을 위한 권고를 설명하려는 시도이다 (Shwartz et al., 2008).

각 단원의 내용과 실천의 학습 목적은 둘 다 성취 기준에 기반하여 주의 깊게 선택되었고, 명시되었으며 정교화되었다 (Krajcik, McNeill, & Reiser, 2008). 이러한 목적의 학습을 위하여 연관성 있고, 동기부여가 되는 실생활 맥락이 선택됐다. 활동들과 읽을 거리는 학생들에게 동기를 부여하고 개인적으로 관련이 있으며 중요한 것으로 선택되고 고안됐다. 과학적 실천과 내용을 관련짓기 위하여 우리는 단순히 학생들이 무엇을 아는지를 정의하기보다는 오히려 학생들이 지식을 가지고 무엇을 할 수 있는지를 정의하였다. 탐구의 수준은 첫 번째 단원에서는 안내된 탐구로부터 시작하여 학생들이 실천을 하면서 전문성을 얻게 됨에 따라 점점 더 개방된 탐구로 변하게 된다.

교육과정은 개념통합, 과학에서의 과정, 탐구로서의 과학과 개인적 · 사회적 관점에서의 과학 (NRC, 1996, p.6)에 특별히 주목하면서 국가과학교육기준에 명시된 대로 과학 학습의 8개 영역을 모두 다룬다. 탐구 기반 단원과 함께 한 연구와 예비경험 (Krajcik et al., 1998; Singer et al., 2000)에 근거하여 IQWST 단원은 다음과 같은 4개의 과학적 실천에 초점을 둔다. (1) 과학에서 모델링과 모델의 사용 (2) 데이터 수집, 조직, 분석 (Data Gathering, Organization, Analysis (DGOA)) (3) 증거에 기반한 설명의 구성 (4) 조사 설계.

실천은 학생들이 알아야 하는 것을 명시하는 것이 아니라 학생들이 어떻게 의미있는 방법으로 지식을 활용할 수 있는지를 명시한다. 과학적 실천은 과학적 작업의 수행과 실천이 왜 그러한 형태를 취하는지를 설명하는 근본적인 메타지식에 대한 이해, 모두를 포함한다. 이러한 실천을 배우는 것은 학생들이 과학이 단순히 사실들의 집합체가 아니라 아는 방법 (a way of knowing)이라는 것을 이해하는 데 있어서 필수적이다. 그러나 학습자가 시간을 두고 이러한 실천을 개발하도록 어떻게 도울 수 있는지와 관련해서는 세심한 계획이 거의 없었다 (Pellegrino, Chudowsky, and Glaser, 2001). 이러한 실천을 배우는 것은 즉각적으로 되지 않으며, 단 한 번의 노출의 결과로서 나타나지 않는다. 오히려 그러한 복잡한 실천을 배우는 데는 시간이 걸리고 세심하게 비계화된 많은 경험이 필요하다. 우리의 연구 가설은 교사와 학생 모두를 위한 주의 깊은 설계 및 지원을 제공함에 따라 학생들은 중학교 시절 동안 복잡한 과학적 실천을 상대적으로 높은 수준에 적용할 수 있게 된다는 것이다. 교수 자료의 설계는 과학 탐구 실천에 대한 깊이 있는 이해를 하도록 학생을 지원하는 학습 향상의 개발을 포함하였다 (Fortus et al., 2006).

교육과정 특징의 맥락화

탐구를 맥락화하기 위하여 IQWST 자료는 특정한 연관성 있는 맥락을 중심으로 조직되며, 이것은 내용 개념의 학습을 유도한다. 각 단원은 잘 만들어진 개방형 질문 (driving question)을 중심으로 조직되고 다음과 같은 기준을 만족해야만 한다. 이것은 가치있는가? 실현가능한가? 실제 세계인가? 의미있는가? driving question은 학생들에게 흥미를 주고 동기를 유발한다. 더 나아가 과학 개념과 기능은 driving question을 이해하고, 이에 해결해 나가는 데 열쇠이다. 관련 있는 driving question을 중심으로 단원을 설계하는 것은, 과학적 아이디어의 연관성을 단원의 마지막에 소개하거나 보충읽기 과제로서 소개하는 전통적인 접근과는 대조적으로, 맥락을 과학 학습 과정의 중심 가닥으로 만든다. IQWST driving question의 예를 제시하면 다음과 같다. 우리는 어떻게 멀리 떨어져 있는 곳에서도 어떤 것의 냄새를 맡을 수 있나? 왜 어떤 것은 계속 진행하는데 어떤 것은 정지해 있는가? 모든 창조물은 어디로 사라졌는가? 물은 어떻게 우리의 세계의 형태를 만드는가?

학생들을 공적 토론에 참여하도록 준비시키는 수단으로서의 토론

과학적·기술적 문제에 대한 공적 토론과 논쟁에 지적으로 참여하도록 하는 NSES의 권고를 따라, 교육과정은 토론을 위한 지원과 비계를 제공한다. 교사를 위한 지원은 교사용 안내서에 토론에 대해 소개하는 것, 각 수업에서 이루어진 서로 다른 토론의 통합, 각 토론의 형태(브레인스토밍, 종합, 요약, 이해 촉구) 표시, 각각의 토론에 관련되는 내용의 즉각적인 제안 등을 포함한다. 모든 수업은 조사와 활동을 동반하는 몇 가지 토론을 포함한다. 이러한 것은 내용과 실천을 통합하며 학생들이 자신의 생각을 처리하고 표현하도록 돕는 토론이다(Shwartz et al., 2009). 다른 연구에서(Weizman et al., 2008) 우리는 전체 학급 토론이 본 연구에서 조사한 것과 동일 단원에서 모델에 대한 학생의 구성, 상호작용, 평가에 기여한다는 것을 발견했다. 다음은 교육과정의 예이다.

닻 내리기(anchoring) 활동의 브레인스토밍 토론

> **교사의 배경 지식 :**
> IQWST에서 브레인스토밍 토론의 목적은 아이디어의 타당성을 평가하는 것 없이 아이디어를 공유하는 것이다. 앞의 자료의 "교실 담론" 페이지에서 자세한 사항을 보라. 다음의 즉각적인 내용은 자신의 아이디어를 표현하도록 학생들을 격려하는 데 사용할 수 있는 질문들을 제안한 것이다. 당신은 아마도 미래에 참고하기 위하여 아이디어를 기록하기로 선택할 것이다(칠판에 쓰고, 사진을 찍고, 슬라이드나 포스터를 작성하고, 컴퓨터에서 타이핑을 한다).

학생들이 자신이 관찰한 것을 학습지에 기록한 후, 학생들에게 다음 질문(혹은 비슷한)을 한다.

- 시야보기 상자(viewing box)를 볼 때마다 무엇을 관찰했나? 어떠한 관찰도 허용될 수 있지만, 색채에 대한 관찰은 반드시 이루어질 수 있도록 한다.
- 관찰한 것들 간에 유사한 점과 다른 점은 무엇인가? 이러한 비교를 통해서 학생들은 패턴을 인식해야만 한다 : 녹색 빛이 빛날 때 녹색 글자가 보이고, 빨간색 빛이 빛날 때 빨간색 글자가 보이며, 흰색 빛이 빛날 때 모든 글자가 보인다.

IQWST 교육과정에 내재된 평가

IQWST 자료는 형성 평가를 위한 많은 기회와 총괄 평가를 제공한다. 그러한 많은 기회는 수업과 주석이 달린 학생 자료에서 강조된다. 예를 들면 읽기에 담긴 질문은 이해 정도를 점검하기 위해 사용될 수 있다. 교사용 자료는 '교육 상자(educative boxes)' (Davis & Krajcik, 2005)를 포함하는데 이 상자는 다음을 제공한다.

(1) 올바른 반응들 (2) 가능한 답들과 학생의 이해 측면에서 답들이 제안하는 것, (3) 학생의 이해를 명확하게 하기 위하여 다양한 반응에 대해 토론하는 방법들.

빛 단원

이 장에서 소개하는 연구는 빛에 대한 물리 단원인 포괄적인 교육과정의 첫 번째 단원에서 driving question을 사용하는 것과 관련된다(Fortus et al., 2006을 참고). 이 단원을 위한 driving question은 "내가 내 눈을 믿을 수 있나?"였다. 이 단원의 내용은 4개의 학습 세트로 구분된다 : 5개의 레슨으로 구성된 첫 번째 학습 세트에서 주요 학습 목적은 학생들이 공간을 통한 빛의 이동, 무엇을 보기 위해서 필요한 조건, 빛과 시야 간의 관계에 대한 기초적인 모델 등에 대하여 이해하도록 돕는 것이다. 두 번째 학습 세트는 빛이 사물과 물질에 닿았을 때 (빛과 물질의 상호작용) 빛에서 발생할 수 있는 다양한 것들에 대한 4개의 레슨으로 구성되어 있다. 첫 번째 학습 세트에서 개발된 모델은 두 번째에서 검증됐고, 평가되고 수정되었다. 세 번째 학습 세트는 색, 물체가 어떻게 선택적으로 색을 반사시키고 통과시키는지, 어떻게 우리의 눈이 서로 다른 색을 가진 빛의 혼합을 새로운 색으로 감지하는지, 빛의 색 구성 요소들을 어떻게 결정하는지 등에 초점을 맞춘다. 이 학습 세트의 마지막 부분에서 학생들은 닻 내리기 활동에 대해 완전하게 설명할 수 있어야 한다. 마지막 학습 세트에서 서로 다른 색을 가진 빛 사이의 물리적 차이점이 무엇인지에 대한 질문을 조사한다. 학생들에게 보이지 않는 빛의 색이 있다는 아이디어를 소개한다 (적외선과 자외선 빛). 이 단원은 driving question으로 돌아와서 우리 눈의 한계와 물리적 현상을 조사하는 데 있어서 도구를 사용하는 것의 가치에 대하여 토론하는 것으로 끝난다. 이 단원의 총 길이는 6~8주이다. [그림 8.1]은 교사용 안내서에서 제시된 DQB 개요를 보여주고 있다.

방법

참가자

6학년 빛 단원은 미시간 주에 있는 3개 학교에서 8개 학급을 대상으로 2005~2006년에 시범적으로 운영되었다. 도시 지역의 한 학교에서는 3개 학급과 1명의 교사가, 도시 근교의 한 학교에서는 3개 학급과 2명의 교사가, 시골의 한 학교에서는 2개 학급과 1명의 교사가 참여했다. 도시와 시골 학교에 있는 학생의 대다수는 아프리카계 미국인과 백인들로 구성되었으며, 저소득층 (lower)부터 중저소득층 (lower-middle)의 가정환경을 가졌다. 도시 근교 지역에 있는 학생들은 8학년이고, 도시와 시골 지역에 있는 학생들은 6학년이었다. 약 200명의 학생이 시범 운영에 참여하였다.

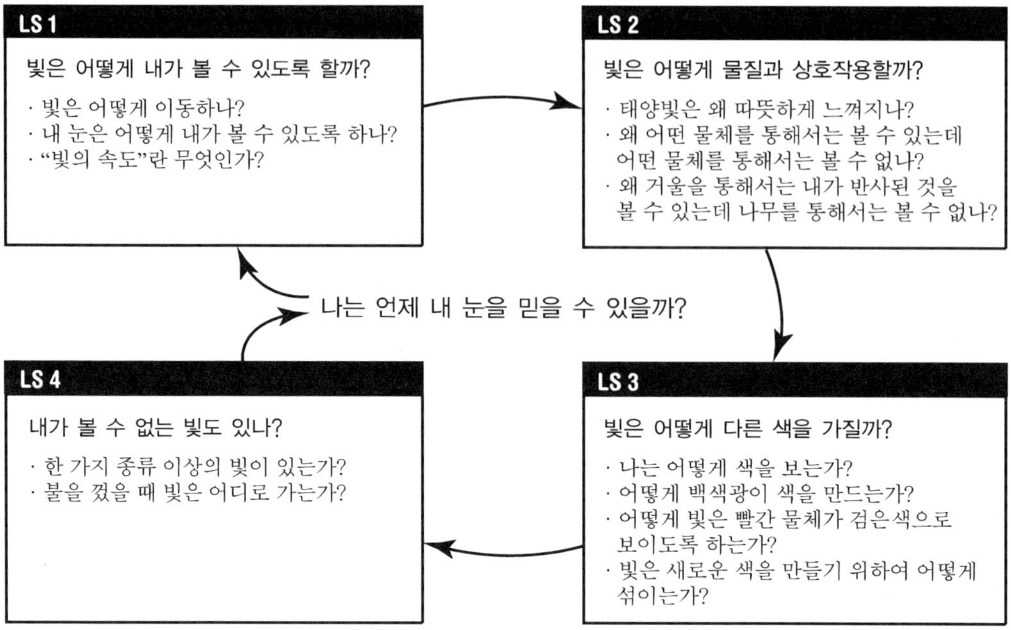

그림 8.1 빛 단원 DQB

조사도구와 분석

모든 학생들이 다양한 인지적 요구를 추출한 선택형과 개방형 질문들로 구성된 학습 내용에 대해 동일한 사전·사후 검사를 완성하였다. 4명의 평가자들이 검사를 채점하였으며 평가자 간에 내적 신뢰도는 0.95였다.

인터뷰는 단원을 끝마친 후 약 1개월간 5명의 도시 학생, 4명의 도시 근교 학생, 4명의 시골 학생을 대상으로 시행되었다. 교사들은 동일한 수의 여학생과 남학생을 포함하고 서로 다른 수준을 대표하는 학생을 선정할 것을 요청받았다.

한 사람당 약 30분씩 시행된 인터뷰는 단원의 주요 목적, 일반적인 내용에 대한 질문, DQB와 이것의 목적에 대한 학생들의 태도를 알아보기 위한 질문을 포함하였다. 학생들에게 이 단원에서의 학습 양식을 다른 단원에서의 학습 양식과 비교하도록 요청하였다. 목적의식 개발에 대한 증거를 발견하기 위하여 DQB에 관련된 질문에 대한 학생들의 답을 분석하였다. 학생들의 답은 연관성 만들기, 학습에 초점을 맞추기, 큰 질문을 작은 질문으로 세분하기 등을 포함하는 하위 범주에 따라서 분류되었다. 각각의 학급에서는 DQB를 사진으로 찍었고, 만든 질문들을 수집하였다.

연구결과

우리의 첫 번째 연구 문제는 DQB가 서로 다른 교실에서 사용된 방법과 관련된다. 관찰과 비디오 촬영 수업 데이터를 활용하여 우리는 세 지역에서 DQB를 만들고 사용하는 과정을 비교할 수 있었다.

DQB 개발 : 학생들의 질문 만들기

모든 학급에서 학생들은 첫 번째 수업에서 질문을 만들었고 이들을 단원의 학습 세트의 주요 주제였던 4개의 범주로 분류하였다. 3개의 지역에서 만들어진 질문들을 비교한 결과, 첫 번째 학습 세트의 첫 범주인 시력과 시야(예, 우리는 어떻게 보는가? 빛은 얼마나 빨리 이동하는가?)와 세 번째 학습 세트인 색(예, 개는 색을 볼 수 있나? 프리즘은 어떻게 작동하는가?)에 대하여 학생들이 유사한 질문을 만든 것으로 나타났다. 도시 근교의 학생들은 전체적으로 보다 많은 질문을 만들어 냈다. 또한 각 학급의 초점은 달랐다 – 시골의 학생들은 네 번째 학습 세트 범주(우리가 볼 수 없는 빛)에 대하여 질문이 없었고, 도시의 학생들은 두 번째 학습 세트 범주(빛과 물질의 상호작용)에 대하여 몇 개만 질문했다. 모든 학급에서 제기된 주제는 빛과 생명 및 동물과의 연관성에 대한 것이었으며, 이 주제는 6학년 생물, 7학년 물리, 8학년 화학에서의 IQWST 교육과정에서 다루고 있는 것이지만 이 특정 단원의 학습 목표는 아니다. 교사용 안내서는 교사가 독립된 '다른' 범주에서 이러한 질문을 계속하고, 프로젝트로서 이러한 질문을 수준이 높거나 흥미가 있는 학생들에게 사용하며, 다른 자원을 사용하여 단원의 마지막에 그들을 다루거나 학생들이 다음 단원 [그림 8.2]에서 이러한 질문을 받게 될 것을 알게 하도록 제안한다.

DQB를 사용하는 다른 서로 규준

모든 교사가 DQB를 참조하였고 학생들이 driving question과의 연관성, 특정 질문 및 활동과의 연관성을 만들도록 돕기 위하여 DQB를 사용한 반면에 이 도구를 사용하는 방법과 장소에 있어서는 교사에 따라서 차이가 있었다. 각각의 교사는 자신들의 방법으로 DQB와 그것을 사용하는 규준을 해석했고, 이것에 독특한 역할을 부여했다.

도시 학교의 교사는 DQB를 주로 driving question과의 연관성을 강조하기 위하여 사용했다. 이 교사는 첫 번째 학습 세트에서 DQB를 더 많이 사용했고 이후 레슨에서는 덜 사용했다. 도시 근교 학교의 교사는 DQB를 단원 안내로서, 또 학급이 집중하도록 유지하기 위한 도구로 사용했다. 이 교사는 이것을 자주 언급하지는 않았지만 한 학습 세트로부터 다른 것으로 이동하거나 질문과 정답으로 돌아갈 때 사용했다. 시골 학교의 교사는 거의 모든 레슨에서 DQB를 사용했는데, 주로 뒤로 돌아갈 때, 참고할 때, 배운 것을 점검할 때 등에서 사용했다. 이 교사는 생각날 때마다 질문 밑에 정답을 적었다. 교사는 또한 이것에 해당 학급에서 만든 산출물을 부착했다.

우리는 교사가 DQB를 제시하고 이것이 어떻게 구성되어졌는지를 설명하는 도시 학급의 사례를 하나 제시할 것이다. 교사는 DQB를 닻 내리기 활동 및 driving question과 연관시키고, 이것이 학습을 집중시키기 위하여 사용되어질 것이라고 언급한다. 교사는 학생들에게 마음 놓고 가까이 와서 그것이 의미하는 것을 반드시 이해하라고 말하면서 단원에서 도구를 사용하기 위한 규준을 발표한다.

교 사 : 오케이, 우리는 다음 활동으로 진행할 것입니다. 우리가 다음 활동을 하기 전에… 우리는 여러분들이 만든 다양한 질문으로부터 어떻게, 왜 우리의 메시지가 숨겨졌는지에 초점을 맞출 것입니다. 이 단원에 대한 우리의 driving question은 모두 함께, "나는 언제 내 눈을 믿을 수 있는가?" 어떻게 그 메시지가 작동하는지를 이해하는 것에 기초해서 <교사는 학급 전체에 DQB를 보여준다.> 어떻게 빛은 내가 볼 수 있도록 도와주는가? 그리고 마지막으로 내가 볼 수 없는 빛이 존재하는가? 선생님이 한 것은 여러분들의 질문을 듣고 그것들을 특정 범주 밑에 게시하는 것입니다. 그러나 만약 여러분들이 흰색 종이 위에 파란색으로 써진 질문들에 주목한다면, 그리고 그 질문들이 우리가 이 단원에서 분명히 주목할 것 입니다 : 우리의 눈은 어떻게 우리가 볼 수 있도록 하는가? 그래서 여기에 있는 우리의 질문은 우리의 눈은 어떻게 우리가 볼 수 있도록 하는가? 빛의 속도는 얼마인가? 그리고 빛은 어떻게 이동하는가?
첫 번째 부분에서 우리는 이러한 질문에 초점을 맞출 것 입니다. 여러분은 편하게 게시판으로 나와서 이것을 보고 반드시 모든 것을 이해했는지 확인하세요. 여러분들은 이 게시판을 살펴보고 이 질문들이 활동과 어떻게 연관되었는지를 여러분 스스로에게 질문해보세요. 의미가 없는 것이 있는지 살펴보세요.

교사에 의한 DQB 사용의 다른 예는 과학적 개념을 점검하는 것이었다. 이 단원의 마지막 수업에서 있었던 다음의 예에서 교사는 DQB에 써진 질문에 답하는 형식으로

(a) 도시 (b) 도시 근교

(c) 시골(첫 해) (d) 시골(두 번째 해)

그림 8.2 서로 다른 학급에서 DQB의 예

빛에 대한 아이디어를 점검하기 위하여 DQB를 사용한다.

교 사 : 쉬는 시간 전 우리가 공부하는 동안 이야기한 것을 점검해 봅시다. 우리의 driving question은 무엇이지요?

학생 1 : '내가 내 눈을 믿을 수 있는가?' 입니다.

교 사 : 잘했어 … 우리의 driving question을 살펴보면, 내가 언제 내 눈을(실제로) 믿을 수 있을까? 우리가 아는 것은 무엇인가요?

학생 1 : 빛의 속도입니다.

교 사 : 빛의 속도가 얼마인지 기억할 수 있는 사람?

학생 1 : 200,000

교 사 : 거의 비슷했어요. 첫 번째 부분에서 우리는 또 무엇을 배웠지요?

학생 2 : 빛은 어떻게 우리가 볼 수 있도록 만드는지를 배운 것인가요?

교 사 : 여러분들은 그것을 질문에서 읽었나요?

학생 2 : 우리가 무엇이든 보려면 빛이 필요합니다.

교 사 : 빛으로 보는 과정은 어떻게 일어납니까?

학생 3 : 빛은 눈으로 들어와서 망막으로 갑니다.

두 번째 연구 문제는 DQB가 학생의 목적의식 개발에 미치는 영향과 관련된다. 우리는 DQB가 연관성을 만들고, 학습에 초점을 맞추고, 문제를 해결하는 것에 의해 학생들의 목적의식 개발을 도왔는지를 보는 것에 흥미가 있었다. 다음 부분에서 우리는 이 요소들 각각에 대한 증거를 제시한다.

연관성을 만들기 위한 DQB 사용

DQB를 통하여 강조된 몇 가지 형태의 연관성이 있다.

1. 개념과 활동을 driving question 및 닻 내리기 활동과 연관시키기
2. 이 단원의 다양한 활동을 학습 목적과 연관시키기
3. 현재의 주제를 이전 지식과 연관시키기
4. 개념과 활동을 학생의 일상생활과 연관시키기

개념과 활동을 Driving Question과 닻 내리기 활동에 연관시키기

다음의 예에서 교사는 두 번째 학습 세트(우리가 볼 수 있도록 필요한 요소를 나열해 둔 것)에서의 활동과 안내 질문을 서로 연결시키고 있다.

교 사 : 우리의 큰 질문은 '어떻게 내가 내 눈을 믿을 수 있는가?' (DQB를 가리키면서)이고요. 우리는 알 필요가 있거나 보아야 할 필요가 있다고 생각되는 것들의 목록을 가지고 있어요('볼 필요가 있다'라고 칠판에 쓴다). 그게 무엇이었을까요?

학생 1 : 눈.

학생 2 : 빛.

학생 3 : 시선.

단원 내의 다양한 활동을 학습 목표와 연관시키기

세 번째 학습 세트의 예에서는 한 모둠의 학생이 만든 시력 모형을 소개하고 어떻게 이 모형이 작동하는지를 설명하는 발표 장면을 보여준다:

교 사: 여러분, 잘 들으세요. 발표하는 학생들이 빛이 일정하게 움직이면서 물체에서 눈으로 직선으로 들어오는 것을 확실히 보여줄 것입니다. 확실히 이 모형은 빛이 눈으로 가는 것을 보여줄 것입니다. <오버 헤드 프로젝트로 나타난 글을 읽어 내려간다.>

학생 1: 우리의 모형은 상당한 도움이 됩니다. 왜냐하면 이 모형은 빛이 어떻게 물체에서 튕겨나가서 눈으로 가는지를 잘 보여 줍니다. 각 부분이 모두 중요한데 그 이유는 한 부분이라도 없어지면 물체를 선명하게 볼 수 없기 때문이죠.

교 사: 그 부분이 무엇이지요?

학생 2: 차를 물체라고 했을 때, 차에서 눈으로 가는 화살표로 나타낸 직선 경로가 다시 눈으로, 빛이 눈으로 갈 거예요. 또한 차에서 튕겨 나오는 빛이 있는 거죠.

교 사: 좋아요. 여러분의 모둠은 함께 작업했나요?

학생 2: 우리 모둠은 잘 해냈어요. 우리 모둠원들이 이 프로젝트에서 각 부분을 맡았어요. 서로 다른 일을 하면서 서로 도왔어요.

교 사: 좋아요. 추가하고 싶은 말은 있나요?

학생 3: 우리가 무엇인가를 보기 위해서는 광원, 물체, 경로가 필요하다는 것을 배웠어요.

교 사: 모형에서 바꾸고 싶은 것이 있다면 무엇을 바꿀 것인가요?

학생 3: 없어요.

교 사: 좋아요. 여러분의 모형은 훌륭하군요.

현재의 주제를 기존의 지식에 연관시키기

교사들은 새로운 주제를 가르칠 때 학생들의 이전에 배웠던 사전 개념이나 이전에 해결했던 질문을 상기시키기 위해 DQB를 사용했다. 예를 들어 도시 근교 지역의 교사 가운데 한 명은 두 번째 학습 세트 동안에 다음과 같이 이야기 하였다:

좋아요. 이것이 우리 차트입니다. 어떻게 해서 빛으로 무엇을 볼 수 있지요? 우리의 눈은 어떻게 빛이 있을 때 보는 것과 빛이 없을 때 보는 것을 서로 다른 것으로 보게 되지요? 색깔로 작성된 메시지, '내가 내 눈을 믿을 수 있을까?'를 보거나 학생들을 볼 때도 그런

가요? 동물의 시력은 어떻게 다른가요? 이러한 것들이 여러분이 궁금해 했던 질문이에요. 서로 다른 색깔이 여러분이 느끼는 감도에 영향을 미치나요? 좋아요. 왜 카메라 플래시에서 나오는 빛이 때로 사람의 눈을 빨간색으로 만들까요? 오호라, 드디어 우리가 그걸 알게 된 거죠!

이러한 예에서 교사는 학생들에게 지난 시간에 DQB를 작성하면서 썼던 질문에 대한 논의 내용을 상기시켜 주고 있다.

개념과 활동을 학생의 일상생활에 연관시키기

교　사 : 좋아요. 만일 잉크 펜이 여기 있으면 우리는 이걸 볼 수 있겠죠. 그렇지요? 빛 자체가 다른 사물과 어떻게 상호작용할까요? 우리가 2번 책상에 수학책이 있다는 것을 알게 되는데 빛이 하는 역할은 무엇인가요?

학생 4 : 빛이 우리 눈을 비추지요?

교　사 : 그래서 빛이 어디에서 나옵니까? 이 경우에 특정 광원은 전구인데 그러면 이것은 무슨 역할을 합니까?

학생 5 : 전구에서 책으로, 다시 우리 눈으로 옵니다.

교　사 : 그래서 그것은 우리가 무엇을 가졌다는 것을 의미합니까? 빛이 전구에서 나와서 책으로 그리고 다시 눈으로 가게 되는데, 우리는 이 경로에 대해 무엇을 이야기할 수 있을까요?

학생 5 : 직선 경로이며 아무 것도 가로막는 것이 없어요.

교　사 : 또 이야기할 것은 없나요?

학생 6 : 어떻게 빛이 이동하는가입니다.

교　사 : 좋아요. 빛은 직선 경로로 이동하지요. 어떻게 직선으로 이동하지요? 우리는 장난감 자동차에 멋진 전구를 만들었어요. 이 빛은 어떻게 옆으로도 이동하나요?

학생 6 : 서로 다른 방향으로 이동하기 때문입니다.

교　사 : 여기 빛이 있다면, 광원으로부터 멀어져 나가나요? 아니면 광원 쪽을 향해 가나요?

학생 7 : 광원으로부터 멀어져 나가요.

교사가 2번 책상 위의 수학책이라고 말하면서, 교사는 빛과 물체의 상호작용의 개념을 학생들이 볼 수 있는 특정 물체를 지칭함으로써 맥락화시킨다. 교사가 장난감 자동차라고 했을 때, 교사는 교실에서 했던 활동과 물체와 빛이 상호작용하는 것을 나타내는 모형을 만들었던 이전의 활동을 상기시키는 효과를 가져왔다.

학습을 유의미하게 하기 위해 학생이 일상생활의 언어와 맥락을 활용하는 수업 상황이 있다. 예를 들어 학생이 시력에 대한 기초 모형을 새로운 현상, 즉 그림자의 형성에 적용하는 수업 중에 일어난 대화가 있다.

교 사: 여러분에게 질문을 할 것입니다. 여러분이 알겠지만 우리가 어제 했던 <실험>을 통해서 우리가 알아낸 것은 만일 우리가 사물을 보았다면, 어떤 종류의 그림자를 만들었을까요? 만일 우리가 그렇다고 이야기하면 얼마나 큰 그림자가 그 모형에서 만들어지는지를 어떻게 결정할 수 있을까요? (3군데에서 물체를 가지고 했던 실험 도구들을 이용해서 칠판에 그려진 3개의 다이어그램을 가리킨다.) 내가 여기 3개의 모형을 가지고 있어요: 가운데 있는 것, 더 가까이 있는 것, 그리고 훨씬 멀리 있는 것. 내가 만일 과학자가 되어서 이것을 통해서 데이터를 수집했다면, 어떤 주장을 하게 될까요? 내 증거는 무엇인가요?

학 생: 만일 우리가 광원에 손을 더 가까이 가져가면 그림자가 더 커지고, 멀리가면 작아져요.

교 사: 좋아요. 이제부터 손이라는 말을 '사물'이라는 말로 부르기로 합시다.

학습에 초점을 맞추기 위해 DQB를 사용하기

교사는 매 학습 세트의 도입 부분에 탐구하게 될 핵심 질문을 학습하는 데 초점을 맞추기 위해서 DQB를 사용했다. 이런 목적을 위해 이것을 사용하는 다른 방법은 DQB의 4개 중 하나의 학습 세트를 강조하거나 부각시키는 것이다. 도시 근교의 교사들 중 한 교사는 심지어 자신이 강조하고 싶은 질문을 확대하기 위하여 각 학습 세트에 대한 포스터를 만들었다.

교 사: 좋아요. 우리가 만든 DQB를 한번 살펴봅시다. 무엇이 우리의 driving questions인가요? (학생들이 손을 든다.)

학 생: '나는 언제 내 눈을 믿을 수 있을까요?'입니다.

교 사: 좋아요. 이 단원에서 우리의 초점은 무엇이지요?

학 생: 빛.

교 사: 이것은 우리의 도입 활동과 어떻게 연관되어 있습니까?

학 생: 우리가 모형을 만들었어요.

교 사: 좋아요. 어떤 모형을 만들었지만 궁극적으로 우리는 숨겨진 메시지에 대해 발견하고자 했지요. 우리는 앞으로 2일 동안 이 부분에 초점을 맞추어서 활동하게 됩니다. 만일 여러분이 4개의 핵심 질문 가운데 하나를 고른다면 어떤 질문을 이야기할 것 같습니까?

학 생: '어떻게 우리는 빛으로 무엇을 볼 수 있을까?'입니다.

교 사: 어떻게 우리의 눈으로 무엇을 볼 수 있게 되지요?

질문을 세분하기 위해 DQB를 활용하기

DQB의 또 다른 활용은, 물론 이 또한 DQB의 주요 특징이라고 할 수 있지만 큰 질문(big question)을 더 세밀하고 작은 질문으로 쪼개는 데 있다. 더 세밀한 질문, 즉 DQB를 형성하는 질문들은 학생의 일상생활에 더 적절하게 연관되는 것으로 교실 활동에서 조사탐구를 수행할 수 있다. 다음의 예는 도시 근교에 위치한 학교 수업에서 토론하면서 DQB를 만들어 낸 내용의 일부이다. 교사는 단원 학습 세트(big ideas)를 제시한다. 그리고 나서 학생은 질문을 만들고, 범주별로 분류한다. 질문을 만들어 내고 분류하는 과정은 또 다른 목적을 갖는다. 즉 학생들이 질문하는 기법을 학습할 때 비계를 제공하는 목적을 가진다.

교 사: 여러분의 질문들을 나열해보세요. 여기서 우리가 해야 할 과제는 무엇인가요? 빛, 색깔, 우리가 무엇을 어떻게 볼 수 있을까에 대해 질문해보세요. 몇 분 정도의 시간 동안, 여러분 책상에서 여러분과 모둠원이 함께 3~4개의 질문을 만들어 보세요. 4개의 범주가 있을 것입니다. 여러분이 질문을 만들고 나면 이것들을 분류해 볼 겁니다. (학생들에게 자신들의 질문을 소리 내어 읽어보도록 한다.)

학생 1: 빛이 어떻게 우리가 서로 다른 물건들을 알아보도록 도와주는가요?

학생 2: 왜 녹색 사과는 검게 변했을까요?

교 사: 왜 색깔 있는 빛이 우리가 보고 있는 물체의 색을 바꾸었을까요?

학생 3: 어떻게 흰색 빛이 실제 색깔을 보여주는지요?

교 사: 좋아요. 왜 여러분은 실제 색깔을 보기 위해 흰색 빛이 필요할까요? 왜 우리 눈은 물체를 서로 다른 종류의 빛에서는 보게 되면 서로 다르게 보게 될까요?

학생 4: 어떻게 해서 빨간색 눈으로 찍었어요? 빨간색 눈은 무엇 때문인가요? 어떻게 플래시가 빨간색 눈을 만들어 내지요?

학생 5: 우리 눈은 어떻게 빛을 걸러내지요? 눈이 빛을 걸러내나요?

표 8.1 빛 단원의 사전·사후 점수

	도시			도시 근교			시골		
	사전	사후	효과크기	사전	사후	효과크기	사전	사후	효과크기
합계	12.7	23.7	2.6***	16.6	32.6	3.6***	13.7	22.2	2.0***
학습 세트 1	6.6	12.1	2.0***	7.6	15.8	2.5***	6.6	9.9	0.94***
학습 세트 2	5.2	10.1	1.6***	6.5	13.5	3.0***	5.0	9.8	1.5***
학습 세트 3	1.4	2.9	1.8***	1.6	4.3	3.4***	1.5	3.1	1.5***
학습 세트 4	0.5	1.3	1.2***	0.8	1.9	1.4***	0.6	1.1	0.83**

*** $p<0.001$, **$p<0.005$

학생 6 : 서로 다른 색깔은 여러분이 느끼는 감도에 영향을 주나요?

학생 7 : 어떤 빛이 눈을 상하게 할 수 있을까요?

학생 8 : 동물들이 색맹인가요?

교 사 : 자, 이제 여러분에게 범주를 제시하려고 합니다. 준비되었나요? 여러분의 종이의 범주에 글자를 써 넣으세요. 잘 생각해 보고 나서 투표할 예정입니다. 그래서 A는 시력, 시상, 우리가 눈으로 보는 데 도움을 주는 빛에 대한 것입니다. (칠판에 쓴다.) B는 빛이 어떻게 물체와 상호작용을 하는가에 대한 것이고, C는 색깔, 색깔을 띤 빛, 색깔의 혼합에 대한 것이고, 마지막으로 D는 우리가 볼 수 없는 빛, 보이지 않는 빛에 대한 것입니다.

학생의 내용 지식

사전 · 사후 검사에 대한 학생들의 응답자료를 통해 학생들이 이 단원을 공부하면서 내용지식을 얼마나 얻게 되었는가를 알아보았다. 대응표본 t 검정을 통해 사전 · 사후의 학생의 응답을 학교별로 분석하였다. 참여한 3개 학교 전부, 학생 점수가 유의미하게 증가하였다. 각 학습 세트와 단원 전체 모두에서 유의미한 증가를 보였다(표 8.1). 만점은 88점이었다. 대체로 결과는 모든 학교에서 학습 목표에 상당한 발전이 있었음을 보여준다.

학습 세트 1 (빛과 시력)

• 눈이 어떻게 우리로 하여금 볼 수 있게 하는가, 눈이 어떻게 우리를 보게 해주는가.

• 빛이 직선으로 움직이고 통과하지 못할 때 그림자를 만든다.
• 빛이 물체로부터 반사되어 우리 눈으로 온다.

학습 세트 2 (빛과 물체의 상호작용)

• 빛이 산란되고, 통과하고, 흡수되거나 반사될 수 있다.
• 빛이 물체와 어떻게 상호작용하는가 — 그림자를 만들고 투명한 물체를 통과하거나 다른 것들로부터 산란된다.

학습 세트 3 (우리는 어떻게 색을 보는가)

• 서로 다른 색깔이 어떻게 나타나는가.
• 흰색 빛은 모든 색깔을 가지고 있어서 빨간색 필터를 사용하면 빨간색만 볼 수 있다. 나무는 녹색을 제외한 모든 색깔을 흡수한다.

학습 세트 4 (우리가 볼 수 없는 빛)

• 우리가 볼 수 없는 UV선이라는 빛이 있다.

대체로 더 많은 학생들이 학습 세트 1과 2에 대답을 했고, 다음으로 학습 세트 3과 4로 나타났다. 학생의 대답에서 일부 학생들은 이 질문들에 대한 답을 하기 위해 수업 시간에 했던 구체적인 활동뿐 아니라 DQB로부터 구체적인 질문과 대답을 언급했다. 이 결과는 학생들이 자신이 학습한 것을 DQB에서 제시되었던 주요 생각과 연결시킬 수 있는 능력이 있다는 증거로 제시된다.

학생의 태도

학생들은 DQB가 도움이 된다는 것을 발견했을까? 이 질문에 대답하기 위해서 3개 학교에서 그 단원을 끝내고 1개월 후에 실시한 학생 면담을 분석하였다. 결과에 따르면, 학생들은 단원 전반에 대해 특히 DQB에 대해 긍정적 태도를 보여주었다. 서로 다른 교사들이 수업을 하여 단원의 진행 과정과 DQB도 차이가 있음에도 불구하고 이러한 결과를 얻었다.

모든 학교에서 DQB의 중요성에 대해 학생들이 일치된 의견을 보여주었다. 학생들은 이것이 학습내용을 더 잘 이해하게 하고, 학습을 주요 질문에 초점을 맞추게 하고,

큰 질문을 세세한 질문으로 쪼개고, 주제들 사이에서 비약 없이 뭔가를 잘 정리해주고, 서로를 잘 연결시키는 것을 용이하게 해주었다고 믿고 있었다. DQB를 4개의 파트로 구분하고 질문을 범주별로 세분하였기 때문에, 학생들은 활동의 목적과 수업의 질문을 더 잘 이해할 수 있었다.

학생 태도를 조사하는 질문들은 DQB의 3가지 주요 특징에 따라 범주화하였다 : 연계시키기, 학습에 초점 맞추기, 큰 질문을 작은 질문으로 나누기. 어떤 범주에도 속하지 않는 응답에 대해서는 '기타' 범주로 나타냈다 (표 8.2).

논의와 결론

DQB는 본 연구의 프로젝트 기반 교육과정에서 사용되는 조직화 도구로, 모든 교육과정의 맥락화된 특징들을 시각적으로 조직하여 제공한다. DQB는 내용과 과정 모두에 대한 학생의 학습을 잘 촉진하는 것으로 나타났다. 교사의 교수방법 뿐만 아니라 사회 및 경제적 여건과 무관하게 모든 학급에서 학생의 내용지식을 신장시키는 강력한 증거로 제공될 수 있는 결과가 우리 연구를 통해 나타났다. 수업 후 1개월 내에 이루어진 면담 내용에 따르면 교수활동을 따라가면서 학생은 자신의 지식을 발전시키고, 자신이 학습한 것을 학습 목표에 연계시킬 수 있었다.

학생의 목적의식의 발달을 평가하기 위해서 우리는 3가지 요소를 살펴보았다. 우선 driving question에 대해 연계시키는 것, 자신의 학습에 집중하고 이를 조직화하는 것 그리고 큰 질문으로부터 파생된 세부 질문을 다루는 것이다. 이 3가지 요소 모두가 학생의 면담에서 나타났다. DQB의 사용이 학생의 연계능력, 자신의 학습을 조직화하는 능력을 개발하는 데 도움이 되었다는 것을 발견하였다. 대부분의 학생들은 면담에서 DQB가 자신의 학습에 도움이 되었다고 말했다.

DQB의 구축은 단원의 도입인 초기 단계에서 매우 중요한 활동이다. 그러나 활용되는 방식은 각 학급에 따라 다를 수 있고, 교사가 사용하는 방식에 따라서도 달라진다.

학습의 효율성을 위해서 학생의 이해에 초점을 맞추고 시간이 지남에 따라 서서히 비계를 줄여가면서 개선된 교육과정을 기존의 표준화된 교수활동과 잘 조합하는 것이 필요하다. DQB는 조합하는 것을 원활하게 하는 데 도움이 되는 것으로 나타났다. 각 학생의 흥미가 표현될 수 있는 물리적 의미의 '보드 (판, board)'를 제공하고, 학생이 묻

표 8.2 면담 응답

범주	학생 응답
연계하기	'우리가 처음에 가졌던 질문을 잘 따라가게 해서 무엇인가를 발견했다는 것을 알게 되는 데 큰 도움이 되었다.' '모든 질문이 하나의 질문 아래에 있어서 그 질문으로 되돌아가서 연결시키는 것이 더 쉬워졌다.' '우리가 이야기했던 것을 다시 찾아보고 기억하는 데 도움이 되었다.' '무엇인가를 펼쳐나가는 것은 이해하기 어려울 것이므로 각각을 연결시켜 보면 더 쉬워진다.' '…하나의 섹션에 집중하고 나서 다른 섹션을 하고 그것들을 같이 연결시키고, 그러면 우리가 이해하는 것이 더 쉬워질 것이다. 이것이 매우 도움이 되었다고 생각하는데, 왜냐하면 그것이 펼쳐져 있었다면 이해하기 어려웠을 것을 것이다. 연계하기는 이해를 돕는다. 무엇에 초점을 맞추고 있다는 것을 알고 있기 때문이다.'
학습에 초점 맞추기	'우리가 활동을 통해서 대답하고자 하는 질문을 이해하고, 그것에 초점을 맞추도록 하는 데 도움을 주었다. 어떤 단원에서도 도움이 될 것이라고 보는데, 왜냐하면 내가 답하려고 했던 질문을 이해하는 데 도움을 주기 때문이다.' '선생님은 빛 단원과 관계없는 질문을 무작위로 하도록 하기 보다는 학생의 생각을 우리가 학습하고자 하는 질문에 초점을 맞추도록 하기 위해 그것을 제시하였다.' '그것은 빛 단원을 이해하기 위한 질문을 이해하게 하고 초점을 맞추도록 하는 데 도움이 되었다.' '우리가 무엇인가를 더 많이 알고 정리할 수 있도록 도움을 주었다. 단순히 섹션 사이를 뛰어넘은 것은 아니다. 더 잘 이해하게 되었다.'
질문 나누기	'단원을 우리가 개별적으로 공부할 수 있는 섹션으로 나누는 것은 도움이 되었다. 그게 더 쉬워졌다.' '하나의 큰 질문보다는 여러 질문의 묶음에 대해 이야기하고, 한 번에 하나의 하위 질문을 하는 것이 더 많은 도움이 되었다.' '지도가 없이 이해하는 것은 어려웠을 것이다. 왜냐하면 질문을 더 작은 질문으로 나누는 것은 더 많은 것을 이해할 수 있도록 해주기 때문이다.'
기타	'DQB가 없었다면 덜 이해하게 되었을 것이다. 왜냐하면 우리가 하고 있는 것에 대한 안내와 같은 역할을 했기 때문이다.' 'DQB는 도움이 되었는데, 그 이유는 내 마음에 단어보다는 그림이 더 잘 이해되기 쉽기 때문이다.'

는 질문을 통해서 학생의 이해에 초점을 맞추도록 지원하며, 학생이 과학적 탐구를 학습 목표에 연계시키고 증거 기반의 설명을 해낼 수 있도록 안내한다.

우리가 DQB의 역할을 맥락화하기 도구로 초점을 맞추기는 하지만 우리가 학생의 이해를 발달시키는 데 기여한 바를 간과해서는 안 된다는 것을 명심해야 한다. 내용을 통합하고 지식을 활용하도록 토론을 지도한 방법들이 비계로서 기여한 바에 대해서는 다른 연구논문들(예를 들면 Weizman et al., 2008, Shwartz et al., 2009)에서 논의된다.

전반적으로 우리 결과는 DQB가 탐구 도구로 도움이 되었고 학생의 목적의식을 개발하는 데 도움이 되었음을 제시한다. 더 많은 후속 연구들을 통해서 개별 교사들 및 서로 다른 교과목에서 사용되는 것에 대해서 뿐만 아니라 이 보드(판)를 검토해보고, 장기적 영향을 조사해볼 필요가 있다.

본 연구에서 활용된 DQB는 일상의 수업에서 사용할 수 있는 간단한 보드(판)이다. 더 진보한 기술(예, 컴퓨터화된 보드)과 비교해보면 이런 유형의 보드를 사용하는 데 대한 강점과 약점이 있다. 예를 들어 이 보드는 교실 공동체에 의해 만들어지고, 내용뿐만 아니라 외양은 이 학급의 학생에 따라 독특함을 갖게 되고, 창의력을 반영한다. 그러나 시각적 조직자의 아이디어는 다른 학습 환경으로 전이될 수 있고 기술적 지원을 덧붙이게 되면 DQB의 역할에 다른 측면들이 추가되기도 한다.

종합적 연구 결과는 모든 학급에서 학생의 지식이 유의미하게 향상되었다. 게다가 DQB는 단원 맥락화하기를 위한 시각적 조직자로서 학생의 목적의식을 개발시키는 데 도움을 주었다.

참고문헌

American Association for the Advancement of Science (AAAS). 1993. *Benchmarks for science literacy*. New York: Oxford University Press.

Blumenfeld, P., and J. Krajcik. 2006. Project-based learning. In *The Cambridge handbook of the learning sciences*, ed. R. K. Sawyer, 333-354. New York: Cambridge University Press.

Blumenfeld, P., E. Soloway, R, Marx, J. S. Krajcik, M. Guzdial, and A. Palincsar. 1991. Motivating project based learning: Sustaining the doing, supporting the learning. *Educational Psychologist* 26 (3/4): 369-398.

Davis, E., and J. Krajcik. 2005. Designing educative curriculum materials to promote teacher learning. *Educational Researcher* 34 (3): 3-14.

Deci, E. L., and R. M. Ryan. 1987. The support of autonomy and the control of behavior. Journal of Personality and Social Psychology 53: 1024-1037.

Edelson, D. C., D. N. Gordin, and R. D. Pea. 1999. Addressing the challenges of inquiry based learning through technology and curriculum design. Journal of the Learning Sciences 8: 391-450.

Fortus, D., B. Hug, J. S. Krajcik, L. Kuhn, K. L. McNeill, B. Reiser, et al. 2006. Sequencing and supporting complex scientific inquiry practices in instructional materials for middle school students. Paper presented at the National Association for Research in Science Teaching conference, San Francisco.

Harris, J. C. 2005. Investigating teaching practices and student learning during the enactment of an inquiry based chemistry unit. Unpublished doctoral dissertation. Ann Arbor, MI: University of Michigan.

Kozma, R. B. 1991. Learning with media. Review of Educational Research 61: 179-212.

Krajcik, J. S., P. C. Blumenfeld, R. W. Marx, K. M. Bass, J. Fredericks, and E. Soloway. 1998. Inquiry in project-based science classrooms: Initial attempts by middle school students. Journal of the Learning Sciences 7: 313-350.

Krajcik, J., C. Czerniak, and C. Berger. 2002. Teaching science in elementary and middle school classrooms: A project-based approach, 2nd ed. Boston, MA: McGraw-Hill.

Krajcik, J., K. L. McNeill, and B. J. Reiser. 2008. Learning-goals-driven design model: Developing curriculum materials that align with national standards and incorporate project based pedagogy. Science Education 92: 1-32.

Linn, M. C. 2000. Designing the knowledge integration environment. International Journal of Science Education 22 (8): 781-796.

Marx, R. W., P. C. Blumenfeld, J. Krajcik, and E. Soloway. 1997. Enacting project based science. The Elementary School Journal 97 (4): 341-358.

National Research Council (NRC). 1996. National science education standards. Washington, DC: National Academies Press.

Rivet, A. E. 2003. Contextualizing instruction and student learning in middle school project-based science classrooms. Unpublished doctoral dissertation. Ann Arbor, MI: University of Michigan.

Shwartz Y., A. Weizman, D. Fortus, J. Krajcik, and B. Reiser. 2008. The IQWST experience: Using coherence as a design principle for a middle school science curriculum. Elementary School Journal 109 (2): 199-219.

Shwartz, Y., A. Weizman, and D. Fortus. 2009. Talking science, classroom discussions and their role in inquiry-based learning environments. The Science Teacher 76 (5): 44-47.

Singer, J., R. W. Marx, and J. S. Krajcik. 2000. Constructing extended inquiry projects: Curriculum materials for science education reform. Educational Psychologist 35 (3): 165-178.

Weizman, A., Y. Shwartz, D. Fortus and J. Krajcik. 2008. Developing the practice of scientific modeling through classroom discussions. Paper presented at the National Association for Research in Science Teaching conference, Baltimore.

Wenger, E. 1998. *Communities of practice: Learning, meaning, and identity*. New York: Cambridge University Press.

Wiggins, G. P., and J. McTighe. 1998. *Understanding by design*. Alexandria, VA: Association for Supervision and Curriculum Development.

CHAPTER 09

글쓰기를 통해 신종 전염병에 대해 배우기

Andrew J. Petto
University of Wisconsin－Milwaukee

배경

위스콘신 대학교 의학 공중 보건대학에서는 '7주간의 글쓰기 심화프로젝트'를 개설하였으며, 고등학교 학생들은 연구도제로서 참여한다. 이 프로젝트는 의사소통 능력, 계산능력, 과학 지식 등의 추가적 향상이 필요한 학생들에게 초점을 맞추고 있으며, 연구그룹을 구성해서 가상의 전염병에 대해 독창적인 연구를 수행한다. 이 프로그램을 성공적으로 수행하기 위해서, 학생들은 과학적 의사소통의 종류 가운데 최소한 4개(최대 7개) 종류를 익혀야 한다. 이러한 의사소통의 종류는 뉴스 보도, 공보책자, 주간 신문, 프로젝트 웹 페이지, 공식 서면 발표 또는 공식 구두 발표 등을 포함한다. 학생들이 다양한 청중에게 다양한 방식으로 과학 정보를 정확하게 전달할 수 있으려면, 연구를 수행하는 보건연구 영역의 기반과 적절한 탐구방법을 이해해야만 한다. 이 프로젝트의 성공은 산출물이며, 이 연구그룹의 학생들은 아직 능력을 더 개발해야 할 학생들로 구성되었지만, 능력이 높은 다른 학생들과 동등한 수준의 산출물을 수행해낸다.

서론

연구도제 프로그램(Research Apprentice Program : RAP)은 위스콘신 대학교 의학 공중보건대학(University of Wisconsin School of Medicine and Public Health : SMPH)에서 고등학교 10학년, 11학년 학생들을 대상으로 진행하는 여름 연구체험 프로그램이다. 이 프로그램은 SMPH 입학처 내 소수민족 사무실에 기반을 두고 있고, 위스콘신 주 남동쪽 전역에 걸쳐서 소수민족 집단으로부터 적극적으로 학생들을 모집하고 있다. 학생들은 위스콘신 대학교 연구원이 수행하는 생명의학 연구 프로젝트에 개별 또는 2인 1조 팀으로 참가하게 된다. 학생들은 RAP에 참가하는 동안 매일 과학 글쓰기, 수학, 도서관 자료 조사, 컴퓨터 기능을 신장시키는 보충수업 시간에 참여하여 도움을 받을 수 있다.

2003년 연초 RAP에서는 학생들을 모집하는 새로운 방법으로 입학조건의 전부를 충족시키지 않더라도 대부분을 충족시키는 학생들을 모집하였다. 학생들이 제출한 입학서류, 고등학교 성적, 추천서에 근거하여, 학생들 가운데 생명의학 연구에 대한 동기가 매우 높고 흥미도 많은 학생들로서 아직 의사소통 능력, 수학, 과학 부분에서 능력을 신장시킬 필요가 있는 학생들을 합격시킨다. 이 학생들은 연구 멘토와 한 팀에 되어 연구에 참여하면서, 진행하는 과정을 지도 받는 한편, 기초 과학을 공부하는 기술도 배운다. RAP에 참여한 모든 학생들은 모의 과학학술대회에서 학술연구논문을 준비하여 구두로 발표해야 하기 때문에, 이 새로운 모집방법으로 입학한 학생들은 과학학술문헌 검색하기, 문헌을 비판적으로 분석하기, 연구개요를 작성하기, 다양한 청중에게 여러 방식으로 의사소통하기 등의 연구에 대해 효과적으로 의사소통할 수 있는 능력을 신장시키는 데 더 많은 노력을 기울이게 된다. 이와 같은 대부분의 접근방법은 팬로즈와 캣츠(Penrose and Katz, 2004)의 연구내용과 유사하다. 이 프로젝트는 2003년 여름 '모의 전염병 Tickettsia 창궐'의 프로그램을 수행했던 경험에서 발전되었으며 2004년부터 시작하였다.

이 프로젝트는 문제중심학습(PBL) (Chin & Chia, 2008; Massa, 2008)을 활용하는 프로젝트로서, 대학교 캠퍼스에서 출현한 모의 전염병 문제를 연구하는 능력과 이에 대해 글 쓰는 능력을 신장시키는 데 중점을 두고 있다. 이 프로젝트에서 학생들은 모의 위스콘신 대학교 보건기구 U-WHO(University of Wisconsin Health Organization)를 만들고 전염병 대책 위원회를 구성하며, 과학학술문헌에서 조사한 연구방법에 기초하여 이 모의 전염병이 창궐하는 것에 대해 연구하는 프로젝트를 계획한다. 2004년 프로젝트에 참여한 학생들 가운데 몇몇 학생들만이 2003년과 동일한 프로젝트를 선택했다 (표 9.1 참조). 학생들 가운데 선택한 연구문제가 전년도와 비슷한 경우에는 전년도 연구결과물을 과학학술문헌으로 활용하도록 하였다.

이 프로젝트에서 학생들은 글쓰기 활동에 여러 차례 참여하고, 미국 질병관리본부(CDC; www.cdc.gov)에서 일반인을 대상으로 전염병에 대해 의사소통하는 방법을 모델로 하여, 신종 전염병을 관리하는 방법들에 대해 의사소통하는 방법을 형식 또는 비형식 환경에서 학습한다. [표 9.2]에서는 미국 질병관리본부에서 실시하는 일반인 대상 보건에 대한 의사소통 방법의 구성요소들과 RAP의 구성요소들을 대비하여 제시하였다. 미국 질병관리본부의 의사소통 모델과 같이, 학생들이 이 프로젝트에서 성공적으로 의사소통하기 위해서는 자신이 작성한 글을 읽는 독자가 누구인가를 인식해야 한다. 학생들이 만들어 낸 글쓰기 산출물은 Gunel et al., (2009)의 참 평가 전략에 따라 평가한다.

학생들의 학습결과를 평가하는 준거는 명확하고 효율적인 의사소통 방법을 보여주는 학습이 성공적이라는 개념에 기초하여 설정한다. 학생들이 신종 전염병의 특성과 이 전염병을 관리하고 박멸하는 전략을 정확하게 기술하기 위해서, 무엇보다도 학생들이 전염병 연구의 토대가 되는 기초 과학 지식을 완전 학습해야 한다(Gunel et al., 2009). 실질적으로는 이러한 학습에 대한 평가방식은 글쓰기에 대한 일반적인 표현으로 "좋은 글쓰기는 좋은 사고에서 만들어진다."에 근거한다: (Oakley, 1999; 인터넷 홈페이지[15]의 Uggen과 Hartman의 코멘트 참조한 것을 참조)

이 RAP의 구성요소는 글쓰기 능력과 교과내용을 학습한다는 이중 목적을 가지는데, 이는 보편적인 "글쓰기를 이용한 학습" 프로그램(Gunel et al., 2009)과 관련된다. 이는 학생들이 추진한 연구 프로젝트의 산출물에 대해 흥미를 가진 다양한 청중을 대상으로 자신들의 과학연구의 결과를 효과적으로 전달할 때, 학생들이 활용하는 문장의 구조, 전달하는 방식, 발표하는 능력이 얼마나 성공적인가에 초점을 두고 평가하게 된다.

---

15) http://contexts.org/articles/summer-2008/good-writing-and-good-thinking

표 9.1 RAP 신종 전염병 연구 주제[16)]

2004	2005	2006	2007	2008	2009
감염율의 지리적 패턴	민족성의 질병·전염 차이에 따른 감염율과 발표 내용	감염을 신고하는 것에 대한 보상제도의 효과	신체 접촉의 형태에 따른 감염 위험	백신 개발	질병 확산의 지리적 모형
여러 가지 홍보활동의 효과성 비교	신종 전염병의 예방과 통제	전염병 신고에 대한 사회문화적 관점	질병 전염의 경로로서 교통체계	공공 보건 커뮤니케이션의 효과성	공공 보건 커뮤니케이션에 대응한 행동 변화
질병에 대한 인식 수준이 위험한 행동에 주는 영향	백신 개발의 가능성	능동 감염과 수동 감염의 비교	성별에 따른 행동 차이와 감염의 위험	새로운 사회적 관계 대 확립된 사회적 관계의 차이에 따른 질병의 위험 수준	사회적 네트워크를 연결하는 전염병의 내적확산 대 외적확산
통학하는 학생과 기숙사 생활을 하는 학생 사이에 위험의 차이	신종 전염병을 생물무기 테러로 오용할 가능성	집단 면역과 질병 확산의 수준	직장에서의 감염위험과 사회환경에서의 감염 위험의 차이 비교	질병 전염의 성별 차이에 따른 편견	질병 전염의 성별 차이에 따른 편견
먼 거리까지 전달되는 정보가 위험한 행동에 주는 영향	청소년의 사회적 네트워크와 질병 확산	아형(subtypes)의 차별적 독성	아형(subtypes)의 차별적 독성	아형(subtypes)의 차별적 독성	사회적 네트워크 참여와 사교성에 관련된 감염의 위험
	질병 전염에 있어서 연령별로 나타나는 위험 정도	날씨 관련 행동이 감염 위험에 주는 영향		사회적 관계의 친밀감과 감염의 위험	날씨 관련 행동이 감염 위험에 주는 영향
	인종 기반 사회적 네트워크에 따른 질병의 전염	질병 확산의 위험을 찾아내기 위한 전세계적 모니터링		감염율의 지리적 모형	

16) 이 프로젝트에 참여한 전체 학생의 수는 매년 다르다.

표 9.2 RAP 대중 커뮤니케이션 활동

CDC 질병관리본부	RAP 연구도제 프로그램
웹사이트	웹사이트
사망률과 병에 걸린 상태에 대한 주별 보고서	주별 업데이트
질병 정보 책자	질병 정보 책자
질병 정보 포스터	질병 정보 포스터
공공 정보에 대한 회의	공공 정보에 대한 회의
공식적 연구 논문(원저논문과 발표)	공식적 연구 논문(원저논문과 발표)
지역적, 세계적 자원과의 연계	지역적, 세계적 자원과의 연계
최신 연구에 대한 단신 및 요약	팀의 최신 연구에 대한 요약(개별적 요약)
특정 질병의 관리와 예방에 대한 정보	선택한 전염병의 관리에 대한 정보

연구방법

RAP 학생들은 신종 전염병과 이 전염병을 관리하는 것에 대해 학습한 후, 전염병을 일으킬 수 있는 가상의 바이러스를 임의로 설정한다. 학생들은 전염병의 특성에 기초하여, 바이러스가 전염되는 방법(예 : 직접 또는 간접 접촉으로 전염), 바이러스에 대한 면역 방법(예 : 면역 또는 교차면역), 바이러스에 감염된 후 치료 가능성(예 : 불치 또는 완치) 등을 결정한다. 이러한 특징들을 결정한 후, 학생들은 팀별로 입장권과 같은 형식의 티켓으로 바이러스 입자를 만들어 내고 각 티켓에 번호를 기록한다. 번호가 기록된 티켓 뭉치로 바이러스 입자를 만든다. 그리고 티켓 뒷면에는 간단한 지시사항을 제시한다(그림 9.1 참조).

각 팀원은 특정 범위의 숫자가 적혀 있는 티켓들을 받는다. 이 특정 범위의 숫자는 바이러스의 아형(subtypes) 및 균주(strains)를 나타낸다. 어떤 해에는 팀원들이 감염 확산에 대한 데이터를 수집할 때 아형들을 구분하기 쉽도록 하기 위해 색깔을 띤 점을 추가했다. 티켓이 준비되면 학생들은 캠퍼스에서 여름 프로그램에 참가한 다른 학생들에게 배포할 공보 책자, 포스터, 전단지를 준비한다(과거 프로그램에서 사용한 샘플 책자는 부록 A에 제시되어 있다). 그리고 난 후 팀원은 전염을 시작하기 위하여 티켓을 배포하기 시작한다.

(a) 바이러스 입자의 앞면

(b) 특성에 대한 설명이 제시된 바이러스 입자의 뒷면

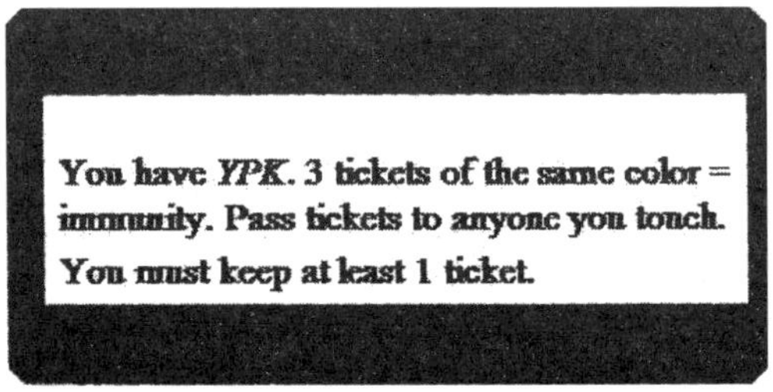

그림 9.1 2008년의 YPK 바이러스
(매년, 학생들에게 다른 이름의 새로운 바이러스가 주어진다.)

매 주말에 팀원들은 질병 감시 활동을 하는데 보통은 식사 시간에 한다. 이 활동에서 팀원들은 여름 프로그램 참가자들이 티켓을 받았는지와 만약 받았다면 그들이 가지고 있는 티켓 번호를 기록해도 되는지를 묻는다. 감시 활동에 협력하는 데 동의한 사람들은 UW 캠퍼스 내 상점에서 작은 아이스크림과 교환할 수 있는 쿠폰을 받는다.

각각의 감시 세션 후에 팀의 데이터 담당자는 데이터 입력과 그때까지 관찰된 사례의 요약을 조정한다. 이 데이터는 위험에 처한 주민 모두에게 배포될 주별 보고서를 작성하는 데 사용된다. 또한 이 데이터는 팀원들이 여름 코스 동안 개별 연구 프로젝트를 수행할 때 기초 자료로 활용된다.

결과

학생들은 전염병학에 대한 기초자료 읽기(CDC 2004; Coggin, Rose, & Barker, 1997) 및 과학 학술연구물을 읽고 해석하는 방법에 대한 공부를 시작한다(MacNeal, 2001). 학생들의 첫 번째 임무는 자신들이 수행하고자 하는 전염병 연구의 유형을 찾는 것이다. 학생들은 강사의 도움을 받으면서 자신들의 연구를 설계하고 수행하는 데 사용할 수 있는 배경 지식을 찾기 시작한다.

학생들은 데이터를 가지고 바로 글을 쓰고 활동을 시작한다. 학생들의 첫 번째 과제는 전염병에 대한 완벽한 프로파일과 전염병관리매뉴얼(*Control of Communicable Diseases Manual : Heymann, 2008*)의 형태를 따라서 그것을 통제하는 전략을 배우는 것이다. 이 프로파일은 각각의 학생이 흥미를 가지고 있는 질병에 근거한다. 각 학생은 특정 전염병과 관련하여 팀의 '전문가'가 된다. 프로파일이 완성되면 이 프로파일은 팀의 웹사이트에 포스트된다(2009, 웹사이트[17]에서 볼 수 있다).

이 프로그램에는 한꺼번에 작성해야 하는 여러 개의 글쓰기 과제가 있다. 책자(부록 A)와 웹사이트는 공동으로 설계되지만 한 학생이 설계와 제작의 주책임자 된다. 자신들의 연구를 준비하면서 팀원들은 프로젝트 웹사이트[18]에 제시할 간단한 문제제기 진술문을 쓰기 시작한다.

프로그램의 남은 기간 동안 팀원은 감시 세션에서 보고할 전염병의 확산과 특징에 대한 요약을 준비하면서 개별 글쓰기와 모둠별 글쓰기에 참여한다. 각 주별 요약은 새로운 데이터의 분석과 현재 샘플에 기초하여 이전 요약을 수정할 것을 요구한다. 모든 요약은 인쇄되어 캠퍼스에 배포되고 매주 갱신되는 팀 웹사이트[19]에 포스트된다.

그림 9.2 RAP 학생들이 최근의 감시 데이터를 검토하기 위하여 협동하고 있다.

학생들은 또한 연구초록, 1차적 출처 참고문헌, 공식적인 학술연구 논문의 도입부(문헌 연구와 문제 제기를 포함)를 준비하면서 공식적인 과학 글쓰기를 구성하기 시작한다. 학생들은 충분한 데이터를 수집한 후 자신들의 프로젝트 산출물을 평가하기 위한 기초적인 통계 분석 방법(Daniel, 2007; Milton, 1999)을 배운다. 이것은 학생들의 연구 방법 및 결과 부분의 기초가 된다. 이러한 부분들이 수정되고 승인되면 학생들은 논의 및 결론 부분을 완성하기 위한 작업을 한다.

각 단계에서 학생들은 자신들의 마지막 공식 구두 발표에서 사용하기 위한 핵심 사항을 추출해내는 실습을 한다. 시각 자료를 모으고 자신의 발표를 지원하기 위한 도표와 그림을 만든다. 이러한 자료 중 일부는 주별 보고서에 제시된 자료로부터 나오지만 다른 일부는 특별히 전문가 회의에서 기고논문 발표 세션으로 조직될 구두 발표를 위해 만들어 낸다.

---

17) https://pantherfile.uwm.edu/ajpetto/www/RAP_2009/RAP_2009_Home.htm

18) https://pantherfile.uwm.edu/ajpetto/www/RAP_2009/RAP_2009_Home_files/Page348.htm

19) https://pantherfile.uwm.edu/ajpetto/www/RAP_2009/RAP-2009_Home_files/Page947.htm

이 프로젝트는 비판적 읽기와 글쓰기를 강조한다. 학생들은 공중보건연구 방법과 자신들이 개별적으로 참여하는 실습에 흥미를 가지고 시작한다. 학생들이 수행하기를 원하는 연구를 찾아내면 강사는 적절한 참고 자료를 찾기 위하여 학생 및 도서관 직원들과 작업을 한다. 그런 후 학생들은 자신들이 읽은 몇 개의 핵심 연구문헌에 기초하여 캠퍼스에서의 Tickettsia 발생에 대한 자신들의 연구를 고안하고, 주요 주제 영역, 데이터를 수집하고 분석하는 방법, 이 연구가 가상의 전염병 통제에 기여할 점 등을 계획하는 초기 초록을 쓴다. 강사의 피드백 후에 학생들은 프로젝트 웹사이트에 그들의 초록을 포스트한다.[20]

학생들의 가장 중요한 변화 중의 하나는 연구 문헌을 읽고 보고하는 것으로부터 발전하여 연구 문헌의 핵심 요소들을 적용하게 되었다는 것이다. 예를 들면 초기에 학생들이 읽은 많은 연구 문헌들은 데이터를 수집하고 분석하는 다양한 방법을 설명한 문헌연구 논문들이었다. 이들 중 일부만이 학생들이 수행할 특정 연구에 적절한 것으로 보인다. 따라서 목적은 학생들이 선행 연구 분석 연구물, 방법론 연구물, 메타 분석 연구물 등을 자신들의 연구를 성공시키는 데 도움이 되는 자료로 사용하는 법을 배우도록 하는 것이다.

이 과정에서 중요한 부분은 연구 문헌으로부터 연구에 도움이 되는 핵심 요소들을 추출하고 자신들의 연구에의 적용 가능성에 주목하는 것을 배우는 것이다. 이 과정을 위해서 학생들은 두 개의 다른 유형을 사용해서 자신들이 읽은 문헌을 추적한다. 첫 번째 유형은 개별 문헌들로부터 중요한 정보를 수집하는 연구 문헌 검토 요약이다(예는 홈페이지[21]에 있음). 학생들에게 있어서 이 유형의 가장 중요한 부분은 이것이 자신들이 읽고 있는 연구물들을 다른 연구물들과 비교할 것을 요구하고 결론, 방법 또는 다른 의미 있는 특징이 다른지, 혹시 다르다면 어떻게 다른지에 주목할 것을 요구한다는 것이다. 이러한 유형을 성공적으로 사용하면 연구 문헌이 아주 다양하다는 것과 어떤 특정 연구에서의 결론이 중요한 문제에 대하여 오로지 부분적인 해결책만을 제공할 것이라는 것을 학생들이 알게 하는 데 도움이 된다.

학생들이 자신들의 문헌연구를 하는 두 번째 유형은 연구 이슈의 '한살이(life cycle)'를 찾아내는 것이다. 특정 영역에서 우세한 이슈가 더 많은 연구를 완성시키거

20) https://pantherfile.uwm.edu/ajpetto/www/RAP_2009/RAP_2009_Home.files/Page348.htm

21) https://pantherfile.uwm.edu/ajpetto/www/Lit_rev.htm

나 새로운 기술, 모델, 이해 및 결과가 가능할 때 변화되는 것이 그 예이다(연구 문헌에서 경향성을 추적하는, 예를 들어 홈페이지[22]). 학생들은 워드프로세싱 프로그램이나 스프레드시트에서 이 유형을 완성한다. 그리고 자신들의 인용에서 유형을 연구 문헌들의 출판일로 정렬한다. 이슈가 과학적으로 해결되지 않을 때 이것은 중요하겠지만 대부분의 경우 해결책이 제시되고 받아들여지면 더 이상 나타나지 않을 것이다. 이러한 경향은 학생들이 모델, 가설, 분석방법이 현재에도 사용되고 있음을 이해하는 데 도움이 된다.

이러한 단계는 학생들이 자신들의 연구 관심 분야를 개발하고 자신들의 연구를 설계하기 시작함으로써 완성된다. 학생들은 어떤 형태의 결론이 다른 형태의 데이터로부터 도출될 수 있다는 것을 배우고, 결과를 쓰면서 자신들의 연구를 개선하기 시작한다. 학생들은 연구 계획을 세우고, 데이터를 수집하고 분석하며, 테이블, 도표, 그래프를 사용하여 그들이 발견한 것을 요약하고, 프로그램의 첫 주에 자신들의 전염병 전문분야에 대하여 쓰기 시작한다. 마지막에 학생들은 표준 연구 논문을 쓰고, 소규모의 과학 연구 회의에서 발표할 자료 준비를 한다.

학생들이 따르고 있는 연구 과정은 반복된다. 자신들의 연구 문제에 대하여 쓰기 시작함에 따라 학생들은 더 많은 데이터, 분석, 개선이 필요한 영역을 찾아내는 것을 배운다. 학생들은 연구의 과학적 방법은 선형 모델이 아니라 산출물까지 가는 경로가 다양한 웹 또는 네트워크로 가장 잘 설명된다는 것을 배운다. 그리고 이러한 경로의 일부는 가끔 되돌아갈 필요가 있기도 하다. 예로써 우리는 버클리 캘리포니아 대학교 웹사이트에서 발견한 과학의 진정한 과정이라는 플로우차트[23]를 사용한다.

성공의 증거

우리는 글쓰기가 과학 탐구 과정의 통합적인 부분이며 글쓰기 그 자체가 중요한 과정이라는 접근을 취한다. 그러므로 학생들의 목적은 프로그램에서 반드시 해야만 하는 글쓰기의 서로 다른 형태에 효과적인 상호작용의 요소를 적용해 보면서 이 요소들을

22) https://pantherfile.uwm.edu/ajpetto/www/trends.htm

23) http://undsci.berkeley.edu/article/O_O_O/howscienceworks_02

표 9.3 학생 글쓰기를 평가하기 위한 형성평가 루브릭의 예

중점 수정 영역	강사가 발견된 것	학생의 행동	강사의 검토	논평
내용				
구조				
문단				
도표/표				
인용				
문장의 시제와 능동태와 수동태				
간결성				
단어				
구두점				

배우는 것이다. 이러한 서로 다른 산출물은 [표 9.2]의 오른쪽 칼럼에 제시되어 있다.

학생의 글쓰기를 평가하기 위해 사용된 루브릭(rubric)은 다차원적이고 반복적이다. 강사는 추가적인 작업이 필요한 영역과 성공적으로 완성된 영역에 주목하면서 학생의 글쓰기에 반응한다(표 9.3 참조). 그러면 학생들은 추가적인 작업이 필요한 영역에 초점을 맞춘다. 초기에 평가는 내용, 조직, 형식, 청중(적절한 과학적 용어를 포함하여)과 같은 주요 이슈에 초점을 맞춘다. 이러한 것이 해결되고 나면 그림이나 표 형태의 프레젠테이션과 관련한 이슈 및 인용과 참고문헌을 기록하는 것과 관련한 이슈에 초점을 맞추게 된다. 마지막으로 초점은 명확성, 구두법의 기술적인 측면, 문법, 문장의 시제와 능동태와 수동태, 간결한 글쓰기로 이동한다.

그러나 실제에서 강사는 학생과 함께 개별 글쓰기 작품에서 가장 긴급한 특정 이슈에 초점을 맞춘다. 이것은 버클리 캘리포니아대학교 플로우차트에서 설명한 '실제' 과정(반복적이고, 상호작용적이고 비선형적인)과 유사하다. 강사의 초기 반응은 수정이 필요한 몇몇 아이템을 지적하고, 가장 적절한 수정 형태를 제안하는 것이다. 학생들은 항상 강사의 특정한 제안을 그대로 적용하는 것이 아니라 종종 이슈를 설명하기 위한 자신들의 고유한 방법을 찾아낸다. 이것은 학생들이 강사가 제안한 것을 그냥 복사하는 것이 아니라 자신들의 글쓰기를 개선하기 위하여 자신만의 고유한 해답을 만들어 낸다는 점에서 가장 가치있는 산출물일 것이다. 그리고 이것은 Klein(2004)이 글쓰기

과정을 통한 학습의 변화의 중요한 증거라고 간주한 것이다. 학생 글쓰기의 예는 부록 B에 있다.

첫 번째 예에서 우리는 프로젝트의 도입에서는 명확하고 간결한 글쓰기를 개선하는 데 초점을 두고 있다. 목적은 학생들이 연구가 수행되는 큰 맥락을 찾아내고 독자들에게 학생들의 프로젝트가 우리의 이해에 공헌하는 바를 소개하는 것이다. 학생 초고의 첫 번째 수정본은 주요 문제(사회적 접촉을 통한 질병 확산의 위험)에 대한 명확한 인식과 사회적 접촉의 어떤 측면이 이 연구(사회적 네트워크)에서 조사될 것인지를 보여준다. 다음 문단은 사회적 네트워킹 모델을 전염병에 적용하는 몇몇 핵심 연구들에 기초한 문헌 연구과정으로 시작한다.

두 번째 예는 좀 더 문헌 연구에 가깝다. 몇몇 연구 논문을 분석한 후에 학생들은 독자에게 이러한 연구들이 자신들이 완성한 연구와 어떻게 관련이 있는지를 말할 필요가 있다. 수정본에서는 연구 문헌과 학생들이 연구할 변인들 간의 연결이 분명해야 한다. 후에 학생들의 연구 방법 부분은 이러한 변인들이 어떻게 관찰되고, 측정되고, 분석되는지를 보여줄 것이다. 더 나아가 선행 연구물로부터의 기대효과에 대한 명확한 진술문은 학생들이 이 연구가 그러한 기대에 부응하는지와 이 연구의 결과와 어느 정도 일하는지 문헌에서 보고된 결과와 어느 정도 일치하는지를 평가하도록 할 것이다.

세 번째 예는 연구 문헌을 보다 효과적으로 사용하기 위한 학생의 학습을 보여준다. 목적은 학생들이 선행 연구의 어떤 측면이 자신들의 연구에 가장 적절한지를 깨닫도록 하는 것이다. 이 경우에 초고는 학생의 프로젝트와 직접적으로 연관되지 않은 선행 연구의 세부 사항을 너무 많이 고려했다. 마지막 수정본에서는 학생이 참고한 연구 문헌의 내용이 '정보 공개 캠페인이 정보를 접한 사람들의 인식과 건강 관련 행동에 미치는 효과'에 대한 것이라는 것이 매우 명확해졌다.

마지막 예는 학생의 논문 토론 부분이다. 이 연구는 몇 년 전에 수행되었던 연구와 유사하므로 토론은 두 해의 결과를 비교하는 것을 포함한다. 학생들은 결과를 검토하고 그 결과를 예측했던 결과 및 연구 문헌의 조사 결과들과 비교할 것으로 기대된다. 두 번째 수정본은 결과의 요약 및 그 결과가 선행 연구 및 예측했던 결과와 일치하는지에 초점을 맞춘 후 이들 영역에 모두 보다 명료해졌음을 보여준다. 다음 반복에서 학생과 강사는 성별에 따른 비율과 관련한 직접적인 접촉의 유의미성과 전년도 연구 결과물과의 비교를 분명하게 하기 위하여 마지막 문단을 작업했다.

강사의 논평과 제안에 덧붙여서, 학생들은 또한 모든 학생의 연구 프로젝트와 과정

그림 9.3 RAP 학생들은 자신의 연구 프로젝트에 대한 최종 구두발표를 하고 있다.

에 도움을 주는 프로그램 내의 직원들을 '외부' 청중으로 선정한다. 이들은 학생의 글쓰기에 대하여 강사로서 또 객관적인 일반 청중으로서 반응을 보인다. 학생의 글쓰기에 대한 그들의 반응은 프로그램의 이러한 부분에서 학생이 성공했는지의 기준이 된다.

결론

RAP 프로그램의 U-WHO 프로젝트는 문제 중심 학습(problem-based learning) 접근과 생명의학 연구 과정을 통합한다. U-WHO 프로젝트의 학생들은 위스콘신 대학교 메디슨 캠퍼스에 가상의 바이러스가 확산되는 것을 막고 통제하는 것에 초점을 맞춘 집중연구와 글쓰기 프로그램에 참여한다. 이 과정에서 학생들은 다른 연구자, 일반 대중, 뉴스 작성자, 공중 보건 전문가를 포함한 다양한 청중과 효과적으로 상호작용하는 것을 배우는 과정을 통해, 과학 연구 과정에 대하여 배운다. 이 무학년제 프로그램은 학생 자신의 글쓰기 산출물에 의존하는데, 학생들의 글쓰기는 발달 단계 루브릭으로 지도하고, 관련 분야의 전문적인 글쓰기 발표대회에 근거한다. 학생의 성공적인 산출물은 프로젝트 웹사이트 및 연구 논문과 컨퍼런스에서의 구두 발표를 포함하는 학생들의 공식적 연구 발표에서 뚜렷하게 드러난다.

이 연구를 위해 선발된 학생은 일반적으로 의사소통 능력, 계산능력, 기초 과학지식 등에서 더 도움이 필요하지만 생명의학에 대한 동기와 흥미가 높다. 의사소통 능력이 향상된 것은 학생들의 공식적인 논문 초고와 수정본을 비교했을 때 명백하다. 더 나아가 아직 능력을 더 개발해야 할 그룹의 학생들이 완성한 마지막 연구 논문과 구두 발표는 이 프로그램 내의 다른 학생들의 것과 수준이 같다.

이 프로그램에서 성공하려면 각각의 학생은 서로 다른 글쓰기 형태와 스타일로 문서에 의한 상호작용을 성공적으로 보여주어야만 한다. 이들은 모두 NSES Goal 3, 과학적·기술적 문제에 대한 공적 토론과 논쟁에 지적으로 참여한다"(NRC, 1996, p.13)와 관련되어 있다. 이 과정에서 성공적인 학생은 과학 기술 분야 문제에서 지적인 담론과 수긍되는 설득에 영향을 미치는 효과적인 상호작용 기능과 과학탐구 과정 모두를 배운다.

감사의 글

이 새로운 프로젝트를 창안하고 RAP 경험을 확장하는 데 참여하도록 허락해 주신 Joan Brooks에게 감사한다. 초기에 드렉셀(Drexel University) 대학교 교육대학에 근무하는 Elizabeth Haslam의 피드백과 격려가 없었다면, 그리고 이 특별한 프로젝트가 시작 단계였던 때에 University of the Sciences in Philadelphia 내의 생명의학 글쓰기 프로그램을 담당한 내 동료 Lili Velez와 Kelleen Flaherty의 도움이 없었다면 이 프로젝트는 성공할 수 없었을 것이다. 나는 이 장의 초고에 대하여 가치있는 논평과 제언을 해준 UW 글쓰기 센터의 Beth Goodbee에게 감사한다. 마지막으로 우리는 이 프로젝트를 개발하고 수행할 기회를 제공한 것에 대하여 UW 의과 대학 교무처의 부학장이면서 RAP의 책임자인 Gloria Hawkins에게 감사한다.

참고문헌

Centers for Disease Control (CDC). 2004. What is epidemiology? *http://www.cdc.gov!excite! PDF!intro_epi.pdf*

Coggin, D., G. Rose, and D. J. P. Barker. 1997. *Epidemiology for the uninitiated*. 4th ed. London: BMJ Publishing. *www.bmj.comlepidem!epid.html*

Daniel, W. W. 2005. *Biostatistics: A foundation for analysis in the health sciences*. Sth ed. New York: Wiley.

Gunel, M., B. Hand, and M. A. McDermott. 2009. Writing for different audiences: Effects on high-school students' conceptual understanding of biology. *Learning and Instruction* 19 (4): 354-367.

Heymann, E. L., ed. 200S. *Control of communicable diseases manual*. 19th ed. Washington, DC: American Public Health Association Press.

Klein, P. 2004. Constructing scientific explanations through writing. *Instructional Science* 32: 191-213.

MacNeal, A. 2001. How to read a scientific research paper: A four-step guide for college students and for faculty. *http://hampshire.edu/-apmNS!design!RESOURCES!HO W_READ.html*

Milton, J. S. 1999. *Statistical Methods in the Biological and Health Sciences*. 3rd ed. Madison, WI: McGrawHill.

National Research Council (NRC). 1996. *National Science Education Standards*. Washington, DC: National Academies Press.

Oakley, T. 1999. Copious reasoning: The student writer as an astute observer of language. In *Language Alive in the Classroom*, ed. R. S. Wheeler, 130-13S. Abington, UK: Praeger.

Penrose, A. M., and S. B. Katz. 2004. *Writing in the sciences: Exploring conventions of scientific discourse*. 2nd ed. New York: Longman.

부록 A. 학생들이 쓴 Rapcitity 공공 정보 책자의 예

무엇

이것은 감염된 학생이 어떤 증상도 느끼지 않는 질병이다. 티켓을 받았거나 찾은 학생은 영구적으로 질병에 걸리게 될 것이다. 티켓을 가진 사람은 누구나 다른 사람에게 RAPCITITY를 전염시킬 수 있다.

('어떻게' 항목 밑에 기술된 전염 방법을 보세요.)

추가 정보

추가 정보를 원하면 다음의 학생들을 접촉하시오.

I.A.
A.A.
J.F.
D.G.
E.G.
K.G.
M.K.
P.R.

찾습니다

전염되고 있는 RAPCITITY

누가

우리는 RAP CDC(질병관리본부)의 현장조사단으로서 현재 UW 메디슨 캠퍼스 내에서 RAPCITITY를 조사하고 있다. 우리는 이 질병의 발생이 Slichter Hall에서 다음 프로그램(RAP, NASA, SSI, HELP, ESP)에 참가한 고등학교 학생들 중에서 시작했음을 알았다.

도와주세요!

질병의 전염을 추적하고 이를 통제하기 위하여 여러분의 도움이 필요합니다. 우리는 매주 화요일과 목요일에 Carson 빌딩 카페테리아에 부스를 설치하고 당신의 티켓 번호를 적고 있습니다. 참여해주신 분에게는 선물을 드립니다.

어떻게

전염 방법

질병을 전염시키기 위하여 다음의 규칙을 따르세요.

- 최소 1장의 티켓을 가진 사람은 면역력이 있다(더 많은 티켓을 가질 수 없다).
- 티켓이 없는 사람과 물리적 접촉을 했다면 당신의 티켓의 반을 그 사람에게 주세요.
- 당신이 다른 사람이 접촉했을 것 같은 물체와 접촉했다면 2장의 티켓을 남기세요.
- 당신에게 1장의 티켓이 남았다면 당신은 그것을 버릴 수 없습니다.

부록 B. 학생 글쓰기 결과물의 예

1. 질병의 전파에서 사회적 네트워크에 대한 연구를 소개하는 것으로부터 논문까지

최초의 원고

주요 문제는 전염병인 Oompapikitis이 번지는 것을 통제하는 것이다. Oompapikitis는 학교 전체에 번지는 바이러스이다. 이것은 병균이 어떻게 사람으로부터 사람으로 전염되는지를 가상적으로 보여주기 위하여 만들어졌다. 이 연구는 어떻게 질병이 사회적 네트워크에 기초하여 전파되는지에 대한 것이고, 어떻게 그것을 통제할 것인지를 배우게 될 것이다. 전염병은 사회적 접촉에 기초하여 전파한다. 사회적 네트워크는 이러한 질병의 확산을 조정하고 유도할 수 있어서 사회적 네트워크를 찾아내는 것은 감염의 위험을 추정하고 전염병을 통제하는 전략을 제공하는 데 도움이 된다. Oompapikitis 질병은 직접적인 물리적 접촉에 의해 전파되기 때문에, 사회적 네트워크가 이 질병의 전염에 어떻게 사용되는지의 좋은 예가 될 것이다.

많은 선행 연구가 사회적 네트워크의 아이디어를 가지고 행해졌다. 연구에 사용되는 많은 유형의 사회적 네트워크가 있다. 이 연구에서 사용될 한 가지 아이디어는 소규모 네트워크 아이디어이다 (Friedman & Aral, 2001). 소규모 네트워크는 본질적으로 그들이 속해 있는 네트워크나 그룹에서 의미 있는 영향력을 가진 한 사람 또는 두 사람의 핵심 인사에 의해 연결되어진 네트워크이다. 이것은 사람들이 자신들이 속한 사회적 네트워크 내에서 유대관계가 있는 사람들뿐만 아니라 여전히 접촉하고 있는 자신들의 네트워크 밖과도 약한 유대관계를 가진다는 생각을 확인해준다(Luke & Harris, 2007). 이것은 두 개의 서로 다른 여름 프로그램에 서로 친구인 두 사람이 참여할 것이 거의 보장되기 때문에 연구에서 도움이 될 것이다.

첫 번째 수정본

전염성 질병은 사회적 접촉에 의해 전파될 수 있다. 사회적 네트워크는 이러한 질병의 확산을 조정하거나 유도할 수 있으므로 사회적 네트워크를 찾아내는 것은 감염의 위험성을 추정하고 전염병을 통제하기 위한 전략을 준비하는 데 도움이 될 수 있다. UW 캠퍼스에서 Oompapikitis는 2009년 여름에 시작한 가상의 전염병이다. Oompapikitis는 직접적인 물리적 접촉에 의해 전염되기 때문에 사회적 네트워크가 질병의 전염에 어떻게 작동하는지를 배우는 데 있어서 좋은 후보이다. 이 연구에서는 질병이 사회적 네트워크에 기초하여 어떻게 전파되는지와 이러한 정보가 우리가 그것을 통제하는 방법을 배우는 데 어떻게 도움이 되는지를 조사할 것이다.

종전의 많은 연구들이 사회적 네트워크의 아이디어를 가지고 수행되었고, 전염병 연구에 적용될 수 있는 사회적 네트워크의 몇 가지 모델이 있다. 소규모 네트워크가 그 한 가지 모델이다 (Friedman & Aral, 2001). 소규모 네트워크는 본질적으로 그들이 속한 네트워크나 그룹 모두에 의미 있는 영향력을 가진 한 명 혹은 두 명의 핵심 인사에 의해 연결되는 두 개 또는 보다 많은 사회적 네트워크이다 (Luke & Harris, 2007).

2. 관련 연구 문헌의 토론으로부터

최초의 원고

Hall (1984)이 수행한 성별 연구에서 그녀는 여성들이 더 접촉을 시작하고 싶어하는 경향이 있고, 여성들은 일반적으로 접촉을 받아들이는 입장이 되는 경향이 있다고 제안했다. 유사한 결과는 동성 쌍에서 나타난다. 여성 쌍은 남성 쌍보다 더 빈도 높은 접촉을 경험하였다. Henley (1977)에 의해 수행된 추가 연구에서 그는 대부분의 상황에서 여성이 남성보다 접촉에 더 긍정적으로 반응하기 때문에 그러한 결과가 나타났다고 결론지었다.

첫 번째 수정본

Hall (1984)은 여성이 접촉을 시작하고 싶어하는 경향이 있고 일반적으로 동성 또는 혼합된 성 (mixed sex)의 접촉을 받아들이는 입장이 되는 경향이 있다고 시사했다. 유사한 결과는 동성 쌍에서 나타났다. 여성 쌍은 남성 쌍보다 더 빈도 높은 접촉을 경험하였다. Henley (1977)는 이러한 결과는 대부분의 상황에서 여성이 남성보다 시작하고 받아들이는 데 있어서 접촉에 더 긍정적으로 반응하기 때문에 나타나는 것임을 시사했다. 이러한 연구에 기초하여 나는 남성보다 여성이 질병을 전파하는 데 더 많이 참여할 것이라고 예측한다. 나는 지금까지 대부분의 감염은 보도된 장소에서 여성이 시작하는 접촉에서 더 많이 감염된다는 것을 관찰할 것으로 예측한다.

3. 관련 연구 문헌의 토론으로부터

최초의 원고

Keating과 Alfred Adewuyi는 언론에 보도된 것에 기초해서 HIV/AIDS에 대한 인식이 바이러스에 감염되는 위험에 있어서 의미 있는 차이를 만든다는 것과 관련한 연구를 했다.
나이지리아에서 HIV 전염병이 증가하는 것에 대해서 미국국제개발청(U.S. Agency for International Development, USAID)은 가족계획, 아동 생존, HIV/AIDS 서비스 사용의 증가를 목표로 한 VISION 프로젝트를 시작했다. VISION 프로젝트는 생식기관의 건강과 HIV/AIDS 예방에 초점을 둔 대중매체 캠페인을 이용했다. 주요 목적은, 1) 파트너와 함께 HIV/AIDS에 대해 토론, 2) 지속적인 콘돔의 사용이 HIV의 위험을 감소시킨다는 것에 대한 인식, 3) 마지막 intercourse에서의 콘돔 사용에 대한 프로그램 노출의 효과를 조사하는 것이었다. VISION 대중매체 캠페인에 노출은 많았다 : 최소 한 개의 생식기관의 건강에 대한 VISION 라디오, 인쇄된 광고물, TV 프로그램에 각각 59 %, 47 %, 24 %가 노출되었다. 이러한 높은 프로그램 노출은 파트너와 함께 HIV/AIDS에 대해 토론하는 것에 노출되지 않았던 사람들에 비해 1.5배 정도 높은 것이다. 그러나 이 연구는 다른 개입(intervention)과 함께 하는 대중 매체 캠페인과 특정 사회인구학적 특성을 가진 개인을 대상으로 한 대중매체 캠페인을 결합하는 것이 가장 효과가 크다고 결론지었다.

최종 수정본

Keating 등(2006)은 언론 보도에 노출된 것에 기초해서 HIV/AIDS에 대한 인식이 바이러스에 감염되는 위험과 바이러스를 다른 사람에게 전염시키는 사람의 비율에 있어서 의미 있는 차이를 만드는지 여부를 연구했다. 미국국제개발청의 연구인 VISION 프로젝트에서는 한 개 또는 그 이상의 언론메시지에 많이 노출된 사람들은 노출이 없었던 사람들보다 1.5배 더 파트너와 HIV/AIDS에 대해 토론했음에 주목했다. 이 연구는 대중매체 캠페인과 특정 사회인구학적 특성을 가진 개인을 대상으로 한 다른 개입을 결합하는 것이 가장 효과가 컸다고 결론지었다(Keating et al., 2006).
Gonzales (2008) 등은 또한 사람들에게 질병의 다른 형태에 대하여 알리는 방법으로 대중매체를 사용했다. 이러한 도전은 대중에게 세균성 병원균(예, 폐렴연쇄구균, 황색포도상구균, 대장균)을 가진 공동체에서 항생물질에 대한 내성에 대하여 대중에게 알리는 것이었다. 주요 목적은 항생제의 부적절한 사용을 줄이는 것이었다.
미국에서의 이 연구와 다른 연구(Gonzales et al., 2008에서 보고됨)들은 환자와 의사가 연합한 교육적 중재가 다양한 보건의료서비스 전달체계 내에서 항생제 사용을 줄이는 데 유용함을 확인했다(Gonzales et al., 2008).

4. 공식적인 연구 논문의 토론 부분으로부터

최초의 원고

이 연구에서 여성은 성에 기초한 네트워크에서 Oompavirus의 확산에 결정적인 그룹임이 증명되었다. 2009년 약 33 %의 감염을 보고했던 남성은 민감한 집단의 거의 반을 차지한다 (그리고 2008년에는 감염의 약 11 %). 성 할당량에서 이 의미 있는 변화는 내가 좀 더 신뢰로운 연구를 하도록 만들었다. chi-square는 종전과 현재 결과 모두에서 패턴이 의미 있게 유사함을 보여줬다.

이 결과에 근거하면 여성에서 여성으로의 전염은 Oompapikitis 발발의 핵심이다; 이것은 고위험 행동을 가지는 것과 일치한다. – 이 경우에는 물리적 접촉. 여성들은 감염이 크게 증가하는 결과를 초래할 수 있을 만큼 가깝거나 가까운 관계를 더 모방함을 알았다. 이러한 결과는 문헌에서 보고된 위험 프로필에서의 성차와 유사하다(예를 들어 Bettinger, Adler, Curriero과 Ellen, 2004 참조). Giordano (2003)는 성이 네트워크의 관계에서 특정 변인이고 전염의 강도와 방향 모두에 영향을 준다는 것을 밝혔다.

다른 한편, 남성에서 남성으로의 전염은 종전보다 높았다. 2008년에 수행된 연구에서 남성에서 여성으로 또는 여성에서 남성으로의 전염 또한 예측했던 것보다 높았다. 우리의 기대와 대조적으로 이 데이터는 여성이 동성으로부터 가장 위험하고, 작년과 유사하게 반대 성으로부터의 전염에서는 그렇지 않다는 것을 보여주었다. 작년의 분석으로부터 나는 여성이 전염병의 확산에 좀 더 관련된다고 예측하였다. 그러나 나는 그들이 감염의 가장 고위험에 있지 않다고 예측하지 않았다. 비록 여성 대 남성의 비율이 유의미하게 다르지 않다고 해도 여성이 더 많았다는 사실에 근거해서 내가 남성에서 남성으로의 전염이 더 작을 것이라고 예측했었기 때문에 이것은 매우 놀라웠다.

두 번째 수정본

이 연구에서 여성은 성에 기초한 네트워크에서 감염의 위험이 더 높다. 남성은 거의 절반의 민감한 집단을 이룬다. 그러나 그들은 오직 약 33 %의 감염을 보고하였다; 작년에 전체 전염된 프로그램 집단에서 약 11 %의 감염이 있었다. 이것은 감염된 남성 집단 내에서 커다란 증가를 보여주고 있으며, 내가 보다 신뢰로운 실험을 하도록 만들었다. chi-square 분석은 전염병 확산에서 여성의 역할은 전년도와 올해 유사함을 보여줬다. 이러한 결과에 근거해서 여성에서 여성으로의 전염은 Oompapikitis 발발의 핵심이다; 이것은 그들이 가지고 있는 고위험 행동과 일치한다. – 이 경우에는 물리적 접촉이다. 이러한 결과는 문헌에서 보고된 위험 프로필에서의 성차와 유사하다(예를 들어 Bettinger, Adler, Curriero과 Ellen, 2004 참조). Giordano (2003)는 성이 네트워크의 관계에서 특정 변인이고 전염의 강도와 방향 모두에 영향을 미침을 보였다. 여학생들은 감염이 크게 증가하는 결과를 초래할 수 있을 만큼 가깝거나 가까운 관계를 더 모방함이 발견되었다.

다른 한편, 남성에서 여성으로 또는 여성에서 남성으로의(MtF) 전염은 예측했던 것보다 높았다. 이전 연구의 MtF 전염 또한 예측했던 것보다 높았다. 우리의 예측과 대조적으로, 작년의 결과와 유사하게, 이 데이터는 여성이 반대 성으로부터의 전염에서가 아니라 동성으로부터 보다 많은 위험에 처함을 보여준다. 작년의 분석으로부터 나는 여성이 전염병의 확산에 보다 많이 관련될 것으로 예측하였다. 그러나 나는 그들이 전염의 가장 고위험에 있지 않다고 예측하지 않았다. 비록 여성 대 남성의 비율이 의미 있게 다르지 않다고 할지라도 여성이 더 많았다는 사실에 근거하여 내가 남성에서 남성으로의 전염 비율이 더 낮을 것이라고 예측했었기 때문에 이것은 매우 놀라웠다.

CHAPTER 10

개념과 내용을 가르치기 위한 맥락으로서 과학 관련 사회적 쟁점의 활용

Scott Applebaum
Palm Harbor University High School

Dana L. Zeidler
Robinson High School

Kristy Loman Chiodo
University of South Florida

배경

이 장에서는 2개 고등학교의 과학 수업에서 있었던 과학 관련 사회적 쟁점(Socio-Scientific Issues: SSI) 교육과정의 개념적 발달과 실행에 중점을 둔다. 이 장에서 기술된 시나리오와 관점은 SSI 기조의 좋은 수업의 핵심적인 예를 전형적으로 보여준다. 교사들은 자격요건 충족과 업무능력 향상 등의 여러 가지 이유로 사우스 플로리다 대학교의 과학교육 프로그램에 입학한다. 예상했듯이 석사와 박사과정에 있는 학생은 일반적으로는 교육에 대하여, 특별하게는 과학 교수방법에 대하여 서로 다른 개인적인 관점을 가지고 과학교육 프로그램을 시작한다. 이 교수방법에 대한 관점의 차이와 교수방법을 실천할 때 나타나는 효과를 탐구할 것이다.

서론

사우스 플로리다 대학교는 개념과 내용을 가르치기 위한 맥락으로서 SSI를 활용하는 연구 프로그램을 개발했다. 즉, 학생들이 생각하고 추론하고 이해하고 설명할 수 있는 주제들을 다양한 학문 영역으로부터 선정하였다.

이 연구 프로그램은 대학원생들이 철학, 사회학, 심리학, 교육학 등의 개념들을 포함하는 이론적인 틀을 세우는 것의 중요성을 발견하도록 하기 위해 설계되었다. 이 연구 프로그램에서 선정한 과학개념은 응집력 있고, 내적으로 일치하고, 학생들을 참여시키는 체계로 적합하다. 과학 관련 사회적 쟁점을 사용하는 것은 상호작용적인 학습 경험을 만들고, 지속적인 대화와 토론, 논쟁에 학생을 참여시킨다. 주제는 어느 정도의 도덕적 추론과 윤리적이고 실제적인 관심사에 대한 평가를 요구하며, 본질적으로 논쟁적인 내용을 포함한다. 무엇보다도 이 연구 프로그램의 의도는 학생들이 과학 정보를 이해하기 위하여 증거에 기초한 추론과 현대적 맥락을 활용할 것을 요구하면서 동시에 과학적 쟁점을 학생들에게 개인적으로 의미가 있으며 매력적인 내용으로 제공하는 것이다 (Zeidler, 2003; Zeidler and Sadler, 2008; Zeidler and Nichols, 2009). 이러한 체제에서 학생은 사회적 지식과 과학적 지식을 통합하여 구성하는 교실 공동체에서 교사의 높은 기대에 잘 부응하여 행동할 수 있다. 학생들의 과학 개념에 대한 이해, 반성적 추론, 과학의 본성에 대한 이해가 향상된다. 또한 자신들의 학습에 보다 더 책임감을 가지게 되며, 보다 더 끈기 있고, 자발적이 된다 (Fowler, Zeidler and Sadler, 2008; Walker and Zeidler, 2007; Zeidler and Sadler, 2008; Zeidler et al., 2009).

과학 교수방법론 수업에 등록한 대학원생은 사례 연구를 실행하고 논란이 많은 주제, 과학의 본성(SSI 체제의 모든 부분인)의 주제를 학습한다. 현대적 이슈 및 그 동향이라는 주제의 수업을 수강하는 예비교사와 연수에 참여하고 있는 현직교사들은 SSI의 기초가 되는 이론을 배우고, 자신들이 가르치는 학년 수준과 과목에 완벽한 SSI 활동을 개발하기 위하여 문헌연구를 한다. 박사과정 대학생원은 SSI와 연관된 연구 기반, 즉 인식론, 과학 철학과 과학의 본성, 과학교육에서 도덕적 · 윤리적 이슈, 추론과 인지 등과 관련한 수업에 몰두하게 된다. 교수방법론 수업에서나 대학원 세미나에서 대학원생들은 현대과학 교수방법을 구성하는 것과 관련하여 무엇을 평상시 안일하게 가르치는 교수방법에 대한 도전이라고 인식하는지에 대해서는 여러 가지 반응이 있다. 그것은 무관심, 회의론, 개방성과 열정을 포함한다. 많은 사람들이 교사 중심에서 학생 중심 탐구 교실로 패러다임이 전환되었다는 것을 안다 (Zeidler, 2002 참조). 그 결과로서 대학원생들은 현대의 교사교육을 이끌어가는 연구와 철학을 발견하고, 교육학적으로 타당한 SSI 교수방법을 개발하기 위하여 증거에 기초한 논쟁을 활용한다.

교사의 관점 : 과학 관련 사회적 쟁점 교육과정에 대한 이해

저자들은 전문 과학지식을 갖추고 그 지식이 필요한 직업에 종사하다가 과학교육 분야에 들어왔다. 그러나 교육, 교수방법, 교육과정에 대한 우리의 이해는 우리가 과거에 학생으로서 체험한 경험들에 한정되어 있었다. 우리는 스스로 좋은 교사가 갖추어야 할 능력을 갖추려 노력하였고 과학을 가르치는 데 있어서 한 가지 비전이나 방법만이 있는 것이 아님을 절실하게 인식하고 있었다. 우리는 가르치는 일이 다면적이고 복잡하다는 것을 발견했다. 가르치는 스타일은 필연적으로 개별화되어 있고, 개인적으로 동기 부여되어 있으며, 학생의 인지적, 정서적, 사회적 요구에 초점이 맞추어져 있다. 전형적인 교직경력 1년차 교사로서 우리는 과학 내용을 가르치는 것은 가장 중요한 역할이라고 믿었다. 그러나 우리는 또한 내용 그 자체는 학생들에게 거의 매력이 없음을 발견했다. 심사숙고 끝에 우리는 학생들의 현재의 태도, 관심, 인식에 부합하도록 수업계획을 다시 만들 필요가 있다고 결정했다. 수업 내용은 학생들이 과학의 본성을 충분히 느낄 수 있도록 개별적으로 적절하고, 사회적으로 공유되며, 논쟁의 여지가 있고, 흥미로워야만 한다. 신임 교사로서 전문적 경험으로부터 얻은 우리의 과학지식은 실제적인 맥락과 관련한 통찰력을 주었지만 개념과 내용을 우리 학생들이 살고 있는 세계와 연결시키기 위한 경험은 부족하였다. 학생들이 자발적으로 내용 지식과 현대적인 응용을 발견하도록 격려하는 형태로 과학적 맥락을 제공하는 방법을 배우지 않고서는 좋은 수업을 하는 교사가 되는 데 문제가 있다는 것을 인식하면서 우리는 사우스 플로리다 대학교의 교육대학 대학원생이 되었다.

대부분의 수업 토론에서 이루어지는 담론의 관례적인 형태는 교사가 질문을 하고 학생이 답변을 한 후, 교사가 논평과 함께 평가를 하는 것이다(Lemke, 1990). 이러한 대화의 형태는 심하게 부자연스러울 뿐만 아니라 생각해 보면 다소 자기 모순적이다. 과학 수업에서 질문을 하는 사람은 놀랍게도, 내용을 모르는 학생들이 아니라 내용을 알고 있는 교사이다. 당연히 많은 학생들이 자신의 무지함이 드러날 것이라는 두려움 때문에 교실에서의 그러한 담론에 참여하는 것을 꺼린다. 학생들은 과학이 우리의 삶에 유의미하며, 자신의 견해를 갖기 위하여 동료들과 함께 토론하고 논쟁해야 하는 이념적, 문화적인 산물임을 깨달을 필요가 있다. 이러한 환경에서 학생들은 개인적 신념과 특정 내용에 대한 해석을 공유함으로써 개인적인 차원에서의 과학의 관련성을 발견한다.

대학원 수업은 현대 과학 교육과정이 과학적 노력의 측면에 도전하고 조사하도록 학생들을 격려하는 탐구를 포함해야 함을 설득력 있게 보여주었다. 과학적 현상에 대한 강의 및 시각적 설명을 제공하는 것과 학생들이 논쟁적 주장으로부터 내용을 발견하려고 시도하게 하는 것 사이에는 뚜렷한 차이가 있다. 현재의 대중매체와 정치적인 토론은 경기력을 향상시키기 위한 약물, 영양, 유전자 검사, 주장과 증거의 타당성 대음모 이론 등 일반 대중에게 과학적 이해를 요구하는 현대의 이슈에 초점을 맞춘다. 학생들은 일반적으로 과학을 어렵고 지루하며 일상생활과 동떨어진 것이라고 생각한다(Lunetta, 1998). 따라서 학생들은 자신들이 배운 것을 교실 밖의 세계에 적용하지 않는 경향이 있고, 자연세계 현상에 대한 그들의 단순한 오개념도 바뀌지 않는 경향이 있다(Roth, 1990). 교사가 당면한 도전은 현대의 이슈를 포함하며, 가이드라인을 세우는 교육과정을 만들어서 학생들이 신뢰성 있는 증거를 알아내는 기준을 이해하고 데이터를 개념적 이해로 바꾸는 방법을 개발하도록 하는 것이다. 과학은 본질적으로 탐구와 분석, 우리가 살고 있는 세계에 대하여 질문을 하는 것, 그리고 그러한 질문에 대한 적합한 답을 조사하고 평가하는 것이기 때문에 설명과 신념에 도전하거나 입증하는 데 필요한 내용 지식을 알아내도록 학생을 격려한다.

역사적으로 볼 때 내용 지식과 올바른 맥락적 응용은 교육학 연구의 초점이었다. 우리는 한 학년 전체를 교육과정과 수업 계획을 설계하고 과학 관련 사회적 쟁점의 활용에 초점을 맞춘 활동을 수행하기 위한 모델을 만드는 데 보냈다. 우리 목적의 중심은 담론, 그룹 활동, 증거 조사, 논쟁을 통하여 일상적이고 윤리적인 추론 능력을 향상시키는 것이었다. 개인적으로 유의미하고 나이에 알맞으며 사회적으로 공유되는 현대의 SSI 활동들은 내용 지식의 적극적인 탐구를 유도하고 추론 능력 개발을 위한 체제를 제공하기 위해 선택되어졌다. 이러한 교육학을 대학원생들이 받아들이는 데 있어서 장애가 될 수 있는 것들에 대한 심도 있는 토론이 있었다. 그러나 우리는 새로운 교육과정 디자인을 도입하는 도전이 또한 교사의 변화와 신뢰에 대한 도전을 포함한다는 것을 예측하지 못했다.

다음 시나리오는 다양한 집단을 대상으로 다양한 내용을 다루는 다채로운 교실 환경에서 SSI가 어떻게 사용되는지를 보여준다. 교사로서 우리는 표준 교육과정과 교과서에 있는 많은 지식을 가지고 있을 것으로 기대된다. 그러나 SSI 교육과정을 제공하는 것은 새로운 교실 운영 능력과 각 SSI를 위한 현대적 지식뿐만 아니라 논쟁적 주제에 대한 역사적 · 현대적 체제를 이해하는 것까지도 요구한다. 우리의 수업이 SSI 교육과정의 이론적 기초를 제공했던 반면 이러한 접근을 전달하기 위하여 필요한 교육학적 실제를 배우는 것은 애초부터 어려운 도전이었다. 이미 만들어진 가이드라인이 없는 상태에서, 대학원들은 교수들과의 끊임없는 대화를 나누면서 SSI 수업 계획을 자리잡는 데 필요한 자신감을 충분히 가지게 되었다.

SSI 교육과정 체계 : 두 학교의 이야기

배경 I : Palm Harbor 대학 부속 고등학교

Palm Harbor 대학 부속 고등학교는 플로리다 서쪽 해안의 외곽에 있는 중산층이 거주하는 곳에 위치해 있다. 저소득 지역에 거주하는 대부분의 학생들은 아프리카계 미국인이었지만 소수의 아프리카계 미국인 학생만이 이 SSI 프로젝트에 등록하였다. 참가자는 해부학과 생리학 수업에 등록한 11~12학년 학생들(16~18세)로 구성된 4개 학급의 일원이다. 4개 학급 중 2개 학급은 우수한 학생들로 구성되었으며 '우등(honors)'으로 분류되고, 나머지 2개 학급은 성취도가 다양한 학생들로 구성되었으며 '보통(regular)'으로 분류된다. 각 학급은 29~31명 사이의 학생들로 구성되었다. 우등과 보통 학급 가운데 각각 1개의 학급은 비교집단으로, 다른 학급들은 처치집단으로 할당되었다. 학생들은 학교 관리자에 의해 무선으로 학급에 배치되었다. 그러나 우등과 보통 학급에 학생을 배치하는 것은 전년도 과학 수업에서 받은 성적과 International Baccalaureate (IB) magnet 프로그램의 일원인가에 기초하였다. 비슷한 수의 학생이 우등과 보통 학급을 대표하였으며, 이 학급들은 동일한 수의 남학생과 여학생을 포함하였다. 또한 처치집단과 표준 교육과정 우등학급 모두 동일한 수의 IB 학생들을 포함하였다. IB magnet 프로그램에 등록했던 학생들이 대학 수준의 생물과 화학 수업을 수강하였다는 점은 주목할 만하다. 각 학생과 학급의 성적표를 기술하는 것은 이 장의 범위를 넘어서지만, 교사로서 연구에 참여했던 관찰자들은 졸업할 즈음에 학급 내 학생들의 성적 순위를 비교하였으며, 4개 학급 모두 학생들의 성적이 유사하게 분포하였다.

SSI 교육과정 설계

[그림 10.1]은 이 프로젝트에서 만든 교육과정의 개관을 보여준다. 이것은 학교 과학

내용 지식과 이러한 개념이 포함된 복잡한 사회적 체제 사이의 연관성을 보여준다. 좀 더 세부적으로 이 그림은 10개의 주요한 SSI 단원, 이슈와 관련한 주요 해부학적 체계, 상응하는 논쟁과 토론에 의해 개발된 관련 있는 과학적 내용과 개념을 보여준다. 이슈는 학생들의 흥미, 개인적인 유의미성, 특정 과학 내용 기준과 부합하도록 주의 깊게 선택되어졌다. 수업은 핵심 신념에 도전하고, 개인적으로 유의미하며 적절한 과학적 맥락에 새로운 내용 지식을 적용하도록 설계되어졌다. 주제는 장기이식배분, 마리화나와 불소가 함유된 물의 안전성, 줄기세포 연구의 도덕성, 안락사, 삶의 질에 관련된 이슈, 패스트푸드 소비량 및 다른 현대적 주제들을 포함한다. 각 SSI 활동을 완료하는 데는 3~7시간의 수업이 요구된다. 그러나 맥락과 내용 간의 관련성은 전 학년도에 걸쳐서 반복된다. 처치집단을 위한 교육과정은 논쟁이 되는 정보를 직면하거나 옹호 또는 거부하는 특별한 기회를 제공하도록 만들어졌다.

비교집단과 처치집단은 모두 명확하게 과학의 본성(NOS)에 대한 수업을 받았다. 과학교육의 목적으로서 NOS의 유의미성은 잘 정립되어 있어서(Harding & Hare, 2000; Irez, 2006; Khishfe & Lederman, 2006; McComas, Clough, Almazroa, 1998), 우리는 과학 교육과정의 일환으로서 뿐만 아니라 의미 있는 비교 처치의 필수 요소인 NOS를 명백하게 제시하는 수업을 수강했다. NOS 수업은 비교집단과 처치집단 모두 학습 환경에 분명하게 통합되어 있다. NOS 수업에 대한 우리의 접근은 영역 특수성에 기반한 NOS 기본 틀(Lederman, 2007)과 일관성이 있으며, NOS 주제를 반성적으로 생각하도록 유도하는 안내지침과 과학적 과정을 모델로 개발한 블랙박스 활동 등의 기본적인 NOS 활동(Lederman & Abd-El-Khalick, 1998)을 포함하였다.

탐구의 SSI 단원

부록 A에서 논쟁적 이슈로서 이 주제를 사용하기 위해 교육학적 세부 사항을 자세하게 제공하는 SSI 단원 1개(마리화나 안전성)를 선택했다. 학생들에게 약물의 유효성분과 이 약물이 뇌의 특정 영역에 미치는 효과를 탐색하는 기회를 제공하였다. 교실에서의 논쟁과 크고 작은 그룹 토론은 학생들로 하여금 기분전환용 약물 사용과 위험의 개인적인 한계점에 대한 자신들의 핵심 신념과 직면하도록 했다. 이 특정한 활동에서 학생들은 신뢰로운 정보원으로부터 얻은 모순된 증거를 읽고 평가하며, 자신의 그룹 내에서와 다른 그룹들 내에서 자신들의 결론을 협상하는 데 적극적으로 참여했다. 이러

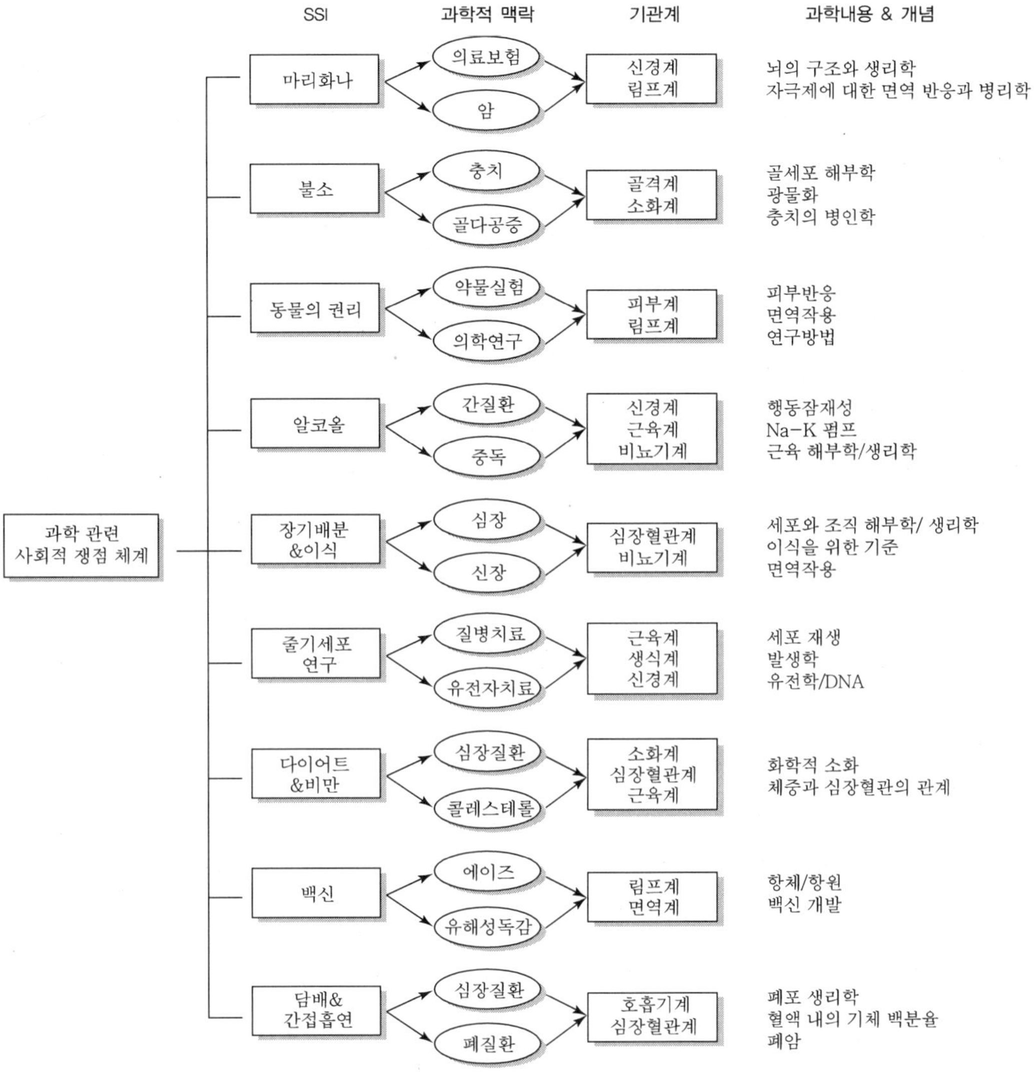

그림 10.1 해부학 및 생리학을 위한 과학 관련 사회적 쟁점 교육과정

한 유형의 활동은 학생들에게 자신들이 신뢰로운 증거를 선택하는 데 사용했던 준거를 주시할 기회를 제공하였다. 학생들은 개별적으로 작업하기도 하고 작은 그룹으로 작업하기도 하면서 학급 전체를 대상으로 소통하도록 요구되었다. 학생들은 다양한 출처로부터 나온 모순된 증거를 가진 논문을 읽는 것, 중요한 데이터를 찾아내고 논쟁을 파악하는 것, 증거를 중요성에 따라 순위를 매기는 것 등에 도전하였다. 학생들은 그룹의 합의된 입장을 도출했고, 입장에 대해 논쟁했으며, 입장과 증거에 대한 다른 그룹의 발

표를 평가하는 목적을 가진 가상의 과학 연구 학술지의 편집자로서 봉사했다. 그래서 교육과정은 참여자가 주장을 평가하고 증거와 그 출처를 분석하며, 개인적인 입장에 대한 결정에 도달하고 도덕적 의사결정을 하며, 일치된 의견을 협상하기 위하여 또래 집단 내에서 정보를 발표하는 것을 요구하는 다양한 활동을 포함하였다.

학습에서 학생 참여는 교육과정의 성공에 필수적이다. 오개념을 고치는 것은 중요한 요인이다. 우리의 가정은 SSI 단원이 주의 깊게 만들어진 경험을 통하여 과학적 지식이 특정한 이론에 준거하고 사회적이고 문화적으로 구성된다는 것을 학생들이 이해할 수 있는 맥락을 제공한다는 것이다. 담배, 알코올 소비, 기분전환용 약물, 스테로이드 남용은 쉽게 받아들여지는 주제이다. 그러나 학생들은 지엽적으로 관련 있을 것 같은 이슈, 예를 들면 불소가 첨가된 물, 장기 이식, 동물 권리, 박테리아성과 바이러스성 전염병 등에 대하여 논쟁하는 데 놀라울 만큼 매력을 느낀다. 이러한 형태의 장점은 학문적 능력과 학생의 흥미 모두에 순응하도록 주제를 조절하는 능력이다. 우리는 해부학과 생리학 교육과정을 이끌어가는 주제를 선택하고 맥락을 제공하기 위하여 일치단결하여 노력하였다. 그에 맞추어 교사의 책임은 촉진자와 안내자로서 봉사하는 것이었다.

SSI를 기본 틀로 활용한 수업에서 학생들이 기본적인 과학적 개념을 어느 정도 하였는지를 측정하기 위하여 다양한 자료를 수집하였다(Fowler, Zeidler & Sadler, 2009; Zeidler et al., 2009 참고). 그러나 이 장에서는 의도적으로 현대적 맥락에서 과학의 핵심 신념과 이해력에 도전할 때 나타나는 SSI에 대한 인식의 질적 변화를 관찰하는 것으로 범위를 제한하였다. 과학적 맥락의 최소 20개 영역을 포함하는 10개의 주요 SSI 프로젝트를 사용하는 것은 학생들에게 다양한 경험을 제공하였다(그림 10.1 참고). 더 나아가 학생들은 과학 관련 사회적 쟁점을 지지하거나 반대하는 증거에 맞추어 자신들의 핵심 신념을 조정하는 데 도전하였다. 교사는 학생들의 반응을 일지에 기록하였는데, 이 일지는 학생들과 학급이 과학을 개인적으로 의미 있는 것으로 이해하는 데 있어서 보여 준 점진적인 변화를 관찰한 것을 포함하였다. 이것은 학생들이 첫 번째 활동에서 과학적 개념과 내용의 실제적 응용 모두를 깊이 있게 이해한 부분에서 명백하게 드러났다.

일지 요약

매 활동이 끝날 때마다 서면노트를 작성하는데, 제기된 주장에 대한 기술, 단언을 입증하고 과학의 본성에 대한 이해를 개발하기 위하여 사용했던 증거를 포함한다. 더 나아가 설계된 활동과 관련된 과학적 개념에 대한 이해를 평가하기 위하여 활동 후에 인터뷰를 실시하였다.

맥락적 요인과의 직면

SSI가 맥락으로서 사용되어졌을 때 내용은 학생들에게 관련이 있는 것이 된다.

- 대중 매체와 다른 출처에서 만들어 내는 주장을 평가하는 학생의 능력은 과학적 개념이 연결된 SSI에 관련되어졌을 때 향상되었다.

  예 : 알코올의 사용 및 남용과 관련한 학생 자신의 개인적인 관찰과 경험을 활용하면서 근육과 신경계의 파괴를 소개하였다. 근육과 신경 파괴의 견지에서 이해하기 때문에 학생들은 인지질 이중층을 가로지르는 나트륨과 칼륨의 이동을 포함하는 어려운 개념을 이해하게 된다.

- 학생들은 자신들이 개념이 연결된 SSI에 관련시킬 수 있을 때 과학적 개념에 대한 이해가 향상되었음을 증명했다.

  예 : Terri Schiavo 사례에 대한 지역 언론과 국가 언론의 집중보도는 SSI 배경을 제공했고, 뇌의 해부학적 구조 및 관련 생리학을 토론할 교수방법적 기회를 제공하였다. 더 나아가 학생들은 생명에 대한 다양한 문화적 정의, 위험한 다이어트, 윤리적 의사결정에 있어서 과학의 중요성 등에 대해 의미 있는 토론을 할 수 있었다.

- 현대의 SSI와 함께 제시되었을 때 학생들은 한 맥락으로부터의 개념적 이해를 다른 새로운 맥락에 전이하고 적용할 수 있었다.

  예 : 줄기세포, 신경계와 근육계의 질병, 호흡 기관에 미치는 흡연의 영향, 골다공증, AIDS나 유행성 감기와 같은 전염성 질병 등과 관련한 이슈를 조사하는 과정을 통해 학생들은 세포 구조, 영향력 있는 항상성 원리, 면역계 메커니즘의 특정 행동 등을 조사할 다양한 기회를 가지게 되었다. 학생들은 상보적 상태, 형태와

기능 간의 관계, 도덕적 의사결정의 기초로서의 과학을 더 잘 이해하게 되었다.

- 학생들은 관련 개념에 미치는 직·간접적인 효과를 이해하기 위하여 특정 맥락 내에서 변인(구성 요소)들을 조작할 수 있었다.

  예 : 학생들은 SSI 조사 활동 동안 장기 배분, 동물 권리, 마리화나 안전성 문제 등을 조사하는 과정에서 역할 놀이 활동에 참여하였다. 역할을 무작위로 배정하는 것은 학생들로 하여금 자신들이 신뢰롭다고 생각하는 증거를 사용하여 자신의 신념에 도전하고 옹호하도록 하였다. 다양한 형태의 증거를 사용하는 과정에서, 학생들은 모순되는 정보를 평가할 수 있는 능력을 향상시켰다.

핵심 신념과의 직면

학생들은 데이터를 평가하고 종합할 수 있었다. 그러나 SSI가 자신들의 핵심 신념과 충돌하는 정보를 제공했을 때는 여러 가지 흥미 있는 패턴이 나타났다.

- 학생들은 종종 자신들의 핵심 신념과 충돌하거나 개인적인 경험의 준거와 일치하지 않는 데이터(그래프, 도표, 통계)를 무시하였다.

  예 : 일반 학생 집단은 아마도 완전히 새로운 상황 때문에 연구 프로젝트에 참여하려는 동기가 생겼을 것이다. 초기의 주제는 최근 지역 언론매체의 주목을 받았던 현대 이슈인 불소가 함유된 물, 줄기세포 연구를 포함하였다. 학생들은 이슈에 대하여 반대되는 관점을 제공하는 논문의 요약을 제공받았고, 그 증거에 기초하여 포지션 작문을 쓰라는 지시를 받았다. 모든 학급이 참여하였으나 처치 학급은 논쟁 및 잘못된 추론과 관련한 심화 수업을 받았고 토론하였다. 결과는 매우 놀라웠다. 다수의 학생들이 350만 명의 사람들이 부작용이나 병 없이 매일 불소를 마셨음을 보여주는 실제적인 증거를 무시하면서 불소가 해롭다고 믿었다. 반대되는 논문은 암과 치아 손상 간에 연관이 있을 가능성을 보여주는 진술을 제공했다. 잠재적인 해로움이나 부정적인 결말의 가치는 심지어 입증되지 않는다 할지라도 증명된 이익보다 더 중요하였다.

- 정보가 가치있고 적절하다고 받아들이는 기준은 개인적인 경험과 일치하느냐에 기초하였다.

  예 : 최근 대중매체를 통해 비과학자 당국(정부 지도자)들은 줄기세포 연구가 낙

태에 버금가는 일이라고 주장하였다. 비논리적인 추론의 영역에서 개인적인 경험 없이, 학생들은 기본적인 핵심 신념으로 되돌아갔고 불법행위와 종교적 죄의 가능성에 대한 진심어린 두려움을 표현하였다.

- 학생들은 내용을 학문적으로 이해한다고 해서, 자신이 내린 논리적 사고를 신뢰롭다고 확신을 가지지는 못하였다. 이 시기는 교육과정을 시작하는 단계이었고, 교사는 프로젝트의 목적에 대한 확신을 잃고 있었다. 과학 관련 사회적 쟁점은 최근의 내용이었지만 개인적인 관심사는 아니었다.

  예 : 학생들의 나이가 '불멸의' 연령대에 속하기 때문에 건강하지 않은 다이어트, 흡연, 심장 질환들 간의 연관 관계를 보여주는 많은 증거들은 자신들과 거의 관련되지 않는다고 여겼다. 그러나 학생들은 증거에 대하여 좀 더 치밀하게 되었고, 패스트푸드 소비량이 증가했다는 것에 근거하여 심장 질환 시작 나이가 52세로부터 38세로 낮아졌다는 것을 증명하는 데이터에 주목했다. 이 맥락에서 학생들은 심장 병리학과 관련이 있는 해부학적, 생리학적 변화를 배웠다.

- 자신들의 그룹, 학급, 교사를 대상으로 자신의 의견을 변호해야만 했을 때 학생들은 자신들의 핵심 신념과 개인적인 경험을 포함하여 변호를 하였다.

  예 : 동물의 권리를 변호하는 데 있어서 학생들은 의학 분야의 연구자와 연방정부 관리자의 행동을 포함한 다양한 관점을 가지도록 요구되어졌다. 자신의 개인적인 신념과 일치하지 않는 입장을 변호해야만 하게 되었을 때 학생들은 애완동물이나 텔레비전에서 본 동물 쇼를 중심으로 발달된 자신의 견해의 신뢰성에 도전하는 기회를 갖게 되었다. 논쟁은 과학이 경험적인 데이터를 요구한다는 것을 보여주면서 증거로 입증되어야만 하였다.

- 일반적으로 학생들은 과학적 정보의 신뢰로운 출처도 때때로 모순되는 주장과 결론을 제공한다는 것에 대하여 놀랐다.

  예 : 학생들이 주별 토론과 정규 SSI 프로젝트에 참여하면서, 합의된 의견을 도출하기 위한 과학적 이슈와 증거에 대한 편안한 그룹 협상을 가져왔다. 과학적 이슈와 합의 도출에 사용할 증거에 대해 협상하는 그룹 토론이 편안하게 진행되었다. 마리화나의 잠재적인 해로움과 이익에 관련한 모순되는 증거에 기초한 활동에서 학생들은 다양한 출처의 데이터와 정보 관계자를 평가했다. 1년 동안 교육과정을 적용했던 마지막 부분에서, 학생들이 자신들의 신념 체계에 도전하는 것

과 동시에 개념과 증거에 대한 견해를 표현할 수 있음이 명백해졌다.

학생들의 개인적인 신념 체계가 손상되지 않고 남아 있는 반면, 다른 많은 학생들의 신념 체계는 새로운 신념 체계에서 양립될 수 있는 과학 개념을 포함할 수 있었다. 가장 커다란 성취는 심지어 자신들의 개인적인 신념이 자신들의 그룹의 결정과 충돌했을 때조차도 딜레마에 대하여 의견 일치를 이루는 데 있어서 좀 더 성숙한 태도를 보이는 것이 관찰되었다. 과학교사를 교육하는 사람은 깊이 자리한 신념에 도전하고 거부하는 과정이 매우 어렵다는 것을 이해해야만 한다. 많은 활동들은 상당한 불안을 유도했으며, 이 불안은 개인적인 가치에 대해 격렬하게 토론하고 질문하는 교실 담화를 이끌었다. 교사의 변화는 SSI 교육과정이 실행되었을 때 반드시 개인과 그룹에 의한 아이디어와 생각을 편안하게 표현하고 탐색하는 것에 도움이 되는 학습 환경을 유지해야만 한다는 것을 포함했다.

배경 II : Robinson 고등학교

Robinson 고등학교는 플로리다의 주 탐파(Tampa) 시 소재 공립고등학교이며, 이 학교의 4개 학급 학생들이 해양과학(생물학) 수업을 수강하였다. Robinson 고등학교에 재학 중인 대부분의 학생은 중간 또는 그 이하의 사회경제적 가정 배경을 가지고 있다. 학교는 90분 수업으로 구성된 블럭타임 일정에 따라 움직인다. 참여 학급은 15~18세 사이인 10~12학년 학생 125명으로 구성되어 있다. 학생들은 폭넓은 범위의 사회경제적 집단과 인종적 집단을 대표하며, 아프리카계 미국인 10명, 히스패닉 26명, 백인 81명, 아시아인 8명으로 구성되어 있다. 이 중 영어가 제2외국어인 학생이 6명이다. 52 %의 학생이 우선적인 활동적 학습자로 판정되었고, 28 %가 시각형 학습자, 20 %가 청각형 학습자였다. 대략 16.7 %가 여성 혼자 자녀를 키우는 가정(남편이 없는)의 자녀이고, 9.55 %는 18세 이하의 나이에 이미 출산한 경험이 있는 학생이었다. 46 %의 학생은 무상 또는 감면된 점심 프로그램의 대상이었다. Robinson 고등학교는 182명의 특수교육(ESE) 학생과 MacDill 공군기지에 배치된 군인 가족의 어린이를 포함하여 1,200명의 매우 다양한 집단의 학생으로 구성되어 있다.

수업계획에는 3개의 SSI 단원이 포함되었다. 첫 번째 사례 연구인 "Tampa 만의 석유 유출, 엉망이군!"은 인간이 환경에 미치는 영향에 대한 단원의 일부분으로 발표되었다. 이 시나리오에 의하면 탐파만에 불어 닥친 허리케인 때문에 유조선이 모래톱에 좌

초되었다. 유조선의 선체가 찢어져 열리면서 수천 갤런의 원유가 탐파 어귀에 쏟아졌다. SSI 단원을 하는 동안 학생들은 기름 유출, 기름 오염, 기름에 대한 우리의 의존성 등을 포함하여 기름의 영향에 대하여 조사할 것으로 기대된다. 학생들은 기름 유출 후의 가장 좋은 청소 방법을 결정하기 위한 탐구 실험에 참여하였다. 다음에 학생들은 기름 제거 방법과 청소를 위한 재원 마련 방법, 앞으로 유조선이 들어오도록 허락할 것인지 여부의 결정권이 부여된 가상의 마을 주민으로서 역할 놀이에 참여하였다. 더 나아가 기름 배달이 허락되었을 경우, 학생들은 미래의 기름 유출 사고를 막기 위하여 더 좋은 유조선을 제조하도록 하기 위한 법률과 가이드라인을 만들었다.

두 번째 SSI 단원인 "적조 : 위험에 빠진 공동체"는 해조류를 공부하기 위한 대단원의 일부분으로 구성되었다. 시나리오에 의하면 플로리다에 있는 가상의 마을인 Seaside City의 주민들은 여름 관광 시즌 동안 나타난 적조 현상 때문에 고통을 받았다. 많은 사람들이 적조와 관련이 있는 것으로 믿어지는 호흡기 징후 때문에 고통을 받았고, 파괴적인 조류 대증식은 관광객들이 마을과 해변으로 오는 것을 막았다. 이 SSI 단원을 공부하는 동안 학생들은 규조, 쌍편모조류, 다세포 조류, 해양꽃식물 등과 같은 서로 다른 조류의 특성을 배울 것으로 기대된다. 학생들은 다양한 형태의 조류의 구조, 특성, 지리적 위치를 결정하기 위한 탐구 실험에 참여한다. 학생들은 또한 특별히 플로리다의 적조를 일으키는 원인으로 알려진 *Karenia brevis*라는 유해한 조류의 대증식(Harmful Algal Blooms; HABs)을 조사한다. 마지막으로 학생들은 적조에 대한 이슈를 비판적으로 추론하고 논쟁하기 위하여 시나리오에서 기득권을 가지고 있는 다양한 인물들의 역할을 맡는다.

마지막 SSI 단원인 "해변조성 : 위기에 처한 공동체"는 해양 보존 단원의 일부분을 포함하였다. 이 시나리오에 의하면 플로리다에 있는 가상의 마을인 Seaside City는 과거 몇 년 동안 심각한 해변 침식 때문에 고통받아 왔다. 시민들은 해변을 폐쇄할 것인지, 관광 산업의 중요성 때문에 해변을 복구하는 것을 재정적으로 지원할 것인지에 대하여 투표하도록 요청되었다. 학생들은 해변 침식 과정을 조사하고, 해변 침식의 다양한 형태를 기술하고 평가하며, 해변 복구 계획 실행 과정에서의 도전과 영향을 조사할 것으로 기대된다. 궁극적인 활동은 학생들이 다양한 관점을 가지고 해변 복구를 조사하기 위한 인물로 가정하여 해변 침식과 복구의 운영에 대하여 비판적으로 추론하고 논쟁하는 역할 놀이이다.

SSI 단원은 매학기 처치 학급에 도입되었으며, 다른 학급에서는 강의, 미리 정해진 실험실 실습, 다지선다 평가 등의 전통적인 교수방법을 사용하여 내용을 가르쳤다.

일지 요약

맥락적 요인과의 직면

SSI가 맥락으로서 사용되어졌을 때 내용은 학생들에게 관련이 있는 것이 된다.

- 대중 매체와 서로 다른 출처가 제공하는 주장을 평가하는 학생의 능력은 과학적 개념이 연결된 SSI와 관련되어졌을 때 향상되었다.

  예 : 지역방송국 뉴스와 지역 과학단체 보도자료에서는 적조에 의한 건강장애를 소개하였다. 학생들은 플로리다의 멕시코 연안지역을 따라 적조가 출현했던 기간에 해변에 갔을 때의 개인적인 관찰과 경험을 언급했다. 학생들은 자신들이 어떻게 기침을 했고, 눈이 빨갛게 되어 어떤 고통 받았는지, 목이 부어올랐을 때 어떻게 느꼈는지를 토론했다. 또한 학생들은 그들이 관찰했던 해변으로 밀려 온 죽은 물고기를 언급했다. 적조의 원인으로 알려진 조류, *Karenia brevis*에 의해 만들어진 brevitoxins이라는 독성물질과 이것이 인간의 건강에 미치는 영향 간의 관계를 만들어 내는 것은 개인적인 경험이기 때문에 의미가 있었다.

- 학생들은 자신들이 개념이 연결된 SSI에 관련시킬 수 있을 때 과학적 개념에 대한 이해가 향상되었음을 보여주었다.

  예 : 플로리다의 Pinellas County에 있는 지역 해변의 복구 노력을 조사하는 것은 많은 학생들에게 해변 역학, 해변 지질학, 천이단계의 생물군집, 지역 먹이사슬, 인간 활동에 미치는 생태학적 영향을 조사할 기회를 제공했다. 학생들은 건강한 해변에 대한 다양한 정의와 특성, 공유지와 관련한 윤리적인 의사결정에 있어서 과학의 중요성과 관련한 의미 있는 토론에 착수했다.

- 학생들은 한 맥락으로부터의 개념적 이해를 다른 새로운 맥락에 전이하고 적용할 수 있었다.

  예 : 여러 가지 조난선으로부터의 기름 누유와 유출에 대한 전국적인 언론의 집중 보도는 SSI 배경 및 기름 유출이 동물의 건강과 생태계에 미치는 영향을 토론할

수 있는 교수방법적 기회를 제공했다. 덧붙여서 유출된 기름을 청소하는 것에 대한 탐구조사를 통하여 학생들은 서로 다른 방법에 찬성 또는 반대하는 논쟁을 할 수 있었다. 탐파만에서 유조선의 위험과 이득에 대한 분석을 조사하는 것은 학생들이 법률 및 규정과 관련한 정치적 의사결정과 과학 간의 관계를 이해할 수 있도록 했다.

- 학생들은 관련 개념에 미치는 직·간접적인 효과를 이해하기 위하여 특정 맥락 내에서 변인(구성 요소)들을 조작할 수 있었다.
  예 : SSI의 협상 동안에 이루어진 학생들의 역할 놀이는 학생들로 하여금 다양한 관점에서 환경 이슈를 조사하도록 했다. 무작위로 관점을 선택하도록 하기 위해 학생들은 '모자(역주: 다양한 색깔의 모자 가운데 1개를 선택하며, 선택한 색깔은 특정한 역할을 수행하는 것을 의미함)'에서 자신들의 역할을 뽑았다. 자신들의 신념에 도전하고 옹호하기 위한 학생의 경험, 자신들이 신뢰롭다고 생각하는 증거 사용. 증거의 여러 가지 형태(예, 과학적 데이터, 개인적인 경험, 감정적인 핵심 신념)를 활용하면서 학생들은 모순되는 정보와 논쟁을 평가하는 능력을 향상시켰다.

핵심 신념과의 직면

학생들은 데이터를 평가하고 종합할 수 있었다. 그러나 SSI가 자신들의 핵심 신념과 충돌하는 정보를 제공했을 때는 여러 가지 흥미 있는 패턴이 나타났다.

- 학생들은 종종 자신들의 핵심 신념과 충돌하거나 개인적인 경험의 준거와 일치하지 않는 데이터를 무시하였다.
  예 : 일반적으로 모든 학급의 학생들은 SSI 시나리오로 제시되든지 특정 과학 개념으로 제시되든지에 관련 없이 연구 주제에 의욕을 가지고 있었다. 모든 그룹에서 보여주는 이러한 일반적인 관심은 주제의 정서적 특성에 기인했을 것이다. 학생들은 현대의 해양 환경 주제와 관련한 개념을 요약한 소책자를 만들고, 제시된 증거에 기반하여 의견을 쓰거나 입장을 선택해야 했다. 모든 학급이 참여했지만 처치집단은 논쟁과 의사결정에 대한 심도 깊은 수업을 받았다. 기름 유출의 사례에서, 학급에서 서로 다른 수업이 이루어졌고 천연 기름의 유출이 다른 어떤 원

천보다도 해양 환경을 오염시키는 기름과 더 많이 관련이 있음을 보여주는 그래프와 데이터가 제시되었음에도 불구하고 다수의 학생들이 유조선의 기름 유출이 해양 환경에 존재하는 기름의 주된 원천이라고 믿었다. 기름 유출의 위험과 생태계에 미치는 잠재적 피해는 원유를 배달하기 위해 탐파만에 유조선이 들어오도록 허락하지 않을 것임을 결정했을 때 보다 더 중요했다.

- 자신들의 그룹, 학급, 교사를 대상으로 자신의 의견을 변호해야만 했을 때 학생들은 자신들의 핵심 신념과 개인적인 경험을 포함하여 변호를 하였다.

  예 : 해변 회복 계획을 실행할 것인지 말 것인지를 결정할 때, 호텔 소유주의 관심, 관광객, 지역 주민, 환경운동가를 포함하는 여러 가지 관점을 포함하도록 학생들에게 요구되었다. 자신들의 개인적인 신념과 일치하지 않는 의견을 변호하는 것은 학생들에게 보통 해변 사용자로서의 개인적인 경험으로부터 나온 자신의 견해의 신뢰성에 도전할 기회를 제공했다. 논쟁은 과학적 증거와 실증적 데이터로 입증되어져야만 했다. 이러한 경우에 학생들은 종종 "미국의 저명한 ○○박사님의 지질조사에 따르면……."과 같은 진술을 사용하면서 증거의 권위를 언급하였다. 그러나 학생들은 이것이 적절한지 아닌지에 대한 개인적인 경험의 서술을 이 논쟁에 덧붙였다. 예를 들면 "그러나 내가 지난 주말에 해변에 있었을 때 바위 방파제 때문에 파도타기를 하는 것이 너무 위험하였다."

결론

앞서 제기한 주장이 미국과학재단, 미국과학진흥협회나 다른 단체들에서 발간한 STS 관련 출판물의 가치와 30년 이상의 교육과정 노력을 무시하려는 의도는 아니다. 그러나 최근 학문적, 교육적 연구는 과학적 개념을 효과적으로 가르치기 위해서는 현대와의 관련성이 필요하다는 것을 보여주었다. 교사가 기초 과학 개념을 발견하기 위한 맥락으로 과학 관련 사회적 쟁점을 활용할 수 없다면, 과학 교실에서 열정과 개인적인 관련성을 제공하기에 충분한 학습 환경을 만들기는 어려울 것이다. 과학적 지식을 익히는 과정은 과학 관련 사회적 쟁점의 발견과 적극적인 탐색에 의해 강화된다. 많은 교육자들은 학생들이 모순되는 증거를 조사하고, 개인적인 관점을 협상하며, 논쟁적인 과학적 주제에 대한 자신들의 핵심 신념에 도전하도록 격려한다. 그러나 종종 이러한 접근은 현재의 표준 교육과정의 일부분이 아니다. 사회윤리적 담론, 논증, 논쟁이 인성 발달에 필수적인 요소로 명백하게 자리 잡았으므로 의사결정 능력은 과학교육에서 필수적인 요소이다. 이러한 교육학이 논쟁적인 과학 주제와의 개인적인 관련성 및 관계를 찾아내기 위한 사회적으로 공유되는 활동에 적극적으로 참여하도록 학생들에게 요구하는 반면, 교사는 과학 탐구와 이해로 학생들을 이끌기 위해 필요한 특징적인 리더십과 교수방법 기술을 가지고 있어야 한다. 교수방법론 수업에서 교사/내용 중심 교실을 학생/이슈 중심 탐구 공동체로 변화시키는 주제와 관련한 특정 교수방법을 제공하는 것은 타당하다.

대부분의 사람들이 일상생활에서 조우하게 되는 과학은 객관적인 경우가 거의 없으며, 일관성이 부족하고 확실한 경계도 없으며 문제가 없는 경우가 드물다. 과학은 실험실을 넘어서는 복잡한 사업으로 바뀌고, 과학적 정보가 실제적인 행동을 결정하는 데 중심이 되는 것과는 거리가 멀며, 종종 의사결정과 무관하거나 기껏해야 미미하다. 과학 지식은 사회적 · 제도적 연계성 없이 제시되기 어려우며, 과학적 사고는 종종 일상생활의 사고의 타당성을 판단하는 척도로 받아들여지지 않는다. 또한 성인들의 과학에 대한 무지는 지적인 능력과는 관련이 없다. 이러한 성인들의 과학에 대한 무지는 개선해서 해결되어야 하는 문제로 인식되지 않고 있다. 이와 같은 성인들의 과학에 대한 무지의 심각성은 학교에서 학문 영역이 잘 경계 지어져 있고, 정답이 확실하며, 불확실성, 의심, 논쟁이 허락되지 않는 과학수업으로부터 경험하는 과학에 대한 관점과 갈등을 겪으면서 견고하게 버틴다는 것이다. 학교 과학은 종종 본질적으로 실증주의적이고 영웅적이고 정치에 무관하며, 현대의 과학자보다는 과거의 과학자에 더 관심이 있는 성과들을 반영한다. 대부분의 학교 과학이 문제가 없다는 커다란 정당성을 반박할 수 있게 된다. 그러나 이것을 받아들이면 학생들이 과학에 대한 2개의 외견상으로 상반되고 중복되는 비전과 직면하도록 방치하게 된다. 하나는 학교 교육과정에서 구성되었고 제도화되었으며, 다른 하나는 덜 확실하고 급속하게 확장되는 자신들의 경험, 자신들이 살고 있는 사회적, 물리적, 정서적 세계에서의 경험으로부터 발달한다. 그러므로 우리는 학교에서 유발되는 과학적 현상에 대한 이해가 학교 밖 세계의 문제 해결로 거의 전이되지 않는다고 해도 놀라지 않는다.

SSI 교육과정의 사용은 교사가 과학적 개념 및 현대적 응용에 대한 지식과 학생들에게 친밀한 현대의 토론 및 사건과 이들의 관계에 대한 지식을 가질 것을 요구한다. 교사들은 학생들에게 개인적인 연관성과 과학적 데이터 간의 관계를 '발견'할 것을 촉구한다. 과학수업에서 좋은 교수방법은 보통 교과서의 경험적 지식을 요구하지만, 과학교사는 인터넷, 과학 저널, 대중 잡지, 신문, 텔레비전으로부터 지엽적인 특정 정보를 얻기 위하여 이 독특한 교육학을 이행할 필요가 있다. 이 점과 관련하여 과학적 내용을 학습하기 위한 맥락으로서 SSI를 사용하는 첫 번째 학년도에는 교사가 주제 발견과 자료 수집에 헌신할 것을 요구한다. SSI에 기초한 수업을 시행하기 전에, 과학교사는 특정 과학적 이슈의 기초가 되는 과학 내용 지식과 능력을 갖추어야 한다. 논쟁이 이슈를 협상하는 기본적인 과정이기 때문에 교사가 논쟁의 질을 평가하는 방법에 익숙해지는 것이 도움이 된다(Gess-Newsome and Lederman, 1995; Gess-Newsome, 1999). 마지막으로 과학 지식의 발전에 대한 자신들의 이해와 관련하여 교사들의 인식론적 성향과 핵심 신념이 검증되어질 필요가 있다. 많은 교사들이 아직도 과학자는 과학 지식을 생산하기 위하여 오로지 과학적 방법을 따른다고 믿는다는 것을 발견하는 것은 비현실적이지 않다. 그들의 이해는 종종 교과서적 설명 정도로 제한되어 있다. 주장과 증거에 대한 평가를 요구하는 의사결정, 개념 간의 관계를 알아내는 것과 맥락은 과학 내용 지식 이상을 요구한다.

지구온난화는 산업적 부주의의 산물인가? 마리화나는 해로운가? 줄기세포 연구는 윤리적인 실천인가? 교사는 현대적이고 개인적으로 관련이 있으며, 논쟁적이고, 핵심 신념을 재확인하거나 도전하는 것으로서의 교과를 도입하는 활동을 창조하고 안내하는 교육학적 능력을 가지고 있어야만 한다. 예를 들면 DNA나 유전학의 작용을 배우는 것을 격려하는 활동은 성별 선호도의 유전적 소인에 대한 조사, 담론, 논쟁을 포함할 것이다. 과학수업에서 논쟁적 이슈가 조사될 때, 학생들은 사색적인 판단을 연습하고, 과학적 소양을 개발하고, 의사결정 능력을 연습할 기회를 가지게 될 것이다. SSI 체제 내에서 학생들은 많은 모순된 과학적, 사회적, 윤리적인 관점을 포함하는 윤리적 문제에 노출되는데, 이들 중 많은 것이 학생들이 견고하게 가지고 있던 신념과 충돌할 것이다. 이슈 중심 교육과정의 사용은 교사가 과학 지식이 절대적이지 않고 논쟁과 담론으로부터 나온 사회적 지식 구성 결과로서 형성된 것임을 보여주는 활동을 제공하도록 만든다. 이러한 새로운 목적은 과학교사가 자신들의 교육학적 성향을 과학 지식의 공급자로부터 교실 문화의 조정자와 중재자로 변화시킬 것을 요구한다. 이때 교실 문화는 학생들이 올바른 과학적 정보에 기반하여 결정을 내리고 윤리적 추론을 하도록 도전하게 하는 분위기를 만들어 사회를 투영하게 된다.

이슈에 기반한 교육과정을 효과적으로 사용하려면, 교사가 교과 내용을 깊이 있게 이해할 것이며, 융통성을 가지고 있어서 중심되는 원리와 핵심 개념을 만들어 낼 수 있고, 학생들을 지원할 수 있는 비계를 사용할 수 있어야 한다. 이 이슈 기반 교육과정의 목적은 교사들이 자신들의 교육학적 초점과 과학적 인식론을 변화시켜서 학생들이 그러한 지식이 어떻게 생산되고 검증되는지를 더 잘 이해할 수 있도록 하는 것이다(Abd-El-Khalick, 2006). SSI 체제 내에서 학생들은 많은 모순된 과학적, 사회적, 윤리적 관점을 포함하는 윤리적 문제에 노출된다. 이들 중 다수는 학생들이 견고하게 갖고 있던 신념과 충돌할 것이다. 이슈 중심 교육과정을 사용할 때, 교사는 과학 지식이 절대적이지 않으며, 과학 지식은 논쟁과 담론으로부터 나온 사회적 지식 구성 결과로 형성된 것임을 보여주는 활동을 제공하도록 만든다.

SSI 중심 교육과정을 성공적으로 사용하게 되면, 교사의 역할과 학생의 책임감을 재정의하게 된다. 전통적인 교실 환경은 학생이 줄을 맞춰서 개별적으로 앉아 있고, 교사는 교단 혹은 글자와 그림으로 된 파워포인트 프레젠테이션 앞에 서있는 것을 포함한다. SSI 프로젝트에서 학습은 사회적으로 공유되는 활동으로 간주하고 교사를 의도적으로 교실의 초점에서 제거하도록 설계되었다. 이 활동들은 학생들이 독립적으로 주장을 개발하고 자신의 그룹 내에서 결론을 협상할 것을 요구한다. Zeidler와 Keefer (2006)는 과학적 이슈는 효과적인 의사결정을 요구하기 때문에 교사의 역할이 탐구, 담론, 논쟁 능력의 개발을 포함해야 한다고 제안하였다. SSI 교수방법의 핵심이 수업 내용의 맥락(학생에 대한 지식, 지역사회, 학교, 문화)에서 신념에 대한 지식을 암묵적으로 인식하는 것으로 이해한다면, 이 교수방법을 효과적으로 실천하기 위해서는 혁신적인 모델이 필요하다.

SSI 교수방법이 윤리적 딜레마, 모순되는 증거, 다양한 출처의 증거를 가진 이슈를 도입하기 때문에, 과학교사는 학생이 제공한 정보의 출처를 평가하도록 기대하게 된다. 서면 및 구두 변론과 결론에 대한 학생 발표는 교사의 역할을 정보의 유일한 출처가 되는 것으로부터 중재자와 조정자로 변화시킨다. 교육개혁 과정의 일부분으로서 교사는 비판적 사고, 논쟁, 질 높은 평가와 도덕적 딜레마에 대한 빈번한 토론의 영역에서 능력을 개발할 필요가 있다. 이러한 새로운 교육과정에 적응하는 일은, 교사가 심지어 개인적인 신념을 과학적 개념이라고 오해할 때조차도 교사 자신들을 정보의 단일 출처라고 생각하는 것에서 학생들이 스스로 개별적인 결정을 하도록 격려하는 존재라는 태도로 변해야 할 필요가 있다. 최근의 연구에 따르면, 과학교육학에서 SSI를 사용할 때, 학생들은 과학적 맥락에서의 행동을 설명하기 위해, 과거 경험을 새로운 정보와 결합하는 과정을 통해 모순된 증거를 다룰 수 있음을 보여주었다(Driver et al., 1996; Driver, Newton, & Osborne, 2000; Kolsto, 2001; Sadler, 2004; Zeidler & Keefer, 2006; Zeidler & Sadler, 2008).

시사점 : 과학교사교육을 개혁시킬 수 있는 방안

과학교사는 과학 개념을 강의로 간단하게 설명하고, 설명한 과학 개념을 확인시키는 실험탐구의 교수방법에서 벗어나는 변화를 시도해야 한다. 과학교사는 학생들이 실생활 상황과의 관계에서 과학적 개념을 의미 있게 이해할 수 있도록 교실 환경을 창조해야 한다. 학생들이 학습한 개념에 대한 자신들의 해석을 확장하고, 학습한 개념을 일상생활의 다른 상황과 관련지을 때 학습의 변화가 일어난다.

과학교사교육은 기본적으로 실천 가능한 기본 틀을 제시함으로써, 교사가 학생들이 과학 활동에 참여하도록 격려하고 과학적 소양에 대한 의미 있는(기능적인) 개념을 개발하도록 만드는 틀로 활용할 수 있어야 한다.

예비과학교사와 현직과학교사 모두에게 있어서, 많은(대부분의) 학생들을 위한 과학교육이 주입교육, 교조주의, 권위주의의 세월을 포함한다는 것을 알게 되는 일은 정신이 번쩍 드는 깨달음이다. 그러나 과학에서 개념과 이론에 대한 비평을 보호할 수 있는 여지는 어디에도 없으므로, 과학교육에서도 마찬가지이다. 과학교사에게 있어서 도전은 학생들이 자신들의 신념 체계를 즉각적으로 무효화하지 않는 개인적인 경험을 가지도록 허락하는 것이다. 오히려 목적은 과학의 본성과 SSI에 학생들이 계속적으로 노출되도록 하고, 이들과의 상호작용을 통하여 개인적인 인식론을 개발하도록 하는 데 필수적인 조건을 제공하는 것이다. 과학 교육과정을 수업에서 실천하기 위한 체제로서 논쟁과 적절한 SSI의 활용은, 과학적 개념이 학생의 개인적인 신념 체계로 진입하게 하는 데 있어서 필수적이다. 삶의 경험과 교사로서의 경험이 수년 동안 쌓이게 되면, 가르치는 일도 편안하게 익숙한 일이 될 것이다. 그러나 교사가 새로운 교수방법을 시도하는 과정에서 일어날 수 있는 위험이 있음에도 불구하고 실천하도록 만드는 중요한 요인은, 교사가 SSI 활동을 하면서 내용지식을 추출해내는 학생들의 능력을 신뢰하는 것이다. 교사의 역할은 최종적인 권위자가 아니라 촉진자로 변화한다.

학생들은 정보가 현대적인 내용으로 과학 관련 사회적 쟁점의 일부이어서, 그룹으로 토론하고 성공적으로 협상하기 위해서는 적극적으로 조사에 참여할 필요가 있으면 이 정보를 학습할 능력이 있다. 기후 온난화, 오존층 파괴, 그 외의 다른 환경적인 이슈는 중요하고 관련성이 있다. 그러나 학생들이 자신들의 일상생활과 거리가 있거나 자신들의 의견이 하찮은 것－비록 직접적인 영향을 끼치거나 상당히 가치있는 것은 아니라 할지라도－이라는 믿음이 있다면, 이는 교수－학습에서 장애가 된다. 가능한 한 교사는 학생의 일상적인 생활과 밀접한 이슈를 조사해야 한다. 약물과 알코올 이슈는 슬프게도 매우 용이하고 일상생활과 관련이 있다. 강력한 아이디어에 초점을 맞추기 위하여, 교사는 상당히 불쾌하게 만들고, 회유하고, 화나게 하는 주제를 찾을 필요가 있고, 그렇지 않다면 거리감 있는 주제는 학생의 일상생활의 중심에 위치하도록 만드는 것이 무엇인지를 찾을 필요가 있다. 오직 이러한 때만이 강력한 아이디어가 교실을 확실히 변화하게 만든다.

많은 교사가 가지고 있는 치명적인 결함은, 충분한 설명과 깔끔한 유추를 통해 개념을 가르칠 수 있고, 그 개념에 따라 학생들의 핵심 신념을 마술과 같이 바꿀 수 있다는 교육학적 신념이다. 블랙박스 활동 및 논쟁과 같은 수업 활동은 학생들로 하여금 종전의 자신들의 이해를 재평가하게 할 뿐만 아니라, 개인적인 경험과 사회적 담론을 통하여 과학 내용에 대한 자신들의 개념적인 이해를 재구축할 기회를 제공한다. 흡연자는 암에 걸렸을 때 흡연을 중지하고, 심장 발작의 긴급한 상황을 경험한 사람은 운동하고 다이어트를 한다. 두 경우 모두에서 자신들이 새로 발견한 동기의 원천이 개인적이고 관련이 있는 경험으로부터 왔기 때문에 경험은 변화를 촉발하였다. 학생들이 과학적 데이터에 대한 자신들의 인식론적 신념을 변화시키기 위해서는 교육적인 경험이 개인적으로 관련되어야 한다.

참고문헌

Abd-El-Khalick, F. 2006. Socioscientific issues in pre-college science classrooms. In *The role of moral reasoning and discourse on socioscientific issues in science education*, ed. D. L. Zeidler, 41-61. Dordrecht, Netherlands: Springer.

Driver, R., J. Leach, R. Millar, and P. Scott. 1996. *Young people's images of science*. Bristol, PA: Open University Press.

Driver, R., P. Newton, and J. Osborne. 2000. Establishing the norms of scientific argumentation in classrooms. *Science Education* 84 (3): 287-312.

Fowler, S. R., D. L. Zeidler, and T. D. Sadler. 2008. Moral sensitivity in the context of socioscientific issues in high school science students. *International Journal of Science Education* 31 (2): 279-296.

Gess-Newsome, J. 1999. Pedagogical content knowledge: An introduction and orientation. In *Examining pedagogical content knowledge*, eds. J. Gess-Newsome, and N. G. Lederman, 147-163. Boston: Kluwer Academic Publishers.

Gess-Newsome, J., and N. G. Lederman. 1995. Biology teachers' perceptions of subject matter structure and its relationship to classroom practice. *Journal of Research in Science Teaching* 32 (3): 301-325.

Harding, P., and W. Hare. 2000. Portraying science accurately in classrooms: Emphasizing openmindedness rather than relativism. *Journal of Research in Science Teaching* 37: 225-236.

Irez, S. 2006. Are we prepared? An assessment of preservice science teacher educators' beliefs about nature of science. *Science Education* 90: 1113-1143.

Khishfe, R., and N. G. Lederman. 2006. Teaching nature of science within a controversial topic : Integrated versus nonintegrated. *Journal of Research in Science Teaching* 43 395-318.

Kolst¡Ë, S. D. 2001. "To trust or not to trust ... " pupils' ways of judging information encountered in a asocioscientific issue. *International Journal of Science Education* 23 : 877-901.

Lederman, N. G. 2007. Nature of science : Past, present, and future. In *Handbook of research on science education*, eds. S. K. Abell and N. G. Lederman, 831-880. Mahwah, NJ : Lawrence Erlbaum Associates.

Lederman, N. G., and F. Abd-El-Khalick. 1998. Avoiding de-natured science: Activities that promote understandings of the nature of science. In *The nature of science and science education: Rationales and strategies*, ed. W. F. McComas, 83-126. Dordrecht, Netherlands: Kluwer.

Lemke, J. L. 1990. *Talking science: Language, learning and values*. Norwood: Ablex Publishing.

Lunetta, V. N. 1998. The school science laboratory: Historical perspectives and context for contemporary teaching. In *International Handbookfor science education*, B. Fraser and K. Tobin, eds., 249-262. Dordrecht. The Netherlands: Kluwer.

McComas, W. F., M. P. Clough, and H. Almazroa, (1998). The role and character of the nature of science in science education. In T*he nature of science in scienceeducation*, ed. W. F. McComas, 3-39. Dordrecht: Kluwer Academic.

Roth, K. J. 1990. Developing meaningful conceptual understanding in science. In *Dimensions of thinking and cognitive instruction*, eds. B. F. Jones and L. Idol, 139-175. Hillsdale, NJ: Erlbaum.

Sadler, T. D. 2004. Informal reasoning regarding socioscientific issues: A critical review of research. *Journal of Research in Science Teaching* 41: 513-536.

Walker, K. A., and D. L. Zeidler. 2007. Promoting discourse about socioscientific issues through scaffolded inquiry. *International Journal of Science Education* 29 (11): 1387-1410.

Zeidler, D. L. 2002. Dancing with Maggots and Saints : Past and future visions for subject matter knowledge, pedagogical knowledge, and pedagogical content knowledge in reform and science teacher education. J*ournal of Science Teacher Education* 13 (1): 27-42.

Zeidler, D. L. 2003. *The role of moral reasoning and discourse on socioscientific issues in science education.* Dordrecht, Netherlands: Kluwer Academic Publishers.

Zeidler, D. L., S. Applebaum, and T. D. Sadler. 2006. Using socioscientific issues as context for teaching content and concepts. Paper presented at the Annual Meeting of the Association for Science Teacher Education, Portland, OR.

Zeidler, D. L., and M. Keefer. 2006. The role of moral reasoning and the status of socioscientific issues in science education: Philosophical, psychological, and pedagogical considerations. In T*he role of moral reasoning and discourse on socioscientific issues in science education*, ed. D.L. Zeidler, 7-38. Dordrecht, Netherlands: Springer.

Zeidler, D. L., and T. D. Sadler. 2008. The role of moral reasoning in argumentation: Conscience, character and care. In *Argumentation in science education*: *Perspectives from classroom-based research*, eds. S. Erduran and M. Pilar Jimenez-Aleixandre, 201-216. New York: Springer Press.

Zeidler, D. L., T. D. Sadler, S. M. Applebaum, and B. E. Callahan, 2009. Advancing reflective judgment through socioscientific issues. *Journal of Research in Science Teaching* 46 (1): 74-101.

부록 A. 마리화나 SSI 활동에 대한 교사용 개관

마리화나 활동 개요

- 개관 : 이 활동의 초점은 마리화나의 생리학적인 효과를 둘러싸고 있는 논란에 대한 학생 협상이다. 이 활동은 학생들에게 마리화나의 생리학적 효과에 대한 이슈와 관련된 여러 가지 관점의 대표적 실험자료를 고려할 것을 요구한다. 학생들은 다양한 출처로부터 찾아낸 5편의 논문을 검토한다. 이 논문들은 마리화나의 사용으로부터 초래된 중대한 의학적 영향을 지지하거나 거부하는 상반되는 증거를 제시하고 있다. 그 다음 학생들은 소그룹으로 나뉘어, 검토한 논문들로부터 도출된 증거들의 우선순위를 매기는 작업을 한다. 마지막 단계에서 각 소그룹은 동료 그룹이 어떻게 데이터의 우선순위를 매겼는지를 평가한다. 다음은 각 단계의 활동을 자세하게 설명한다.

I 단계

- 목적 : 학생들은 마리화나 사용의 생리학적 효과에 대한 이슈와 관련하여 다양한 관점을 대표하는 5편의 논문과 친숙하게 된다. 학생들은 이 논문에서 발표된 입장을 지지하기 위하여 사용했던 증거들을 분리시킨다.
- 자료 : 논문 (I 단계 학습지에 포함); I 단계 개별활동지 (학생당 1개)
- 그룹 구성 : 학생들은 이 단계에서 개별적으로 작업한다.
- 절차 : 개별 학생은 5편의 논문을 모두 읽는다. 각 논문에 대하여 학생들은, 1) 논문의 주요 논쟁이나 입장을 요약하고, 2) 이 논문에서 제시된 모든 유형의 증거 (마리화나 사용의 생리학적 효과와 관련된)를 찾아내며, 3) 논문의 출처를 찾아낸다.
  논문 5편의 모두에 대하여 이러한 작업을 끝낸 후에 학생들은 전체 논문 내용에 기초하여 2개 질문에 답해야 한다 : 1) 어떤 논문이 가장 설득력 있었나? 이유를 설명하시오. 2) 어떤 논문이 과학적 장점을 가장 많이 가지고 있나? 이유를 설명하시오.
- 학생 산출물 : 개별 학생들로부터 취합한 I 단계 개별활동지, 이 개별활동지에 각 논문에서 발견한 증거를 기록한다.

II 단계

- 목적 : 학생들은 5편의 논문에서 나타났던 증거를 평가하고 우선순위를 매긴다.
- 자료 : 개별 학생은 자신이 완성한 I 단계 개별활동지를 사용해야 한다. II 단계 개별활동지 (학생당 1장)
- 그룹 구성 : 3~4명의 소규모 그룹

• 절차 : 소그룹 구성원들은 함께 모여서 5편의 논문에서 제시된 증거 중 가장 중요한 6개의 증거를 공동으로 결정해야만 한다. 이 과정은 그룹 협상, 증거의 우선순위 매기기, 최종 순위 매긴 것을 정당화하기 등을 포함한다. 그룹이 가장 중요한 증거에 대하여 동의했을 때, 구성원들은 개별적으로 자기 그룹의 최종 순위를 정당화하기 위한 이유를 써야 한다. 그룹의 구성원들이 모두 서면 정당화를 완성하고 나면, 학생들은 자신들의 협상을 가장 잘 대표하는 정당화 이유 1개를 선택해야만 한다.

• 학생 산출물 : 모든 학생들의 II 단계 개별활동지, 이 개별활동지는 증거에 대한 그룹의 순위와 왜 자기 그룹이 이 증거에 우선순위를 두기로 했는지에 대한 서면 정당화(1~2문장)를 포함한다.

III 단계

• 목적 : 학생들은 다른 그룹이 5편의 논문으로부터 나온 증거의 우선순위를 어떻게 매겼는지를 비판적으로 평가할 것이다.

• 자료 : 각각의 그룹은 다른 그룹으로부터 증거 순위와 '최상의 정당화 이유'를 받을 것이다. III 단계 그룹활동지(그룹당 1장): Palm Harbor Journal of Scientific Research 검토 편지(그룹당 1개)

• 그룹 구성 : 학생들은 II 단계와 동일한 그룹에서 작업해야 한다.

• 절차 : 이 단계의 전제는 학생들이 Palm Harbor Journal of Scientific Research(PHJSR)의 검토자로서 봉사하는 것이다. PHJSR는 마리화나 사용의 생리학적 영향과 관련한 증거를 간단히 요약하여 출판하려고 한다. 그룹은 다른 그룹이 가장 중요하다고 선택한 6개 증거와 관련 정보를 검토해야만 한다. 그 후, 그룹은 이러한 작업 결과가 PHJSR에 실리는 것을 허락하거나 거절해야만 한다. 모든 저널 검토처럼 검토자는 한두 문장으로 자신들의 결정 이유를 설명해야만 한다.

• 학생 산출물 : 각각의 그룹은 받아들일 것인지 거절한 것인지에 대한 결정 사항을 기록하고, 이러한 결정을 서면으로 설명한 PHJSR 검토 편지(review letter)를 완성해야 한다.

부록 B. 마리화나 SSI 활동의 학생용 단계별 개별활동지

마리화나의 생리학적 효과 탐색
I 단계 개별활동지

• 안내 : 마리화나의 생리학적 영향과 관련한 5편의 논문이 주어졌다. 각각의 논문에서 당신은 (1) 논문의 주요 논쟁과 입장을 요약해야 하고, (2) 입장을 지지하기 위하여 논문에서 사용한 증거를 모두 찾아내야 하며, (3) 논문의 출처에 주목할 필요가 있다. (다른 말로, 누가 제시된 논문과 연구에 책임이 있는지를 써라.) 단일 논문은 다양한 증거를 제시할 수도 있고, 제시하지 않을 수도 있음을 명심하시오. 학생들은 마리화나의 생리학적 영향에 관련된 논문 5편을 읽으면서, 1) 논문이 주장하는 주요 입장/관점을 요약하고, 2) 입장/관점을 증명하는 증거를 찾아내어야 한다. 또한 이 논문의 출처가 무엇인지를 찾아내어야 한다. (논문과 논문의 연구의 책임자가 누구인지를 찾아내라.) 한 논문에서 다양한 증거를 제시할 수도 있지만 그렇지 않을 수도 있음을 명심하라.

다음 활동지는 각 논문을 요약하는 데 사용하라.

논문 1 마리화나의 과도한 사용은 뇌손상과 관련된다.

이 논문의 주요 논쟁이나 입장을 간단하게 요약하라.

____

____

이 논문에서 사용한 증거를 찾아내라.

1)____

2)____

3)____

4)____

5)____

이 논문의 출처를 알아내라. ____________________________

논문 2 마리화나에 노출된 원숭이에게서 뇌 손상이 발견되지 않았다.

이 논문의 주요 논쟁이나 입장을 간단하게 요약하라.

____

____

이 논문에서 사용한 증거를 찾아내라.

1)____

2)____

3)____

4)____

5)____

이 논문의 출처를 알아내라. ____________________________

논문 3 연구자들은 마리화나를 흡연하는 것이 두경부암에 걸릴 위험을 증가시킬 것이라고 보고한다.

이 논문의 주요 논쟁이나 입장을 간략하게 요약하라.

____

____

이 논문에서 사용한 증거를 찾아내라.

1)____

2)____

3)____

4)____

5)____

이 논문의 출처를 알아내라. ____________________________

논문 4 마리화나 : 과학적 논쟁

이 논문의 주요 논쟁이나 입장을 간단하게 요약하라.

____

____

이 논문에서 사용한 증거를 찾아내라.

1)______________________________

2)______________________________

3)______________________________

4)______________________________

5)______________________________

이 논문의 출처를 알아내라. ______________________________

논문 5 스위치를 켜고 다이얼을 맞추어 회복하라 (Turn on, tune in, get well).

이 논문의 주요 논쟁이나 입장을 간단하게 요약하라.

____

____

이 논문에서 사용한 증거를 찾아내라.

1)______________________________

2)______________________________

3)______________________________

4)______________________________

5)______________________________

이 논문의 출처를 알아내라. ______________________________

마리화나의 생리학적 영향 탐색
II 단계 개별활동지

• 방향 : II 단계는 3~4명으로 구성된 소그룹으로 활동에 참여한다. 이 단계의 목적은 마리화나의 생리학적 영향과 관련한 5편의 논문에서 제시된 가장 중요한 증거를 찾아내고 순위를 매기는 것이다. 다시 언급하자면 가장 중요한 증거를 순위로 매기는 것을 기억해야 한다 : 모든 논문을 순위매기는 것이 아니다. 먼저, 그룹들은 팀으로서 작업하면서 가장 중요한 증거 6개를 찾아내고, 이 6개의 증거에 대하여 순위를 매겨야 한다(#1로 순위 매겨진 증거는 가장 중요한 증거이다; #2로 순위 매겨진 증거는 다음으로 중요한 증거이다). 각 그룹은 최종 그룹 순위를 적어야만 하고 자신과 자신의 그룹이 순위를 그렇게 매긴 이유를 1~2 문장으로 기술해야 한다. 각각의 학생은 II 단계 개별활동지를 완성해야만 한다.

• 증거 순위
(마리화나의 생리학적 효과와 관련한 6개의 가장 중요한 증거를 찾아내고 순위를 매겨라.)

1. ______________________________

2. ______________________________

3. ______________________________

4. ______________________________

5. ______________________________

6. ______________________________

• 정당화 : 다음의 여백에 자신과 자신이 속한 그룹이 읽은 모든 자료로부터 마리화나의 영향과 관련한 가장 중요한 증거 6개를 어떻게, 왜 찾아냈는지를 설명하는 문장을 몇 개 작성하라. 자신이 선택한 아이템이 선택하지 않은 다른 것들과 왜 다른지에 초점을 맞출 것이다. 자신이 아이템의 순위를 그렇게 매긴 이유를 토론할 것이다(예, #1 증거가 #2 증거보다 중요한 이유). 자신은 또한 논문에 제시된 증거가 자신의 리스트에는 포함되지 않은 이유를 토론할 것이다. 각 그룹의 구성원은 자신의 정당화 이유를 써야만 한다. 그러나 보고할 때는 하나의 그룹으로서 한 일을 보고한다.

마리화나의 생리학적 효과 탐색
III 단계 그룹활동지

- 안내 : 활동의 마지막 단계에서 개별 그룹은 *Palm Harbor Journal of Scientific Research (PHJSR)*의 검토 패널로써 봉사할 것이다. *PHJSR*은 마리화나 사용의 생리학적 영향에 관한 증거를 간단히 요약하여 출판하기를 원한다. 모든 과학 저널처럼 *PHJSR*은 전문가가 인쇄된 정보를 엄격하게 검토하도록 요구한다.

여러분의 임무는 마리화나 사용의 생리학적 영향과 관련한 논쟁에서 가장 중요한 증거들에 대한 다른 그룹으로부터의 시사점을 검토하는 것이다. 이를 위하여 여러분은 선택된 증거, 그리고 증거의 순위, 정당화의 질 등을 주의 깊게 살펴보아야만 한다.

궁극적으로 여러분은 다른 그룹에서 한 작업을 PHJSR에 게재하는 것을 허락하거나 거절해야만 한다. 여러분은 허락하는지 혹은 거절하는지에 대한 영역과 자신의 결정에 대한 설명(한두 문장)을 쓰는 영역이 포함된 PHJSR review letter를 완성하여, 자신의 결정에 대하여 편집자와 의사소통해야 한다. 여러분은 그룹으로서 이 작업을 해야 하고 한 개의 최종 산출물을 제출해야 한다(여러분의 저널 review letter를 위해 다음 페이지에 있는 양식을 사용하라).

Palm Harbor Journal of Scientific Research
편집자 검토 형식

- 친애하는 편집자 여러분

검토팀의 일원으로서 우리는 *PHJSR.*에 투고하기 위한 데이터에 대한 검토를 마쳤다. 심사숙고 후에 우리는 이 작업이 우리의 명망 있는 저널에 출판되는 것을(허락할 것이다) (허락하지 않을 것이다). 우리가 이런 결정을 한 이유는 다음과 같다.

선택된 증거의 질

증거 순위의 질

선택되고 순위 매겨진 증거를 정당화한 것의 질

CHAPTER 11

발언권 보장

여학생을 위한 환경과학 여름 연구 경험

David L. Brock
Roland Park Country School

배경

Roland Park Country School은 메릴랜드 주 볼티모어에 위치하며, K－12 학생을 위한 대입 준비 학교이다. 이 사립여자학교는 평등과 사회 정의에 대한 이슈를 짚어보는 공동체 봉사활동에 전념한다. 그래서 이 학교는 봉사활동의 일부분으로 환경교육과 환경관리를 학교의 중심 임무로 설정했다. 학교 캠퍼스에서 나무가 우거진 지역의 5 에이커는 2001년에 영구적인 숲 보호지역이 되었고, 지금까지 9년 동안 대도시 지역 출신 여학생들이 이 숲의 환경을 보호하기 위한 봉사활동 차원에서 학교를 돕기 위하여 보존 지역의 미세기후를 연구하고 분석했다. 여학생을 위한 환경과학 여름 연구 경험(Environmental Science Summer Research Experience for Young Women, E.S.S.R.E.)으로 알려진 이 3주의 여름 인턴십은 매년 7월에 개최된다.

과학에서의 여성 : 필요성 설명하기

이 학교는 여학생만 다니는 사립학교로서 여학생들이 지적 열망을 추구할 수 있도록 교육시키고 힘을 길러주는 데 설립의 목적을 두고 있다. 특별히 이 학교는 여학생들이 과학에 노력을 기울이도록 격려하고, 오늘날까지도 여학생들이 직면하고 있는 고정관념에서 비롯된 장애물을 극복하도록 돕는 데 전념하고 있다. 미국대학여성협회(American Association of University Women, AAUW, 2004)의 연구에 따르면, 여성들은 교육의 전 과정을 통해 과학 분야에서 차별과 좌절을 지속적으로 직면하고 있다. 또한 최근 과학 분야에서 박사학위를 취득한 여성의 수가 늘어났음에도 불구하고, 대부분의 대학과 연구기관에 존재하는 유명한 유리 천장은 아직도 과학 분야 여성들의 진출에 커다란 장애물로 존재하고 있다(Committee on Science, Engineering, & Public Policy, 2007). 게다가 이러한 상황의 여건이 변하는 속도도 매우 느리다(AAUW, 2004). 그래서 "모든 학생에게 과학을 배울 도전적인 기회를 제공하는 것"(NRC, 1996)에 대한 요구는, 과학교육 개혁에 대한 노력이 시작되었던 10년 전에도 그랬던 것처럼 지금도 반드시 달성해야 하는 것으로 남아 있다.

E.S.S.R.E.를 만든 주요 목적은 이러한 요구에 대하여 고심한 결과였다. 이 프로그램은 10대 여학생들에게 일종의 연구수습생의 기회를 제공하여 청소년기의 호기심과 직관력을 함양시키려고 하였으며, 청소년기의 이러한 흥미가 방치되면 사라질 수 있는 결정적인 단계에서 학생들의 과학에 대한 흥미를 유지하기 위하여 분투한다. E.S.S.R.E.는 메릴랜드 주 9학년과 10학년 여학생들을 위한 유일한 인턴십이다. 그리고 이 프로그램은 연구 경험과 환경관리의 인터페이스에서 여학생들이 과학에 대하여 좀 더 능동적인 '목소리'를 낼 수 있도록 과학적 조사와 그것의 결론에 대한 인식과 주인의식을 고취하려는 방법을 탐색한다. 간단하게 말하면 우리 사회에서 어떤 방법으로든 과학에 참여하는 여성의 수는 매우 적다. 그러므로 E.S.S.R.E.는 여학생들이 과학적 소양을 함양하여, 지역사회의 모든 국면에서 많은 지식을 가지고 참여할 수 있도록 만드는 데 목적을 둔다. 우리는 우리의 인턴 가운데 한 사람이 과학 분야 특정 직업을 추구해 갈 때 항상 기쁘다. 그러나 우리 프로그램이 궁극적으로 시도하는 것은, 여성들이 과학을 이해하고 과학의 독특한 방법으로 세상을 이해할 수 있는 능력을 얻고, 살아가면서 어려운 문제를 해결하는 데 이 능력을 활용할 수 있다는 것을 이해하도록 가르치는 것이다.

프로그램

E.S.S.R.E.에 참여하는 학생들은 토양 생태학을 연구하고, 다음과 같은 몇 가지 주요 목적을 달성하기 위하여 독자적으로 설계한 현장 연구 조사를 수행한다.

1. 핵심 이론의 원리를 이해하고, 이 원리를 변화하는 생태계에 실제적으로 적용하는 것에 대하여 더 잘 이해한다.
2. 학교 캠퍼스의 운영과 학교 내의 나무가 우거진 영역을 보존시키는 일을 지원한다.
3. 학교 소재지의 환경이 직면하는 중요한 이슈와 관심사에 대한 인식을 기른다.
4. 학교 곳곳에서 환경교육을 촉진하고 개선한다.
5. 다른 연구 상황과 학문적 영역에 전이할 수 있는 응용 능력을 배운다.

여학생들은 많은 어려운 과제를 수행하면서 이러한 목적을 달성한다. 3~4명이 팀을 이루어 스미소니언 협회의 생물의 다양성 평가 방법(National Zoological Park, 2009)에 대한 책자를 수정하는 일로 이 과제는 시작된다. 이 그룹은 자신들에게 배정된 미세기후(그림 11.1 참조) 지역에서 20×20 m 사분면을 측정하고, 표준 미세기후와 미생물학 프로토콜(Hall, 1996; Bramble, 1995; & LaMotte, 1999)을 사용하여 여러 가지 중요한 미생물과 무척추동물의 밀도 및 무기 영양분의 분포를 측정한다(그림 11.2와 11.3 참조). 학생들은 연간 기준치(전년도의 데이터와 함께)를 사용하여 이상한 조사 결과가 있는지 찾으면서(그림 11.4 참조) 통계적 분석을 수행한다. 그리고 자신들이 흥미를 가지는 구체적인 변칙 사례에 대한 잠재적인 인과관계를 설명할 수 있는 원인들을 찾기 위하여 현장을 답사한다.

이어서 각 팀은 자신들의 관측결과에 기초하여 가설을 설정하고, 통제된 현장 실험을 독자적으로 설계하여 이 가설을 검증할 준비를 한다. 예를 들면 한 그룹은 습지 미세기후의 습한 환경에서 기대되는 것보다 현저히 적은 수의 원생동물이 서식하고 있다는 것을 알아냈다(그림 11.5와 11.6 참조). 그러나 이 지점은 나무를 잘라냈기 때문에 그 해에 상당히 더 많은 태양빛을 받고 있었다. 그래서 여학생들은 태양에 대한 노출을 증가시킨 것과 관련한 무언가가 원생동물 밀도가 낮아지는 결과를 야기했다고 가설을 설정했다. 문헌연구 후에 학생들은 UV 방사선의 영향을 받은 원생동물이 토양층 아래 깊은 위치로 이동한다는 사실을 배웠다. 이로부터 학생들은 이례적인 위치에 있는 원생동물은 땅속으로 더 깊이 내려가야 함을 예측했다. 그 팀은 태양으로부터의

그림 11.1

그림 11.2

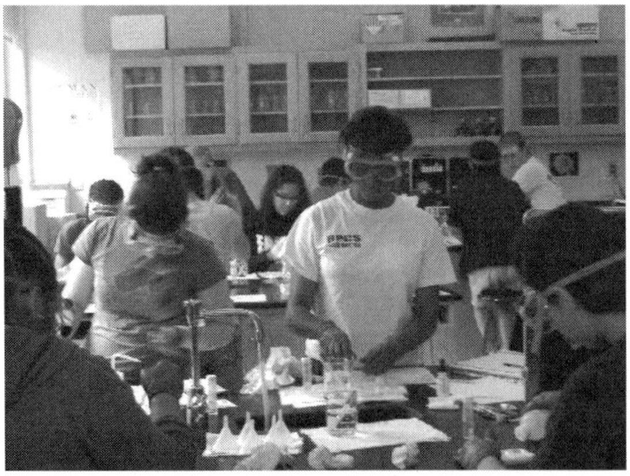

그림 11.3

UV 광선의 양을 점차적으로 더 많이 막도록 실험을 설계하고 준비했다(그림 11.7 참조). 다양한 깊이의 토양층으로부터 샘플을 채취했고(그림 11.8) 최종적으로 자신들의 가설을 지지했다(E.S.S.R.E. 2004). 유사한 조사 활동은 E.S.S.R.E. 프로그램의 핵심이 되고 인턴들의 연구 결과물은 이 프로그램에서 지속적으로 논의하는 부분이 된다. 모든 인턴들은 과학자들이 동료가 심사하는 학술지에 제출하는(그리고 다른 사람들을 위한 교수 자료로 프로그램의 웹사이트에 올릴) 공식적인 논문을 어떻게 작성하는지를 배우면서 자신들의 연구를 마친다. 그리고 나서 여학생들은 숲 보호 지역에서 의미 있는 변화를 만들기 위한 방법을 제안하기 위하여 학교 관리자와 이사회를 대상으로 발표한다.

이 그룹이 마지막으로 한 과제는 연구에서 사용했던 실험 프로토콜을 학교의 다른 장소에서 그들과 같은 주제를 조사하는 데 사용할 수 있도록 보다 일반적인 방법으로 조정하는 것이다. 각 팀은 자신들과 유사한 실험을 실행하는 방법(그림 11.9 참조)을 탑재할 웹사이트를 제작한다. 그리고 학생들은 다양한 범위의 물리적, 사회적, 경제적 상황에서 대안적이고 저비용이며 간단한 기술을 가지고 환경을 공부하고 연구할 수 있는 자료를 이 사이트에 탑재한다. 이러한 샘플 수업은 프로그램에서 장기적으로 지속되는 봉사활동의 일부분이 되었다. 그리고 워크숍과 E.S.S.R.E. 홈페이지를 통하여, 여학생들과 이들의 산출물은 다른 사람들이 지역 환경에 대하여 더 많이 알고 인식하도록 만드는 좋은 학습 도구로 제공되며, 그리고 보다 합리적이고 효과적으로 환경을 관리하도록 만든다.

그림 11.4

강조점과 일치하는 측면

국가과학교육기준(National Science Education Standards)에서 제시한 핵심 도전 중의 하나는 교사와 학생이 학습 과정에서 상호작용하는 방법을 바꾸는 것이다. 국가과학교육기준은 말하거나 제공하거나 강제로 하지 않고 안내하고, 공유하고, 지지하는 것을 크게 강조하면서(NRC, 1996), 교사가 자신을 고압적인 전문가가 아니라 학습 과정에서의 협력자로 보고, 학습 과정의 중심에 교사가 아니라 학생을 두는 방법으로 자신들의 업무에 접근하도록 격려한다. 이러한 측면에서 E.S.S.R.E.는 모델 프로그램이다. 이전의 인턴들은 연구비 지원을 요청하는 편지에서 이 부분에 대해 다음과 같이 기술했다.

그림 11.5

> 이상적인 교수방법으로 창의성, 혁신, 체험활동을 체계화하고, 어린 학생들, 특별히 어린 여학생들이 상호작용적인 과학교육을 경험하고 일찍이 독립적인 연구 경험을 갖

그림 11.6

그림 11.7

그림 11.8

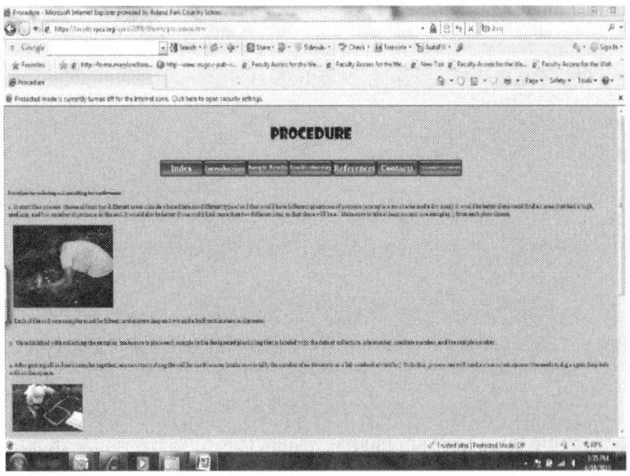

그림 11.9

게 할 수 있는 과정을 개발하였다. … E.S.S.R.E.는 독창적인 연구문제를 만들도록 돕는 데 있어서 안내를 하고 지원을 하면서 독립성과 창의성을 허용하였다. 그룹에서 작업하면서 우리는 연구 초점을 좁히고, 이전의 과학 데이터를 활용하고, 잠정적인 가설을 만들기 위해 고투했다. 이러한 과정을 통하여 우리는 팀워크와 타협, 리더십, 의사소통 능력에 대한 중요한 교훈을 얻었다. 나는 우리가 연구 문제를 고안했을 때의 흥분과 이전에 알려지지 않은 지식을 알아내는 능력이 있었음을 기억한다. (이 프로그램은) 우리들 사이에서 이러한 흥분과 창의성을 기르는 것을 우선사항으로 만들었다. … (이것은) 심오한 방법으로 나의 인생과 교육적 진로에 영향을 주었다.

다른 여학생들은 자신들의 프로그램 마지막 평가에서 다음과 같이 논평했다.

우리보다 높은 지위를 가지는 것이 아니라 우리와 함께 일하려고 노력한 것은, 가르치는 것에 대한 독특하고 혁신적인 접근방법을 경험하도록 해주었다. 그리고 (교사들이) 여름 프로그램 인턴을 단순한 '노동자'로 취급하지 않는 것은, 우리들이 자발적으로 열심히 하려는 열망을 주었고 상사가 아니라 개인지도와 강사가 되는 도전을 받아들였다. 그러므로 … 비록 인턴으로서 9시부터 3시까지 일을 했지만 – 여름에 고등학교 여학생에게는 꽤 긴 하루인 – 시간은 흘러갔고 조용하게 교실 밖으로 나가야만 했던 많은 오후가 흘러갔다. 아직도 마지막 발언 시간에서 즐거운 유머에 만족스러운 미소를 보내면서…….

그림 11.10

E.S.S.R.E.는 명백하게 "과학적 토론과 논쟁의 기회를 제공하고 있고", "학습에 대한 책임을 공유하고 있으며", "협동, 공유된 책임감과 존중으로 교실 공동체를 지원" (NRC, 1996)하고 있다. 그래서 이것은 거의 10년 동안 협동적인 학생과 교사 연구 팀들의 인터페이스가 어떻게 좀 더 효과적인 교수－학습의 새로운 방법을 개발하고 실행할 수 있는지를 보여주었다. 그리고 웹 레슨과 워크숍을 통하여(그림 11.10 참조), 인턴, 보조 교사, 프로젝트 책임자는 다른 지역의 교육자들이 유사한 활동을 실천할 수 있도록 지원하였다.

그러나 우리는 단순히 E.S.S.R.E. 프로그램의 좋은 교수방법을 모형화하는 것 이상을 구현하기 위해 노력하였다. 우리는 더 좋은 내용을 모형화하려고 시도했다.

여학생들이 완성한 결과물에서는 잘 만들어진 과학적 논쟁을 강조하였고, 그들의 결과물을 잠깐 살펴보기만 해도 기회와 기대 모두가 제공되었을 때 학생의 학습이 얼마나 정교화될 수 있는지가 드러난다. 예를 들면 인턴이 배워야만 하는 것 가운데 하나는 자신들의 특정 연구 문제를 과학적 이해라는 큰 맥락 내에 위치시키는 것이다. 2007년 미세기후 가운데 하나에서 철의 특이한 분포에 주목한 한 그룹은 다음과 같은 것을 발견하기 위해 필요한 문헌을 찾았다.

> 철은 환경에서 매우 의미 있으며 본질적인 성분이고, 녹이 슨 붉은색이나 오렌지색 때문에 토양에서 구분할 수 있다(O'Reilly, 2002). …… 2가철이온(ferrous iron) 형태가 광합성에 반드시 필요한 엽록소의 생산에 없어서는 안 되기 때문에 2가철이온은 식물의 생장에도 필수적이다. 그러나 토양에서 철의 가장 풍부한 형태는 3가철이온(ferric iron)이고 3가철이온 성분은 뿌리에 의해 흡수될 수 없다. 2가철이온은 산성 토양에서, 3가철이온은 염기성 토양에서 존재하므로, 토양의 pH는 어떤 형태의 철이 존재하는지를 결정한다. 그래서 토양의 pH가 높아짐에 따라 식물은 고투해야만 하고, 일반적으로 철을 효과적으로

사용하는 데 성공하지 못한다.

이 그룹은 토양 pH와 결과적으로 철의 분포에 영향을 미치는 한 가지 핵심 요인이 침출의 과정임을 배워갔다. 그리고

> 심화 연구는 우리로 하여금 주변 개울로부터 흘러나온 물이 과도한 양의 철 성분을 다른 지역으로 보냈다는 이론에 도달하게 했다. 우리는 pH와 철의 상관관계가 관찰되는 토양 구획에서 상당한 양의 철이 침출하는 것에 근거하여 이 가설을 검증하기로 결정했다.

내용 기준에서는 과학교육자들이 이러한 추론 능력을 성취하도록 엄밀하게 요구하고 있다. 그리고 이 젊은 여학생들은 '과학적 설명을 의사소통하는 방법'으로 알고 논쟁과 설명으로 과학에 대해 이해하면서 E.S.S.R.E.를 떠났음이 명백하다(NRC, 1996).

E.S.S.R.E. 인턴들은 또한 많은 양의 아이디어와 정보를 관리하는 방법을 알고 떠난다. 여학생들은 3주의 과정 동안 800개가 넘는 데이터를 수집하고 분석해야만 한다(그림 11.11 참조). 그것은 자기 그룹의 연구 조사를 완성하기 위한 것이 아니라 생물군 조사를 완성하기 위한 것이다. 학생들은 가장 근본적으로 성실하게 과학을 경험한다. 그 결과로서 학생들은 '자신들의 독특한 과학적 목소리의 타당성과 현실성'이라는, 모든 훌륭한 과학교육이 성취하려고 노력하는 것을 스스로 발견한다. 다른 지역 학교의 과학부장인 Tom Peri는 연구비를 지원하는 단체에 다음과 같이 썼다.

> 자신들의 말로 된 E.S.S.R.E.에 대한(나의 학생의) 자신들의 표현방식에 따른 반응을 포함하는 것은 매우 적절한 것으로 보인다. "우리는 토양과 관련한 환경 문제에 대하여 배운 방법을 좋아한다. 우리는 과학자가 되는 것이 어떤지를 보았다."고 2007년 참가자는 썼다. 2005년 참가자는 "화학적 검증은 모든 것을 함께 섞고 어떤 수준이 환경을 위해 정상적인지를 배우는 재미가 있다. 이것은 굉장한 경험이다."고 말했다. "나는 진심으로 과학자처럼 느꼈다. 나는 우리가 웹에 우리의 데이터와 연구 결과물을 탑재하는 방법을 좋아한다." 2006년에 참가한 한 학생의 말이다. 이들 여학생 모두는 실제 상황에서 의미있는 방법으로 실제 과학을 수행해 보았다는 공통적인 경험을 가졌다. 그러한 경험은 학생들의 강좌 내용을 위한 훌륭한 맥락을 제공한다. 그리고 고등학교 및 그 이후의 심화 공부를 위한 튼튼한 기반을 제공한다.

		$\bar{y}$	모드	중앙값	s	s2	최소	최대	범위	n	$s/\sqrt{n}$
화학검사											
소금	Ca(ppm)	895.45	1400	1000	476.16	226728.35	150	1400	1250	12	137.46
	K(ppm)	46.67	0	55	37.71	1422.04	0	90	90	12	10.89
	Cl(ppm)	83.33	50	75	44.38	1969.58	50	200	150	12	12.81
	Fe(ppm)	20.63	25	20	5.9	34.81	7.5	25	17.5	12	1.7
	Al(ppm)	15.42	7.5	7.5	21.07	443.94	0	80	80	12	1.76
	Mg(ppm)	12.92	10	10	7.53	56.7	5	25	20	12	2.17
	Mn(ppm)	7.125	0	0	9.85	97.02	0	25	25	12	2.84
무기양분	P(ppm)	91.67	100	100	12.31	151.54	75	100	25	12	3.55
	Nitrite (ppm)	0	0	0	0	0	0	0	0	12	NA
	Nitrate (ppm)	11.04	7.5	7.5	5.98	35.76	5	25	20	12	1.73
	Ammonia (ppm)	1.88	0	1.25	2.85	8.12	0	10	10	12	0.82
토양(PH)		7	7	7	0.17	0.03	6.8	7.4	0.6	12	0.05
미생물											
종속영양 세균	(#/cc soil)	3.65E+05	150,000	3.75E+05	2.29E+05	5.26E+10	8.00E+04	7.00E+05	6.20E+05	12	66220.2
균류	Yeast (#/cc soil)	5.72E+04	8000	3.90E+04	5.80E+04	3.36E+09	6.00E+03	2.00E+05	1.94E+05	12	16740.3
	Molds ((#/cc soil)	3350	100	7.50E+02	6.23E+03	3.88E+07	1.00E+02	2.10E+04	2.09E+04	12	1797.91
	Combined (#/cc soil)	5.89E+04	all	4.06E+04	5.73E+04	3.28E+09	8.10E+03	2.10E+05	1.93E+05	12	16527.6
조류	(#/mm2)	2.58	all	1.02	4.85	23.52	0.19	17.57	17.38	12	6.79
원생동물	(#/g soil)	83592.83	all	67893.5	64760.4	4.19E+09	9639	194696	185057	12	18686.1

그림 11.11 2007 사이트 4 요약

참여한 학생 : 사례 연구

2010년 7월에 볼티모어 지역에 있는 다양한 학교(6개의 공립학교, 4개의 교구부속학교, 5개의 사립학교)로부터 온 120명이 넘은 어린 여학생들이 10개의 생물군 연구와 30개의 현장 연구를 성공적으로 마치고 통계적으로 검증했다. 이들의 연구 결과는 여학생들이 문서로 기록했던 숲에서의 질소 순환 붕괴를 멈추기 위하여 인공 잔디 필드를 도입하는 등 학교의 관리계획을 수립하는 것을 도왔다. 그리고 수많은 웹 레슨을 활용하여 3명의 인턴과 공동으로 고등학교 교사를 위한 실험실 매뉴얼을 출판했다 (Brock et al., 2008). 이 프로그램은 도시바 미국재단(Toshiba America Foundation), 캐리 생태계 연구소(Cary Institute of Ecosystem Studies), Waksman Foundation for Microbiology, Paul F-Brandwein Institute, 미국국립과학재단(PAEMST 프로그램을 통하여), Human Capital Development, Inc. (지역법인 스폰서)로부터 계속해서 활발한 지원을 받고 있다. 그리고 우리는 지금 실제로 여학생들이 개발한 교수 키트(실험실 매뉴얼에 추가하여)를 Flinn Scientific에서 판매하여 벌어들인 수익금으로 프로그램 자금의 1/3을 충당한다.

더 나아가 과학에 대하여 진정한 흥미를 가지는 것 외에는 프로그램에 참여하기 위한 공식적인 필요조건이 없었던 반면에(그리고 이것을 뒷받침하기 위한 교사 추천서), E.S.S.R.E. 참가자들은 이것을 더 경쟁적인 프로그램, 예를 들면 메릴랜드 대학의 해양생명공학센터, 존스홉킨스 대학의 우주망원경연구소, VA Palo Alto 건강관리시스템 척수외상센터(VA Palo Alto Health Care System Spinal Cord Injury), 호주 멜본 대학의 토지 및 식량 자원, 단백질 설계 실험실 학부 등에 참여하기 위한 디딤돌로 사용했다.

현재 고등학교를 졸업한 학생의 50% 이상이 과학과 공학 분야에서 대학원 교육을 추구하고 있다. 그리고 우리 인턴 가운데 2명은 자신들의 대학교육기관으로부터 비용 전액 부담 4년 과학 장학금을 받았다. 지금 대학을 졸업한 41명의 젊은 여성들 중 14명이 STEM 분야(기초의학 3명, 의료공학 2명, 신경과학 2명, 과학교육 2명, 항공우주공학 1명, 산업기계공학 1명, 환경공학 1명, 생명과학 1명, 수학/정보과학 1명)에서 일하기로 했다. 프로젝트 총 참가자는 아시아 태평양 제도 주민(Asian-Pacific Islanders) 16%, 아프리카계 미국인 15%, 히스패닉 7%를 포함했다. 우리는 2007년에 과학 분야에서의 장기적인 성공을 지원하는 것을 도우려는 목적으로 저소득층 대상 중학교 프로그램의 졸업생에게 우리 프로그램에 자리를 보장하기 위하여 볼티모어 시티 공립학교의 '자라나는 소녀와 정원(Growing Girls and Gardens)'이라는 프로그램과 파트너가 되기 시작했는데, 실제로 E.S.S.R.E.는 이 목적을 성공적으로 달성했다. 지금까지 이 여학생들의 100%가 자신들의 고등학교에서 매년 수준 높은 과학 교과를 수강해왔다. 그러나 지금까지의 내용들은 단순히 '사실들'이었다. 이 사실들을 NSES의 더 강조하는 것의 권고에 대한 증거로 해석할 수 있음이 명백하지만 '숫자'는 전체적인 내용을 이야기하지 않는다. E.S.S.R.E.의 진짜 업적은 젊은 여성들의 변화된 삶에 있다. 이것을 설명하기 위해 나는 최근 인턴에 참가한 두 사람의 경험을 자세히 살펴볼 것이다.

이상하게도 이야기는 우리 학교의 진입로에서 시작한다. 9학년 토양 생태계 프로그램 (Brock, 2005)에서 행해진 예비연구에 의하면 자동차 정지선으로부터의 자동차 배기가스가 학교 앞 잔디의 토양 원생동물의 밀도에 부정적인 영향을 미치는 것으로 나타났다. 많은 학생들이 매연으로부터의 이산화황이 토양으로 침출되고 있다고 가설을 세웠다. 그리고 이것은 산성비가 황산수소염을 형성하기 위하여 수분과 상호작용하는 것과 같은 방법으로 pH를 변화시키고 있었다. 더 나아가 학생들의 조사 결과는 핵심 환경 지표들인 pH와 황산염, 그리고 원생동물 밀도 간에 상관관계가 있음을 시사했다. 그러나 학생들 프로젝트의 본질은 연구 결과물을 자신들이 검증하거나 입증할 수 있는 것이 아니라는 것이었다.

여름에 MariaLisa와 Julianne이라는 2명의 인턴이 왔다. 이 프로그램의 첫 해에 두 여학생은 빗물이 토양에 미치는 영향에 대하여 흥미가 많았다. MariaLisa는 캠퍼스의 비료가 삼림지대 연구 지역의 질소 순환의 여러 가지 중요한 성분을 어떻게 변화시켰는지에 대한 자세한 분석을 완성했고, Julianne은 침출을 조사했던 팀에서 일했다. 그러므로 두 여학생은 자동차 배기가스와 같은 문제와 씨름하는 데 필수적인 적성과 태도를 가지고 있었다. 두 여학생이 다음 해 여름에 E.S.S.R.E.의 보조 교사로서 돌아왔을 때 그들은 나의 9학년들이 제기했던 이슈를 다뤄보기로 결정했다. (그들의 다른 많은 업무에 덧붙여서!)

대규모 통제 실험 (많은 부분에서 그들은 자신의 시간을 사용했다.) 후에 두 여학생은 초기의 연구 결과를 입증했으며, 학교 조경에 대한 결정을 내리는 데 있어서 어떤 역할을 실천하기로 결정했다. 이 두 여학생은 Trustee's Building and Grounds 소분과위원회를 위해 준비한 자신들의 발표에서 다음과 같이 언급하였다.

> 지난 봄 신입생들은 학교 잔디장 앞부분(전면)에 대한 과학적 조사를 끝마쳤다. 그들의 연구 결과는 자동차 정지선으로부터의 거리가 멀어질수록 황산의 수준이 감소하고 pH의 수준은 증가한다고 제의하였다. 이것은 예측된 경향이다. … 우리의 결과는 봄에 얻어진 이러한 결과와 매우 유사하다. 자동차 정지선으로부터의 거리가 멀어질수록 pH의 수준은 증가했고 황산의 수준은 감소했다. … (그러나) 우리 데이터는 <식물> 완충물<연구 지역의 절반을 덮는>이 전면 잔디 토양의 환경을 안정시키는 것을 돕는다는 것을 보여준다. 완충물이 만드는 안정적인 환경 때문에 완충물이 있는 지역에서 원생동물 밀도 <거리와의 상관관계에서>에서의 작은 차이는 유의미하지 않다. 반면에 완충물이 없는 지역에서

원생동물 수준은 우리가 예측했던 것과 연관성이 있다. 자동차 정지선으로부터의 거리가 증가함에 따라 원생동물 수준 또한 증가한다(이것은 원생동물이 산성이 덜한 토양에서 사는 것을 선호하므로 이들이 이산화황 배기가스로부터 멀리 떨어져서 발견될 것이라는 생각을 따른다).

이 여학생들은 다음과 같이 논쟁을 진행했다.

식물 완충물이 중성 잔디를 유지하는 데 있어서 유용한 도구라는 것을 고려하면, 실제 이슈는 원생동물의 양에 있어서 커다란 차이(거리와의 상관관계에서)를 보이는 지역인 완충물이 없는 잔디의 측면이다. 이러한 이유로 우리는 기념비 정원 뒤를 둘러싸고 있는 조경에 관목을 포함할 것을 제안했다. 이것은 시각적인 즐거움을 줄 뿐만 아니라 Roland 공원의 환경유지에 공헌할 것이다.

이야기가 여기에서 끝날지라도 이것은 학생이 성공적으로 '과학적, 기술적 문제에 대한 공적토론과 논쟁에 지적으로 참여한(NRC, 1996)' 명백한 예이다. 그러나 이야기는 계속된다. 졸업 후에 MariaLisa는 정기적인 이메일 연락을 통하여 계속해서 상황을 기록했고 Julianne는 환경에 대한 인식을 고취시키기 위하여 우리의 새로운 환경교육 및 지속가능개발 코디네이터와 함께 일했다. 새로운 조경 계획을 개발하였고, 마지막 승인을 위하여 이사들 앞에서 발표하였다. 그래서 E.S.S.R.E. 회의는 과학에 대하여 배우고 과학 분야에서 가능한 직업을 찾고 있는 젊은 여학생들의 흥미를 지원하는 것에 대한 지역적 요구를 만족시킬 뿐만 아니라 환경교육 개선에 대한 커다란 요구를 만족시킨다. 이것은 젊은 여성들에게 자신들의 '목소리'가 진정으로 중요하다는 것을 보여주고 있다. 젊은 여성들의 교육에 헌신하고 있는 교사로서 내가 더 이상 무엇이 필요할까? 젊은 여성들의 교육에 헌신하고 있는 교사로서 내가 더 이상 무엇이 필요할까?

결론

여학생을 위한 환경과학 여름 연구 경험은 지금까지 9년 동안 볼티모어로부터 온 어린 여학생의 삶에서 긍정적인 역할을 하였다. 이 프로그램은 신생 과학 분야의 전선에서 일해 보는 상대적으로 드문 기회를 고등학교 학생들에게 제공한다. 이러한 공로로 이 프로그램은 2006년에 SeaWorld/Busch Gardens/Fujifilm Environmental Excellence 상을 수상했고, 2009년에 Cable's Leaders in Learning Award의 결승전 진출자가 되는 등 국가 차원의 인정을 받았다. 실제로 E.S.S.R.E.는 환경교육과 과학에 대한 젊은 여성들의 흥미를 촉진하기 위한 노력이 매우 효과적이어서, 우리 이사회는 이 프로그램을 영구적으로 지원하기로 결정하였다. 이 프로그램이 지역사회에 긍정적인 영향을 주었기에, 우리는 프로그램 재원을 50 % 증가시켰다. E.S.S.R.E.는 볼티모어와 그 외의 지역이 더 나아지도록 삶을 변화시키고 있고, 앞으로도 오랫동안 그렇게 할 계획이다.

감사의 글

이 모든 기간 동안 모든 토양문제에 대하여 자문 전문가가 되어 준 캐리 생태계 연구소(Cary Institute of Ecosystem Studies)의 Peter Groffman에게 감사한다. 홀로 이 프로그램의 기반을 닦은 나의 첫 번째 보조 교사인 Beccy Josowitz와 Becky Polan에게 감사한다. 자신의 차고 밖에서 현장 연구를 하고 있는 17세 여학생들과 시작하였던 꿈을 변함없이 지지해 주신 것에 대하여 학교의 교장이신 Jean Waller Brune에게 감사한다. 이 모든 분들의 특별한 공헌 없이는 E.S.S.R.E.가 오늘과 같이 되지 못했을 것이다.

참고문헌

American Association of University Women (AAUW). 2004. *Under the microscope : A decade of gender equity projects in the science*. Washington, DC: American Association of University Women Educational Foundation.

Bramble, J. E. 1995. *Field methods in ecological investigation for secondary science teachers*. St. Louis: Missouri Botanical Garden. 182 National Science Teachers Association

Brock, D. 2005. It is the “little things” that can change the way you teach. In *Exemplary science in grades 9-12: Standards-based success stories*, ed. R. Yager, 1-9. Arlington: NSTA Press.

Brock, D., K. Brockmeyer, K. Loya, and M. Torres. 2008. *Soil ecology lab manual*. Batavia, IL: Flinn Scientific. Committee on Science, Engineering, and Public Policy. 2007. *Beyond bias and barriers: Fulfilling the potential of women in academic science and engineering*. Washington, DC: National Academies Press.

Cothron, J. H., R. N. Giese, and R. J. Rezba. 2000. *Students and research: Practical strategies for science classrooms and competitions*. 3rd ed. Dubuque, IA: KendalllHunt.

Environmental Science Summer Research Experience (ESSRE). 2004. ESSRE Research findings and results. Available online at *https: l/foculty.rpcs.orglessrel ESSRE%20Research.htm*

Hall, G. S., ed. 1996. *Methods for the examination of organismal diversity in soils and sediments.* Paris: CAB International.

LaMotte. 1999. *Model STH series combination soil outfit instruction manual.* Chestertown, MD: LaMotte Company.

National Research Council (NRC). 1996. National science education standards. Washington, DC: National Academies Press.

National Zoological Park. 2009. Smithsonian institution's monitoring and assessment of biodiversity program research protocols. Available online at *http://nationalzoo.si.duIConservationandScienceIMABIresearchlprotocols.cfm*

O'Reilly, S. 2002. Iron-rich soil can help remove lead; Manganese also important. *Virginia Technological University Science Blog.* Available online at *www.scienceblog.com/ommunitylolderI2002IA!20027034.html*

Samuels, M. L. 1989. *Statistics for the life sciences.* Englewood Cliffs: Prentice Hall.

CHAPTER 12

The CHANCE 프로그램

간단한 탐구—기반 학습에서 전문적 과학 활동으로의 전환

Jacqueline S. McLaughlin and Kathleen A. Fadigan
Pennsylvania State University

배경

이 장에서는 2가지 수업을 전제로 Connecting Humans and Nature through Conservation Experiences (CHANCE) 프로그램을 구성하고 있다. 첫 번째 수업은 코스타리카에서 진행된 여름 현장학습 과정이며, 두 번째는 일반 학교 학기 중 정규 수업이다. 첫 번째 수업을 전제로 두 번째 수업이 만들어졌다.

도입

코스타리카의 여름철을 생각해 보자. 약 20명의 예비 및 현직 고등학교 과학교사 그룹과 생물학 전공 학부 학생들이 모여서, 지역단위 및 국제단위 비영리 단체에서 추진하는 열대기후 환경에 대한 활동과 연구프로젝트를 지원하고 있는 것을 상상해보자. 전체 그룹은 카리브 해안의 파나마 접경지에 있는 간도카(Gandoca)에서 환경 보존을 위해 적극적으로 노력하고 있다. 이 그룹 사람들은 Widecast[24)]의 연구원과 직원들을 도와서, 장수거북들이 서식지에서 알을 품고 부화할 때 포식자(사람을 포함한)로부터 보

그림 12.1 The CHANCE 로고

호하는 일을 하고 있다.

푸에르토 비에조(Puerto viejo)의 열대기후 연구를 수행하는 라셀바 생물실험실 구성원들은 전 세계 여러 연구자들과 상호교류하고 있다. 이 연구의 장소는 코스타리카 북쪽 카리브 해안 저지대 2개의 주요 강이 합류하는 지점에 위치하며, 1,600헥타르(3,900 에이커)의 열대우림 기후의 척박한 땅에 걸쳐 있다. 그룹은 연구 장소에 머무는 동안 소그룹으로 편성되어, 연구자들이 자료를 수집하는 일을 지원하고 있다. 예를 들면 한 팀은 수 제곱미터 땅의 커피 묘목을 제거하여, 연구자들이 이 지역에서 농업을 목적으로 경작이 이루어진 후 척박해진 토지를 다시 회복시키는 방법을 연구하도록 지원하였다. 다른 팀은 위험을 무릅쓰고 열대우림지역에 들어가서 군대개미 개체군의 행동역학을 조사하였다. 또 다른 팀은 현지 실험실에서 치명적으로 위험한 딸기화살개구리 종류인 화살독개구리(Dendrobates pumilio)의 반포식적 방어기제를 분석하였다.

다른 구성원들은 토르투구에로(Tortuguero)의 카리브 해안 보존 단체(Caribbean Conservation Corporation) 소속 존 핍스 생물실험실(John H. Phipps Biological Station)로 이동한다. 여기서 그들은 해변역학, 특히 침식과 관련하여 푸른바다거북(*Chelonia mydas*)의 암컷을 관측하고 표지방류하며 알을 품는 위치를 추적하는 일 등을 포함하여, 부화기 활동을 기록하는 일을 지원한다. 예비 및 현직 과학교사들과 생물전공 학부생들은 과학자들과 함께 새끼 부화율, 큰 바다 인접지역 주변 또는 내부지역에서 서식하는 거북들의 유년기 생활사, 미발생 난황주머니의 프탈레이트 오염물질의 농도, 성체 거북들이 먼 바다로 이동한 것을 원격으로 측정한 자료 등에 대해 토의한다.

이제 가을이 재빨리 다가왔으며 신학년도 수업이 시작되었다. 코스타리카에서 여름

---

24) 역주 : Widecast는 비영리 환경보호단체로서 1990년 세계환경의 날에서 환경보존에 기여한 전문가로 선정된 미국인 M. Kaufmann이 설립하였으며, 전 세계적으로 40여 개국의 생물학자, 행정가, 지역사회 지도자, 교육자 등 전문가들이 연계된 단체이다. 이 단체는 지역적 역량을 연합하여 황폐화되어 가는 바다거북 개체군을 회복하고 지속가능한 관리 체제를 구축하는 데 목적을 두고 있다(www.widecast.org).

현장수업에 참여했던 교사들은 추수 워크숍에 참석하여, 과학수업에서 CHANCE 상호적인 멀티미디어 연구 모듈[25)]을 실천하는 방법을 배웠다. 무료로 이용할 수 있는 웹기반 멀티미디어 도구들은, 교사와 학생 모두가 최근 생명과학 분야 환경 관련 다양한 주제들을 연구하는 과학자들로부터 확실한 연구 자료를 제공받아서 사용할 수 있도록 제작되었다.

교사들(CHANCE Fellows)은 보존생물학 분야에서 현장연구를 수행할 수 있을 만큼의 지식에 대한 자신감을 가지고, 현장 경험과 전문성을 학생들과 공유하고 고차원적 탐구 기반 학습지도 방법을 실천할 준비를 갖추었다. 학기 중 이 교사들은 CHANCE 모듈을 실천하기 가장 적합한 수업에 포함시켰다. 이 과정에서 교사들은 학생들이 CHANCE 모듈을 통해 연구 자료를 조작하고 해석한 내용에 기초하여 능동적이고 활기 넘치는 토론 및 논쟁 상황에 참여하도록 지도하였다. 모듈은 학생들에게 교과서에서 알게 된 주요 내용을 넘어서서 그들이 분석한 연구 자료가 의미하는 바를 고려하도록 독려하고 있다. 교사들은 학생들이 자신이 거주하는 지역뿐만 아니라 세계적인 차원에서 큰 그림을 이해하도록 독려하고 있다.

프로그램 소개

2004년에 시작한 CHANCE 프로그램은 펜실베이니아 주립대학교(PSU)와 펜실베이니아 주 교육부(PDE)가 협력하여 운영되고 있으며, 여러 단체로부터 기금을 받고 있다. 이 프로그램은 (a) 현직 및 예비 고등학교 교사들이 코스타리카 생태계에 대한 흥미로운 체험중심 현장 연구 과정을 통해 환경과학 및 보존생물학 분야에 관심을 가지고 (b) 실제 세계의 과학적 자료를 교실로 가져오는 지도방법을 이용함으로써 펜실베이니아 교사들이 가르치는 방법과 펜실베이니아 학생들이 학습하는 방법을 개선하기 위해 개발되었다.

CNANCE 프로그램은 학생들이 지식을 이해하고 유지하며 전이시킬 수 있는 수준을 높여서, 전통적인 교수방법과 기초 연구과정을 혼용하여 가르치는 강의 중심 수업보다 더 좋은 성과를 성취하는 데 궁극적인 목적을 두고 있다. 이런 목적들은 코스타리카

---

25) www.chance.psu.edu

현장 실습과정을 실천하고, CHANCE 모듈을 개발하여 적용하며, 교사 전문성을 신장시킴으로써 성취하게 된다.

CHANCE 모듈들은 연구의 원래 자료를 활용한 인터넷-기반, 환경 관련 주제로 된 일종의 학습도구이다(McLaughlin, 2006, 2010a, 2010b). 모듈은 고등학교에서 과학을 배우는 학생들을 대상으로 하며, 학생-연구자 접근방법이 특징적이며, 학생들은 최근 그 연구 주제를 연구하고 있는 과학자들이 제공한 일련의 자료를 조작하는 학습 과정을 경험한다. CHANCE 모듈은 학생들에게 과학자의 연구 자료를 가지고 과학자와 함께 연구를 수행할 기회를 제공함으로써 과학적 연구의 진정한 본성을 알아차리도록 만드는 데 목적이 있다. 또한, 이 학습도구들은 과학수업에서 간단한 탐구-기반 학습(교과서, 학생들이 책임을 적게 지는)을 전문적 과학 활동(연구, 학생들이 책임을 많이 지는)으로 전환시키고, 나아가 학생들의 환경적 소양과 환경에 대한 책무성을 촉진시킨다.

그래서 국내의 약 100명의 예비 및 현직 중등학교 과학교사들은 코스타리카 현장에서 교육받고 있다. 교사들은 현장교육을 통해 지구촌 차원에서 과학적 연구와 토론에 몰입하게 되지만, 이 현장교육에 참여하지 않더라도 CHANCE 모듈을 성공적으로 활용할 수 있다. CHANCE 담당자는 지역뿐만 아니라 전국 단위의 장소에서 매년 3~4회의 연수 과정을 제공한다. 현재까지 500명 이상의 교사들이 워크숍에 참여해 왔다. 교사들은 워크숍을 통해, 모듈을 수업에 성공적으로 적용할 수 있는 방법을 알게 된다.

모든 CHANCE 모듈은 인터넷 접근성이 가능한 교육자들에게는 무료이므로, CHANCE 현장교육이나 모듈 교육 워크숍에 참여하지 못하는 전 세계 어디에서라도 교실수업 중인 학생들과 교사들은 모듈을 실행할 수 있다. 확실한 연구 능력을 갖춘 교사들은 몇 시간이면 모듈을 시작부터 끝까지 실행할 수 있으며, 학생들과 함께 효과적으로 사용할 수 있도록 준비된다. '교사 안내서' 링크는 모듈마다 초보 교사이든 경험 많은 교사이든 관계없이 모든 교사들에게 교수방법의 요령과 내용을 전달하는 방법을 제공하고 있어 도움이 된다. 부가적으로 모듈 사용자들은 모듈을 제작한 작가들이나 과학자, CHANCE 담당자에게 특정 모듈을 사용하는 방법이나 특정 모듈의 내용에 대해 질문해주기를 바란다.

연구방법

모듈 : 구성 및 개발

그림 12.2 CHANCE 모듈의 내용

각 CHANCE 모듈은 웹기반 멀티미디어 과학 수업이며, 학생들은 일련의 웹 단계를 따라가면서 (다소 웹 퀘스트와 유사한) 국가 차원 및 펜실베이니아 주 차원 교육 기준에 부합하는 환경과학의 기초 개념을 학습하게 된다. CNANCE 모듈은 멀티미디어 공학을 사용하여, 학생들을 교과서로부터 가상 연구소로 이동시킨다. 체제는 가상 현장 학습의 아이디어와 유사하나 학생들은 교사의 안내를 받기보다 유명한 연구를 수행하는 과학자의 안내를 받는다. 다양한 상호작용을 통해 필수적인 핵심 개념을 배우고 도전적인 과제를 완성한 후, 학생들은 모듈을 공동 집필한 과학자들과 동일한 탐구과정에 참여하기 위해 연구소를 방문한다. 거기서 학생들은 환경 관련 문제에 대한 결론을 도출하기 위해 실제 자료를 조작한다. 예를 들어 양서류 모듈, '환경 변화의 지표, 양서류'는 다소 간단한 분류학에서 시작하여, 코스타리카에 서식하는 금두꺼비 (*Bufo periglenes*)의 세계적 분포를 나타내는 지도그리기 활동과 금두꺼비 한살이를 공부하고 나서는 지구촌 온실효과에 대한 과학지식을 설명하는 활동으로 넘어간다. 그 후, 학생들은 피츠버그 대학교(University of Pittsburgh) 피마튜닝 생태학 실험실(Pymatuning Laboratory of Ecology) 소장이자 부교수인 릭 렐리아박사(Dr. Rick Relyea)가 발표한 살충제 오염으로 인해 펜실베이니아 서부에 사는 특별한 양서류 개체군이 감소하는 증거를 제공한 연구를 분석한다.

지금까지 7개 모듈을 개발하였고, 전 세계 고등학교와 교육기관에서 사용할 수 있도록 준비를 마쳤다. 완성된 CHANCE 모듈은 다음과 같이 전 세계적으로 관심을 끄는 주제에 초점을 맞추고 있다. 침략성 식물종; 맹금류의 이동; 환경 변화의 지표 양서류; 바다거북의 부화기 행동과 생존율; 낙엽림의 종 다양성; 멸종 위기의 종; 지구 기후 변화(그림 12.2). 현재 개발 계획 단계에 있는 모듈은 생명과 진화, 물길 복원, 쓰레기 투기, 수질 오염, 전기 생산을 위한 석탄 연소 등의 주제를 포함한다.

CHANCE 교육과정 활동 페이지에 추가하여, 각 모듈의 홈페이지는 그 모듈에 대한 설명을 제공할 뿐만 아니라 더 많은 탐색을 위한 웹사이트를 제시해주며, 수업 활동과 관련된 적절한 배경지식, 교사 안내서, 펜실베이니아 주 교육 기준 등을 포함시키고 있다. 교사 안내서는 교사들이 이 지도방법으로 학생들을 가르치기 전에, 반드시 모듈 전체를 완전하게 점검하기를 적극 권장한다. 핵심적 요지는 교사들이 연구자로서 독자적으로 자료와 과정을 완전히 이해한 후에 비로소 학습을 촉진시키고 상호작용이 일어나는 수업환경을 만들 수 있으며, 이러한 수업 환경에서 학생들은 자신의 학습에 더 많은 책임감을 가지게 된다는 점이다. 또한, 학생들이 사이트를 검색하도록 지원하기 위해서 교사들은 충분한 시간을 배정하여 학생들에게 각 활동 페이지마다 활동 목표와 내용에 대해 설명할 것을 적극 권장한다. 예를 들면 가장 최근에 개발된 모듈 '지구온난화 : 온도상승'의 활동 내용에서는 동위원소에 대한 간단한 소개와 빙하층의 표면 온도를 연구하는 방법을 잘 소개하고 있다. 모듈을 구성하는 각 활동지를 완성하는 데 약 35~40분이 소요된다(각 모듈은 5~6개의 활동지로 구성되어 있다). 따라서 교사는 특정 주제를 가르치기 위해 필요한 수업시간, 학습할 내용의 분량, 국가 교육 기준과의 관련성을 고려하여 어떤 활동지를 완성하도록 할 것인지를 정해야 한다.

'지구온난화 : 온도상승' 모듈에서, 학생들은 열대우림지역에서 탄소의 축적과 순환에 대한 연구로 유명한 코스타리카 열대기후 연구소(Organization of Tropical Studies, Costa Rica)에서 연구 중인 생태학자인 데보라 클락 박사와 함께 공부하기 위해 코스타리카로 이동하게 된다. 학생들은 모듈 홈페이지에서 생물권에 관해 특별히 초점을 맞춰 지구 지층에 대한 배경 정보를 얻는다. 도입부가 끝날 즈음 학생들은 상호적인 활동을 통해 전 세계적 규모로 지층과 대기권을 나타내는 층을 관찰하게 된다. 학생들은 CHANCE의 독특한 평가 기록 도구인, 진행노트(a Progressive Notebook)에 9가지의 개방형 질문에 대한 답을 기록한다.

진행노트는 학생들이 질문 아래에 위치한 빈 칸에 자신의 답을 채울 수 있게 만들어졌다. 일단 학생들이 답 쓰는 것을 끝내고 나서 '다음 질문' 단추를 클릭하면 모듈은 학생들의 답을 저장한다. 모듈의 어떤 부분에서든지 학생들은 진행노트 단추를 클릭하여 자신의 연구를 볼 수 있다. 진행노트 페이지는 스프링으로 제본된 연구노트와 비슷한데, 질문과 답들은 각각 완성되었던 순서대로 보여준다. 그 페이지는 프린트할 수 있고 평가나 연구 목적을 위해 PDF 파일로 저장도 할 수 있다.

질문에 답하는 과정을 모두 마치고 나면, 학생들은 그 페이지의 단추에 있는 링크를 클릭하거나 사이드바 메뉴를 사용하여(페이지로 지정되어 있는) 다음 활동으로 진행할 수 있다. 이 모듈의 다음 활동은 탄소 순환과 어떻게 인간이 탄소를 지권에서 대기권으로 이동시키는지에 대한 내용을 포함하고 있다. 간단한 도입이 제시된 후에 뷰어는 환경보호단체의 *기후변화아이들(Climate Change Kids)*이라는 웹사이트[26]의 일부 활동을 끝내도록 되어 있다. 세 번째 활동에서 학생들은 1958년 이래로 스크립해양연구소(Scripps Institute of Oceanography)에서 하와이 마우나로아로부터 수집한 자료를 가지고 그래프(Keeling's curve)를 그리면서 대기 내 CO_2 양의 변화를 측정한다. 네 번째 활동에서 학생들은 펜실베이니아 주립대학교 고기후학자인 리차드 알리 박사(Dr. Richard Alley)와 함께 연구하기 위해 그린란드로 이동하며, 과거의 기후 변동을 이해하기 위해 수천 년 전으로 거슬러 올라가 표면온도를 관측해 보기 위한 빙핵 샘플을 가져온다. 학생들은 개별적으로 모듈에서 특별히 제작한 비디오를 시청함으로써 알리 박사와 그의 연구를 배운다.

학생들은 다섯 번째 활동에서 16년 이상 자란 카노피 나무를 실측함으로써 어떻게 카노피 온도가 우림지역 생산성에 대한 영향력을 증가시키는지 보여주기 위해 공개 자료들을 수집한다(그림 12.3). 마지막 활동에서 학생들은 우주를 연구하는 NASA의 고다드 연구소 소장인 제임스 한센 박사(Dr. James Hansen)를 만나 현재 우리가 당면해 있는 기후 위기의 시급함과 과학자들과 정책결정자들 사이에 존재하는 차이의 실제에 대해 배운다. 또한 학생들은 왜 그리고 어떻게 빙하가 북극권 한계선에서 녹고 있는지, 우리는 왜 그리고 어떻게 현재 상태의 대기를 가지고 CO_2 배출량을 낮추어야만 하는지에 관해 배운다.

각각의 CHANCE 모듈은 교사들, 대학의 교수학습 전문가들, 유명한 과학자들, 프로그램 담당자, 연구소, 정부기구, 비정부기구, 교육공학 전문가들 사이의 복잡한 협업을 통해 개발되었다. 이 동반자 관계가 첨단 과학연구를 적절하게 보여주고, 과학교육에서 가장 최근에 소개된 교육방법을 소개하며, 애니메이션, 비디오, 가상실험 등으로부터

---

26) http://epa.gov/climatechange/kids/carbon_cycle_version2.html

효과적이고 참여적인 교육공학 기법을 활용할 수 있도록 최종 결과물들을 생산해낸 것이다. 이런 요인들은 학생들이 환경과학의 관심주제 및 생물학적인 개념을 탐색하고, 비판적으로 사고하며, 이해하도록 자극을 시킨다.

새로운 모듈 개발은 모든 이해당사자들의 피드백과 전문지식을 합치는 집중적인 과정이다. 매년 CHANCE 담당자는 함께 새로운 모듈을 개발하기 위해 코스타리카에서 CHANCE 현장교육에 참여했던 일부 교사를 선출한다. 스토리보드 만들기로 알려진 이 과정에는 새로운 모듈의 모든 페이지마다 상세하고 정확한 내용을 작성하는 활동을 포함시키고 있다. 모듈 개발팀은 본문, 활동, 관련 사이트 링크, 애니메이션 등을 제작하기 위해 힘을 합쳐 연구한다.

CHANCE 담당자는 교사들과 과학자에게 스토리보드 만드는 방법을 교육하며, 새로운 모듈의 개요를 개발할 수 있는 멘토 역할을 담당한다. 10명의 예비 및 현직교사들은 2004년부터 이 과정에 참여해 왔다. 그 스토리보드 만들기 교육은 적어도 1개월이 걸리며, 스토리보드가 완성되는 데는 약 3개월이 소요된다.

이와 같이 철저하게 계획된 교사 연수에서 예비 및 현직 과학교사들이 인지적 부담을 느끼지 않도록 유도하는 교수방법을 적용하고 (Mayer and Moreno, 2003), 멀티미디어 학습에 대한 이론을 사용하여 어떻게 사람들이 과학을 배우는지와 학생 선 개념을 어떻게 평가하여 드러내는지에 초점을 맞추고 있다. 학습 자료에서 지식중심 내용은 개념적 틀과 함께 관련된 실제 사례들을 제시해야 한다. CHANCE 참여자들은 또한 학생들이 스크린의 지식과 인쇄물의 지식을 상호작용하도록 교육과정의 균형적 접근방법 (Gransford et al., 1999; Donovan and Bransford, 2005; Duschl et al., 2007)을 탐색하고 있다.

교사들은 관련된 최신 정보와 안내지침을 얻기 위해 (CHANCE 멘토들이라고 불리우는) 연구 분야에서 선발된 전문가들과 조심스럽게 짝을 이루고 있다. 담당자들은 계속해서 스토리보드를 편집하고 작성하고 있다. CHANCE 멘토와 다른 과학자들은 모듈의 과학 내용을 포괄적으로 심사하여 정확성을 확보하고 있다. 새 모듈이 완성된 후, CHANCE 교수학습설계 담당자는 전자 페이지로 개발하여 탑재한다; 이 과정 또한 담당자와 선발된 교사 멘토들이 감수한다. 마지막으로 전국의 고등학교 교사들은 새 모듈을 수업현장에 적용하여 검증한다. 시작부터 끝까지 각 모듈이 완성되기까지는 약 6~8개월이 소요된다.

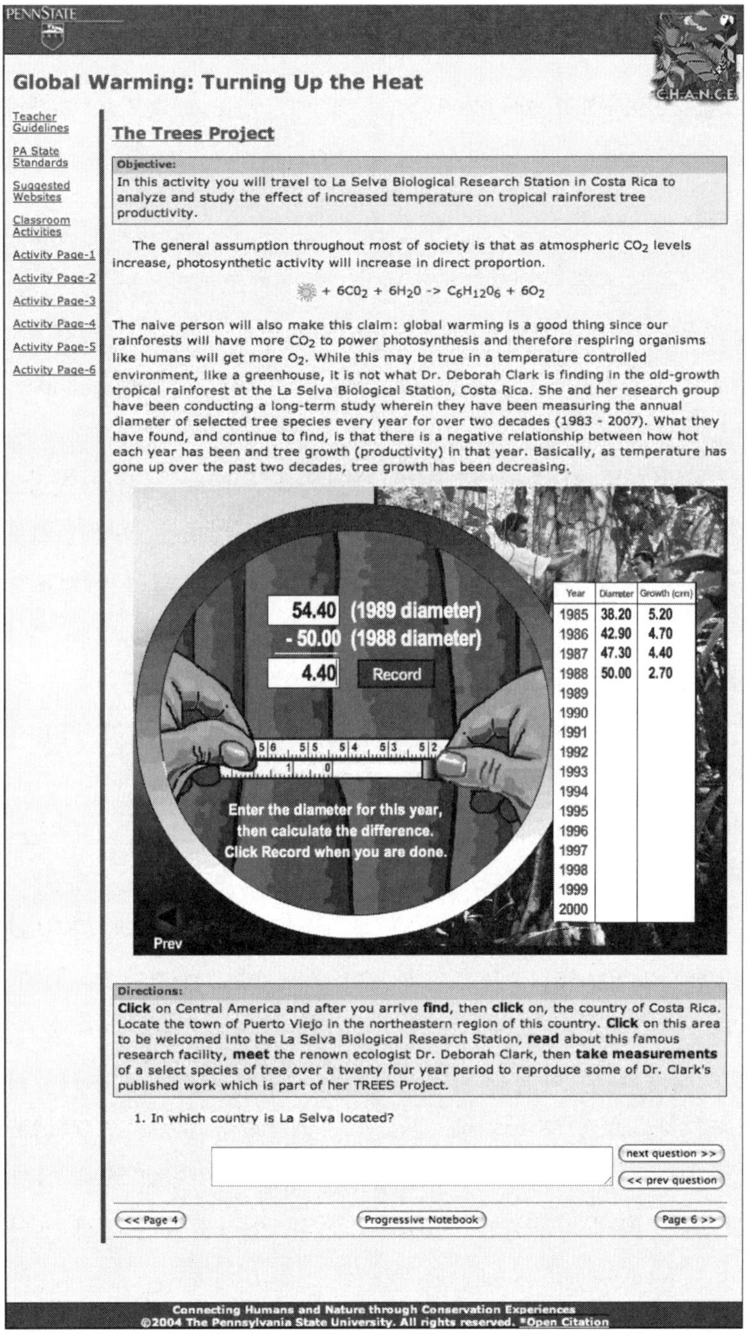

그림 12.3 CHANCE 모듈 '지구온난화 : 온도상승'의 다섯 번째 활동

결과 : 학습의 평가

모듈과 프로그램을 평가하고 개선하기 위해 다양한 연구와 측정을 수행해 왔다.

현장 교육과정

CHANCE 현장 교육은 6년 이상의 기간 동안, 전 세계로부터 선정한 생물 군계를 체험할 수 있도록 해외현장 학습경험을 제공하는 단기 연구 과정에서 발전된 '현장경험 학습모델'을 엄격하게 적용하고 있다(Zervanos and McLaughlin, 2003; Mclaughlin, 2005).

학생들의 학습 평가는 학습내용의 통합과 적용을 독려하는 사전 현장답사 과제, 현장중심 학습경험, 사후 현장답사 과제의 3가지 과정을 포함하는 통합 모델로 이루어진다.

한 가지 목표는 단순한 사실을 기억하는 차원의 수업을 넘어서 적용하고 통합하는 고차원적 영역으로 학생들을 이동시키고자 하는 것이다(Bloom et al., 1956; Anderson and Krathwohl, 2001). 이것 때문에 과정은 학생들이 지식과 탐구기능을 발휘하도록 만드는 과제를 제시하고 수행평가를 포함하고 있다. 학생들은 매일 과학자들이 현장을 관찰하여 정리하고 문서화하는 데 활용해 온 현장 일지와 유사한 일지를 작성한다. 이 평가는 과학자들의 활동을 그대로 반복하는 것이다. 일지 쓰기는 고차원적 사고를 격려하고 이에 대한 증거를 제공한다. 일지 평가는 사후 현장답사 과제에서 제시하는 질문에 대한 개방형 답변을 평가하는 것으로 보완한다. 이 사후 현장답사 과제는 학생들이 읽기자료와 현장경험을 연결시키고, 학습이 어느 정도 발전되었는지를 보여주는 기회를 제공한다.

또한 '학습 성과에 대한 학생 평가'라는 것을 개발하였다. 이 도구는 학생들이 특정 학습활동이 특정 지식과 탐구 성과에 기여했던 범위까지 평가하고 언어적으로 상세화시키는 것을 요구하고 있다. 예를 들어 학생들은 생물 다양성의 기본 원리를 이해하고, 인간의 활동과 환경 사이의 관계를 이해하며, 다른 일반적인 생물학 개념을 이해하는 데 현장경험이 도움이 되었다는 내용을 평가하고 논의하게 된다. 유사한 질문들은 이러한 학습 경험이 어떻게 과학적 탐구 능력을 얻고 고차원적 인지기능을 얻는 데 기여했는지를 탐색한다. 현장 교육에 참여한(총 62명의) 학생 및 예비교사 3개 집단이 평가한 결과에 따르면, 모든 학습활동에서 학생들이 인지적·정의적 학습 효과를 나타냈다(Mclaughlin and Johnson, 2006). 또한 학생들이 문제 중심 현장 경험을 통해 생물다양성에 대한 지식을 획득하는 데 도움을 얻은 것으로 나타난 자료들에서 인간이 어떻게 생태계에 영향을 미치는지에 대한 학생들의 이해를 향상시키며, 결정한 행동이 미래 생물다양성에 어떻게 관련을 맺을지에 영향을 미친다.

현재 계획하고 있는 추수 연구는 CHANCE 현장 교육에 참가한 교사들이 학생들을 가르치는 데 현장 교육이 어떻게 영향을 주었는지를 종단적으로 추적하여 평가하는 것이다. 참가한 교사들은 사후에 수많은 대화 상황에서 비공식적으로 반성적 피드백을 제공했다. 다음 인용문에 그러한 내용이 나타나 있다.

> 첫째, 코스타리카의 현장 연구 경험은 일단 내가 교실에서 매우 활기차도록 만들어주었습니다; 둘째, 체험활동에서 얻은 풍부한 경험, 사진들, 지식, 그리고 연구 등은 내가 수업에서 엄청나게 많은 새로운 자료들을 쓸 수 있게 해주었습니다; 셋째, 활용할 수 있는 모듈은 그 자체로 가치로운 교재일 뿐만 아니라 내 수업에서 상호작용을 유도하는 교수방법을 실천하도록 해주고 있답니다. －2007년 참가 교사

> 내가 CHANCE 프로그램의 일환으로 코스타리카에 갔을 때, 대학을 갓 졸업했었고 8학년 과학을 가르치는 첫 해를 막 시작하려 하고 있었습니다. 돌아보면 코스타리카의 아름다움을 풍부하게 체험하고 현장 연구를 수행했던 나의 경험들은 교수방법에 대한 철학을 진정으로 정착시켜 주었어요. 내가 느꼈던 신나고 황홀했던 감정을 내 학생에게 그대로 재현하게 했었죠. 만일 내가 이와 같은 감정과 영감을 내 학생들에게 불러일으킬 수만 있었다면, 학생들은 그것을 제대로 배웠을 겁니다. CHANCE 프로그램을 통해 내 교실에 생물종 다양성과 탐구를 가져온 일은, 내 교사경력에 가장 큰 영향력을 불어넣었던 부분이었어요. －2004년 참가 교사

> CHANCE 현장 교육은 내 생활을 변화시켰어요. 그 경험을 한 후, 저는 생물을 더욱 열정적이고 열심히 가르치게 되었습니다. 단지 내가 학생들에게 코스타리카 여행담과 사진들을 공유하는 것만으로, 내가 중요한 생태학적 주제에 대해서 지금 얼마나 많이 학생들에게 영향을 미칠 수 있는지 믿을 수가 없는 정도랍니다. －2005년 참가 교사

> 저는 고등학교 생물과 AP 환경과학 교사입니다. CHANCE 프로그램은 20년 이상의 교직경력을 통해 참여했던 연수 프로그램 중 최고였어요. 보존생물학을 상호작용 접근방식으로 연구와 통합하여 공부한 일은 정말 가치를 가늠할 수 없을 만큼 가치로웠어요. 난 내 고등학교 학생들에게 이런 탐구기능을 제공하는 것이 얼마나 중요하다는 것을 알게 되었고, 모듈들은 이 과제를 진짜로 가능하게 만들고 있습니다. 첨언하자면 코스타리카에서 한 프로그램에서 보는 것, 느끼는 것, 만지는 것은 정말로 내가 매일 교실로 가져갈 생활을 변화시키는 경험이었습니다. －2007년 참가 교사

모듈들

최근 연구가 CHANCE 모듈이 전통적인 교수방법에 비해 효과적임을 지지해주고 있다(Mclaughlin, 2010a, 2010b). 이 연구는 펜실베이니아 주 내에 서로 다른 3개의 고등학교에서 생태계 관련 1개 단원을 가르치면서(유사한 핵심개념과 기준을 가르치면서) 전통적인 교과서 내용 강의 및 암기 방식으로 수업한 6개 학급을 CHANCE 모듈을 사용한 6개 학급과 비교하였다. [그림 12.4]는 그 교과서와 모듈 그룹에 대한 검사 결과를 나타내고 있다(115명의 학생이 교과서, 97명의 학생이 모듈 수업 그룹으로 총 212명 대상). [표 12.1]에서는 [그림 12.4]에서 보여준 결과에 대한 평균, 표준편차, 통계적 유의성을 제시한다. [그림 12.4]와 [표 12.1]의 결과는 두 그룹의 사전 사후 검사 사이에서 통계적으로 유의한 차이를 보여준다. 두 그룹은 생태계 단원 수업 시작 전에 먼저 검사를 했고, 그 다음 강좌에서는 교과서 4, 5, 6장에서 생태학 단원 주제들을 가르쳤으며 3개월 후에 생태계 단원 수업이 끝났다.

자료 분석결과 사전·사후 검사를 비교해 보면, 교과서로 배운 학생들보다는 CHANCE 모듈을 사용한 학생들이 각 장에서 다루는 내용에 대해 주어진 개념 평가에서 높은 점수를 얻었다. 사후 검사 결과, 교과서 수업 그룹은 5.91 %가 향상된 것에 반해, 모듈 수업 그룹은 12.99 %가 향상된 것으로 나타났다. t−test 평가를 보면 교과서와 모듈 그룹 사이에서 최종 사후 검사는 p=0.001수준에서 통계적으로 유의하게 나타났다(표 12.1과 그림 12.4). 중요하게 참고할 것은, 두 그룹의 학생들의 점수가 사전평

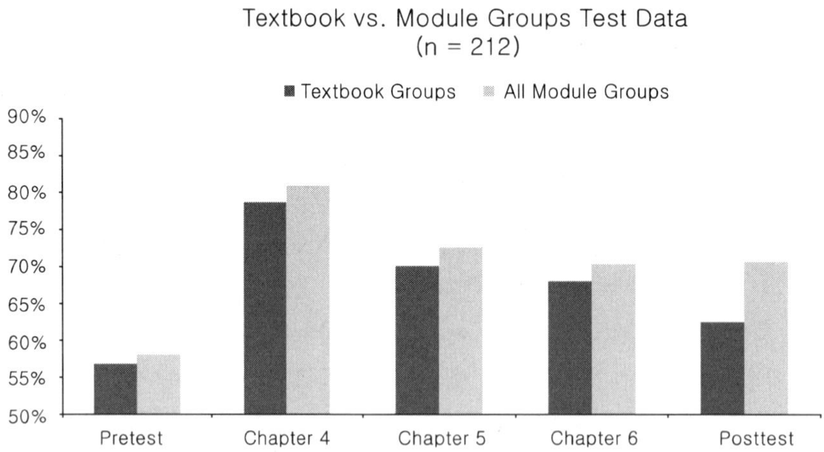

그림 12.4 교과서 vs. 모듈 그룹 검사 자료(모든 그룹)

표 12.1 고등학생 그룹 간 검사에 대한 평균, 표준편차, 통계적 유의성, 신뢰도

	학생수	평균	표준편차	t	p-value
모든 교과서 그룹 사전조사	115	55.792	4.048	0.896	0.186
모든 모듈 그룹 사전조사	97	57.708	3.638		
모든 교과서 그룹 사후조사	115	63.107	3.666	3.114	0.001
모든 모듈 그룹 사후조사	97	69.937	4.222		

가 단계에서는 유의한 차이가 나타나지 않았었다는 것인데(단지 1.91 %만 그룹 간 차이를 보임), 이는 두 그룹 모두 전반적으로는 비슷한 학습 능력을 보유한 것을 말해주고 있는 것이다.

전반적으로 학생들의 성취도는 교육과정이 CHANCE 모듈로 보충되었을 때 향상되어 왔다. 그러나 주목할 필요가 있는 것은 전체 자료(n=212)를 학업능력 수준별로 나누어서 처리해 보면, CHANCE 연구 모듈을 사용했던 영재성이 높은 그룹(n=61)과 대입 준비 그룹(=92)의 학생들은 교과서만 사용한 그룹의 학생들(n=59)보다 3개의 장에 포함된 과학 개념 평가 시험에서 더 높은 점수를 얻었고, 대학을 진학하지 않는 실업계 그룹은 대체적으로 점수가 낮았다(그림 12.5~12.7, 표 12.2). 이 결과는 놀랄만한 것은 아닌데, 이 실업계 학생들은 첫 배치 고사에서 과학에 대한 관심이 강하지 않아서, 특별히 '낮은' 그룹으로 분류되었기 때문이다. 그 결과는 학업을 계속할 진로를 가

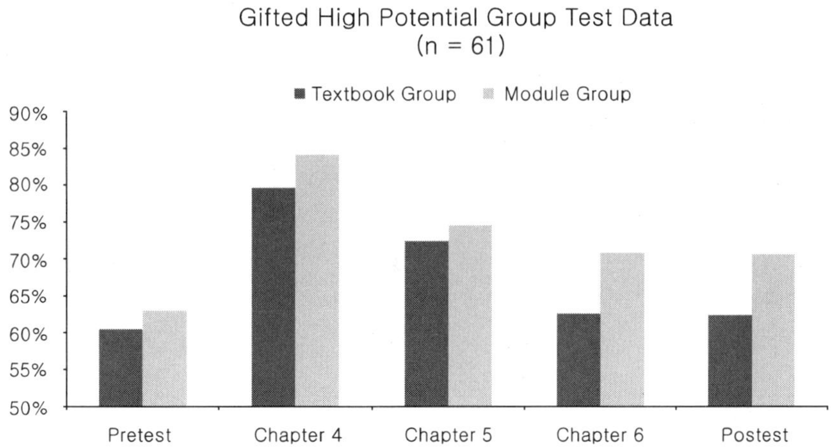

그림 12.5 교과서 vs. 모듈 그룹 검사 자료(영재성이 높은 그룹)

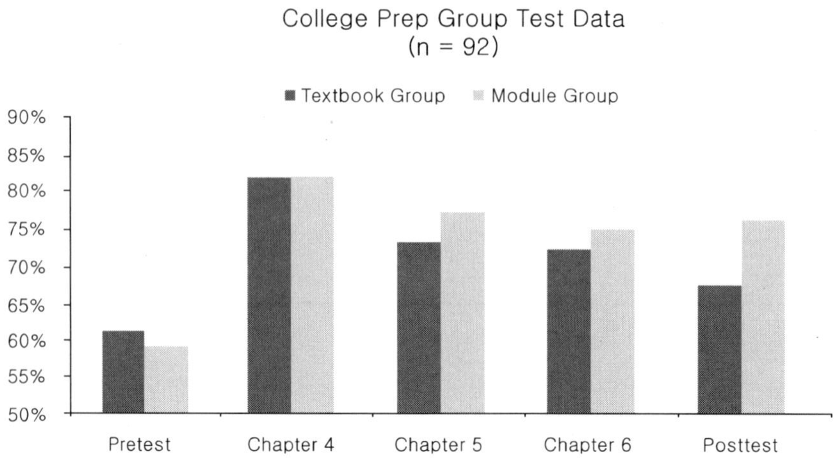

그림 12.6 교과서 vs. 모듈 그룹 검사 자료(대입 준비 그룹)

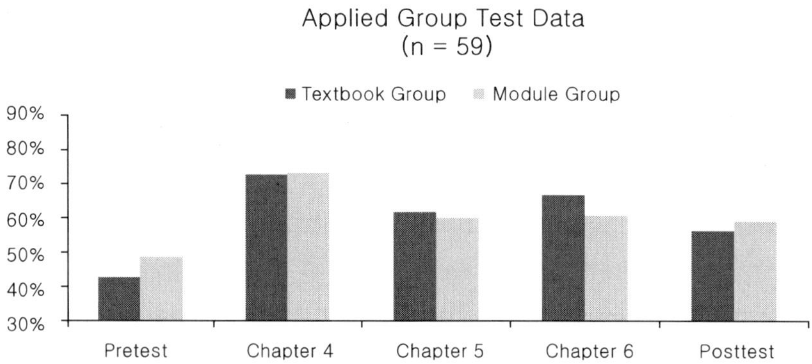

그림 12.7 교과서 vs. 모듈 그룹 검사 자료(실업계 그룹)

표 12.2 학력 수준에 따른 검사 점수 평균

	사전	4장	5장	6장	사후
영재성이 높은 그룹(n=61)					
교과서만 사용한 그룹	60.44 %	79.62 %	72.40 %	62.55 %	62.36 %
모듈 그룹	63.00 %	84.14 %	74.48 %	70.81 %	70.64 %
대입 준비 그룹(n=92)					
교과서만 사용한 그룹	61.36 %	82.46 %	73.63 %	72.66 %	67.55 %
모듈 그룹	59.24 %	82.69 %	77.76 %	75.54 %	76.65 %
실업계 그룹(n=59)					
교과서만 사용한 그룹	42.80 %	72.70 %	61.80 %	66.77 %	56.36 %
모듈 그룹	48.76 %	73.18 %	60.16 %	60.74 %	59.04 %

진 학생들 뿐만 아니라 대학 진학과 관련 없는 학생들에게 기술-중심 교육과정 교재를 시급하게 개발하여 보급할 필요가 있다.

[표 12.2]는 [그림 12.5~12.7]에 나타낸 검사 결과에 대해 학력수준에 따른 검사 점수 평균을 보여주고 있다. 그 결과는 영재성이 높은 그룹 (p=0.012 수준)과 대입 준비 그룹 (p=0.004 수준)의 사전 · 사후 검사 점수들은 통계적으로 유의한 차이를 드러내었다. 그렇지만 실업계 그룹은 사전 · 사후 검사 결과 통계적으로 유의한 차이를 나타내지 않았다(p=0.37 수준).

우리는 단기간에 CHANCE 모듈에 대한 학습 효과만 측정했으므로, 다음 연구 과제는 고등학생들 사이에 더 강력한 학습결과가 CHANCE 모듈에서 기인한 것인지와 참신성 효과 (Bauer, 2004)는 아닌지를 결정하기 위한 종단적인 연구를 포함시킬 것이다. 대학생들을 위해 특별히 고안된 새 연구 모듈들이 현재 개발 중이므로, 가까운 미래에 이 그룹의 학습효과에 대한 평가가 진행될 것이다.

이 연구에 참여했던 모든 고등학생들은 또한 과학학습, 연구실행, 컴퓨터 사용에 대한 태도를 평가하기 위해 사전 · 사후 태도 설문에 응답하였다. 전반적으로 학생 자료에 따르면 현재 청소년들은 과학에 대한 학습과 연구가 어떻게 진행되는지에 대한 이해에 관해 긍정적인 태도를 가지고 있음을 나타냈다. 또한 설문에서는 학생들의 교과서에 대한 인식을 평가했다. "나는 내가 배우는 생물교과서가 재미있다는 것을 알고 있다."라는 진술문의 사후 설문 결과에서 52 %의 학생들은 동의하지 않았다. 그러나 "나는 학습도구로 컴퓨터 기반 자료들을 편리하게 사용한다고 느낀다."라는 진술문에는

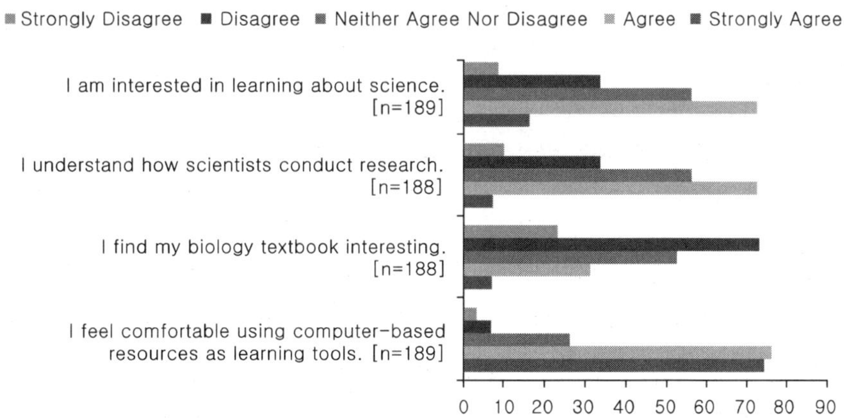

그림 12.8 사후연구 설문 반응 (최고에서 최저까지)

81 %의 학생들이 그렇다고 동의했다. 이 정보는 현재 청소년들은 기술을 날마다 삶의 일부라고 여기고 있는 생각을 강조하고 있다. [그림 12.8]은 수업에서 생태계 단원의 결론으로 제기된 설문 문항에 대한 학생 반응을 보여주고 있다. 설문은 '1=절대 동의하지 않는다'부터 '5=매우 동의한다'의 범위를 측정하는 리커트 척도를 사용했다.

추가적인 연구 과제 자료는 모듈 사용에 대한 학생들과 교사들의 질적 관점, CHANCE 모듈 디자인에 관한 피드백, 고등학교 수준의 과학 내용의 적절성, 교사들이 채택할 가능성 (McLaughlin and Arbeider, 2008) 등에 대한 정보를 제공한다. 교실에서 CHANCE 모듈 사용에 대해 두 시간의 워크숍을 진행한 뒤, 68명의 교사들 (10명의 예비교사와 58명의 현직교사)은 웹사이트 디자인에 대한 사이버가이드와 내용 평가에 관한 사이버가이드를 모두 사용해서 "펜실베이니아에 서식하는 침략적인 식물 종들"이란 모듈을 평가하였다 (MacLachlan, 1996). 교사들이 채택할 가능성을 계산해보기 위해, 또한 그들 중 10명의 예비교사를 포함한 46명의 교사들은 미래 모듈을 사용할 가능성에 대한 간단히 조사에 응답해 주었다. 사이버가이드 평가 결과는 예비교사와 현직교사들 모두 동일하게 매우 긍정적이었다. 교사들은 모듈 디자인에 대해서도 피드백을 제공하였다. 주요 관심사항 중에서도 예비교사들은 경험이 많은 현직교사들보다 통상 더 많은 관심을 보이고 디지털 기술을 실행할 가능성을 높게 나타냈다는 것이다. 자유응답형 소감에서는 예비교사들은 교생실습 기간에 CHANCE 모듈을 적용해 볼 것이라고까지 했다. 예비교사들의 소감은 다음과 같다.

> 모듈들은 정말 호감이 가요. 난 내가 그 모듈로 공부했을 때 교사로서 아드레날린이 샘솟는 것을 느꼈어요. 내가 생각할 수 있었던 전부는 내 학생들이 이것을 좋아하게 될 거라는 것과 실제로 학생들이 이것을 사용함으로써 환경에 대해 의미 있는 무언가를 배울 수 있다는 것이었습니다.
>
> 전 애니메이션, 그림들, 활동들, 연구시나리오들이 좋았어요. 다른 모듈을 더 경험해보고 싶어 견딜 수가 없네요.

이와 같은 초기단계의 결과들에 비추어 볼 때, 향후 연구에서는 인구통계학적 정보와 교수방법 설문조사 자료를 수집하여, 이러한 차이를 철저하게 조사하게 될 것이다.

CHANCE 담당자는 과거 수 년간 전국, 주, 지역 단위로 학교와 다른 교사 연수 과정뿐만 아니라 교사 모임 등에서 수많은 전일제 또는 반일제 워크숍을 진행해왔다.

워크숍의 강좌들은 참여한 교사들이 CHANCE 모듈의 기술적 체제를 편리하게 사용할 수 있고 과학과 교육과정에 모듈을 활용하여 신나는 수업을 실천하도록 만들었다.

워크숍 참가자들은 워크숍의 각 강좌에 대한 평가 조사지를 작성하였다. 이 평가 조사지들은 교사들의 다양한 피드백을 제공할 것이다. CHANCE 모듈에 대한 3시간 연수 과정을 이수한 후, 교사들은 연구 과정을 수업에 적용하여 과학개념을 더 효과적으로 학습시키고, 고차적 수준의 과학탐구를 지도하는 일을 더욱 자연스럽게 실천할 수 있다고 말하곤 한다. 교사들은 CHANCE 모듈을 사용하여 최근 논문, 초청강사, 실험을 수반하는 과학적 연구의 기회를 더 많이 포함시키겠다는 의향도 내비쳤다.

2009년 봄, 전국적 규모의 교과서 회사 한 곳에서 모듈에 대한 블라인드 심사를 진행하기 시작했다. 이 회사는 지구온난화 모듈의 철저한 심사를 포함하여, 모듈의 구성, 수준, 내용 깊이, 기능성 등에 대한 일련의 질문에 답할 교사들을 전국적 규모로 모집했다. 현재는 끝났는데 분석이 대단히 긍정적인 것으로 알려졌다. 가장 많이 진술된 약점 중 하나는 모듈 수업에 걸리는 시간이다. 많은 심사자들이 교실수업에서의 시간 제한에 대해 걱정을 표했다. 지구온난화 모듈에 대한 몇몇 심사자들의 소감은 다음과 같다 :

> 나는 이 모듈에서 학생들이 스스로 지구온난화 주제를 가르칠 수 있게 하는 지도방법이 매우 효과적이라고 느낍니다. 나는 학생들이 연구에 참여하여 자료를 그래프로 그리는 것이 참 좋네요. 활동 #1과 활동 #2는 유용한 핵심 과학을 내포하고 있다고 봅니다.
>
> 제 생각으로 빙핵과 나무 직경을 알 수 있는 기회가 학생들에게는 참으로 도움이 될 것 같네요. 연구를 소개했던 사람들과 학생이 직접 실습하는 것 등이 참 좋습니다. 전 2가지 활동을 우리 학생들과 해볼까 하지만, (시간이 부족해서) 모듈을 매번 처음부터 끝까지 해보지는 못할 것 같네요.
>
> 나는 정말 이 모듈을 가지고 수업을 해볼까 해요. 학생들을 컴퓨터실에 데리고 가서 단계마다 함께 모두 해보고 생각과 관심을 나누면서 수업을 마치겠습니다. 이것은 내가 필요하다고 생각될 때, 보충자료로 쓸 수 있을 것 같아요.

결론 : 모듈을 넘어서

단순히 가르치는 도구로서 모듈을 사용하는 것 이외 교사와 학생은 현재 환경 문제에 대해 토의하고 논쟁하고 있다. 그들은 함께 연구하고 기업체, 학교, 정부 등 더 큰 공동체를 쳐다보면서 동반자 의식을 만들어 가고 있다.

예를 들어 2009년 겨울, CHANCE 프로그램은 제약회사인 sanofi-pasteur와 국제적인 지붕제작 회사인 ATLAS International Inc.로부터 지원을 받아 CHANCE 2009 음악과 환경대회를 개최하였다. 이 아이디어는 학생들에게 리차드 알리 박사가 'Proud Mary'[27]의 곡조에 맞추어 지구온난화에 대해 노래를 부르는 유투브 동영상이 5개 별로 평가되었던 것을 알려주기 위해 나왔다. 펜실베이니아 고등학교 학생들은 3~5개 그룹으로 나뉘어서 환경에 대한 관심의 중요성을 강조하기 위해서 그들이 좋아하는 노래들 중 한 곡에 가사를 바꿔보는 공부를 했다. 학생들은 학교에서 자신들이 만든 환경 노래를 공연하여 그 장면을 실제 녹화해서 유투브에 올렸다. 심사위원들이 순위를 정하고, 최고 우승자들은 상금을 받았는데, 그 상금은 학교가 더욱 지속가능하도록 환경에 초점을 맞춘 과제를 수행하는 데 사용되어야만 했다. 우승자의 동영상은 또한 CHANCE 웹사이트에 탑재되었다. 2009년 우승자들은 상으로 받은 2,500불을 펜실베이니아 주 스위프트워터(Swiftwater) 시에 있는 동 포코노 고등학교(East Pocono High School) 캠퍼스에 땅을 좀 마련하여 공동체 정원과 야외 영화관을 만드는 데 사용할 것이다. 심사위원들은 우승자들이 지구의 날 기념회(Earth Day celebration)와 같은 특별한 이벤트를 위해 모두 함께 모일 수 있는 장소로 정원과 영화관을 사용하고 환경을 개선하겠다는 계획에 동의하였다.

다른 참여 교사들은 환경을 주제로 한 학생단체를 시작했다. 2명의 교사들은 체육 및 야외수업 활동을 위한 공동체 정원꾸미기를 계획하고 실행에 옮기기 위한 과제를 각기 이끌어 왔다. 다른 교사들은 학생을 위해 인근 지역 현장 경험의 기회를 제공하고 있으며 한 교사는 현재 학생들을 코스타리카에 데리고 가서 수업하고 있다. 과학전람회 활동 등에 더욱 열심히 참가하게 되었다. 많은 교사들은 전문적인 단체의 구성원으로서 전문성을 지속적으로 신장시키고 있으며, 추수 워크숍과 연수를 이수하고, 과학자들과 연계를 해나가고 있다. 많은 교사들은 주간 수업계획에 지역적, 국가적, 국제적인 환경 문제에 초점을 맞추는 '최근 사건들'에 대한 활동을 포함시키고 있다.

---

27) http://chance.psu.edu/idol.htm

국가과학교육기준(NSES)에 맞추기 : 더욱 강조하기

CHANCE 프로그램의 수많은 단계들은 NSES의 과학교육 개혁의 필요성에 부응하고 있다. 교수방법에 대해 논의하자면, 교사들은 CHANCE 프로그램을 도구로 사용하여 교육과정을 책임질 수 있게 된다. 즉, 이 프로그램의 전체 또는 일부에 실제 과학연구 자료를 포함하여 학생들의 과학적 탐구기능을 신장시킬 수 있다. 각 모듈은 지역적 및 지구촌 차원의 관심을 다루는 과학 주제에 대해 활발한 토론의 장을 펼칠 수 있도록, 무대를 마련하고 수준 높은 에너지를 제공한다.

교사 전문성 신장의 관점에서, CHANCE 프로그램은 조사와 탐구를 통해 과학을 배울 충분한 기회를 제공한다. CHANCE 현장 교육을 통해, 교사들은 지구 전체에 영향을 미치는 연구 과정에 직접적으로 기여한다. 교사들은 종종 주거지와 지역사회 환경을 중앙아메리카를 방문했을 당시의 것들과 비교하고 대조하게 된다. 귀국 후 몇몇 교사들은 새로운 CHANCE 모듈 개발을 돕고 있는 과학자들과 새로운 동반자 관계를 만들어서 과학적 탐구를 지속한다. CHANCE 참가자들은 빈번히 서로에게 도움을 주었던 동료들과 연락을 주고받으면서 새로운 교육방법도 함께 시도하기도 한다.

CHANCE 모듈마다 학생들의 탐구능력 개발을 많이 강조하고 있다. 환경에 관한 주제는 다른 학과 수업과도 쉽게 연결시킬 수 있다. 실험실 수업이나 현장 탐구에 필요한 예산이 마련되지 않을 경우, CHANCE 모듈은 학생들이 과학을 탐구하고 그들이 만든 결과에 대해 자신만의 설명을 할 수 있는 방법을 제공한다. 모듈은 의사소통하기, 자료 분석하기, 과학적 논쟁 만들기와 같은 과학과정 능력을 촉진시킨다.

CHANCE 모듈은 무료로 온라인으로 이용할 수 있고 주와 국가 교육기준에 맞춰져 있기 때문만이 아니라 오늘날 청소년들에게 관심을 증가시키는 이슈를 보여주고 있기 때문에, 학교 과학 프로그램은 CHANCE 모듈로부터 이득을 취할 수 있다.

결론

CHANCE 프로그램을 구성하는 현장 교육과 모듈의 2개 요소는 교사들에게 전형적인 전문성 신장 방안에 대해 최신의 대안적 해결안을 제공하고 교육과정을 재구성하는 기회를 제공해 주고 있다. CHANCE 프로그램은 진행 중인 연구와 결과 평가에 기반을 두고 발전을 계속하고 있다. 이 프로그램은 과학탐구 기능에 대한 학습과 NSES의 비전을 지지하고 있다.

CHANCE 연구 모듈은 학생들과 신규 교사들의 디지털 적성을 충분히 이용하여 학생들에게 펜실베이니아와 전 세계적으로 공인된 연구 프로그램으로부터 실제 과학 자료와 정보에 대하여 탐색하고, 관찰하고, 질문하고, 가설을 생성하고, 자료를 분석하고 비판적으로 생각하게 함으로써 탐구 기반 학습을 조장한다. 경험이 풍부한 교사들은 CHANCE 모듈에 대한 기초를 형성시킨 정통 과학을 받아들이면서 교재의 상호작용적 본성에 대해 쉽게 이해한다. 이 컴퓨터 기반 상호작용적 접근방식은 최근의 기술이 이용되는 가상 경험을 대부분 즐기고 있는 중·고등학생들을 특히 끌어들이기 좋다. 무엇보다도 CHANCE 모듈은 학생들이 자신의 학습과정을 주도하는 개인으로써 참여할 기회를 제공한다는 점에서 능동적 학습을 조장하고 있다는 점이 가장 좋다.

참으로 로버트 디한(Robert DeHaan, 2005)은 미국 과학교육에 대한 본보기가 되는 논평에서 “가르치는 데 실제 연구 전략을 사용하는 것은 학생들이 학습하는 데 진정한 효과를 발휘할 것이며, 과학적으로 소양 있는 사회와 활기차고 진취적 연구 환경을 촉진시키는 데도 진정한 효과가 있을 수 있다”고 하였다. CHANCE 팀은 잘 교육된 시민들만이 우리가 사는 자연세계의 심각한 변형을 막을 프로그램을 개발하고 정책을 만들어 낼 자질을 갖추게 될 것임을 믿고 있다. 동료 심사를 거치는 학술지 논문에 게재된 자료들은 중요하다. 그런데 일부 논문에서만 목표로 한 어려운 연구 자료들을 읽을 수 있고 이해할 수 있다. 고등학생들이 실제 어려운 연구 자료를 실생활 문제를 생각하면서 고민하는 수준으로 만들어 주는 일은 과학자들이 책임지고 실천하기 가장 가치있는 노력들 중 하나이다; 고등학생들이 실생활의 문제를 연구 자료에 기초하여 고민하도록 만드는 일이 매우 중요한 일이기 때문에, 과학자들은 가까운 미래를 책임지게 될 학생들을 위해 수업에서 사용할 학습 자료를 만들어주어야 할 것이다.

펜실베이니아 교육부는 CHANCE 현장 교육과 연구 모듈이 환경과학과 생태학에 있어 고등학교 교사와 학생들이 9가지 주 교육기준에 맞출 수 있다면서 추천하고 있다. 대부분의 주들은 서로 비슷한 교육기준을 가지고 있기 때문에, CHANCE 프로그램은 전국 고등학교 생물교육을 개선하거나 개혁할 수 있는 실현가능한 방식을 제공하고 있다.

저자 주

- CHANCE 모듈들은 웹페이지[28])에서 무료로 이용가능하다.
- 코스타리카 현장 교육에 지원하기 위해서는 모듈 적용 워크숍에 참여하거나, CHANCE Idol Video Contest와 같은 다른 연관 기획 프로그램에 관해 알아보며, 해당 웹페이지[29])를 방문하거나 웹페이지 담당자인 제클린 맥로린[30])에게 이메일을 보낸다.
- CHANCE는 2005년 펜실베이니아 국제교육협회(PaCIE)로부터 'Bringing the World to Pennsylvania' 상을 받았다.

감사의 글

CHANCE에 관한 신뢰와 영향력에 대해, 우리는 패트리시아 바디스(PDE), 엘린 슐린더(sanofipasteur), 제임스 버스(ATAS international, Inc.), 모든 다른 동반자들, 스폰서들, 그리고 협력자들 모두 그들의 지지와 지원에 감사드린다(웹사이트 상에 전체 목록을 실었다). 특히, 우리는 CHANCE 현장 교육과 실제 연구 과정을 과학교육과 함께 접목시킬 수 있게 해준 데 헌신을 다해 준 NGO들 : 라셀바에 있는 열대기후연구소(OTS); 파나마의 보카스 델 토로에 있는 스미소니언 열대기후연구소; 코스타리카, 간도카에 있는(듀크대학) 와이드캐스트; 코스타리카의 카리브 해안 보존협회 등에도 감사한다. 맥로린 박사는 모듈 개발과 디자인에 어마어마한 도움을 준 CHANCE 고등학교 교사 저자들, 연구 과학자 멘토들, 자신의 재능을 서로 다른 교육적 도구를 제작하는 데 사용해준 멀티미디어 디자인 전문가들에게 신세를 많이 졌다. 또한 우리는 그림과 표로 이 글에 나타내준 로날드 헤프트의 전문적인 도움에도 감사드린다. 끝으로 이 CHANCE 프로그램에 대해 지속적으로 지원을 해주어 장학금을 통해 학자로서 개인적인 성장을 꾀할 수 있게 해준 펜실베이니아 주립대학교에 감사한다.

---

28) http//:chance.psu.edu/toc.htm

29) www.chance.psu.edu

30) Jacqueline McLaughlin, e-mail : JShea@psu.edu

참고문헌

Anderson, L. W., and D. R. Krathwohl, eds. 2001. *A taxonomy for learning, teaching, and assessing: A revision of bloom's taxonomy of educational objectives*. New York: Addison Wesley Longman.

Bauer, K. 2004. Conducting longitudinal studies. *New Directions for Institutional Research* 121: 75-90.

Bloom, B. S., M. D. Engelhart, E. J. Furst, W. H. Hill, and D. R. Krathwohl. 1956. *Taxonomy of educational objectives: Handbook 1: Cognitive domain*. New York: David McKay.

Bransford, J., A. Brown, and R. Cocking, eds. 1999. *How people learn: Brain, mind, experience and school*. Washington, DC: National Academies Press.

DeHaan, R. 2005. The impending revolution in undergraduate science education. *Journal of Science Education and Technology* 14 (2): 253-269.

Donovan, M., and J. Bransford. 2005. *How students learn: Science in the classroom*. Washington, DC: National Academies Press.

Duschl, R. H. Schweingruber, and A. Shouse. 2007. *Taking science to school: Learning and teaching science in grades* K-8. Washington, DC: National Academies Press.

Johnson, D. K., and J. L. Ratcliff. 2004. Creating coherence: The unfinished agenda. *New Directions for Higher Education* 125: 85-96.

MacLachlan, K. 1996. *WWW CyberGuides. Available online at www.cyberbee.comlguidesJites.html*

Mayer, R. E., and R. Moreno. 2003. Nine ways to reduce cognitive load in multimedia learning. *Educational Psychologist* 38 (1): 43-52.

McLaughlin, J. S. 2005. Classrooms without walls: A banana plantation, a turtle nest, and the random fallen tree. *International Educator* 14 (1): 52-54.

McLaughlin, J. S. 2006. Real world biology education blends teaching and basic research. *The Science Teacher* 73 (8): 48-53.

McLaughlin, J. S. 201Oa. Reimagining science education and pedagogical tools: Blending research with teaching. *EDUCAUSE Quarterly* 33 (1). *www.educause.eduleq*

McLaughlin, J. S. 201Ob. A multimedia learning tool that allows high school teachers and their students to engage in scientific research. In *Technology leadership in teacher education: Integrated solutions and experiences*, eds. J. Yamamoto, C. Penny, J. Leight, and S. Winterton, 25N35. Hershey, PA: IGI Global.

McLaughlin, J. S., and D. Arbeider. 2008. Evaluating multimedia-learning tools based on authentic research data that teach biology concepts and environmental stewardship. *Contemporary Issues in Technology and Teacher Education* 8 (1): 1-19.

McLaughlin, J. S., D. A. Arbeider, J. L. Stine, T. R. Dugan, and P. J. Besong. 2010. *CHANCE: Connecting humans and nature through conservation experiences*. Available online at *http://chance.psu.edu*

McLaughlin, J. S., and D. K. Johnson. 2006. Assessing the field course experiential learning model: Transforming collegiate short-term study abroad experiences into rich learning environments. *Frontiers: The Interdisciplinary Journal of Study Abroad* 13: 65-85.

Zervanos, S. M., and J. S. McLaughlin. 2003. Teaching biodiversity and evolution through travel course experiences. *The American Biology Teacher* 65: 683-688.

CHAPTER 13

내용 학습과 과학적 비평이 가능한 나노과학적 상황으로 학생 초대하기

Clara Cahill and Minyoung Song
University of Michigan
Cesar Delgado
University of Texas at Austin

배경

나노과학은 과학적 노력, 새로운 기술, 공학적 성과에 있어서 차츰 괄목상대할만하게 두각을 나타내는 분야이다. 최근 미국인들 사이에서는 나노과학에 대한 이해가 미약하다. 그로 인해 인식되는 위협과 이점들은 과학적 이해보다는 개인적 신념이나 인식에 기반해서 가정되어지는 경우가 많다(Batt, Waldron, and Broadwater, 2008; Cobb and Macoubrie, 2004). 일반인들이 새로운 나노기술에 대해 균형잡히고 정통한 인식을 가지기 위해서는 나노규모의 과학에 대한 개념적인 이해가 필수적인데, 그렇게 해야만 이와 같이 과학과 기술에 대하여 새롭고 점차 생산성이 풍부해지는 영역에 대해 합리적인 결정을 내릴 수 있다(Roco and Bainbridge, 2006). 시민들과 학생들은 인간의 건강과 복지, 환경, 기술을 적용한 제품에 대한 나노기술의 부작용뿐만 아니라 긍정적이고 부정적인 성과들의 과학적 증거를 구성하는 것의 의미를 만들어 내야만 한다. 새로운 발견이 이루어질 때 과학의 본성으로 통찰력이 제공될 수 있기 때문에 특별히 그것이 즐거운 것과 마찬가지로, 나노기술은 과학적 소양을 개발하기 위해 풍부하고 활기찬 상황을 제공한다. 이 장에서 우리는 중학교 학생들이 어떤 과학적 주장에 대해 평가하도록 함으로써 나노규모 과학의 핵심 주제를 개념적으로 이해하도록 하는 데 초점을 맞춘 교육과정 하나를 소개한다.

도입

이 교육과정은 중서부 내 한 지역 교육청 산하 다양한 학교 소속 중학교 학생들을 위해 2주간의 여름 과학 캠프를 도입하는 것으로 시작했다. 이 캠프를 통해 학생들은 제조회사들이 생산한 제품 광고 문구를 평가하고, 사회에서 나노과학을 이용하는 것에 대하여 의사결정하고 비평하게 된다. 이 2가지 상호보완적인 수업유형이 나노규모의 과학에 대한 '큰 개념들(big ideas)' 가운데 2가지인 크기와 척도(size and scale), 그리고 크기 의존적 특성에 대한 필수적인 개념에 초점을 맞추었다(Stevens et al., 2009). 각 수업 유형에서 이루어진 수업과 학생 조사활동은 핵심적 영향을 미치는 질문을 중심으로 다루어졌고, 그것들은 학생 조사에 초점을 맞추어서 학생들이 학습할 수 있게 이끌어졌다(Krajcik and Czerniak, 2007). 학생들은 "어떻게 나노기술이 나를 질병으로부터 지켜줄 수 있을까?"란 질문을 통해 크기와 척도를 조사했다. 크기-의존적 특성 그룹은 "어떻게 나노기술은 폐암을 치료하는 데 도움이 될 수 있을까"와 "어떻게 나노기술이 천식을 치료하는 데 도움이 될 수 있을까?"의 2가지 관련된 질문 중 한 질문에 초점을 맞췄다. 이 질문들은 학생들이 소비자와 의료 제품들에 있어서 나노기술의 잠재적 이익과 활용을 위해 제작된 문구를 비판적으로 평가하게 할 수 있었고, 학생들에게 나노기술에 관련된 자신의 질문을 개발하고 조사할 기회를 제공했으며, 중요한 과학적 내용을 탐색하기 충분한 교수방법과 동기유발 상황을 만들어 주었다(Blumenfeld, Kempler, and Krajcik, 2006). 주장, 증거, 추론 등을 포함하고 철저하게 잘 지지된 과학적 설명의 구성 및 정의(McNeill et al., 2006)는 교육과정에 따른 수업을 하면서 광고주의 주장을 평가하고 나노기술과 관련된 결정을 내리기 위해 잘 지지된 과학적 기반 전략의 개발을 촉진시키기 위한 것으로서, 2주간의 캠프를 통해 가장 중요한 과정이었다.

전체 교육과정은 탐구에 기반한 것이었고 원리적인 측면에서는 학습목표, 교육과정 그리고 평가를 조화시키기 위해 구성 중심 디자인(Construct-Centered Design: CCD) 과정을 사용하여 개발하였다(Pellegrino et al., 2008). CCD는 학생들이 목표로 하는 학습을 수행하게 할(Pellegrino et al., 2008) 전체 학습 환경의 조화를 돕기 위해 학습목표에 따른 수업설계 (Drajcik, McNeill, and Reiser, 2008), 역방향 설계 (Wiggins and McTighe, 1988), 평가의 증거중심 설계 (Mislevy et al., 2003)를 혼합한 것이다. CCD는 하나의 '큰 개념'을 선택하여 정교화시키거나 수업 중재에 기초가 될 특정 개념들을 특수화시키거나 특성화시키기 위한 수업 기준을 포함하고 있다. 큰 개념이 충분히 정교화되고 나면, 내용에 관련된 상세한 학습목표들을 정의한다. 이 단계에서 학습목표와 관련된 학생의 선지식, 통상 비규범적 사고, 미리 결정되지 않은 학습목표들과 관련된 잠재적인 인지적 혹은 개념적 어려움, 그리고 요구되고 기대되는 선지식들은 그 학생의 학년수준, 수업 받은 기간, 수업배경의 전반적인 목표들과 함께 결합된 상태이다. 이 상태에서 목표한 '주장 (claims)'을 정의내릴 수 있게 되는데, 이 '주장'은 수업 설계자가 수업이 완료되면 학생들이 획득하기를 바라는 기능, 지식, 자질이다. 다음으로는 증거 (evidences)가 정의된다. 증거는 목표가 된 지식과 기능이 학생 수행, 행동 혹은 그 주장이 평가될 수 있는 방법으로 어떻게 명시화될 것인지를 특수화시키는 학습 수행이나 인지적 과제의 형태로 정의된다. 마지막으로 증거를 생성할 학생 수행을 이끌어 낼 수 있도록 평가 과제들을 개발한다 (Pellegrino et al., 2008). 그리고 나면 학습 활동은 학생의 학습이 일어나도록 만든 목표가 된 주장, 증거, 과제들을 가지고 "강력한 질문"이나 충분한 교수방법적 상황 등으로 개발된다(Krajcik and Czerniak, 2007). 그러므로 CCD 과정은 원칙에 입각한 수업자료의 개발을 촉진시키며, 학생들이 상황과 관련된 수업 시 목표가 되는 지식과 기능을 구성할 수 있게 확실히 초점을 맞추게 한다.

교육과정

수업 유형 1 (크기-의존적 특성들을 고려함)
어떻게 나노기술이 천식과 폐암을 치료하는 데 도움을 줄 수 있을까?

이 수업 유형에서 학생들은 고체의 크기를 줄이는 것이 실제로 용해도를 높일 수 있는지에 대한 질문에 초점을 맞추어서, 물이 없는 흡입 스프레이 속에 약 조각들을 나노크기화 시킴으로써 어떻게 천식이나 폐암 약이 더 효과적으로 만들어질 수 있는지를 조사해야 했다. 이 일련의 수업은 우선 표면과 입자 크기를 전반적인 용해도와 특이하게 연결시킴으로써 화학 주제와 관련을 시키고 있다. 마지막으로 이 수업 유형에서는

표 13.1 크기-의존적 특성을 고려한 수업 유형 1을 위한 주장, 증거, 과제 예시

주장	증거	과제 예시
용해가 고체의 표면에서 일어남을 강조함으로써, 학생은 고체가 액체로 녹을 때, 어떤 일이 일어나는지 설명하기 위한 기계적 추론을 사용할 수 있다.	기계적 추론이 용해 과정을 도식화하고(거나) 설명하는 데 활용된다. 기계적인 추론은 육안으로 보이는 용해 행동에 대한 기술, 용질과 용매, 용질을 녹일 때 용매의 역할, 용질과 용매 사이의 공간적 관계, 그리고 용해 과정에 대한 기술을 포함시킬 것이다.	**과제 1**: 학생들은 "여러분이 할 수 있는 만큼 확대해서 실제로 어떤 일이 일어나는지를 나타낼 수 있다"라는 가정 하에서 무언가가 녹을 때 어떤 일이 일어나고 있는지를 설명하는 그림을 그린다.
학생은 물질의 크기와 모양을 변화시키는 것이 용해도에 영향을 주는지를 설명할 수 있고, 이런 원리를 용해도를 증가시키는 데 활용할 수 있다.	만약 동일한 물질의 두 가지 샘플이 서로 다른 크기나 모양을 가지고 있다면, 그들의 용해도는 서로 달랐을 것이라는 관찰에 기반한 원리들이나 기계적 추론을 사용하여 예상할 수 있다.	**과제 2**: 학생들은 왜 더 작은 용질 입자가 같은 양의 동일한 물질의 더 큰 입자보다 더 빨리 녹는지에 대한 과학적인 설명을 적어 봄으로써 어떻게 이런 원리가 용해도를 증가시키는 데 사용될 수 있는지 기술한다.
학생은 관찰에 기반한 원리와(또는) 입자에 기반한 기계적인 설명을 사용하여 두 물질 간의 접촉 시 물체 표면의 중요성을 예를 들어 설명할 수 있다.	동일한 물질로 이루어진 두 가지 물체들 사이에 용해도를 비교해 보면 용해를 결정하는 정도에 따라 표면적의 역할을 설명하거나 예상하기 위해 용해도는 표면적과 관련되어 있다는 원리를 응용할 수 있다.	**과제 3**: 학생들은 양은 같지만 모양이 서로 다른 물체가 서로 다른 정도로 녹게 되는지에 대해서 설명에 의해 지지되는 예상을 한다.
학생은 어떻게 물질의 크기와 모양이 그 물체에서 노출된 고체 입자의 수에 영향을 끼치는지를 이해하여 설명할 수 있다.	더 작은 입자로 쪼개진 물질들은 더 큰 표면적을 가지므로 더욱 많은 입자들이 용매에 노출된다고 설명할 수 있다.	과제 2와 과제 3에서, 학생은 크기와 모양의 변화가 노출된 입자의 수에 어떤 관련이 있는지에 대해, 기대되는 증거를 제공하고 있음을 나타내는 용질에 대한 입자 모델을 사용한다.

CCD 과정의 상호 연결된 4가지 주장을 구성하게 되는데, 이를 통해 학생들이 개념에 대한 이해를 개발할 수 있다.

[표 13.1]을 보라. 이런 학습계열은 고체와 액체 내에서의 물질의 특성과 그 특성과 재료의 이동과 특징에 연관되어 있다는 것을 학생들이 이해할 수 있게 한다. 이 학습

계열은 6개의 2.25시간짜리 수업을 포함하고 있다:

■ 수업 1 : 나노과학과 천식치료

학생들은 가상의 제약회사 광고 문구, '200 nm 크기로 된 분말 천식약이 현재 사용 중인 마이크론 크기로 제조된 분말 천식약에 비해 더 빠르고 효과적으로 작용한다.'는 내용을 접하게 된다(그림 13.1을 보라). 광고가 가상적이긴 하지만 상황은 실제 상황이다. 이 천식과 폐암 치료약은 최근 효과를 검증받고 있다(Dames et al., 2007; Sham et al., 2004; Sung, Pulliam, and Edwards, 2007). 학생들은 제약회사가 주장하는 것에 대해 탐색해야 한다. 학생들은 후속 학습 상황에서 제공하는 이어지는 질문들을 가지고, 이 주장을 진지하게 평가한다.

■ 수업 2 : 얼마나 빨리 녹을 수 있을까?

학생들은 더 작은 입자로 부수면 더 빨리 녹는지를 알아보기 위해 먼저 실험을 설계하고 수행해 본다. 학생 자신들은 자신들이 수행했던 실험을 설명하고, 약의 상황과 관련해서 자신들이 만들어 낸 주장을 구체화하며, 자신들의 주장을 뒷받침하기 위해 수집한 증거와 추론을 제공하는 포스터를 만든다.

■ 수업 3 : 천식을 치료하는 데 필요한 농도

더 나아가 학생들은 제약회사의 주장을 실험기자재를 사용하고 시각적으로 관찰하면서 조사한다. 약이 녹을 때 큰 입자의 경우와 작은 입자의 경우 용액 농도가 증가하는 비율의 차이를 비교하여 효과성을 조사한다.

■ 수업 4 : 물질이 용해될 때 어떤 일이 일어날까?

다음으로 학생들은 왜 나노 크기로 된 약제가 마이크론 크기로 제조된 약제보다 더 빨리 녹는지에 대해 더 잘 이해하기 위해서 용해 과정을 더욱 상세하게 파악해야 한다. 학생들은 용해 과정과 용해되는 동안 물질의 표면의 중요성을 이해하기 위해 현미경의 40, 100, 1000배 배율로 소금의 용해 과정을 주의 깊게 관찰한다. 현미경으로 실험에서 작은 소금입자가 바깥쪽부터 녹는 것을 관찰할 수 있는데, 이것은 마치 얼음조각이 바깥쪽부터 녹는 현상과 유사하다. 학생들은 고체, 액체 그리고 액체 안에서 녹고 있는 고체에 대한 모의실험과 모델을 관찰하고 용해 과정과 용해와 농도 사이의 관련성을 더 잘 이해하기 위해 자신의 모델을 만들어 본다. 용해와 농도 사이의 관계를 강조하는 것은 학생들이 입자 모델에 대한 이해를 확장하고 입자 모델을 적용하는 과정을 경험함으로써, 농도 증가율을 설명하는 입자 모델을 사용할 수 있게 하는 것이다.

■ 수업 5 : 표면에서는

학생들은 산/염기 지시약이 포함된 아가 배지에서 식초가 어떻게 확산해 들어가는지를 시각적으로 관찰하고, 이 관찰 사실을 고체와 액체 모델에 직접 연결시키면서, 용해에 대한 학습내용을 부피와 표면적에 연결시킨다. 학생들은 전반적인 확산을 최대화시키고 산이 아가 배지의 중심으로 확산되는 데 걸리는 시간의 양을 최소화시키기 위해 아가 배지 모양을 어떻게 만들 것인지에 대한 설계를 완성한다. 그룹들은 구두 발표로 자신들이 결정한 설계의 정당성을 설명한다. 최초의 상황으로 되돌아와서, 학생들은 빠르게 녹을 천식이나 폐암 치료약을 만들기 위한 다른 방법을 생각해보게 된다. 학생들은 용해도를 최대화시키기 위해 레고 블럭 모델을 설계하고, 자신의 설계가 용해도를 최대화 시킬 것이라는 아이디어를 지지할 증거와 추론을 제공하게 된다.

■ 수업 6 : 의사결정과 추천

마지막 학습단계로, 학생들은 천식이나 폐암 치료약으로써 나노규모의 약제들에 대해 비판적 평가를 할 수 있는 것을 학습해 온 경험을 활용한다. 학생들은 자신의 결과를 발표하고, 더 연구할 것에 대한 추천을 받아들이며, 천식이나 폐암 치료에 대해 주의할 점이나 질문에 대해 답한다.

수업 유형 2 (크기와 척도를 고려함)
어떻게 나노기술이 우리를 질병으로부터 지켜줄 수 있을까?

두 번째 수업 유형은 크기와 척도에 초점을 두고 "어떻게 나노기술이 우리를 질병으로부터 지켜줄 수 있을까?"의 질문을 통해 상황이 주어졌는데, 박테리아와 바이러스에 초점을 맞추었다 (Delgado, Short, and Krajcik, 2009). 학생들은 약물-저항성 박테리아인 메티실린-저항성 *Staphylococcus aureus*에 감염되어 죽은 사람에 대해 배웠다. 그리고 나서 학생들은 병균 생성을 줄인다고 알려진, 나노기술을 사용하여 표면이 극도로 매

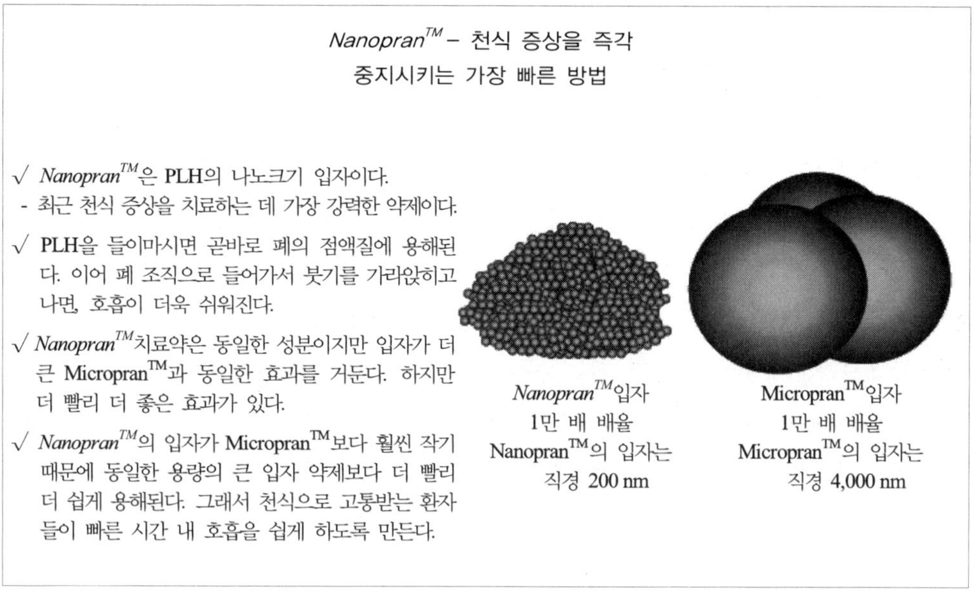

그림 13.1 나노프란 광고 : 크기 – 의존적인 특성을 고려한 그룹에서 사용된 가상적인 천식 약에 대한 광고 상황

끄럽게 생산된 변기를 구매해야 하는지를 평가하였다. 이 상황은 매끈한 변기 표면의 재질 입자 크기의 특징과 박테리아와 바이러스 등을 조사하게 했다. 캠프의 전반적인 학습목표는 CCD 과정을 단계별로 세밀하게 적용하였으며 다음과 같았다.

> 학생들은 너무 작아서 육안으로 본 적이 없는 미지의 세상이 있음을 알게 될 것이다. 여기에는 마이크로미터, 나노미터 그리고 서브나노미터의 세계가 포함되어 있다. 학생들이 육안으로 볼 수 없는 (submacroscopic*) 물체란 원자 그리고 세포 정도가 될 것인데, 그들은 상대적이고 절대적인 크기에 대한 생각을 갖고 있을 것이다.
> (*submacroscopic : 물체들이 너무 작아서 육안으로는 관찰할 수 없는)

이와 같은 학습목표를 달성하고자 학생들은 너무 작아서 육안으로는 관찰할 수 없는 물체의 상대적이고 절대적인 크기를 이해하기 위하여, 5회의 135분짜리 수업에 참여하였다. 학생들은 머리카락의 두께를 알아보기 위해 현미경을 사용하여 1밀리미터에 얼마나 많은 머리카락들이 들어가는지를 알아본 뒤 정보를 이용해서 머리카락 하나의 평균 두께를 계산하였다. 그리고 나서 학생들은 머리카락 1개뿐만 아니라 박테리아와 피부의 세포를 관찰하기 위해, 현미경을 가능한 크게 확대하여 얼마나 많은 박테리아와 피부 세포가 머리카락 1개에 들어갈 수 있는지를 계산해 봄으로써 이 물체들의 크기를 결정해 보기로 했다.

이와 같은 과정은 크기를 알고 있는 물체의 표면에 크기를 알지 못하는 더 작은 물체를 배열하여 상대적이고 절대적인 크기를 측정할 수 있다는 생각에 기초하여, 학생들이 캠프에 참여하는 동안 특별히 설계된 컴퓨터 모의실험을 사용하여 바이러스, 원자, 다른 육안으로 관찰할 수 없는 물체들의 크기를 결정하였다. 두 번째 컴퓨터 모의실험에서 학생들은 바늘 끝 위에 물체를 일정하게 배열한 간격과 배열한 물체의 개수를 산출함으로써, 육안으로 관찰 불가능한 모든 물체들의 크기를 바늘 끝의 크기와 비교할 수 있다 (Song and Quintana, 2009). 이것과 다른 활동들은 학생들이 어떤 육안으로 관찰 불가능한 물체들에 대한 상대적인 크기에 대한 감각을 발달시킬 수 있게 해주었고, 이러한 이해를 나노규모의 크기가 감소되는 표면의 특징이 왜 세균 번식을 감소시킬 수 있게 해주는지에 대한 설명과 모델을 사용하여 나노 표면에 대한 광고를 제작하는 데 사용할 수 있게 해주었다 (Delgado et al., 2009).

연구방법

참가자와 평가방법

이 여름 캠프에는 한 중서부 교육청 산하 다양한 학교에서 온 32명의 중학교 학생들이 참가하였으며, 참가한 학생들의 56 %는 무료 혹은 할인 혜택이 있는 점심을 먹는 학생들이었다. 학생들은 학년별로 편성된 과정에 배치되었다. 각 과정은 서로 다른 관심의 목표 질문을 가지고 있지만 수업활동과 평가과정에 있어서 유사했다.

학생의 학습은 수업 전, 수업 중 그리고 수업 과정 등에서 다양한 방법으로 평가가 되었다. 크기와 척도의 수업 유형에서 학생들의 내용 이해는 수업 전과 후 인터뷰에 의해 평가되었다. 크기-의존적 특징을 고려한 수업 유형에서 학생들의 학습은 교육과정, 지필평가 형식의 형성평가, 사전 · 사후 평가, 그리고 이해에 대한 학생 설명 수준에 대해 조사가 이루어진 동안 이해에 대한 비계를 설정하고 의미만들기를 촉진시키기 위해 설계된 총괄적 수행평가를 통해 다각적으로 평가되었다 (Fellows, 1996; Rivard and Straw, 2000; Ruiz-Primo et al., 2004). 부가적으로 캠프 종료 후 6개월이 될 때, 학습한 내용과 그 내용에 대한 설명을 어느 정도 보유하는지를 비교하기 위한 보유 평가가 실시되었다. 이 평가는 여름 과학캠프에 신청해서 참가했던 학생들(19명, 캠프 참가자 32명의 62.5 %)과 여름 과학캠프에 신청을 했었으나 참가자로 선발되지 못한 학생들(18명, 캠프 비참가자 29명의 62.1 %)을 비교하였다. 보유 평가는 학생들이 크기, 모양, 그리고 용해도 사이의 관계와 용해에 대한 규준지향적, 원인적-기계적인 설명을 발달시키도록 하기 위한 수업 중재의 효과를 평가하기 위해 캠프 전과 후의 평가를 조합하여 사용되었다. 이 2개 그룹들은 연령, 인종, 성별, 학교, 지원서 에세이의 질 등에서 유사했다. 따라서 신청했으나 참가하지 못하게 된 경우 학생들의 응답은, 신청해서 참가한 학생들이 참가하지 못하게 되었을 경우 답하는 것과 유사할 것으로 가정하였다. 그러므로 이 보유 평가에 대한 비교는 우리가 시간이 지남에 따라 변하는 학생의 설명에서 어떤 견고한 변화를 평가할 수 있게 했다. 수업 전과 후의 평가 결과와는 대조적으로 비교 보유 평가는 일차적으로 선다형 문항을 사용했는데, 3개의 단답형 문항과 14개의 선다형 문항으로 구성되었다. 선다형 문항들은 중복 답이 있어서 용해에 대한 서로 다른 수준의 설명과 크기, 모양, 용해도 사이의 관계가 일치하는지를 묻는 것이었다. 선다형 검사에서 가장 적절한 답을 고르거나 개방형 문제에서 답을 완성하는 기술에서의 인지적인 차이 때문에(Ward, Frederiksen, and Carlson, 1980), 이런 서로 다른 평가들을 통해, 여름 캠프 참가자들이 어떻게 자신의 설명을 구성하고 잘 지지되는 과학적 설명을 고르는 능력이 캠프에 참가하지 않았던 비슷한 특징의 학생들과 어떻게 다른지를 평가할 수 있었다. 학생 인적사항은 [표 13.2]에 설명되어 있다.

결과와 성공 증거

학생 학습 성과에 대해 깊은 의미를 제공하기 위해서 우리는 학생 성과에 대한 논의를 크기-의존적 특성을 고려한 수업 유형에 초점을 맞출 것이다. 그러나 또한 학생들은 크기와 척도를 고려한 수업 유형에서도 의미 있는 성과를 얻는 경험을 하였다. 학생의 전반적인 사실적 지식은 0.83 (대응표본 t-test로 평균을 비교하였을 경우 $p < 0.001$)의 효과 크기로 증가하였다. 여름 캠프 참가자들은 이 교육과정을 경험한 적이 없었던 고등학교 학생들의 수준과 유사한 수준에 도달했다(Delgado et al., 2009). 크기-의존적 특성을 고려한 수업 유형의 경우, 학생들은 수업 전 평가에 비해 수업 후 평가에서 유의하게 향상되었고, 캠프 종료 후 6개월 시점에서 비교 그룹보다 용해에 대한 적절한

표 13.2 학생 인적사항

		전체 참가자 수	6개월 보유 연구의 캠프 참가자	6개월 보유 연구 캠프 비참가자
성별	여	16	10	8
	남	16	9	10
학기를 마친 학년	6학년	16	12	9
	7학년	12	6	8
	8학년	4	1	1
인종	백인이 아님 (흑인, 히스패닉, 두인종복합, 다인종복합)	21	13	13
	백인이면서 히스패닉이 아님	9	4	5
	무응답	2	2	0
전체		32	19	18

과학적 설명과 용해도에 대해 더 상세한 이해를 나타내 보였다. [그림 13.2]는 적어도 각 주장에 대해 최소한의 증거를 제시한 학생들의 백분율을 나타내고 있다. 물속 용질의 용해 과정을 설명(주장 1)하는 능력이 유의하게 향상되었다(대응 2 표본 *t*-test에서 효과 크기(ES) = 1.23, $p < 0.001$). 또한 물질의 크기, 모양, 용해도 사이의 관계(주장 2∼4)에 대한 학생 설명과 이해가 유의하게 향상되었다(대응 2 표본 *t*-test에서 ES= 1.63, $p < 0.001$). 비교 보유 평가는 용해과정을 설명(주장 1)하는 데 있어서 캠프 참가자들이 캠프 비참가자들에 비해 더 상세한 과학적 추론을 선택하였고(독립표본 *t*-test에서 ES = 1.77, $p < 0.001$), 물질의 크기, 모양, 용해도 사이의 관계(주장 2∼4)를 설명하는 데 있어서도 같은 효과가 나타났다(독립표본 *t*-test에서 ES = 1.94, $p < 0.001$).

전반적으로 사전·사후 분석은 캠프 수업 결과 용질이 용해될 때 벌어지는 일들에 대한 일반적인 질문들에 대해 학생들이 나타낸 반응은 좀 더 인과적－기계적으로 되는 경향이 있었음을 나타냈는데(대응 2 표본 t-test에서 ES = 1.05, $p < 0.001$), 이는 학생들은 좀 더 과학적인 유형의 설명이 무엇인지를 알고 사용하는 기능을 발달시켰음을 보여주는 것이다. 학생들은 수업 전에는 주로 기술적인 답을 사용했는데, 이는 현상에 대하여 해석할 때 이론이나 기작보다는 관찰에 의존했음을 나타낸다. 예를 들어 한 6학년 여학생의 경우 용해될 때 용질로부터 뿜어져 나오는 거품을 묘사하면서 용질이 "좀

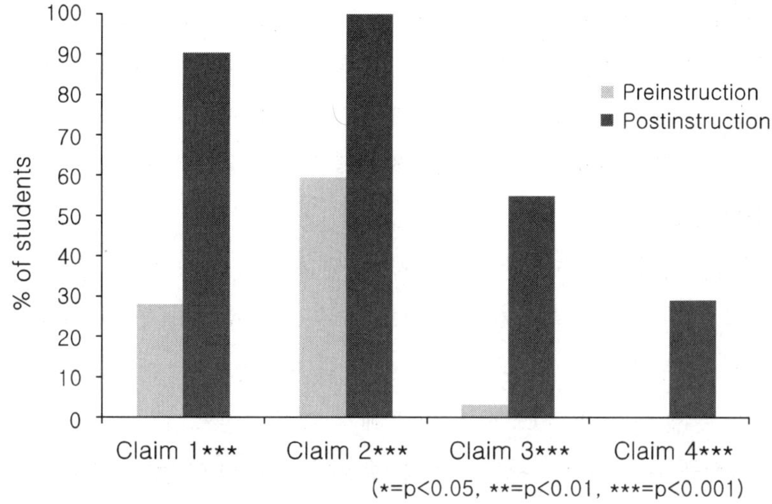

그림 13.2 각 주장을 수행한 학생들의 백분율. 크기-의존적 수업 유형에서 4개 주장 모두에서 통계적으로 유의한 학생 학습 평균 차이를 보여주는 수업 전과 후의 비교

더 작아진다."라는 진술로, 용해 시 실제로 벌어지는 현상을 설명하는 방식의 답을 했다. 대조적으로 수업 후에 그 학생은 용질이 녹을 때 물 분자를 용질을 '가져가는' 입자라고 표현하였다. 또 다른 6학년 여학생의 경우 동일한 질문에 육안으로 나타나는 용해 현상에 대한 설명으로, "거품이 일어나서 터지고 … 물이 <용질>로 인해 뿌예지고 있다"로 기술하고 있었다. 대조적으로 수업 후에 이 학생은 "H_2O가 <고체>입자를 가져가서 농도가 증가하고 있다"라는 식으로 기술하여 결론을 적었다. 이러한 변화는 학생들의 개념 이해가 개선될 뿐만 아니라 추론과 설명 방식도 개선된다는 것을 나타낸 것이다.

학생들에게 용해를 직접 설명하라고 했을 때 어떻게 물질이 용해되는지를 기술하는 방법이 변화되었다는 것 말고도, 학생들이 특별히 나노기술의 잠재성과 나노과학의 미래에 대한 주장들을 평가하는 데 사용했던 추론 전략과 설명 체계를 변화시키는 데도 이 교육과정이 성공적이었음을 우리의 질적이고 양적인 평가결과는 알려준다(그림 13.3을 보면 나노크기의 약에 대해 광고주들이 주장하는 것들을 학생들이 평가했을 때, 학생들이 내놓은 설명과 추론의 유형이 변화되었음을 보여주는 그래프가 있다). 그러므로 학생들은 과학적인 설명을 할 수 있고 그것의 정체성을 알게 되는 능력을 발달시키게 되었으며, 용해에 대해 앞서 언급했던 내용에 대한 이해도 좋아졌다. 앞서 언급했듯이 이러한 여름 캠프를 열면서 우리의 주요 목표들 중 하나는 학생들이 새로운 나노기술을 평가하여 의사결정을 할 때 과학적 추론을 사용하는 능력을 발달시키게 하는 것이었는데, 이는 학생들이 광고주들의 주장을 과학적 관점으로부터 접근할 수 있게 독려함으로써 미국 국가과학교육기준(NSES) 목적 3에 해당하는 학생 성취도를 지원하는 것이다(NRC, 1966).

처음에는 학생들에게 나노크기 입자를 사용한 약제에 대한 주장들을 평가하라고 했을 때, 학생들의 절반만이 신념-기반 정당화, 비규준-지향적 추론, 또는 단순히 어떤 정당성을 부여하지 못하는 등의 비과학적 추론을 사용했었다. 예를 들면 '알렌'이라는 7학년 남학생은 수업 초기에, 나노크기의 약제가 마이크론크기의 약제보다 더 빨리 녹는다는 광고 주장들은 "대부분 광고주들의 주장이 정확하지 않기 때문에, 아마 그 약의 효과도 그렇지 않을 것이다"라고 믿었다. 이러한 비판적 자세는 주장들을 평가하는데 과학적 추론을 사용하지 않았다는 것을 나타내고 있다. "하리에"라고 하는 13세 여학생의 경우는 최초 광고 문구에 대해 "나는 미래에는 나노가 대세이기 때문에, <광고 문구가> 맞을 거라고 생각해요."라는 식으로 진술함으로써 광고 문구에 대한 답을 했다. 이 처음의 주장은 그 주장에 대해서 비판적이지도 않고 과학적 추론이라기보다 개인적 신념에 의한 것이라고 볼 수 있다.

처음에는 43%의 학생들만이 제품을 평가하는 데 원리에 기반한 추론을 적용했다. 우리는 원리 기반 추론을, 주장을 지지하기 위해 관찰에 기반한 원리를 사용하는 추론의 한 유형으로 정의한다. 예를 들어 '캐시'란 13세 여학생이 "더 작기 때문에 더 빠르고 더 효과적이다. … 그리고 그것은 개선되었음을 말하는 것이다."라는 주장 때문에 광고 문구를 믿었다고 진술한 반면, 13살 여학생 '클레어'는 "더 고운 입자라서 녹는데 시간이 덜 걸린다."라는 광고 문구를 믿었다. 이 추론의 형태는 광고 문구를 평가하기 위해서는 더 작은 것이 더 빨리 녹는다는 암묵적이거나 명시적인 관찰기반원리를 사용하고 있다. 단지 직접적으로 관찰된 효과만을 고려해보았을 때 대부분 물질의 이동과 특성들이 유사성이 없고 무관한 것 같이 보이지만, 움직임을 일으키는 내부적인 구조와 기작들에는 유사성이 있을 것이다. 기계적 관점으로부터 현상에 대해 생각해보는 것은 이런 유사성을 강조하게 할 수 있으며, 사물이 이동하고 작동하는 방식에 대한 깊이 있고 통합된 이해를 가능하게 해준다(Glennan, 2002; Salmon, 1984). 기계적 추론은 종종 원리와 원리에 대한 인과적 설명을 포함시킨다. 처음에는 학생들 가운데 그 누구도 그 주장을 평가하거나 설명하는 데 기계적 추론을 사용하지 않았다.

대조적으로 96.9%의 학생들은 수업 중재로 특수한 제품을 평가하여 의사결정을 하는 데 과학적 추론의 사용을 증가시키게 되었음을 보여줌으로써 수업 후에 타당한 과학적 추론의 유형을 사용하게 되었다. 수업이 끝날 때쯤, "알렌"은 "나노독스<나노크기로 개발된 폐암 치료약>는 입자가 더 작기 때문에 기능이 더 우수하다. 만약 여러분이 3개의 작은 알약과 1개의 큰 알약을 가지고 있었다면, 더 작은 것이 더 빨리 물에 녹기 때문에 3개의 작은 알약이 먼저 녹았을 것이다.

여러 개의 작은 것으로 만들면 모두 한 번에 물에 녹게 할 수 있으므로 그것들이 더 빨리 녹는다. 또한 더 작은 것들은 입자도 거의 없다. 그러므로 녹을 것이 없다. 그래서 내가 모아온 증거 때문에 나는 나노독스가 더 기능성이 좋을 것이라고 믿는다."라는 것을 믿었다고 진술함으로써 그 주장을 평가하는 데 기계적 추론을 사용했다. 그러나 그는 "나노독스는 암세포만이 아니라 만들어지는 일반세포도 빠르게 죽이기 때문에 사람에게 손상을 입히지 않을까요? 그 약이 모두 암세포한테 갈까요? 이 약은 더 비싼가요?"라고 질문함으로써 여전히 약에 대해 걱정을 내비쳤다. 이는 수업 중재가 학생이 나노규모의 물질적 관점에 대해 의사결정 시 사용했던 과학적 추론을 증가시켜 주었음을 나타내고 있다.

수업이 끝나고 나서, '하리에'는 또한 "나노프란<나노크기의 천식 치료약>은 작기 때문에 마이크로프란<마이크로 크기의 천식 치료약>보다 더 빨리 녹습니다 (우리는 이것이 맞는지를 알아보려고 실험을 해왔습니다) … 나노프란은 더 빨리 녹기 때문에, 문제가 되는 부위에 더 빨리 도달합니다. 마이크로프란의 경우, 그것이 작긴 하지만 물이 그만큼 빨리 <그 물질> 안으로 그 입자에 도달할 수가 없으므로 작용하는 데 더 긴 시간이 걸립니다."라고 믿는다고 진술함으로써 자신의 평가에 기계적 추론을 활용했다. 그리고 "하리에"는 그 약이 "너무 작기 때문에 가서는 안 될 곳으로 갈수 있지는 않는지."를 걱정하면서, 이 새로운 기술의 이용에 대해 약간 비판적인 질문을 던졌다. 수업 후 그녀의 응답은 과학적 추론을 개선시킨 것만큼 이해도 향상되었음을 드러냈다. '캐시'의 응답 또한 "나노프란은 더 작아서 더 녹기 쉬우므로 마이크로프란보다 더 빨리 작용해요. 물질이 더 작으면, 더 쉽게 부서져요. 그리고 물분자가 공격하기가 더 쉬워요."라는 진술에서 보이듯이 수업 후 기초적인 기계적 추론을 나타냈다. '캐시'의 답은 그녀가 어떻게 물질이 녹고 왜 동일 물질의 크기가 달라지면 녹는 정도가 달라지는지를 설명하기 위해 입자기반 메커니즘을 사용하는 능력을 발달시켜 왔음을 보여주고 있다.

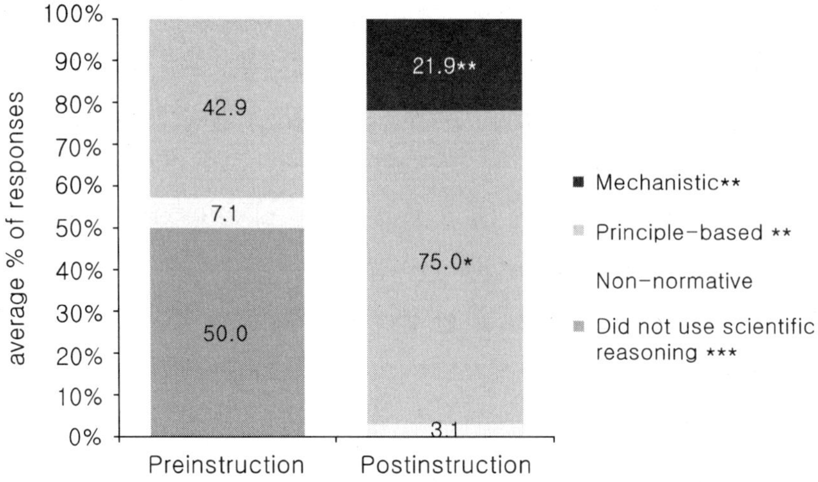

그림 13.3 수업 전과 후의 평가 동안 광고회사의 주장에 대한 평가에서 사용된 학생 추론 유형(**p<0.05, **p<0.01, ***p<0.001, Wilcoxon signed-ranks test를 사용하여 산출한 유의도)

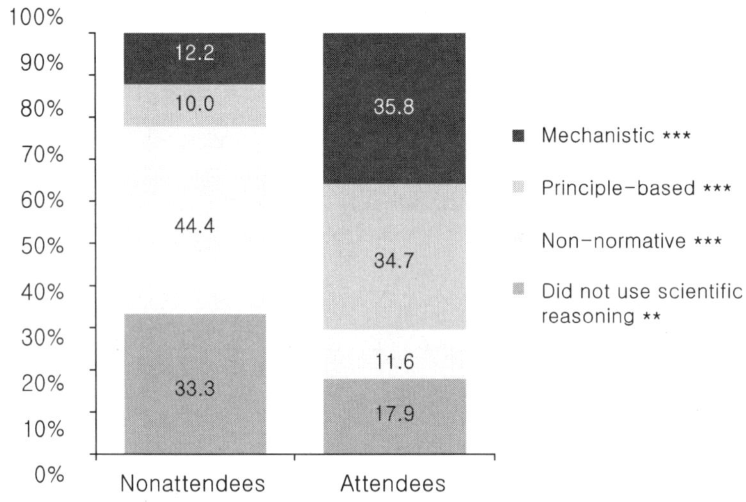

그림 13.4 보유 평가 기간 동안 주장들에 대한 평가에서 사용된 학생 추론 유형(*p<0.05, **p<0.01, ***p<0.001, Wilcoxon signed-ranks test를 사용하여 산출한 유의도)

비교 보유 평가에 대한 분석은 참가자들이 과학적 기반 추론 형태를 사용하는 것이 비참가자들에 비해 매우 유의하게 높아졌음을 제시하고 있다. [그림 13.3]은 사전·사후 수행평가에서 응답 유형별 사용했던 학생 수의 평균을 나타내고 있으며 [그림 13.4]는 응답 유형별 보유연구에서 학생들의 전체적인 응답 백분율의 평균을 나타내고 있다.

결론

우리의 교육과정은 학생들에게 나노규모 과학의 핵심 주제들에 대해 개념적인 이해를 도모하고, 나노기술에 대한 의사를 결정하고 주장들을 평가하는 데 자신감을 형성시키기 위한 것에 초점을 맞추었다. 나노기술을 사용한 매끈한 표면과 나노크기 입자의 약제라는 2가지 세부적인 나노기술 뒤에 있는 독특한 기능을 할 수 있는 인과적 기작을 주요하게 탐색하는 과정을 통해, 우리는 학생들을 과학적 관점으로부터 나노기술을 평가하는 능력을 개발하고 증진시키게 하고자 하였다. 이 교육과정이 진행되는 동안 비판, 탐색, 과학적 추론과 설명 발달 등의 다각적 측면을 반복함으로써 학생들의 기능과 내용에 대한 이해가 개선되었다. 학생들은 광고 등에 의해 주장된 사항들을 분석하는 과정을 통해 동기화되었고 참여하게 되었다. 다른 학생들이 주장하는 것에 도전하고 찬성하는 것과 마찬가지로 학생들에게 자신의 의견을 주장하고 방어하게 하는 기회를 제공하는 것은 잘 정련되어 발표된 과학적 증거와 추론의 기능적인 중요성을 이해하게 했다.

감사의 글

이 프로그램은 입실란티 공립학교 교육청; 미시간 대학교 Health Occupations Partners in Education Program; 미시간 대학교 교육대학; 그리고 국가나노규모과학 및 공학교수학습센터로부터 지원을 받았다. 우리는 Ashima Mathur, Yolanda Campbell, Charmica Abinojor, Paula Sizemore, Lucie Howell, Kenneth Tang, Thomas Ambrose를 포함하여 2008년 캠프에서 수고해 주셨던 모든 강사들과 직원들에게 진정한 감사를 표하고 싶다.

참고문헌

Batt, C. A., A. M. Waldron, and N. Broadwater. 2008. Numbers, scale, and symbols: The public understanding of nanotechnology. *Journal of Nanoparticle Resaerch* 10 (7): 1141-1148.

Blumenfeld, P. c., T. M. Kempler, and J. S. Krajcik. 2006. Motivation and cognitive engagement in learning environments. In The *Cambridge handbook of the learning sciences*, ed. R. K. Sawyer, 475-488. New York: Cambridge University Press.

Cobb, M. D., and J. Macoubrie. 2004. Public perceptions about nanotechnology: Risks, benefits, and trust. *Journal ofNanoparticle Research* 6 (4): 395-405.

Dames, P., B. Gleich, A. Flemmer, K. Hajek, N. Seidl, F. Wiekhorst, et al. 2007. Targeted delivery of magnetic aerosol droplets to the lung. *Nature Nanotechnology* 2: 495-499.

Delgado, C., H. Short, and J. Krajcik. 2009. Design, implementation, and evaluation of the effectiveness of a 12-hour middle school instructional unit for size and scale. Paper presented at the National Association for Research in Science Teaching conference, Garden Grove, CA.

Fellows, N. J. 1996. A window into thinking: Using student writing to understand conceptual change in science learning. *Journal of Research in Science Teaching* 31 (9): 985-1001.

Glennan, S. 2002. Rethinking mechanistic explanation. *Philosophy of Science* 69 (Supplement to issue 3): S342-S353.

Krajcik, J. S., and C. Czerniak. 2007. *Teaching science in elementary and middle school*: A project-based approach. 3rd ed. New York: Lawrence Erlbaum Associates.

Krajcik, J. S., K. McNeill, and B. Reiser. 2008. Learning-goals-driven design model: Developing curriculum materials that align with national standards and incorporate project-based pedagogy. *Science Education* 92 (1): 1-32.

McNeill, K., D. J. Lizotte, J. S. Krajcik, and R. W. Marx. 2006. Supporting students' construction of scientific explanations by fading scaffolds in instructional materials. *Journal of the Learning Sciences* 15 (2): 153-191.

Mislevy, R. J., L. S. Steinberg, R. G. Almond, G. D. Haertel, and W. R. Penuel. 2003. *Leverage points for improving educational assessment* (PADI technical report no. 2). Menlo Park, CA: SRI International.

National Research Council (NRC). 1996. *National science education standards*. Washington, DC: National Academies Press.

Pellegrino, J., and members of the NCLT. 2008. Using construct-centered design to align curriculum, instruction, and assessment development in emerging science. Paper presented at the International Conference of the Learning Sciences, Utrecht, the Netherlands.

Rivard, L. P., and S. B. Straw. 2000. The effect of talk and writing on learning science: An exploratory study. *Science Education* 84 (5): 566-593.

Roco, M. C., and W. S. Bainbridge. 2006. *Nanotechnology: Societal implications II -Individual*

Perspectives. Berlin: Springer.

Ruiz-Primo, M. A., M. Li, C. Ayala, and R. J. Shavelson. 2004. Evaluating students' science notebooks as an assessment tool. *International Journal of Science Education* 26 (12): 1477-1506.

Salmon, W. 1984. *Scientific explanation and the causal structure of the world.* Princeton: Princeton U niversity Press.

Sham, J., Y. Zhang, W. Finlay, W. Roa, and R. Lobenberg. 2004. Formulation and characterization of spray-dried powders containing nanoparticles for aerosol delivery to the lung. *International Journal of Pharmaceutics* 269: 457-467.

Song, M., and C. Quintana. 2009. WIIS: Multimodal simulation for exploring the world beyond visualsense. Paper presented at the Conference on Human Factors in Computing Systems, Boston, MA.

Stevens, S., L. Sutherland, P. Schank, and J. S. Krajcik. 2009. *The big ideas in nanoscience*. Arlington, VA: NSTAPress.

Sung, J., B. L. Pulliam, and D. A. Edwards. 2007. Nanoparticles for drug delivery to the lungs. *TRENDS in Biotechnology* 25 (12): 563-570.

Ward, W. C., N. Frederiksen, and S. B. Carlson. 1980. Construct validity of free-response and machinescorable forms of a test. *Journal of Educational Measurement* 17 (1): 11-29.

Wiggins, G. P., and J. McTighe. 1988. *Understanding by design*. Alexandria, VA: Association for Supervision and Curriculum Development.

| CHAPTER 14 |

환경과학에서 이슈-기반 학습 및 탐구

미국 국가과학교육기준 세 번째 목적과의 만남

Jason Pilot and Doug Jones
Sir Winston Churchill Collegiate and Vocational Institute

Wayne Melville and Anthony Bartley
Lakehead University

배경

수많은 교육 영역에서처럼, 온타리오에서 환경교육은 과학 교육과정 전반에 걸쳐서 녹아들어가 있다. 이러한 경향은 학생들이 환경에 대한 이슈를 가지고 과학을 이해하게 할 뿐만 아니라 '환경에 대해 배워 온 것을 적용시키고 환경 관련 주제에 대해서 비판적으로 사고하며, 환경을 보호하기 위해 취할 수 있는 개인적 활동을 고려하게 하는 의미 있는 상황'에 놓이게 해준다(Ontario Ministry of Education, 2008, p.38). 이 장에서 우리는 한 중등학교와 인근 지역사회가 이와 같은 '의미 있는 상황들'을 발전시켜 온 경험들을 공유하고자 한다.

도입

온타리오 선더베이에 있는 윈스턴 처칠 경 직업학교(Sir Winston Churchill Collegiate and Vocational Institute)는 레이크헤드 지역 교육청의 교육위원회가 운영하는 4개의 공립중등학교 가운데 하나이다. 2004년부터 2008년까지 이 학교는 지역단위에서 개발된

11학년 교과목으로써 환경과학을 마련하였다. 이 과목은 온타리오 주 교육부에 의해 2009년에 동일한 명칭과 관점을 가지고 확대 발전하였다. 이러한 변화에도 불구하고, 이 과목의 초점은 일관되게 온타리오 북부지역에 관련된 이슈를 맥락으로 하여 환경과학을 가르치자는 것이었다. 이 주요 이슈들은 삼림, 농업, 폐기물 관리, 에너지 보존, 그리고 유역관리 등이었다. 삼림과 같은 전통적인 산업은 쇠퇴해 가지만, 농업과 폐기물 관리 등은 성공가능성이 높은 산업으로 발전하기 시작했다. 지역 경제에서 가속화되고 있는 변화는 학생들이 미국 국가과학교육기준(NSES)의 세 번째 목적인 '과학적·기술적 문제에 대한 공적 토론과 논쟁'에 지적으로 참여할 많은 기회를 제공받고 있다는 점이다(NRC, 1996, p.13).

윈스턴 처칠 경 직업학교가 장기간 환경과학 프로그램을 운영하는 그 교육청 내 유일한 고등학교라는 것을 주목하는 것이 중요하다. 최근 이 학교는 레이크헤드 대학교(Roots to Harvest Program and Faculty of Science and Environmental Studies), 정부기관(Ontario 자연자원부와 레이크헤드 지역 보존 협회), 지역 농부들(Arjen DeBruin씨와 Kevin Belluz씨), 그리고 지역상인들(선더베이 Grower's Market)로부터 지역사회 내 협력자들과 함께 연구해 왔다. 이러한 공동체 정신은 환경과학 프로그램의 시작과 성공에 매우 중요한 역할을 하였다.

이 프로그램은 교육적 관점의 모든 분야에서 학생들을 이끌어 왔다. 지금까지 제안된 2개 과목들은 통상적으로 학문적인 연구를 하기 보다는 활용을 하게 될 학습자들을 이끄는 수업이 될 것인데, (고등학교 졸업 후 직업세계에 들어갈 학생들을 위한) 직장에 응용할 수준과(대학에 진학할 학생들을 위한) 혼합된 수준에 맞추어져 있다. 이 과목에서 가르치는 내용에서 접근하는 방식은 학문적 학습과 지식의 응용 사이에서 균형을 이루어야만 하는 것이다. 이러한 균형을 맞추기 위해, 교사는(주저자인 제이슨을 말함) 과목들의 교수전략과 계획을 위한 주요한 초점으로써 이슈에 기반한 학습과 탐구를 사용하였다.

제이슨은 항상 내용을 학습시키기 위한 촉진자 혹은 정류장 역할로서 자신의 수업에서 구체적인 이슈를 사용했다. 2009년에 처음 시행되었던 수정된 온타리오 과학 교육과정은 11/12학년 온타리오 교육과정의 '기초 개념(Fundamental Concepts)' 부분에서 강조된 "좀 더 심화되고 개념적인 이해를 할 수 있게 가르치고 평가하기 위해 주제들을 '사용'하기 위해 주제들을 가르치는 것으로부터 교육과정 및 교수방법의 초점을 변화시켜라(2008, p.5)"와 같은 변화로서 이슈기반 학습의 가치를 인식했다. 또한 수정된 교육과정에서 '큰 개념(big ideas)'은 이해를 위한 포괄적 부분들이라고 정의하고 있다. 이것들은 상세한 내용들이 망각되고 난 후일지라도 학생들에게 남게 될 것이라 기대가 된다. 제이슨은 이와 같은 큰 개념 혹은 이슈들을 학생들이 기초 개념을 이해할 수 있도록 하기 위한 상황을 개발하는 데 활용한다. 이것들이 교육과정에서 정의되는 동안, 초청 강사들이나 언론매체 분석을 통해 정교화 될 때 제이슨은 학생들에게 더욱 많은 영향을 미칠 것임을 알았다.

이 장의 나머지 부분은 이슈기반 및 탐구기반 과목이 "과학적 · 기술적 문제에 대한 공적 토론과 논쟁"을 어떻게 표현할 것인지에 대한 여러 가지 중요한 점들을 고려하여 서술하였다. 이것들은 수업이 진행되는 지역사회의 상황에 대한 교사의 자각과 이슈기반 학습과 탐구 전략의 사용을 정당화하기 위해 가져온 철학적 기초에 대한 간단한 논의를 발전시킨다. 이 장에서 우리는 '탐구'를 NSES가 제공한 다음의 요약에 기반을 두고 정의한다.

> 탐구는 관찰하기; 의문 생성하기; 이미 알려진 것을 알아보기 위하여 책과 다른 정보의 원천을 조사하기; 연구 설계하기; 실험적 증거의 관점에서 이미 알려진 것 조사하기; 수집하고, 분석하고 자료 해석할 도구 사용하기; 정답, 설명 그리고 예상을 제안해보기; 그리고 결과에 대해 의사소통하기 등의 과정을 포함한 다면적 활동이다. 탐구에는 가설의 검증, 비판적 및 논리적 사고의 활용, 대안적 설명의 고려 등이 요구된다.

이와 같은 점에 기반하여 우리는 교수방법과 평가방법을 모색하고 어떻게 지역사회가 협력하여 학생들이 지역적으로 관심 있는 과학관련 주제에 대한 답을 생각해보는 것을 장려하는지에 초점을 맞추었다. 이 장은 이러한 접근 방식의 이점에 대해 학생과 지역주민의 의견으로 마무리를 한다.

제이슨의 기초 지식

이 과목의 종합적인 특징은 우리 고장 내 학교 공동체나 우리 지역에 사는 주민들에게 잠재적으로 영향을 끼치고 있는, 실제 세계에서 일어날 과제를 가상적으로 진행해보기 위한 바람이었다는 것이다. 환경과학 프로그램을 개발하고자 노력해온 교사들로부터, 제이슨은 이미 학생들을 빠져들게 하는 특별한 것이 분명히 있다는 것을 알았다. 온타리오 북부에 있는 다양한 산업에 대한 가족과 친구들의 의견을 참고하여, 그는 학생들은 어떤 직종에서 성공하기 위해서 필요한 확실한 기능들이 있음을 알아냈는데, 그것들은(다양한 형태의, 특히 언어적인) 훌륭한 의사소통 능력, 컴퓨터와 정보기술에 대한 지식, 그리고 가장 중요한 문제해결 능력 등으로 항상 선행되어야 할 것들이었다. 제이슨은 이러한 기능들이 학생들이 해를 거듭하면서 환경과학 프로그램을 성공시키기 위한 유인책으로 필요하다고 확신했다. 학생 학습의 주축이 되는 것으로서 확실하고, 집중적이며, 구체적인 이슈들을 이용하는 과정을 통해서야만 이것이 성취될 수 있었다고 생각했다.

환경과학 과목의 개요

환경과학은 처칠학교에서 2004년부터 개설하여 운영하였다. 원래 이 과목은 온타리오 남부에 있는 교육위원들로부터 얻은 자료로서 지역에서 개발된 교육과정 자료에 기초한 것이었다. 2009년 온타리오 교육부는 학교들이 이 교육과정을 실행하기 위한 적절한 수업과 활동들을 개발하기 위해 지역의 강점을 사용하도록 독려하는 새로운 환경과학을 개설했다(Ontario Ministry of Education, 2008). 이 새로운 과목은 '학교의 개선이 미래의 개선(Shaping Our Schools, Shaping Our Future)'이라는 2007 지방 정부 보고서의 관점에 따라 개발되었다. 이 정부 보고서는 캐나다 우주인 로베르타 본다(Roberta Bondar)가 책임자로 활동하는 '환경교육 연구단체(Working Group on Environmental Education)'에 의해 작성되어, 흔히 본다 보고서(Bondar Report)로 불리운다. 우리는 NSES의 세 번째 목적과 이 보고서의 환경교육에 대한 정의 사이에 분명히 합치되는 점이 있다고 믿고 있다.

> 교육공동체 전체의 책무성, 그것은 내용 영역이므로 가르쳐질 수가 있다. 그것은 비판적인 사고방식, 시민정신, 그리고 개인적 책임감에 대한 접근방식으로 모형화가 가능하다. 그것은 모든 과목 영역들에 풍부하고 생동감이 있을 수 있는 상황으로, 학생들에게 자신들과 사회 내에서 그들의 역할 그리고 인간과 지구의 자연계에 대한 상호의존을 더욱 돈독하게 연결시킴으로써 발전시킬 기회를 제안하고 있다.

환경과학 과목이 발달해온 것처럼, 과학 교과를 담당하는 다른 구성원들과 협의하여, 제이슨은 이슈기반 학습과 탐구로서의 과학이라는 2가지 교수방법적 접근을 일관되게 이용함으로써 다른 과목들과의 일관성이라는 의미를 유지하려 해왔다. 탐구로서의 과학은 2000년부터 과학 분야에서 일관되게 강조해온 사항이었다(Jones et al., 2009). 일관성은 학생들이 그 이슈에 대한 자신들의 지식, 그 과목을 통해 발달시켜 온 기능과 능력들, 결정적으로 그 이슈에 대한 담론에 참여할 자신들의 능력을 드러낼 기회를 제공하는 '최고점 활동(culminating activity)'에 따라 각각의 과정을 계획함으로써 성취된다. 최고점 활동은 해를 거듭하면서 다양화되고 있어, 우리 학교 지역사회를 위한 온실 설계, 지역에서 지정한 공원을 위해 5개년 숲 운영 수확 계획 마련, 그리고 북부 원주민들을 위한 수자원 및 폐기물 처리 시스템 고안 등을 포함시키고 있다.

환경과학 과목의 실제

일단 최고점 활동을 위한 이슈가 결정된 뒤에는 교육과정에서 요구하는 학습기대는 과목을 위한 구성요소들로써 강조되고 사용된다. 기대감으로부터 발전시켜진 학습할 단원들은 단번에 계열화되어 교과 내용에 직접적으로 포함되지는 않지만, 오히려 과목의 다중적인 가닥으로부터 겹쳐지고 있는 기대감들과 함께(최고점 활동을 위해 반드시 사용된 것은 아닌) 서로 다른 환경에 대한 이슈들에 기반한 소단원으로 구성된다. 이러한 학습 기대감들은 과목의 핵심 지식과 기능들 윤곽을 드러내어 학기 초에 학생들에게 제공된다. 이 전략은 가능한 투명한 평가를 하도록 할 뿐만 아니라 과목의 구성요소들의 방향과 의도 그리고 그것들이 학기 동안 어떻게 함께 편성되는지를 학생들이 이해하게 하는 체계를 제공한다. 우리는 학생들이 개발을 진행할 때, 그들이 그 학기말에 적용된다고 요청될 자료들과 학습 기술들을 사용하고 있음을 인식하는 것이 중요하다는 것을 믿고 있다. 이에 대한 중요한 사례는 드브루인(DeBruin)의 온실을 방문했을 때 찾을 수 있었다. 학생들은 온실 내에서 자라고 있는 농작물 고유의 특징들을 통해 어떻게 온실을 유지시키는지에 대한 지식을 얻고 있다. 학생들은 농부가 각각의 농작물(토마토, 오이, 밀, 고추 등)을 잘못 돌본 예를 수업에 제공하는 것과 같이 사례가 들어 있는 정보지를 만든다. 학생들은 이 정보지를 최고점 활동 시간에 사용한다. 다른 예는 생태적인 탄소 발자국[31]을 결정하기 위해 소비제품에 대한 "요람에서 무덤까지"

---

31) 역주 : 탄소 발자국(carbon footprint)은 한 개인, 가정, 기업이 일정 기간 동안 일상생활에서 대기 속으로 배출하는 이산화탄소의 양을 재는 단위

학습을 만들어 내고 있다. 소비제품을 생산하는 복잡한 제조 과정에서 지역사회의 생태적 탄소 발자국을 감소시키기 위해서, 마을의 공동농장이나 제3의 처리시설을 개발하여 정수처리를 할 수 있다. 이와 같은 방식으로 가르치는 것은 어떤 스포츠의 코치가 하는 것과 유사하다. 학생들은 학기가 끝날 때까지 지식과 기능을 습득할 필요가 있는데, 그들이 그렇게 지속적으로 기술을 연습하고 연마함으로써 제이슨에 따르면 "큰 시합 날"이라고 하는 최고점 활동에 기술들을 적용할 수 있게 된다.

과목은 과목지식과 적용의 균형을 맞추는 방식으로 수업이 진행된다. 예를 들면 학생들은 숲속에 있는 나무에 대한 자료를 수집하거나 농업적인 탐구에서는 토양의 무생물적 조건을 변형시킨다. 학생들이 에너지 소비와 변형을 공부할 때는 풍력발전용 터빈과 태양열 조리 기구를 만들어 가장 좋은 장치를 완성했을 때 각각의 장비에 필요한 전력 소비량을 알아낸다. 이러한 활동들은 과정 전체로 통합되어 매우 중요하게 다루어진다. 학생들은 어렵고 힘든 일을 할 필요가 있다. 그들은 자신들이 배우고 있는 주제에 대해 연관된다고 느낄 필요가 있고, 수행하게 될 것에 대한 의미를 느낄 필요가 있다. 기술적인 문제해결 활동과 과학적 탐구는 최고점 활동을 위해 필요한 사고과정을 발달시키며, 제이슨에게는 사람들이 함께 잘 연구를 하고 있다는 것을 알아갈 기회가 제공된다. 수업에서 풀기 어려운 문제가 주어져서 가장 좋은 작품을 위해 동료들과 함께 완성하고 있을 때, 그 그룹의 역동성을 관찰해보는 것은 참으로 흥미롭다. 유사하게도 개방적 탐구는 학생들이 자신의 실제적인 실험 기술과 연구 능력 혹은 의사소통 기술을 나타나게 해준다.

처칠학교에서 과학과는 9학년부터 12학년까지 탐구를 하도록 대대적으로 강조함으로써, 제이슨이 가르치는 학생들은 11학년쯤 되면 탁월한 탐구능력을 갖추게 되었다. 이는 종종 과학을 가르칠 때 시간이 상당히 많이 필요한 '탐구'로 좀 옮겨보자는 데 대한 반대 의견들 중 한 관점(Anderson, 2002)에서 생각해볼 때 중요한 점이 있다. 탐구는 학교에서 일반적이지는 않고, 대부분의 고등학교는 "실제 과학에 대한 단 한 가지의 경험도 주지 못한 채" 학생들이 학교를 떠나게 하고 있다는(Yager, 2005, p.20) 연구 결과가 있다. 우리는 경험을 통해 중등학교 생활 초반기부터 과학과에서 탐구로서의 과학을 발달시킨다는 것은 후반기에 시간과 노력을 절약할 수 있다는 것을 알았다.

이 과목을 시작할 때부터 안내된 탐구부터 완전 개방된 탐구까지 여러 종류의 탐구 활동들은 학생들을 최고점 활동에 참여하게 될 것과 비슷한 상황에 노출시킨다. 탐구 주제의 예들로는 "어떤 요인들이 밀의 생산성에 영향을 미칠까?" 그리고 "어떤 요인들이 오염된 물의 정수에 영향을 미칠까?" 등이 있다. 걸리는 시간, 이용 가능한 자원들, 그 학기에 배우게 될 단원들의 수행순서 등에 따라 개방적 탐구를 위한 주제들은 다양하다. 각각의 주제 내에서 그룹마다 자신의 연구주제(예를 들면 "토양 질소 수준은 주류 제조를 위한 밀 생산량에 어떻게 영향을 미치는가?")를 선택하고, 자신의 방법을 개발하고, 검증을 거쳐 탐구결과를 보고서와 학회 발표 자료의 형태로 논문을 작성해 봄으로써 개방적 탐구를 수행한다. 각각의 그룹은 어떻게 탐구가 수행되었는지, 결과는 무엇인지, 독립변인과 종속변인 사이의 관계를 분석하여 자신들의 이론을 도출하는 과정을 보여주기 위해 비디오를 찍는다. 다른 학생 그룹들은 '과학하는 공동체'로서 활동을 하면서 자신들의 연구방법과 분석에 대해 발표자로 나서본다. 교사는 학생들의 발표, 다른 그룹에 주어진 질문들, 발표하는 그룹들이 자신의 연구를 얼마나 잘 방어할 수 있는지, 얼마나 잘 탐구과정을 이해하고 있는지, 그리고 실험실에서 탐구를 얼마나 잘 수행해 나갔는지를 평가한다(부록 A와 B 참고). 평가에 대한 교사의 주요 역할은 이와 같은 큰 규모의 탐구에 대하여 학문적이며 응용적인 지식과 기술을 평가하도록 균형을 맞추는 데 있다.

NSES 세 번째 목적과의 일치성 및 평가

과학기반 이슈들에 대한 잠재적인 해결방안을 고안해내고 비판적인 사람들에게 그 해결방안에 대한 소통을 하기 위해 필요한 기능과 지식이야말로 최고점 활동에서 표현하게 되는 중대한 2가지 주춧돌이다. 그러나 2004년 이래 제이슨은 기능과 지식 자체만으로 학생들을 동기화시키는 데 충분하지 않음을 알게 되었다. 기대치를 성취하기 위한 학생 동기의 주요 원천은 실제 세계에서 일어나는 결과를 가지고 진짜 문제를 해결하기 위해서 한 이슈를 직접적으로 체험하는 것이다. 이러한 기대치를 성취하는 과정에서, 학생들은 또한 "과학적·기술적 문제에 대한 공적 토론과 논쟁에 지적으로 참여한다." 지난 3년간 공적 토론에 대한 주제의 범위가 괄목할만하게 팽창되어 왔다. 해마다 최고점 활동은 학생들의 요구, 교육과정 그리고 당시 지역사회에서 발생하는 이슈들과 더 깊이 있게 만나게 해주기 위해 편성되어 왔다.

지역의 특성을 고려한 교과목들은 학생들에게 '당면한 환경적 도전에 대한 과학적 해결방안', '에너지 보존', '인간의 건강과 환경', '폐기물 관리 및 축소', '지속가능한 농업 및 임업' 등으로 구성된 5개 단원을 공부할 수 있는 기회를 제공하였다. 공부할 각각의 5개 단원들 전체에는(학생들은 농업에 관련되거나 폐기물 관리에 대한 것을 선택한다.) 최고점 활동들에 관련된 주요 개념들이 미래 참고할 자료를 위해 굵은 글씨로 명시되어 있다. 최고점 활동 중 하나인 북부 원주민을 위한 농업 계획을 개발하는 활동의 개요를 보면, 우리는 과제를 완성하기 위해 활용한 수많은 개념들과 기능들을 찾아낼 수 있는데, 3인 1조 그룹의 학생들은 과목을 공부하면서 개발한 기능과 지식을 활용하여 과제를 완성한 것을 알 수 있다. 학생들은 9학년 때부터 밀과 토마토의 재배 경험, 지역 재배업자 시장 방문, 초청강사인 인근지역 농부로부터 얻은 정보, 핵심단원을 공부하는 동안에 실천한 탐구활동, 탐구와 연구 활동에서 획득한 연구방법과 기술을 이용한다. 사례들은 처칠학교의 과학과 웹사이트[32)]에서 이용할 수 있다.

제이슨은 과학과 책임자이며 이 글의 두 번째 저자인 더그 존스(Doug Jones)와 함께 평가 전략을 개발했다. 존스는 평가를 전문가 그룹 요소, 그룹 보고서, 그리고 인터뷰의 세 부분으로 나누었다. 이 활동은 모든 참가자들의 노력 여부에 달려있기 때문에, 공부의 질과 함께 개인적으로 이해한 것 그리고 각 섹션의 내용 깊이 양쪽을 모두 측정하는 것이 중요하다(그림 14.1 참고).

이 활동은 그룹 구성원들이 특별 과제들을 수행하도록 구성되어 있다. 그러나 그 그룹은 부분들을 서로 통일성 있는 전체로 종합해야만 한다. 30%의 점수를 얻게 될 전문가 그룹 요소는 이 장에서 밝힌 어떤 연구 자료가 사용되었는지와 각 요소들의 이해 등에 대한 각각의 특별 요소들의 내용의 깊이를 비교할 채점표(루브릭)를 사용하여 평가한다. 두 번째 부분들로 보고서와 인터뷰는 연구의 질 혹은 전체 보고서의 이해를 평가한다(부록 A와 B 참고). 보고서 루브릭은 온타리오 교육부(Ontario Ministry of Education, 2008)가 개발한 2009 과학 11/12학년 교육과정 문서에 있는 성취기준에 기반하고 있다. 이 웹 사이트[33)]를 참고하라.

제이슨이 평가를 위해 선택해왔던 범주들은 의사소통과 적용 분야이다. 이 루브릭은 보고서가 얼마나 잘 설계되었으며, 또한 학생 아이디어들을 가지고 소통하고 있는지와 학생들의 지식과 연구한 것 사이에 얼마나 잘 관련성이 형성되어 있는가를 평가한다.

---

32) http://swc.lakeheadschools.ca/science

33) www.edu.gov.on.ca/eng/curriculum/ secondary/ science.html

지역사회의 간략 정보	농사법과 영양 관리
신선한 농작물과 채소의 관점에서 지역주민들이 이용할 수 있는 것들에 대한 개요를 알려주어라. 이러한 먹거리를 먹고 생활하는 비용을 포함시켜라. 지역 주변의 지형은 어떠한가? 농장과 온실에 적합한 지역을 찾아내 보라. 지역사회에서는 어떤 제품들을 생산 또는 구매하는지를 알아보라. 지역사회의 인구, 경제 규모, 문화는 어떠한가?	지역사회에서 활용할 수 있는 온실의 종류. 전체 비용을 포함시키고 운송비용도 생각하라. 다양한 노지 재배법 및 어떻게 적절하게 농사를 지을 수 있는지에 대한 적당한 정보(윤작, 농약사용, 시비, 유기농경작, 영양분 관리 등). 각각의 방법마다 들어갈 비용을 포함시켜라. 지역의 토양 유형 및 지적해 줄 필요가 있는 토양의 성질이나 영양의 결핍. 지리적 측면에서 에너지 감소 및 원자재 소비 방법.
우리가 생산할 수 있는 것들	**채점 체계에 대한 설명**
다음과 같은 기준으로 기후 패턴에 대한 중요한 정보와 경작 시기의 중요한 요소들을 연구하라. – 월간 기온의 범위(최고와 최저) – 월간 일사량 – 노지 재배가 가능한 기간 온실상태와 노지에서 자랄 수 있는 채소와 곡식의 종류. 어떤 작물이 일년생이고 다년생인가? 각 종마다 영양적인 장점은 무엇인가? 생산되는 종들에 대한 서로 다른 활용법을 결정하라. 종자가 어디서부터 나오는지와 종자 채취에 들어가는 비용을 결정하라.	전문가 그룹 요소: 30 % 그룹 보고서: 40 % 인터뷰: 30 % 총점: 100 %

그림 14.1 전문가 그룹 과제

인터뷰 루브릭은 지체 없이 답을 하는 능력과 언어적 의사소통 능력 그리고 알고 있는 지식 정도를 평가한다(부록 C 참고). 인터뷰 자체만은 15분이 걸리지만 그룹들은 인터뷰하기 24시간 전에 자신의 보고서를 교사에게 온라인으로 제출해야 한다. 그들은 최고점 활동을 시작할 때 미리 정해진 어떤 인터뷰 질문들을 받는다. 학생들은 서로의 연구와 어떻게 연구를 최종 보고서에 적합하게 정리해낼 것인가를 알아내야만 한다. 또한 학생 개별적인 답이나 그룹 보고서로부터 하게 되는 즉흥적인 질문들도 있다. 미

리 정해진 6개 질문과 2~3개의 즉흥적인 질문이 마련되어 있다. 그룹의 모든 구성원들은 즉흥적인 질문에 답하는 과정에 참여할 수 있으므로 개별 점수를 얻을 수 있다(보고서 사례는 부록 D 참고).

학생 개별적으로 지식이나 핵심 내용을 얼마나 많이 알고 있는지를 평가하기 위해서 수업 마지막 주에 총괄평가를 실시한다. 수업에 참여하는 학생들이 워낙 다양하므로 대부분의 학생들은 지필평가보다는 최고점 활동에 더 잘 참여한다.

그 외 다른 사람들의 생각 : 학생들과 지역주민들

처칠학교에서 환경과학 프로그램은 대단히 성공적이다. 2004년 이래 이슈기반 및 탐구초점 교과목은 학생들이 자신에게 관심 있는 주제를 가지고 수업에 참여하게 해왔으며 대학 및 전문대학 입시에서 학생들의 과학 관련 경력으로 활용될 목적으로 장려해왔다. 이미 졸업한 학생들과의 대화에서 프로그램이 학생들을 대학교육의 첫 해를 잘 준비시켜 주었다는 일화적인 증거를 제공하고 있다. 예를 들면 대학에서 수행하는 수많은 동·식물 동정 및 현장 자료수집 활동들은 고등학교에서 배우는 활동들과 모두 정확히 일치하지는 않지만 유사한 활동들이다. 또한, 개정 교육과정 문서에는 학생들의 고차적 의사소통 능력이 포함되어 있으며, 이는 학생들을 대학교육과 직업세계 모두에서 평생학습자로서 성장시키기에 가장 좋은 능력이기 때문이다.

이 장에서 제이슨은 최근 학생과 졸업한 학생 모두를 인터뷰하였다. 일치되는 점은 학생들이 실제 다른 사람들의 삶을 향상시키기 위해 사용될 수 있는 문서를 만들기 때문에, 학생들은 이 활동을 매우 보람되게 여기는 것으로 나타났다. 아래 내용은 학생들이 보편적으로 제시한 증언들이다:

> 저는 현장 학습이 참 좋은 것을 알게 되었습니다. 교실 밖에서 연구를 더 많이 할수록 더 좋았던 것 같아요. 우리는(농업 관련 최고점 활동 등과 같은) 어떤 활동에 투입되었고, 교실에서 수행한 연구가 지역사회의 주민들을 도와줄 수도 있었어요. 지역 내에서 연구가 진행될 수 있도록, 우리 고장(선더베이)에 대한 과제를 하고 있다는 사실이 저는 진심으로 좋았습니다. 여기서 저는 우리 고장에 대해 제가 할 수 있는 것이 무엇인지에 대해 관심을 가지게 되었어요. 이 수업은 내가 환경에 대한 공부에 흥미를 느끼게 불을 당겨주었어요. 나는 환경보존에 대한 생각이 단지 기금 조성에만 있어서 되는 것이 아니라 실행, 과학 그리고 자신이 살고 있는 고장을 더 좋은 곳으로 만들어야 한다는 것임을 배웠습니다. 제 생각으로는 이 수업을 발전시켜서 우리가 지역사회 농업과 같은 프로젝트에 참여함으로써 수업이 끝난 후에도 학생들이 계속 연구를 할 필요가 있다고 봅니다.

또한 제이슨은 그들의 학기가 그들의 공부를 위해 얼마나 준비를 했었는지에 대해 논의할 기회를 가졌다. 컨피더레이션(confederation) 대학의 환경기술자 양성 프로그램에 참여하고 있는 한 학생은 다음과 같은 답을 하였다.

> 저는 대학생활에서 우리가 했던 강에 대한 연구와 지도그리기 활동과 같은 모든 체험활동들이 내가 현장 학습에서 했던 활동과 똑같았다는 것을 알게 되었습니다. 제가 이 활동에 몰입하는 데 아무런 문제가 없었어요. 우리가 수업시간에 했던 것들은 바로 제가 고등학교 1~2학년 수업에서 했던 것을 연이어 그대로 열심히 하는 것이었습니다.

이 학생은 공부에 중점 방향을 수질관리와 임업에 두었다. 대학교육 2년차에서는 고등학교 때 공부했던 것과 동일하게 이슈 기반 학습과 실기능력을 중점적으로 개발시켰다.

후반 2년 동안 우리 프로그램은 'Roots to Harvest'라고 불리는 레이크헤드 대학교 부속기관과 협력하여 진행을 하였다. 이 협력 프로그램은 모든 교육적인 수준에서 지역사회 내로 먹거리 안전에 대한 인식을 발전, 증진시키기 위해 개설되었다. 우리 학생들은 학교와 지역 시장에서 팔기 위해 지역 농부들의 온실에서 작물을 키우고 레이크헤드 대학교의 온실에서 농업 관련 탐구를 하는 등 실습 활동에 참여했다. 제이슨은 지역사회의 동반자들과 토론을 하면서 이 프로그램의 장점으로 그들이 바라보고 있는 것이 무엇인지를 알아낼 기회를 갖게 되었다:

> 처음부터 끝까지 이 탐구 프로젝트는 전혀 다른 학문적인 수준과 경험을 한 이 학생들에게는 최선이었습니다. 탐구적 접근을 함으로써, 제이슨은 학생들이 성공할 수 있고 사전지식, 그들 자신의 생활 경험, 연구, 문제 해결 및 혁신을 통해 그동안 해왔던 모든 학습을 반영시킨 높은 수준의 최종 산물을 만들어낼 수 있는 상황을 만들어냈습니다. 학생들은 대부분의 사람들이 일천한 지식수준에서 대충대충 여겨왔던 먹거리 안전이란 점을 진정으로 내면화시키면서 공부했습니다.
>
> 나는 제이슨과 함께 그의 수업에서 공부할 수 있었던 이러한 기회들을 통해 대단히 많은 것들을 배워왔다. 경험 많은 교육자로서 나의 15년의 경험에 비추어 보건대, 나는 제이슨의 수업에서 하는 이 프로젝트들을 가지고 알아보았을 때, 한 가지 학교학습 경험으로부터 그렇게 많은 능력을 획득한 학생들을 본 적이 없었다.
>
> —에린 비글(Roots to Harvest의 총책임자)

그리고

> 나는 제이슨 수업을 들으면서 내 농장을 방문한 학생들 가운데 1%라도 농작물을 재배하거나 농업 관련 사업을 추진하는 것을 보고 싶다. 선더베이 지역주민은 신선한 농작물을 재배하기에는 충분히 발달되지 않았다. 우리의 온실 재배는 확장될 필요가 있다. 현장체험 학습은 내 마음속에서 가장 중요한 학습 부분이다. 제이슨이 수업을 지역주민의 농장에 지속적으로 가져가는 것은 대단히 중요하다. 농장에 대한 학습과 현장체험 활동을 통한 학습은 교실에서 하는 학습과는 다르다. 제이슨의 학생들은 나의 농장에서 일없이 졸 틈이 없다.
>
> —아르젠 드브루인(드브루인 온실의 소유주)

학생들은 이 프로그램에서 실습 활동을 기다려 왔음이 분명하다. 한 반에 12명의 학생만으로 시작하여 5년 안에 매년 4개의 반으로 성장해온 프로그램을 위해 새로운 구성원을 모집하는 과정이 계속 진행되고 있다.

영향력의 증거

이 프로그램은 학교 공동체와 갈수록 점점 더 넓은 지역사회에 중요한 영향을 주고 있다. 학교는 연간 폐기물 세무 감사를 무사히 마치는 일부 소수의 학교들 가운데 하나가 되었다. 환경과학 수업을 들었던 학생들로 구성된 그룹은 학교 학생들과 교직원이 쓰레기 감소를 최우선으로 인식하도록 만들었다. 2008년 이 과목의 농업에 대한 내용에서 학생들은 학교 내에서 그리고 지역 농부들에게 판매하기 위해 밀을 키우고 생산했다. 이 수업에서 학생들은 밀을 판매하는 사업을 개발하였다. 이 사업이 잘 추진되어, 주스 제조기, 기자재, 온실장비를 구매할 수 있을 만큼 충분한 돈을 모았다. 그 해에 수업에서는 농사짓는 지역주민들을 교실로 초대하였고, 또한 지역사회의 농업과 시장에 대해 학습하기 위해 농장, 상업용 온실 그리고 레이크헤드 대학교 생물학과를 방문하였다. 캐나다 방송국(CBC)은 이러한 활동에 대한 뉴스를 보도하였다.

2009년 수업은 학교 주변 100 km 내에서 생산되었던 식재료들로부터 먹거리를 준비했던 '100K Day'에 참가했다. 이 활동은 지역신문에서 먹거리 안전에 대한 이슈가 점점 더 많아진다는 뉴스에 대한 반응이었으며, 지금은 도시 주변의 다른 학교까지 이 활동이 보급되었다. 학교는 학교와 지역사회에서 재배되는 먹거리를 이용해서 매년 가을과 봄에 100K Days를 개최하게 될 것이다. 이 프로그램이 학생들을 사업, 가족 연구, 원주민 연구 그리고 다른 과학 수업에 대해 관심을 확대시키게 되기를 기대해본다. 학교의 지역사회에서 운영하는 농장과 온실이 계속적으로 개발되어서 학교의 식당에서는 학교에서 자란 농작물을 취급하게 될 것이다. 공급해줄 수 있는 신선한 농작물에 대한 필요성은 수년 전부터 오늘날까지 교직원, 학생들 그리고 학교식당 직원들에 의해 확인이 되어 왔다. 처칠학교는 이러한 방식의 환경과학 프로그램을 가지고 그 자체로서, 건강하고 환경적인 의식이 있는 생활이 지속적으로 확립되도록 주도할 것이다.

결론

2004년 이래, 처칠직업학교에서 11학년을 위한 환경과학은 이슈기반 및 탐구로서 과학을 장려해 왔다. 이러한 전략의 사용은 많은 우리 학생들이 과학 기반 직업을 고려하여 찾을 수 있게 해주었다. 경제적 구조와 관련된 근본적인 변화를 겪고 있는 지역사회에서는 이것을 중요하게 고려해야 할 것이다. 더 중요하게, 이 환경과학 과목은 학생들이 스스로 관심을 가지는 이슈를 생각해서 실행할 기회를 제공해왔다. 이 환경과학 프로그램이 학생들에게 사업 및 산업에 종사하는 그룹과 이슈들을 논의할 수 있는 기회를 제공하기 때문에, 교육기관들과 언론매체는 이 프로그램이 NSES의 세 번째 목적인 과학적 · 기술적 문제에 대한 공적 토론과 논쟁에 지적으로 참여할 능력을 성취하는 것과 일치되었음에 주목하였다.

참고문헌

Anderson, R. D. 2002. Reforming science teaching: What research says about inquiry. *Journal of Science Teacher Education* 13 (1) : 1-12.

Jones, D., C. Kaplanis, W. Melville, and A. Bartley. 2009. Science as inquiry at Sir Winston Churchill Collegiate and Vocational Institute. In Inquiry : *The key to exemplary science*, ed. R. E. Yager, 151-176. Arlington, VA: NSTA Press.

National Research Council (NRC). 1996. *National science education standards*. Washington, DC: National Academies Press.

Ontario Ministry of Education. *Ontario Curriculum*, *Grades* 11 *and* 12: *Science, 2008 (revised)*. 2008. Toronto, ON. Queens Printer for Ontario.

Working Group on Environmental Education. 2007. *Shaping our schools*: *Shaping our future*. Toronto, ON: Queen's Printer for Ontario.

Yager, R. E. 2005. Achieving the staff development model advocated in the national standards. *Science Educator* 14 (1): 16-24.

웹사이트

The Ontario Ministry of Education: www.edu.gov.on.calenglcun-iculumlsecondarylscience.html

Sir Winston Churchill Collegiate and Vocational Institute: http;llswc.lakeheadschools.calscience

부록 A. 11학년용 U/C 환경과학 : 정수(淨水) 탐구에 대한 평가지

• 그룹 구성원들 : ______________________

탐구 계획하기/실행하기[20 %]

1수준	2수준	3수준	4수준
□ 제한된 효과로 질문을 만들고 가설을 개발한다.	□ 약간의 효과로 질문을 만들고 가설을 개발한다.	□ 상당한 효과로 질문을 만들고 가설을 개발한다.	□ 높은 효과로 질문을 만들고 가설을 개발한다.
□ 제한된 효과로 관찰하기, 자료 조작하기, 자료 수집하기, 장비 안전하게 사용하기 등을 포함시킨 탐구를 수행한다.	□ 약간의 효과로 관찰하기, 자료 조작하기, 자료 수집하기, 장비 안전하게 사용하기 등을 포함시킨 탐구를 수행한다.	□ 상당한 효과로 관찰하기, 자료 조작하기, 자료 수집하기, 장비 안전하게 사용하기 등을 포함시킨 탐구를 수행한다.	□ 높은 효과로 관찰하기, 자료 조작하기, 자료 수집하기, 장비 안전하게 사용하기 등을 포함시킨 탐구를 수행한다.

의사소통/비판적 사고 능력 (보고서) [40 %]

1수준	2수준	3수준	4수준
□ 제한된 효과로 형식적인 실험 보고서 연습과정에서 대화, 어휘, 그리고 용어를 사용한다.	□ 약간의 효과로 형식적인 실험 보고서 연습과정에서 대화, 어휘, 그리고 용어를 사용한다.	□ 상당한 효과로 형식적인 실험 보고서 연습과정에서 대화, 어휘, 그리고 용어를 사용한다.	□ 높은 효과로 형식적인 실험 보고서 연습과정에서 대화, 어휘, 그리고 용어를 사용한다.
□ 제한된 효과로 자료를 분석하고 해석한다.	□ 약간의 효과로 자료를 분석하고 해석하는가	□ 상당한 효과로 자료를 분석하고 해석하는가	□ 높은 효과로 자료를 분석하고 해석하는가
□ 제한된 효과로 해낼 분석과 조사를 평가하며 결론을 정당화한다.	□ 약간의 효과로 해낼 분석과 조사를 평가하며 결론을 정당화한다.	□ 상당한 효과로 해낼 분석과 조사를 평가하며 결론을 정당화한다.	□ 높은 효과로 해낼 분석과 조사를 평가하며 결론을 정당화한다.

비판적 사고/과정 능력 (발표와 질문) [40 %]

1수준	2수준	3수준	4수준
□ 제한된 효과로 과학적 탐구가 포함된 단계에 관련된 정보를 교환한다.	□ 약간의 효과로 과학적 탐구가 포함된 단계에 관련된 정보를 교환한다.	□ 상당한 효과로 과학적 탐구가 포함된 단계에 관련된 정보를 교환한다.	□ 높은 효과로 과학적 탐구가 포함된 단계에 관련된 정보를 교환한다.
□ 에러와 수락된 관찰 기능의 관점에서 과학적 타당성의 제한된 이해를 보여준다.	□ 에러와 수락된 관찰 기능의 관점에서 과학적 타당성의 적절한 이해를 보여준다.	□ 에러와 수락된 관찰 기능의 관점에서 과학적 타당성의 좋은 이해를 보여준다.	□ 에러와 수락된 관찰 기능의 관점에서 과학적 타당성의 탁월한 이해를 보여준다.

부록 B. 11학년용 환경과학 최고점 활동 – 평가지 농업 관련 계획

• 개별 평가 _______/30

• 이름 : __________ 이름 : __________ 이름 : __________

지역사회의 간략 개요	지역사회를 위해 제안된 계획	우리가 생각할 수 있는 것들은 무엇인가?
0123456789 신선한 농작물과 야채에 의거하여 지역주민이 이용할 수 있는 것의 개요를 제공하는가. 이와 같은 음식을 먹기 위한 비용을 포함시키고 있는가. 01234 지역사회 주변의 지형은 어떤가. 01234 농장과 온실에 알맞은 지역을 찾아내는가. 01234 어떻게 물품들이 이 지역으로 들어가고 나가는지를 알고 있는가. 0123456789 지역주민의 인구, 경제규모 그리고 문화는 어떠한가.	012345678 여러분과 같은 지역민들을 위해 이용될 수 있는 온실의 형태. 비용과 적절한 운송비용을 포함시키고 있는가. 012345678910 노지 경작의 서로 다른 방법과 적절한 경작 방법에 대해 관련된 정보(예를 들어 농작물 순환, 살충제 사용, 비료, 유기농법 그리고 영양분 관리 등). 각 방법마다 비용을 포함. 0123456 해당 지역의 토양 종류와 드러낼 필요가 있는 영양분이나 질감에서의 결핍성. 0123456 지리적 범위 내에서 에너지와 원자재 소모 축소 방안들.	012345678910 기후 패턴에 대한 중요한 정보와 생장시기에 중요한 요소들에 대한 연구 : - 월별(최고 및 최저)기온 - 월간 일조량 - 노지 경작기의 길이 0123456 온실과 노지 경작에서 자랄 수 있는 채소와 곡물의 종들. 무엇이 일년생이고 다년생인가. 012345 각 종마다의 영양적인 장점은 무엇인가. 01234 각 유형의 농작물에 대한 서로 다른 활용법을 결정하는가. 012345 종자가 어디에서 나오는지와 종자 획득을 위한 비용을 결정하는가.

그룹 평가

범주	1수준	2수준	3수준	4수준
지식 · 개념들 사이의 관계 이해.	☐ 개념들 사이의 관계에 대한 제한적인 이해를 나타낸다.	☐ 개념들 사이의 관계에 대한 약간의 이해를 나타낸다.	☐ 개념들 사이의 관계에 대한 좋은 이해를 나타낸다.	☐ 개념들 사이의 관계에 대한 탁월한 이해를 나타낸다.
관련 짓기 · 사회적 경제적 이슈 분석. · 과학적 원리에 기초한 활동으로 구성된 과정 제안.	☐ 제한된 효과로 사회적 경제적 이슈를 분석한다. ☐ 제한된 효과가 있는 실용적인 활동으로 구성된 과정으로 익숙한 문제들을 분석하는 것을 확대시킨다.	☐ 약간의 효과로 사회적 경제적 이슈를 분석한다. ☐ 약간의 효과가 있는 실용적인 활동으로 구성된 과정으로 익숙한 문제들을 분석하는 것을 확대시킨다.	☐ 좋은 효과로 사회적 경제적 이슈를 분석한다. ☐ 좋은 효과가 있는 실용적인 활동으로 구성된 과정으로 익숙한 문제들을 분석하는 것을 확대시킨다.	☐ 탁월한 효과로 사회적 경제적 이슈를 분석한다. ☐ 탁월한 효과가 있는 실용적인 활동으로 구성된 과정으로 익숙한 문제들을 분석하는 것을 확대시킨다.
의사소통 · 생각과 개념의 의사소통.	☐ 제한된 명료성과 정확성으로 생각과 정보를 교환한다.	☐ 약간의 명료성과 정확성으로 생각과 정보를 교환한다.	☐ 좋은 명료성과 정확성으로 생각과 정보를 교환한다.	☐ 높은 수준의 명료성과 정확성으로 생각과 정보를 교환한다.

부록 C.

인터뷰 평가

범주/수행	1	2	3	4
응답에 대한 힌트를 제시하는 수준.	힌트가 많이 필요하거나 재질문이 요구된다. 대부분의 시간을 그룹 보고서를 보고 답하는 데 소요한다.	힌트가 약간 필요하거나 재질문이 요구된다. 때때로 그룹 보고서를 보고 답을 한다.	사실상 힌트가 필요 없거나 필요에 따라 재질문을 한다. 그룹 보고서를 보지 않고 답을 한다.	답하는 데 도움이 필요 없다. 보고서에 참고 사항이 있으나 보고서가 아예 펼쳐져 있지 않다.
의사소통 기능들: 명료성, 발음, 몸짓, 시선 맞추기.	응답하는 데 실패한다. 음, 아 등 전혀 몸을 움직이지 않거나 과도한 몸짓을 한다. 약간의 시선 맞추기한다.	약간의 응답에 실패가 있다. 약간의 발음과 문법적인 에러가 나타난다. 몸짓이 과도하다. 제한적으로 시선 맞추기한다.	응답, 발음 문법, 몸짓 그리고 시선 맞추기가 만족할 만하다.	응답이 부드럽게 흐름, 발음과 문법은 좋다. 시선 맞추기와 몸짓은 답하는 것을 도와주고 있다.
해당 질문에 대한 답의 질.	일부 질문에 대해 답하려 시도한다.	많은 질문에 답을 한다.	모든 질문에 만족할만한 방법으로 설명을 한다.	질문에 완벽하고 달변으로 답한다.

학생 이름 : ______________

질문번호	힌트가 필요한 정도	의사소통	답의 질
1			
2			
3			

학생 이름 : ______________

질문번호	힌트가 필요한 정도	의사소통	답의 질
1			
2			
3			

학생 이름 : ______________

질문번호	힌트가 필요한 정도	의사소통	답의 질
1			
2			
3			

총점

학생	체크리스트 (20)	보고서 (50)	인터뷰 (30)	총점

부록 D. 보고서 농업 관련 계획의 예

그 지역사회의 간략한 개요

보통 선더베이 주변 지형은 대륙의 융기와 침식, 빙하의 이동, 그리고 바람, 진동, 물, 중력 등의 지속적인 작용으로 형성되었다. 북부는 저지대로 허드슨 만이 있는데, 대개 습지, 초지, 숲으로 되어 있다. 나머지 온타리오의 북부 지역은 남동쪽으로 확장되어 있는 캐나다 순상지로 덮여 있다. 온타리오의 남부지역에는 그레이트 호수－성 로렌스 강 저지대가 있는데, 비옥하고 이상적인 농지이다.

여러 지역이 먹거리를 재배하기에 알맞게 자리하고 있는데, 이 지역의 토양이 완벽하게 훌륭한 것은 아니지만 우리가 온실을 짓기에 그래도 최적이라고 생각했다. 온실을 짓기에 가능한 위치는 오그덴 지역 센터(600 McKenzie Street)가 될 것 같은데, 이 지역은 일반 대중에게 더 잘 알려져 있다. 강의 상태에 따라서 야생 쌀이 니빙－맥킨트리 범람지에 경작될 수 있다. 여기는 지난해에도 경작을 했었다. 맥캘러 섬은 농장이 번성하기에 또 다른 잠재력을 갖춘 곳이다. 빈 곳이 있지만, 물론 토양이 얼마나 비옥한지에 따라 사용할 수 있을 것이다. 이러한 모든 장소들은 가능성은 있지만 더 많은 조사가 필요할 것이다.

선더베이에서 이 지역은 유입 및 유출을 위한 거리가 먼 만큼 도시의 나머지 지역에서 하는 것들을 이 지역에서도 한다. 대부분의 유입된 농작물들은 트럭으로, 때로는 기차로 들여온다. 이 지역에는 대규모 소매상, 야채상 혹은 그 밖의 소소한 가게들도 많지 않다.

동쪽 끝 지역(The East End)의 인구는 2007년경 5,000명 정도였다. 이는 인구조사 결과로 알려졌다. 산업진흥협회(Business Improvement Association, BIA)는 최근 이 지역을 가꾸기 위해 나무를 심고, 식물을 심고 벤치를 설치했다. 이 지역은 대부분 지역 주민의 사유지로 구성되어 있는데, 대부분은 작은 단순 가정집으로 1946년 이전에 건설되었다. 또한 동쪽 끝 지역에는 공립 수영장, 지역주민센터, 2개의 초등학교가 있다. 공영수영장과 지역주민센터에 인접해 있는 학교 운동장과 놀이터를 제외하고는, 이웃들은 공원이나 공립 녹지 공간은 없다. 북쪽에서 남쪽으로 갈수록 저소득 계층의 주민들의 비율은 증가하는 경향을 나타내는데, 보통 지역의 저소득층 비율이 11.4 %에 비하여 16.3 %부터 22.8 %, 35 %까지 증가한다. 이웃주민들은 주로 (폴란드, 우크라이나, 영국, 독일, 핀란드, 네덜란드, 이탈리아 등) 유럽에서 온 이민자들의 후예들로 구성되어 있는데 원주민 비율이 높다.

농업 방식

동쪽 끝 지역에 온실을 지을 때는 그 지역의 기본적인 요구에 맞출 필요가 있다. 여기에 가장 적합한 온실의 형태는 따뜻한 온실 (Warm Greenhouse)이다. 이 온실은 보통 채소나 원예작물을 대개 잘 자라게 하고 열과 성장에 필요한 햇빛이 사용만 되면 겨울에도 사용을 할 수 있다. 핫 하우스 (Hothouse) 온실이나 시원한 온실 (Cool Greenhouse)의 사용은 동쪽 끝 지역에 적합하지는 않을 것 같고 그 지역에 적합한 식물을 키울 수 없을 것 같다. 핫 하우스 온실은 열대작물이나 외래종 식물에 쓸 수 있고, 온도는 (화씨로) 65도를 유지한다. 따뜻한 온실이 유지비가 적게 들고 겨울철에만 난방과 성장기에 필요한 햇빛이 필요한 데 비해서, 핫 하우스 온실을 연중 가동시킨다면 매우 비용이 많이 들게 될 것이다. 시원한 온실도 저렴하게 유지될 수 있지만, 이 동쪽 끝 지역에서 자랄 수 있는 식물의 종류에 적합하지는 않으므로 선택을 할 수가 없다. 시원한 온실은 단지 종자를 발아시키거나 생존에 높은 온도가 필요치 않은 식물을 키우기에 적합한데, 이러한 식물들이 동쪽 끝 지역에는 자라지 않는다. 지역주민 농장을 만든다는 것은 또한 가능성이 없는데, 이는 동쪽 끝 지역의 토양이 식물을 키우기에 적합하지 않기 때문이다. 그 토양은 배수가 매우 나빠서 식물이 물에 잠기게 될 것이다. 이 지역은 단지 늪이나 습지 식물이 자라기에 알맞을 뿐 충분한 양토가 없어 이 지역 식물들이 자랄 농장 설립은 어렵다.

1년 내내 적절하게 경작하고 지속적으로 식물을 키우기 위해서, 유기농 농장을 위한 윤작은 최고로 중요하다. 유기농 농장은 살충제, 화학 비료 혹은 영양제를 사용하지 않으며 작물을 유전자적으로 변형시키지도 않는 농장 혹은 자연산 생물체를 길러내는 농장이다. 유기농 농장을 위해 윤작은 매년 나오는 일반 해충이나 가지과 작물만 먹고 사는 박각시나방이나 붉은 곰팡이 같이 (토마토, 감자, 가지, 고추 등) 숙주 특이적 해충을 죽이는 살충제 대신으로 사용될 수 있다. 윤작이란 식물이 자라는 위치를 변화시켜 한 장소에 해마다 다른 식물을 경작하는 것을 의미한다. 이 방법은 병이나 해충의 먹이 원천을 없앰으로써 그들을 없애거나 다른 농장으로 옮아가게 할 것이다. 매년 여러분 농장의 특정 지역에서 경작하는 식물에 이름표를 달아주는 것은 같은 지역에 무엇이 자라는지를 기억하는 데 좋은 방법이다. 시비 또한 유기농 재배에서 매우 중요하나 여러분의 농장을 배타적으로 유기농으로 하길 원한다면 비료의 원천은 매우 중요하다. 퇴비 생산자가 무기물 먹이를 먹이지만 않는다면 농장 자체에서 생산된 비료들은 가장 좋은 원천이다. 유전자변형작물을 먹었던 소들은 유기농 두엄을 생산할 수 없으며, 만약 농부가 자신의 작물이 유기농이 되길 원한다면 소는 그 농장에서 키울 수 없다. 유기농 농장을 위해 비료를 사용하고자 하면, 많은 연구들이 수반되어야 한다. 농장에서 자라는 식물의 종류에 따라 생각해볼 중요한 것은 영양분 관리이다. 어떤 식물들은 알맞게 키우기 위해서 특정 유형의 영양소와 비료가 필요하며, 단지 이와 같은 양분들의 정확한 양을 유지해야만 키울 수 있다.

토양 및 영양분 관리

동쪽 끝 지역의 토양은 미션과 포트월리엄 토양의 혼합토로 분류된다. 미션 토양은 모래와 사양토, 그리고 토탄 단계가 혼합된 토양이다. 자갈은 없지만 배수가 좋지 않다. 포트월리엄 토양은 양토, 모래, 사양토의 혼합 토양이다. 물론 이 토양도 돌은 없긴 한데 배수는 완벽하지 않은 정도이다. 수위가 낮기 때문에 모두 다 토양은 상대적으로 습하다. 동쪽 끝 지역은 지하수면에 가깝기 때문에 사질토임에도 불구하고 배수가 좋지 않은 평평한 지역이다. 이러한 조건은 지역사회에서 농업이 발달하기 위한 균형이 맞지 않는다.

이 지역주민을 먹여 살리기 위한 온실이나 농장을 지을 계획을 세운다면, 지역의 토양의 종류가 매우 중요하다. 채소를 키우기 위해서는 식물이 자라기에 가장 좋은 양토가 좋다. 양토란 동일한 비율의 모래, 점토, 세사를 포함하고 있다. 이 토양이어야 쉽게 식물이 자라고 습기를 머금을 수 있어 균형이 잘 맞는다. 양토는 가장 비옥한 토양에 속해 있어 대부분 어떤 작물도 잘 자랄 수 있는 토양이다. 사토는 재배에 쉽고 봄에 빨리 지온이 올라간다. 배수가 좋아서 식물들이 오랫동안 뿌리를 박고 살아가기에 적합하지는 않다. 그러나 빨리 물이 빠지기 때문에 식물이 자라면, 규칙적으로 물을 공급해야 하고 양분을 공급해야 한다. 사토를 보충하기 위해 유기물을 첨가하는 것이 경작에 가장 좋다. 그렇지 않으면 물이 너무 빨리 빠져 식물이 영양분과 함께 물을 흡수하기 어렵다.

동쪽 끝 지역에서 모래와 양토의 혼합토는 상대적으로 좋은 농경 토지를 만들지만 약한 산성이다. 토양은 다른 토양보다 영양분이 적고 물을 지나치게 오래 보유하기 쉽다. 비료와 인공배수를 잘 관리하고 이용함으로써 양질의 식물들이 자랄 수 있다. 영양소 보충을 위해 표토와 유기물을 이용함으로써 토양은 지역주민을 먹여 살릴 특수 작물을 잘 키워낼 수 있다. 사토에 유기물을 첨가하여 함수능력을 증가시키고 비옥도를 개선한다. 경작을 위해서 배수가 나쁘거나 지나치게 배수가 잘 되는 토양은 적절한 성장과 충분한 영양분 섭취에 방해를 받을 수 있다. 배수가 충분하지 않으면 식물이 물에 잠기고 배수가 너무 많이 되면 식물이 말라죽을 수 있다.

이러한 유형의 토양들에 식물을 키울 때 땅은 먼저 유실되고 뒤집히는데, 그러고 나면 토양 표면의 많은 부분들 중 1~2층이 뿌리 부분 위에 놓이게 된다. 밭을 갈고 복토하면 증발과 토양 침식을 감소시킨다. 배수량이 너무 많아지는 것을 예방하기 위해 철도 침목들, 건축 재목 혹은 다른 적절한 재료들을 사용하여, 지반이 높은 밭으로 만들 수가 있는데, 그러고 나서는 복토한 토양에 추가적으로 질소, 인산, 칼륨, 황과 같은 필요한 영양분을 보충해줄 수 있다. 이러한 토양은 부분적으로 칼륨 결핍성이 되며 거름이나 퇴비 같은 자원으로부터 보충될 영양분이 필요하다. 그 토양의 산성을 낮추기 위해 라임을 첨가할 수 있지만 모든 경우에 추천할만하지는 않다. 꼭 좋은 성과를 내기 위해서 영양분들은 토양에 직접 살포가 되어야 하되 잎에 피해가 가지 않도록 식물에는 닿지 않게 살포해야 한다.

CHAPTER 15

과학 학습에 대한 HOLA 접근방법

Theodora Pinou
Western Connecticut State University
Marjorie Drucker
Barnard Environmental Studies Magnet School
Elizabeth Studley
Solar Youth

배경

버나드 환경 마그넷 학교는 커네티컷 도심 뉴헤븐 시에 위치하며 유치원에서 8학년까지의 학생들이 다닌다. 서쪽 강변에 따라 위치하고 있으며 따라서 롱아일랜드에서 들려오는 소음을 차단시킬 수 있는 위치이다. 환경에 대한 내용은 교육과정 전반에 걸쳐 연결되는 주제이다. 환경 단원은 인근 지역 강과 생물체에 대한 연구로서 교육과정의 핵심 내용과 연결되어 있다. 버나드 환경 마그넷 학교는 지역 전문가들과 파트너십을 맺고 있으며, 이들은 교사와 학생들이 학교 밖 학습활동, 특히 환경 주제를 심층적으로 공부하는 학습활동을 도와주고 있다.[34)]

버나드 학교는 뉴헤븐 교육청에서 실시하는 마그넷 학교 프로그램을 제공하고 있다. 이 마그넷 학교에는 뉴헤븐 시 이외 28개 도시에 거주하는 다양한 집단의 인종, 소수민족, 경제적 소외계층의 학생들도 다니고 있다. 버나드 마그넷 학교 입학을 원하는 학생과 학부모는 로또 추첨 시스템에 응모하여 추첨제 선발을 통해 입학하게 된다.

34) 이 학교의 웹페이지 주소는 http://schools.nhps.net/barnard

지역학교구 단위로 운영되는 마그넷 학교는 개별 학교마다 독특한 교육과정과 특별 프로그램을 운영하고 있다. 버나드 마그넷 학교는 독특한 교육과정으로 환경과학을 가르치고 있다. 본 연구진은 커네티컷 주 차원과 지역학교구 차원의 과학교육 기준을 근거로 과학 교육과정을 개발하였으며, 이 내용은 국가과학교육기준에도 부합되었다. 큰 주제 4가지(담수, 에너지, 이주, 롱아이랜드 수로)는 학교단위에서 지역 환경에 대한 핵심 교육과정의 내용과 연결되었다. 따라서 5학년 학생들은 에너지와 기후변화, 빛과 환경, 수질 보존과 오염의 단원을 집중적으로 학습하게 되었다.

도입

이 학교는 야외 정원, 그린하우스, 그리고 서쪽 강변 메모리얼 공원 인근에 위치한 자연보호 센터를 활용할 수 있는 지리적 여건을 가지고 있다. 학생들은 번잡한 길을 지나고 보행자용 다리를 건너면 자연보호 센터에 도착할 수 있다. 이 학교 학생들은 학년별로 환경을 보호하는 개인별 책임에 관련된 특별 주제와 활동에 참여할 수 있다.

예를 들면 3학년 학생들은 대서양 연어가 '8마일강'[35]으로 회귀하는 것에 대한 연구, 4학년 학생들은 레크리에이션용 선박들이 이동하는 롱아일랜드 수로의 생물체 개체군에 대한 연구, 6학년 학생들은 서쪽 강을 따라 카누를 타면서 새를 관찰하는 연구 등이다. 학년별 특정 동물도 선정하여 연계시키고 있다. 이 동물들은 학년별 특별 환경 연구를 진행하는 과정에서 주요 주제로 적용된다. 예를 들면, 1학년은 온도 변화에 따라 도마뱀의 변태 과정을 연구하는 것, 2학년은 애벌레에서 나비까지의 한살이, 4학년은 바다거북의 이주 패턴 등에 대한 연구이다. 이 학습활동을 통해 학생들은 사람과 생물체 간의 상호 연계성을 심층적으로 이해하는 기회를 가지게 된다. 학생들은 사람의 행동이 지구상에 공존하는 사람과 환경 간의 균형에 어떤 영향을 주는지를 이해하게 된다. 이 학교 프로그램을 통해, 학생들은 생물학자, 생태학자와 만나고 자주 대화하면서 지역사회 자원(정원, 공원, 강, 늪지 등)을 보존하는 협력 방안을 고려하게 된다.

학생들은 학년별 수행하는 연구 주제들을 통해 코네티컷 주 차원 및 지역사회 도심의 이슈가 무엇인지를 깨닫게 된다. K－8학년의 전체 9년에 걸쳐 버나드 학교를 다닌

35) Eight Mile River로 고유명사

학생들은, 인공 냉각의 양식 탱크에서 자란 물고기와 자연 그대로 깨끗한 강물에서 자란 물고기를 비교해 보았을 것이다. 학생들은 양식 탱크의 물고기를 커네티컷 강에 방출하여 자연의 먹이를 먹을 수 있도록 하는 방안을 제안하게 될 것이다. 학생들은 롱아일랜드 레크리에이션용 선박 운항으로 인해 일어나는 온도 변화가 롱아일랜드 수로의 종 다양성에 어떤 영향을 주는지를 고민해 보았을 것이다.

학생들은 학교 '재배 박스'와 '야외 정원' 프로그램을 통해 학생들 스스로 야채를 재배하여 먹을 수 있다는 것을 깨달았으며, 자신 스스로 그리고 지역사회 사람들이 건강을 위해 식이요법을 하는 것이 중요한 것도 알게 되었을 것이다. 학생들은 지역사회 주민생활지원센터에서 절전형 CFL[36] 전구를 사용하고 학교에서 태양열 패널과 같은 대안적인 재활용 에너지를 사용하는 것을 보았을 것이다. 따라서 버나드 학교 학생들은 지구촌 차원 이슈에 대한 현안과 해결안을 논의할 때 자신의 실제 경험을 바탕으로 의견을 제시할 수 있을 것이다. 이와 같은 실천적 경험으로 인해, 학생들은 다양한 아이디어를 논의할 때 비판적으로 의견을 제시하면서 질문하고 응답할 수 있을 것이다.

수준별 학습

학교에서 파트너십 기관과 협력하면서 얻을 수 있는 장점은 다양한 학생 집단의 특징을 반영하는 수준별 교수방법을 실천할 수 있는 것이다. 버나드 학교에서는 파트너십으로 연결된 기관들의 도움으로 교실 수업현장에 다양한 교수방법을 수행할 수 있었으며, 학생들은 다양한 학습방법을 경험하고, 교사들은 학생들의 학습활동을 관찰하고 평가하고 반성하였다. 그 결과, 비록 커네티컷 주에서는 주차원 모의고사를 통해 학교 성취도를 평가하지만, 교육과정 운영에 파트너십 기관을 통합하여 학생들이 교과영역 영재성을 더욱 발휘할 수 있게 되었고, 특히 높은 능력을 갖춘 도심 학생들이 신체적 영재성과 직관적/대인관계 영재성을 발휘할 수 있는 학습 환경을 제공하였다 (Gardner, 1999; Sanchez-Burks et al., 2000; Ibarra, 2001).

학생들은 연구주제에 대해 동료학생과 현직 전문가들과 대화하는 과정에서, 자신의 관심에 연결되는 질문과 답변을 스스로 할 수 있는 능력과 정보를 창출해낼 수 있는

36) compact fluorescent light (CFL)

능력을 보여주었다. 이러한 교수방법을 적용하는 수업에서는 학생들이 스스로 찾아내고 응답할 수 있는 개방형 질문으로 수업을 시작할 수 있다.

학생들은 개방형 질문에 대해 1개 이상의 정답을 찾아내야 한다. 교사는 학생 상호 간의 토론과 대화 과정을 관찰하고 평가할 수 있으며, 이러한 대안적 평가방법을 사용하여 다양한 학생으로 편성된 집단에서 개별 학생의 학습수준을 정확히 평가할 수 있게 된다. 버나드 환경 마그넷 학교는 도심에 위치하는 지리적 요건을 활용하여 대안적 평가방법을 유용하게 활용하였다. 즉 이 대안적 평가방법은 평등성을 권장하고 동기를 유발하며 성취도를 높이는 성과를 거두었다. 또한 이 대안적 평가방법을 통해, 학생과 교사는 자체적인 힘을 가지게 되었으며, 교수와 학습에 집중할 수 있게 되었다 (Winking and Bond, 1995).

국가과학교육기준을 실천하기

미국에서 과학교육에 대한 교육개혁 정책은 국가과학교육기준과 목적을 실천하는 것이다 (NRC, 1996; 2000). 국가과학교육기준에 근거하여 학교 과학교육의 목적은 과학적 소양을 갖춘 사회로 정의할 수 있으며, 모든 학습자의 학습 요구를 민감하게 받아들이는 데 있다. 과학적 소양은 과학지식을 학습하는 것을 강조하는 한편, 이 과학지식을 사회적 공익에 활용하는 것도 강조한다 (King, 2007). 국가과학교육기준에서 제시하는 과학교육의 목적 2는 학생들이 개인적 결정을 내릴 때 적절한 과학의 개념과 과정을 사용하도록 도와주는 것에 중점을 둔다. 목적 3은 학생들이 과학과 기술 관련 사건에 대해 공적으로 토론하고 논의하는 과정에 지적으로 참여하도록 하는 것에 중점을 둔다 (NRC, 1996, p.13). 버나드 환경 마그넷 학교에서 강조하는 환경 관련 주제는 자연보호, 사람의 건강, 자원관리 등이며, 학생들은 이 주제를 학습하는 과정에서 학습자 주도적으로 탐구하는 경험을 하게 된다. 교사는 학생들이 연구주제 관련 과학내용 전문가와 협력하며 학교 담당교사는 학생들이 상호 가르치기, 지역사회에 대한 책임감을 실천하기, 질문하기 등을 통해 성취하는 과학학습의 수준을 대안적 평가방법을 적용하여 측정할 수 있다.

획일적 평가방법과 대안적 평가방법을 적용하는 교수방법을 실천하였으며, 그 결과는 학교단위와 학생단위 학습 평가 모두를 만족시켰다. 버나드 환경 마그넷 학교는 태양에너지를 사용하는 청소년 단체(Solar Youth)와 협력하였으며, 학생들의 학습을 평가할 수 있었다. 태양에너지 사용 청소년 단체의 HOLA 교수방법은 활동을 통해 질문하도록 하는 활동중심 탐구전략을 사용하였으며, 이 장에서 논의하는 핵심적 내용이다.

태양에너지 사용 청소년 모임과 학교 HOLA 프로그램과 협력하기

태양에너지 사용 청소년 단체는 비영리 환경교육과 청소년 계발 단체[37]이다. 이 단체는 청소년들이 환경 탐색, 리더십, 지역사회 봉사활동을 통해 자신에 대한 긍정적 감각을 기르고 다른 사람들과 협력하고 헌신하는 기회를 제공하는 데 목적을 두고 있다. 활동중심 야외학습 탐험(HOLA : The Hands-on Outdoor Learning Adventure)프로그램은 태양에너지 사용 청소년 단체가 운영하는 학교 프로그램이며, 뉴 헤븐 교육청과 협력하여 커네티컷 주 핵심 과학 교육과정 목표를 성취하도록 지원하고 있다. 이 프로그램에서는 학교 교육과정에 부합하는 활동 중심 야외수업 지도안을 제공한다. 이 프로그램에 참여하는 학급은 5월부터 10월의 기간 동안 2개월에 한 번씩 2시간 정도 야외수업활동에 참여한다. HOLA는 다양한 교수전략을 통해 음악, 신체적 움직임, 그리고 자연을 모방하는 방법을 동원하여 학습하는 수업이다. 이 수업에서 학생들은 노래, 창의적 행동, 게임, 활동을 하면서 환경 지킴이의 책임감을 증진시키게 된다.

학생들이 어린 시기부터 도전적인 야외 탐사활동을 통해 환경 지킴이 역할을 실천하게 되면, 학교 밖 일상생활에서도 이를 실천하고 나아가 성인이 되었어도 지속적으로 실천할 수 있게 된다. 플레이스 박사(Dr. Greg Place, 2004)는 '사람들이 어린 시절 가족, 단체, 또는 학교에서 야외활동을 하는 시간은 부정적이든 긍정적이든 향후 성인이 되어 환경을 어떻게 생각하는가의 관점에 영향을 준다.'라고 주장하였다. HOLA는 다른 어떤 프로그램도 참조하지 않았다. 태양에너지 사용 청소년 단체 단장이 도심 학생들에게 활동을 통해 학습하는 방법으로 개발한 독창적인 원조 프로그램이다.

37) Solar Youth Inc. 홈페이지 www.solaryouth.org

실천과 대화를 통한 학습

Solar Youth는 먼저 교실 수업에서 다양한 활동을 통해 과학지식을 학습한 후 교육과정과 학습내용에 대해 공식적으로 평가한다. 이 교실 수업에서 이루어지는 다양한 활동에는 학교 내 구성원(교사, 학부모, 학교장), 학생과 학생들 간의 대화와 토론이 포함된다. 각 활동은 야외 현장 경험(나뭇잎을 채집하고 동정하기), 질문 맞추기 게임(그림 15.1), 즉 학생들이 질문을 작성하고 동료학생들에게 질문하기, 지역사회 대상 포스터 발표하기(그림 15.2), 즉 학생들이 동료들에게 발표내용을 설명해주기를 포함한다. 이러한 환경 지킴이 역할을 실천하는 활동들은 학습을 통해 참여를 유도하는데 중요하다. 예시 활동으로는 공원 관리자와 함께 공원을 청소하기, 행사와 소식을 전달하는 방송하기 등이다.

그림 15.1 질문 맞추기 게임

HOLA 프로그램에서 활용하는 접근방법은 비공식적 단체 활동으로 학생들을 모집한다. 그리고 용어를 반복적으로 사용하고 신체로 나타내는 행동에서 얼마나 핵심적 개념과 주제를 잘 사용하는지에 대한 학습이 이루어졌고 유지되는지를 측정한다. 이 과정은 먼저 학생들의 지식 획득과 유지를 측정하는 방법으로 사전 조사라고 한다. 학생들은 사전에서 응답한 동일한 시험 문제를 사후에서도 동일하게 응답한다. 그리고 다음 차시의 다른 주제에 대한 수업이 시작되는 시점에서도 응답한다. 예를 들면 수업이 시작하는 시점에 6개 문제로 조사를 실시하면, 사후에서 3개 문제는 사전에 사용한 동일한 문제들이며, 나머지 3개 문제는 새로운 문제들이다. 수업 시작 시점에서 학생들에게 새로운 문제의 답을 알지 못해도 괜찮다고 인식시켜야 한다. 학생들이 이

그림 15.2 학급 동료를 대상으로 활동 결과를 발표하는 학생들

예습/복습 지도 방법

- 학생들은 원모양으로 서도록 한다.
- 학생들에게 ABC 글자를 나누어 준다.
- 학생들은 예습/복습의 노래를 부른다.

"예습, 복습
예습, 복습
돌아서기……
가지고 있는 글자를 땅에 떨어뜨리기……
이제 제자리에 서서 움직이지 않기!
그리고 질문을 잘 듣기……

(질문을 하라.)

A, or B, or C인가?
말해보라
A, or B, or C인가?
말해보라
이제 움직이지 말라!"

전에 실시한 시험의 문제를 복습하고자 할 때, 교사는 학생들에게 이전에 공부한 것을 기억하는지 여부를 질문해야 한다. 교사는 학생들이 기억하는지 여부를 일깨우고, 전체 답을 복습하는 일은 하지 않아야 한다.

신체적 활동으로서 노래하고 춤추는 활동은 학생들이 질문에 답변할 때 다른 학생들의 답변을 모방하는 일을 감소시키며, 스스로 자신의 생각으로 답해야 한다는 윤리적 관점을 강조할 수 있다.

학생들은 자신의 답을 높이 들도록 하고, 교사는 학생들이 써놓은 답의 각 글자 빈도를 기록한다(그림 15.3). 이 교수방법은 전통적 수업에서 선택형 문항으로 획일적으로 평가하는 방법을 도입한 것이다. 이 방법을 응용하여 신체적 활동 중심 야외 수업 접근방법에서는 학생들이 이전 지식을 기억하고 가장 좋은 답을 생각하도록 지도하였다. 학생들의 응답을 집계한 표는 학급 전체를 대상으로 수행하는 수업에서 정답을 말한 학생들이 얼마나 되는지를 쉽게 알 수 있는 방법이다. 더 나아가 학급이 어느 정도 개선되고 있는지를 자체적으로 추적하기 위해 그래프 그리는 기능을 도입하게 되면, 수학을 융합한 수업으로 진행할 수 있다.

그림 15.3 5학년 학생들이 사전 조사에 참여하고 있는 모습

질문	예상 응답	수업 전 (사전)	수업 후 (사후 1)	차시 수업 전 (사후 2)
1. 무한 에너지원, 절대 고갈되지 않는 것은?	A. 재활용			
	B. 반 재활용			
	C. 재활용 불가			
응답 합계				
2. 재활용 에너지에 포함되는 것은?	A. 석탄			
	B. 바람			
	C. 기름			
응답 합계				
3. 산업혁명과 화석연료를 사용하여 기차와 공장을 가동시키고 그 결과로 온실효과는?	A. 증가한다.			
	B. 감소한다.			
	C. 변화 없다.			
응답 합계				

그림 15.4 5학년 자료 기록지

효율성에 대한 증거

[표 15.1]과 [그림 15.5]에서 제시한 연구결과는 학생들이 비형식 교실 활동을 통해 학습한 주 교육과정의 학습 내용을 획득하고 유지하는 것을 보여주고 있다. 모든 수업에서 학생들은 인지적 요소를 향상시킨 것으로 나타났다. 여전히 5학년 학생들에 빛과 환경 단원에서 물리 개념을 이해하는 것이 도전적이었다.

표 15.1 5학년 학생 대상 사전조사 결과 종합 검토

	5학년 1차시 : 에너지와 날씨 변화 문항 정답률 %
수업 전 사전	82 %
수업 후 사후	96 %
다음 차시 전 사후 2	92 %
	5학년 2차시 : 빛과 환경 문항 정답률 %
수업 전 사전	41 %
수업 후 사후	67 %
다음 차시 전 사후 2	74 %
	5학년 3차시 : 수질 보존과 오염 문항 정답률 %
수업 전 사전	68 %
수업 후 사후	100 %
다음 차시 전 사후 2	97 %
	5학년 4차시 : 서쪽 강변 기념공원 탐색조사 문항 정답률 %
수업 전 사전	68 %
수업 후 사후	80 %
다음 차시 전 사후 2	

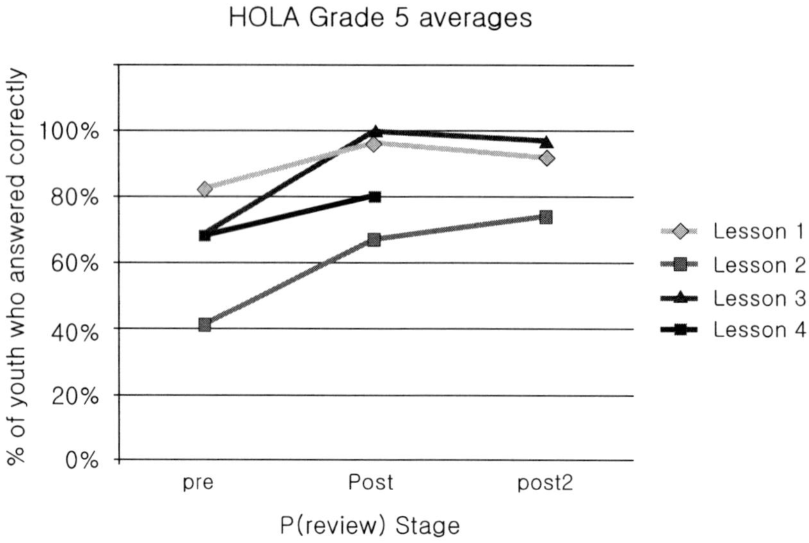

그림 15.5 5학년 학생 대상 사전 조사 결과

교사와의 대화에서 연구진은 학생들이 신체적, 음악적으로 질문할 때 전통적 수업에서 하는 선택형 질문보다 더 높은 점수를 성취하는 것으로 전해 들었다. 사실 교사는 동일한 지식에 대한 표준화 모의고사의 점수가 낮은 학생들이 이 사회적 HOLA 접근방법으로 가장 많이 향상되었다고 밝혔다. 시험 후 학생들이 학습 자료를 복습할 때에도 HOLA 접근방법을 사용하였으며, 이들 학생들은 수업 때와 마찬가지로 높은 성적을 거두었다. 이러한 결과를 통해 학생들이 정보를 오랜 시간 동안 보유하는 것을 알 수 있었는데, 이러한 결과는 전형적 지필고사의 시험방법에서는 나타나지 않는다는 것이다.

이 연구결과에 따라, 교사들은 버나드의 신체적 접근방법을 더 많이 활용할 필요가 있다. 이제 연구결과에 대해 확신도 가지게 되었으며, 음악적 · 신체적으로 표현하는 것을 평가하는 방법에서 표준화된 평가방법에 대해서도 적응할 수 있도록 도움을 제공하여 이들이 주 차원 및 연방 차원 시험에서도 동일하게 우수한 점수를 성취하도록 해야 할 것이다.

한 학생은 버나드 학교에서 학습경험이 곧 성취도 증가로 이어진다는 것에 대해 다음과 같이 말했다.

> 버나드 학교는 정말 좋은 학교이다. 고등학교에서 배워야 할 것에 대해 굉장히 많이 공부

> 할 수 있는 학교이다. 현장학습을 가면 정말 재미있다. 이 학교에서 배우는 것 중 가장 흥미로운 것은 야외 정원에 가서 봄에 해바라기 씨를 뿌리고 난 후 가을에 와서 얼마나 컸는지는 확인하는 것이다 (Corey, Grade 6).
>
> 에너지를 절약하고 만들어 내는 것에 대해 굉장히 많이 배웠다. 현장학습을 자주 다니면서 에너지 절약에 대해 많이 공부했다(Lorant, Grade 8).
>
> 나는 7년간 버나드 학교를 다녔다. 이 학창시절 동안에 식물과 환경 가꾸는 방법을 배웠다. 가장 좋았던 경험은 Dynamath 잡지에 버나드 학교에서 태양 에너지를 사용했던 경험에 대해 투고한 일이었다 (Michilla, Grade 7).
>
> 나는 이 학교에 다닌지 1년밖에 안 됐지만, 자연환경을 녹색으로 가꾸는 일에 대해 정말 많이 배웠다. 이 학교는 정말 지구촌 관점을 실현하는 학교이다. 내가 살고 있는 지역사회에 대해 공부하고 이 지역사회를 좀 더 살기 좋은 곳으로 만드는 방법을 공부하는 곳이다 (Ralik, Grade 8).

학생들은 암석 채굴 관련 읽기자료를 숙독하고 나서 Tilcon Rock Quarry 채석장을 방문하고 암석 채굴에 대한 장단점을 토론하고 채석장 책임자와 이를 다시 토론하였다. 이 수업에서 학생들은 지반에서 암석을 폭파시키고 나서 암석을 도로 및 건물 공사에 사용할 수 있는 크기로 쪼개는 과정에 대해 흥미를 가졌다. 이 현장답사에서 학생들은 땅으로부터 채집하는 암석 (암석조차도)의 양은 한정되어 있다는 것을 알게 되고 사람들이 자원을 지혜롭게 사용해야 하는 책임감도 알게 되었다. 추가적으로, '수로를 보존하기' 단체 대표와 학생들은 물고기가 다시 강으로 회귀하는 방법에 대해 대화를 나누었다. 학생들은 물고기가 한살이의 각 단계를 거치는 이유를 이해하게 되었으며, 도시에 사는 사람들이 동물이 한살이를 거칠 수 있도록 도와주어야 하는 이유도 알게 되었다. 환경과학자의 연구에 대해서도 그리고 도로와 같은 인공적 구조물을 건설할 때 동물의 생활사도 고려해야 하는 일도 알게 되었다. 이러한 활동을 경험하면서 학생들은 환경에 대한 긍정적 태도를 높였으며, 야외 정원 프로그램에 참여할 때 더욱더 긍정적인 태도를 보여주었다. 학생들은 땅을 부정적으로 표현했으나, 이제는 자신들이 먹는 음식물이 자라는 곳으로서 영양분이 풍부하여 긍정적으로 보는 태도로 변하였다. 학생들은 갈퀴와 삽으로 땅을 고르는 일, 종자를 심는 일, 식물이 자라는 것을 챙겨보는 일에 대해 이야기하는 것이 일상적인 일이 되었다. 학생들은 가정에서 정원을 만들기 시작했다고 이야기하였고, 교사에게 다음에는 어떤 식물을 심어야 할지에 대해 의견을 제시하였다.

학생들은 작은 재활용 용기에 식물을 키우는 방법을 배우고 난 후, 도심의 가정에서 정원 가꾸는 방법을 알게 되고, 이러한 일들이 지역사회에서 실천되었을 때 나타나는 긍정적인 결과에 대해서도 확신하였다.

결론

학생들이 지식을 얼마나 이해하는지를 측정하는 한 방법으로, 교사는 학생들이 사회적 논쟁거리를 해결하기 위해 정보를 활용하는 방법을 토론하고 대화하도록 지도한다. 그리고 이들의 토론과 대화 내용을 경청하면서 평가할 수 있다. 이 지도 전략의 장점은 학생들이 토론 내용을 발표하고 숙고하는 과정에서 적극적으로 참여하는 측면이다. 학생들은 지역사회의 과학 관련 논쟁거리에 대해 비판적으로 생각하고 문제를 해결하는 데 참여하게 된다. 이러한 활동에 참여하기 위해서 학생들은 과학 관련 논쟁거리를 알 필요가 있다.

2001년 연방정부는 읽기와 수학 성취도가 낮은 학생들을 위해 뒤떨어지는 학생들이 없도록 모든 학생들을 포함시키는 법안, No Child Left Behind Act를 수립하고 실천하였다. 이 정책으로 커네티컷 주에서는 2008년 과학 모의시험을 실시하였고 학생들의 성적과 성취도가 증가한 것을 보고하였다. 학교 차원에서는 모든 학생들이 과학 교육과정에 포함되는 내용을 학습하고, 그 학습한 내용이 학생에게 의미가 있도록 가르치는 교수방법을 개발해야만 하였다.

커네티컷 주와 뉴헤븐 교육청의 과학 교육과정은 학교에서 가르치는 과학 개념의 기반이 된다. 그러나 학생들은 팀으로 협력학습하고 다양한 맥락에서 학습하였다. 마그넷 학교는 주제 중심 교육과정으로 개발하여 학생들이 흥미를 갖도록 하였다. 이들 학교에서, 교사는 파트너십 기관들과 협력하여 수준별 교수방법을 실천하였고 학생들이 현장 전문가와 학자들과 교류하는 기회를 제공하였다. 본 연구에서 교사들이 실천한 교수방법은 학생들이 전형적인 평가인 지필시험에 잘 대비하도록 하였으며, 국제적으로도 경쟁력 있는 성적을 달성하는 데 도움이 되었다. HOLA 프로그램은 신체적 활동을 학습 내용을 평가하는 방법이며, 이를 통해 학생들은 사회적으로 중요한 과학 관련 논쟁에 참여하는 한편, 전형적인 선택형 문항 지필고사에서도 좋은 점수를 성취한 사례이다.

참고문헌

Blumenfeld, P. C., E. Soloway, R. W. Marx, J. S. Krajcik, M. Guzdial, and A. Palincsar. 1991. Motivating project based learning: Sustaining the doing, supporting the learning. *Educational Psychologist* 25: 369-398.

Gardner, H. 1999. *Intelligence reframed: Multiple intelligences for the 21st century*. New York: Basic Books.

Ibarra, R. A. 2001. Beyond affirmative action: *Reframing the context of higher education*. Madison, WI: The University of Wisconsin Press.

King, K. 2007. Teaching for K-12 *scientific literacy. Integrating the national science education standards into classroom practice*. Upper Saddle River, NJ: Pearson Education.

National Research Council (NRC). 1996. *National science education standards*. Washington, DC: National Academies Press.

National Research Council (NRC). 2000. *Educating teachers of science, mathematics and technology*: New practices for the new millennium. Washington, DC: National Academies Press.

Place, G. 2004. Youth recreation leads to adult conservation. *Parks and Recreation* (Feb. 1).

Sanchez-Burks, J., R. E. Nisbett, and O. Ybarra. 2000. Cultural styles, relational schemas, and prejudice against out-groups. *Journal of Personality and Social Psychology* 79 (2): 174-189.

Winking, D., and L. A. Bond. 1995. *Transforming teaching and learning in urban schools through alternative assessment*. Oak Brook, IL: North Central Regional Educational Laboratory.

국가과학교육기준의 과학교육 목적 2와 목적 3에서 강조하는 개인적·사회적 이슈와 연결된 학습내용을 실천한 성과

Robert E. Yager
University of Iowa

이 책은 총 15개 장으로 구성되며, 국가과학교육기준의 과학교육 목적 2와 목적 3을 효과적으로 성취하는 다양한 사례들을 포함하고 있다. 이 사례들에서 나타나는 바와 같이 유치원부터 대학생에 이르기까지 학생들이 과학내용을 개인적·사회적 견지에서 접근하여 흥미롭게 학습할 수 있는 것을 알 수 있다. 이 책의 장별 내용을 작성하는 데 총 38명의 학자들이 참여하였으나, 실제 현장 과학교사와 미국과학교사협회 회원은 거의 참석하지 않았다. 책 저자들은 과학교육을 개혁하는 데 필요한 창의적 아이디어를 만들어낸 사람들이다. 단독 저자가 집필한 장은 3개뿐이며, 이 단독 저자들조차도 학생들과 협력하여 프로그램을 계획하고 실천하였다. 이 책자, 7판에 제시한 다양한 과학교육 모범사례들은 상당히 흥미롭다. 그 이유는 이 사례들이 학교 과학교육의 목적, 과학학습, 과학내용을 전형적으로 정의내리지 않았기 때문이다. 이 책에서 소개하는 모범사례 수업에서 학업성취도를 성공적으로 달성하는지 여부를 평가하는 방법은 표준화된 성취도 평가방법과는 다르며, 대중의 관심을 이끌어내며, 과학을 발전시키는 변수들을 체험하도록 하는 방법이다. 빈번하게도 우리 과학교육 현장에서 학생들에 대한 기대치는 단지 교과서에 적혀 있는 정보 그대로 과학 수업시간에 노트에 정리한 내용 그대로 정확히 암기하는 것 외에는 거의 없는 것 같다.

확신컨대, 학교 과학교육에서는 목적 1 모든 학생들이 자연세계를 알고 자연세계를 이해하는 일의 소중함과 즐거움을 경험할 수 있도록 학습기회를 제공하는 것에 주력하고 있다. 이는 곧 과학자들이 실제 하는 일들과 동일한 일이다. 이는 또한 학교과학이 과학이라는 이름으로 모든 과학수업에서 모든 학생들에게 제공해주어야 할 경험으로 정의내릴 수 있다. 이러한 과학에 대한 경험은 공학자(특히 기계공학자)들에게도 흥미로운 것으로 더 좋은 삶을 위해 필요한 물건을 발명하도록 하고, 이 발명품은 또 과학자들에게 더 좋은 실험기구로서 제공된다. 공학자와 발명가가 유용한 산물을 생산하기 위해 사용한 지식은 종종 순수 과학지식과 별개의 것으로 구분되곤 한다.

과학과 기술 모두 의문을 제기하는 데서 시작하고 질문에 대한 해답을 찾고 결과를 도출한다. 과학에서는 자료를 수집하고 분석한 결과로 해답을 찾아낸다. 반면 기술에서는 항상 결과를 알고 있으며, 이를 얻으려고 애를 쓴다. 둘 다 사고와 실천이 필요하다. 칼 세이건(Carl Sagan)에 따르면, 모든 사람들은 과학자와 같이 질문, 놀라움, 경이감, 창의적인 생각으로 넘쳐난다(NRC, 1998, p.l). 사람의 뇌는 엄마의 뱃속에서부터 열, 압력, 움직임에 반응하면서 작동한다는 증거가 보고되고 있다. 유치원 어린이들은 주변의 모든 것에 대해 호기심을 나타낸다. 이런 현상은 학교 과학에 대해 학생들이 부정적 태도를 보이는 것과는 전혀 다른 반대의 현상이다.

학생들은 일반적으로 학교에 오래 다닐수록, 창의성(질문하기, 증거를 수집하기, 문제를 해결하기, 올바른 행동을 실천하기)이 감소된다. 학교에서 '하는' 과학(활동 중심) 수업의 성과는 대체적으로 초등학교에서 이루어진다. 그러나 여전히 전형적 과학 수업에서는 모든 학생들이 학교 입학하기 전에 가지고 있었던 창의성을 독려하는 일을 회피한다. 과학의 경우에, 새로운 발명은 우리가 일상적으로 하는 과학 수업에서 경험하는 것이 아니라 테크놀로지를 활용하는 보충수업이나 여름캠프에서 경험한다.

여기 이 책자의 15개 장에는 전형적 학교 프로그램과 교과서에 전적으로 의존하는 수업의 보충으로 실시하는 여러 프로젝트에 중점을 두고 있다. 이와 같이 추가적으로 제공하는 요소를 강화시킴으로써 현재 상태를 변화시킨다. 즉 현재 상태는 과학교사의 90% 이상이 수업시간의 90% 이상 교과서를 사용하여 수업하는 상태를 말한다(Harms and Yager, 1981). 소위 과학실험실은 학생들이 안내지침에 따라 특정한 행동을 해야 하는 장소일 따름이다. 너무나 빈번히도 학생들은 교과서에 있는 지식을 확인하기 위해 일련의 지침을 따라 행동할 따름이다.

또 다른 중요한 부분은 전형적인 과학 교육과정과 교수방법은 현재 과학자들이 생각하는 것을 요약하고 전달하는 것에 국한시키고 있다는 점이다. 과학을 '현재에도 진행되고 있는 연구'로 설명하는 경우는 매우 드물다. 그 결과로 대부분의 전형적 과학 수업에서 학생들은 흥미를 잃어버리고 있다는 것이다. (그리고 초등학교 학생들은 과학에 대해 긍정적인 태도를 보이지만, 이러한 과학에 대한 긍정적인 태도는 고등학교 12학년에 되면 거의 없어져 버린다!) 학생들이 대학생이 되면 흥미는 더욱 더 감소된다. 단지 고등학교 학생들 가운데 상위 50％만 대학을 가는 상황에서 그러하다. 일부 학자들은 전형적 과학 수업의 성공을 학생들이 과학을 좋아하는 '선호도'로 측정한다면, 과학 수업은 불법이며 금지시켜야 한다고 주장하고 있다. 어느 누구도 과학 공부가 흥미 있고 유용하다고 생각하지 않는다. 그러나 이 책자의 15개 장에서는 이러한 학생들이 나타나지 않았다.

거의 대부분의 현장 과학교사들은 전형적인 교수방법을 변화시키는 데 연구를 적용하지도 않고, 논리적으로 생각하지도 않으며 인내심을 발휘하지도 않는다. 다만 현재 사용하는 교과서를 지속적으로 사용하고 있을 따름이다. 학교 과학교육에서 성취해야 하는 국가과학교육기준의 4개 목적을 정확히 제시하는 과학 교과서는 존재하지 않으며, 학교 과학교육의 내용으로 선정된 모든 내용들이 포함되어 있는 교과서도 존재하지 않는다. 전형적 학교 교육과정은 서로 다르게 구성되어야 할 것이다. 대부분의 교사, 학교장, 학부모, 그 외 관계자들은, 좋은 수업이라면 교사가 학급을 통제하고 교사가 알고 있는 것을 공유하고, 교과서에서 읽은 내용 또는 수업 시 '교사가 말한 것'을 받아 적은 노트의 내용을 반복할 수 있는지를 학습으로 평가하고 있는 상태를 좋은 수업이라고 생각하고 있다. 좋은 수업에서 학생들은 교과서의 내용과 교사의 수업 지도안의 내용을 단지 반복하여 말하는 일만 하고 있다.

전형적인 과학 프로그램과 수업방법은 일부 활동에서는 좋을 수 있지만 거의 대부분의 경우 실제 과학과는 전혀 다른 외계인과 같은 내용이다. 과학 수업에서 학생들은 마음으로부터 참여하여 흥미를 느끼고 더욱 더 많은 호기심을 가져야 할 것이다. 지역사회 지도자들은 학생들이 지역사회에 참여할 수 있는 일에 지원하는 방법들을 알고 실천할 것이다. 이러한 노력들이야말로 학습을 나타내는 지표이며, 실질적으로 '하는' 과학으로서의 진정한 경험을 제공하는 일이다. 이것이 바로 국가과학교육기준이 비전으로 실천하고자 하는 개혁의 근간이다.

개혁에 대한 글은 많이 써왔다. 그러나 그렇게 작성한 것으로 변화를 만들어 내는 일은 거의 일어나지 않는다. 대부분의 사람들은 과학을 '빅 아이디어'로 정의하기를 원하였다. 대부분의 사람들은 국가 차원에서 실시하는 특별한 평가방법을 요청하였다. 이 책자의 모범 과학 프로그램에서는 참 과학을 경험하면서 즐거움과 열정을 느낀 사람(교사, 학생, 그 외)들을 소개하고 있다. 교사와 학생들은 참 학습, 지역사회 개선, 학교 담을 넘어선 사회에 더 많이 참여하는 일들을 하고 싶어 할 수 있다. 일반적으로 더 창의적이며 더 긍정적인 태도는 좋은 성과를 만들어 내도록 한다. 다만 대부분의 과학 수업에서 과학교사들이 명쾌한 초점을 본 적이 없을 따름이다.

사실 연구에 따르면 긍정적 태도와 창의성은 전형적 K－12 학교 과학을 오래 할수록 감소된다. 수업에 적극적으로 참여하면서 학습한 것을 사용할 수 있고, 나아가 개인적·사회적 논쟁거리를 해결하는 일에 도움을 주는 학생들이 사회에 진출해서 잘못되는 일은 거의 없다. 그러나 학생들이 동기를 가질 수 있도록 독려하거나 동기를 갖도록 하는 일(능력이 있으며)은 거의 일어나지 않는다. 이 책자에서 소개하는 사례들은 전부 신나는 수업들이다.

소개된 모든 사례에서 보여주듯이 과학 수업에서 학생들이 중심이 되는 것이 가장 바람직한 학습 여건이다. 그런데 이러한 상황을 어떻게 만들어 낼 수 있는가? 교사들은 학생들이 철저히 따라와 주어야 하는 수업 지도안이나 수업 일정에 너무 치중해서는 안 된다. 학생들은 일반적으로 다양한 것을 좋아하며 학생들마다 하는 활동과 학습의 결과를 격려해 주어야 한다. Perrone (1994)은 과학 수업시간에 학생들이 지적으로 참여할 수 있도록 만드는 조건들을 상세히 제시하였다. 이 학습 조건들이야말로 학생들이 참 학습을 성취하도록 만드는 토대가 될 수 있다. 다음은 8가지 학습 조건이다.

1. 학생들은 수업에서 학습할 내용을 정의하는 데 일조한다.
2. 학생들은 궁금해 할 수 있는 시간을 가지며, 흥미 있는 방향을 찾아낸다.
3. 수업 주제는 일종의 '이상한' 부분이 있으며, 일반적으로 새로운 방법으로 이해해야 하는 내용이고 질문에 질문을 자극하는 내용이다.
4. 교사는 학생들의 다양한 방식으로 표현하는 것을 허락하고 격려해야 하며, 학생들의 관점을 존중한다.
5. 교사는 자신의 수업에 열정적이다. 교사는 학생과 함께 풍요로운 활동을 만들어 낸다.
6. 학생들은 독창적이며 공적인 산물을 만들어 낸다. 학생들은 전문성의 일부를 얻게 된다.

7. 학생들은 중요한 것을 '한다' (정치 운동에 참여한다, 편집자에게 편지를 쓴다, 노숙자를 위해 봉사한다).
8. 학생들은 자신이 실천하는 일들의 결과가 미리 정해져 있거나 전부를 예측한 것이 아님을 인지한다.

이 책자에 소개된 사례에서는 위의 학습 조건들의 거의 대부분을 실천하고 있다.

학습자 중심의 의미는 교사들이 더 이상 교실 정면에 서서 설명하고 방향을 제시하지 않는 것을 말한다. 모든 교사들이 학생들과 함께 학습자가 되면 어떤 좋은 일이 일어나는가? 교실에서 학생들은 항상 학습을 선택하는 권한을 가진다. 학생들은 학습에 참여할 것인지 아니면 참여하지 않을 것인지를 선택할 수 있게 된다. 국가과학교육기준에 따라 학생들을 가르치는 교사는, 학생들이 '참여할 것인지 여부'를 선택하도록 격려할 것이다. 간략히 설명하자면, 학생들이 학습하기 위해 학습하는 것을 원한다. 우리는 너무 빈번히, 학생들에게 단지 교사가 시키는 대로 하도록 만들고, 나쁜 성적을 받는 것을 두려워하도록 만들고 있다. Starnes and Paris (2000)는 다음과 같은 수업이 얼마나 중요한 (실로 필수적인)지에 대해 심층 연구를 수행하였다. 즉, 교사는 학생들이 단지 교사가 학생들이 학습하기를 원하는 내용과 기능을 보여주는 일 대신, 참 학습을 하도록 도와주어야 (요구하지 않고) 하는 일이 얼마나 중요한 것을 보여 주었다. 학생들은 학습한 결과를 보여 주는 기회에 참여하고 즐거워 해야 할 것이다. 과학 수업에서 일차적인 평가방법은 교사와 평가전문가가 결정하는 것이 아니어야 하며, 정부, 학부모, 행정가가 기대하기 때문에 선택하는 평가가 아니어야 한다.

이 책자의 15개 장을 서술한 여러 저자들은 교사와 협력하여 프로젝트와 교수방법을 개발하였다. Noah Feinstein (2009)은 최근 과학프로그램의 목적과 이를 실현하는 방법이 명확하지 않다는 점을 문제로 지적하였다. 그는 두 가지 쟁점을 제기하였다.

> 미국 과학교육은 성취하고자 하는 가치있는 목적과 이 목적을 실현하기 위해 사용하는 교수전략이 불일치하는 혼란스러운 상황에 시달리고 있다는 점이다. 이 혼란은 과학교육은 학생들의 미래를 준비시켜야 한다는 생각에 근거를 두고 있다.
>
> 일부 사람들은 '준비하는 것'은 바람직한 시민정신과 만족스러운 삶이라고 여긴다. 일부 다른 사람들은 과학 및 기술 분야 기능을 학습한 산업인력을 준비하는 것으로 생각한다. 각각의 생각은 명확하고 강력하지만, 서로 다른 교육적인 전략을 이용해야 한다. 시민정

신을 준비시키기 위해서는 특별히 일상생활을 이해하는 학습, 즉 과학이 매일의 생활에 주는 영향을 학습하는 데에 중점을 두는 교육적인 전략을 전제해야 한다. 과학 분야의 기능을 갖춘 산업인력을 준비하기 위해서는 학생들이 과학과 기술 영역에서 고급 훈련을 추구할 수 있도록 만드는 지식과 기능을 갖추도록 해야 할 것이다. 우리는 시민 참여와 과학적 소양에 가치를 두고 있다. 그러나 우리 교육체제는 과학 분야 기능을 갖춘 산업인력을 생산하는 데 더 적합하다. 과학교육은 학생들의 미래를 준비시켜야 하는 교육이라는 생각을 선호하며, 따라서 바람직한 과학교육이라면 학생들이 '흥미를 느끼고 책임감을 가지며 생산적인 삶'을 영위하도록 만들어야 할 것이다. 여전히 우리는 열심히 시도하고 있지만, 결코 과학 분야 산업인력을 생산하는 교수 전략으로 시민정신을 준비시키는 목적을 절대 달성할 수 없을 것이다.

Feinstein은 이 책자에 대해 상당히 흥미로운 의견을 제시하면서, 다음 번에 나올 모범 과학프로그램 책자의 방향을 과학과 테크놀로지 전문직 교육(a focus on science and technology careers)으로 제안하였다. 이와 관련된 내용들이 책자에도 부분적으로 제시하였다. 이 책자의 일부 저자들은 새로운 방향을 심도 있게 접근해보기를 원하였다. 여기서 중점적으로 논의할 사항은 과학적 소양의 중요성이다. 모리스 사모아(1995)는 '과학적 소양의 신화 The Myth of Scientific Literacy'라는 책을 저술하였다. 물리학자인 사모아가 스스로 과학적 소양이 없는 사람이라고 고백한 부분에 주목할 필요가 있다. 그는 과학 학술지(미국 과학진흥협회(American Association for the Advanced of Science)에서 발간하는 학술지)를 집어 들고 읽더라도 모든 논문을 다 이해할 수 없다는 점을 곧바로 인정하였다. 그러나 우리는 학교에서 유치원부터 고등학교 3학년에 이르기까지 1년 단위 과학 강의를 통해 모든 내용을 이해하기를 기대하고 있다. 일부 학자들은 과학 교과서가 단지 과학이라는 이름으로 과학을 억누르기만 하고 진정한 과학을 학습하거나 경험하는 기회를 전혀 제공하지 못한다고 비판하고 있다.

이 책자를 읽는 독자는 각 장마다 학생들이 성공적으로 학습한 증거에 초점을 두고 읽기를 바란다. 각 장별 내용의 1/3이 증거를 설명하고 있다. 새로운 목적은 상세하게 설명되어 있는가? 목적 2와 목적 3에 중점을 두고 제대로 설명하고 있는가? 이 책자에서는 과학 교육과정을 조직하고 실천하는 데 개인적·사회적 논쟁거리를 사용할 수 있을 만큼 흥미로운 과학내용을 새롭게 제시하고 있는가? 여러분들이 독자로서 이를 판단해주기를 부탁드린다. 여러분은 어떤 아이디어부터 시작하고 싶은가? 이 책자의 흥미로운 프로그램에 대해 더 많은 대화를 나눌 수 있겠는가? 이 책자의 흥미로운 프로그램들로 대화를 종료하는 것이 아니라 더 많은 토론, 협력, 개혁을 진정으로 성공시키는 것을 시작하는 것이다.

추측컨대, Rutherford and Ahlgren (1990)은 교육개혁이 실로 일어나려면 시간이 걸린다고 말한 게 맞는 것 같다. 이런 입장에서 프로젝트 2061은 지구에서 핼리 혜성을 다시 관찰할 수 있는 시점이 76년 후이며, 76년의 장기간에 걸쳐 과학교육 개혁을 추진하고 있는 중이다. 우리가 필요로 하는 변화는 워크숍 한두 군데 다니는 것으로 이루어지지 않는 게 확실하다. 변화는 필요하지만 쉽게 빨리 실현되지 않는다. 그러나 본질적인 변화가 일생의 시간을 들여야만 일어나는 것일까? 이 책자의 모범 과학프로그램에 참여한 팀은, 변화가 일어나면 속도를 낼 수 있고 각 장에서 보여준 모범 사례들을 구현하는 데 쏟은 노력을 공유하면 앞으로 더욱 발전할 것이라고 생각한다. 책자의 저자들은 학생들을 과학과 기술에 흠뻑 빠져들도록 만들어서 미래 직종을 대비시키고 나아가 바람직한 시민의 삶을 누릴 수 있도록 헌신하고 있는 다른 사람들과 성심성의를 다해 소통할 것이다.

참고문헌

American Association for the Advancement of Science (AAAS). 1989. *Project 2061: Science for all Americans*. New York: Oxford University Press.

American Association for the Advancement of Science (AAAS). 1990. *Science for all Americans*. New York: Oxford University Press.

Feinstein, N. 2009. Prepared for what? Why teaching "everyday science" makes sense. *Phi Delta Koppan* 90 (10): 762-766.

Harms, N. C., and R. E. Yager, eds. 1981. *What research says to the science teacher, vol.* 3. Washington, DC: NSTA Press.

National Research Council (NRC). 1998. *Every child a scientist: Achieving scientific literacy for all*. Washington, DC : National Academies Press.

Perrone, V. 1994. How to engage students in learning. *Educational Leadership* 51 (5): 11-13.

Rutherford, F. J., and A. Ahlgren. 1990. *Science for all Americans? A Project 2061 report on literacy goals in science, mathematics, and technology*. New York: Oxford University Press.

Shamos, M. H. 1995. *The myth of scientific literacy*. Piscataway, NJ: Rutgers University Press.

Starnes, B. A., and C. Paris. 2000. Choosing to learn. *Phi Delta Koppan* 81 (1): 392-397.

저자

Hakan Akcay, author of *Applications of Biology as Part of a Pre-Service Program for Science Teachers*, is an instructor of science education at Marmara University, Istanbul, Turkey.

Scott Applebaum, coauthor of *Using Socioscientific Issues as Context for Teaching Concepts and Content*, is a science instructor of biology, anatomy, and physiology at Palm Harbor University High School in Palm Harbor, Florida.

Anthony Bartley, coauthor of *Issues-Based Learning and Inquiry in Environmental Science: Meeting the Third Goal of the National Science Education Standards*, is a faculty of education member at Lakehead University, Thunder Bay, Ontario, Canada.

Oksana Bartosh, coauthor of *Tahoma Outdoor Academy: Learning about Science and the Environment Inside and Outside the Classroom*, is a researcher at the Canadian Council on Learning in Vancouver, BC, Canada.

Erin Baumgartner, coauthor of *Your Students as Scientists: Guidelines for Teaching Science through Disciplinary Inquiry*, is an assistant professor of biology at Western Oregon University, Monmouth, Oregon.

David L. Brock, author of *Securing a "Voice:" The Environmental Science Summer Research Experience for Young Women*, is the E.S.S.R.E. project director at Roland Park Country School, Baltimore, Maryland.

Clara Cahill, coauthor of *Engaging Students in Content Learning and Scientific Critique Through a Nanscience Context*, is a graduate student at the University of Michigan, Ann Arbor, Michigan.

Kristy Loman Chiodo, coauthor of *Using Socioscientific Issues as Context for Teaching Concepts and Content*, is a marine biology teacher at Robinson High School, Tampa, Florida.

Kabba E. Colley, coauthor of *Project-Based After-School Science in New York City*, is chief evaluation and research officer of Eduinformatics in Plainfield, Vermont.

Cesar Delgado, coauthor of *Engaging Students in Content Learning and Scientific Critique Through a Nanoscience Context*, is an assistant professor at The University of Texas at Austin, Austin, Texas.

Gail Dickinson, coauthor of *Developing Expertise in Project-Based Science: A Longitudinal Study of Teacher Development and Student Perceptions*, is an assistant professor at the Texas State University-San Marcos, Texas.

Marjorie Drucker, coauthor of *An "HOLA" Approach to Learning Science*, is the science theme coordinator at Barnard Environment Studies Magnet School, New Haven Public Schools, New Haven, Connecticut.

Kathleen A. Fadigan, coauthor of *The CHANCE Program: Transitioning From Simple Inquiry-Based Learning to Professional Science Practice*, is an assistant professor of science education at The Pennsylvania State University, Abington, Pennsylvania.

David Fortus, coauthor of *Developing Students' Sense of Purpose with a Driving Question Board*, is a senior scientist at the Weizmann Institute of Science in Rehovot, Israel.

Barbara Hug, coauthor of *Linking Science, Technology, and Society by Examining the Impact of Nanotechnology on a Local Community*, is a clinical assistant professor at the University of Illinois, Champaign, Illinois.

Julie K. Jackson, coauthor of *Developing Expertise in Project-Based Science: A Longitudinal Study of Teacher Development and Student Perception*s, is an assistant professor at Texas State University-San Marcos, Texas.

Doug Jones, coauthor of *Issues-Based Learning and Inquiry in Environmental Science: Meeting the Third Goal of the National Science Education Standards*, is head of the science department at Sir Winston Churchill C & VI High School, Thunder Bay, Ontario, Canada.

Juan D. López, Jr., coauthor of *"Who Ate Our Corn?" We Want To Know And So Should You!*, is a research entomologist at the USDA-ARS, Areawide Pest Management Research Unit in College Station, Texas.

Jolie Mayer-Smith, coauthor of *Tahoma Outdoor Academy: Learning about Science and the Environment Inside and Outside the Classroom*, is an associate professor at the University of British Columbia, Vancouver, Canada.

Jacqueline S. McLaughlin, coauthor of *The CHANCE Program: Transitioning From Simple Inquiry-Based Learning to Professional Science Practice*, is an associate professor of biology and CHANCE Founding Director at Penn State Lehigh Valley, Center Valley, Pennsylvania.

Wayne Melville, coauthor of *Issues-Based Learning and Inquiry in Environmental Science: Meeting the Third Goal of the National Science Education Standards*, is an associate professor in science education at Lakehead University, Thunder Bay, Ontario, Canada.

Joseph Muskin, coauthor of *Linking Science, Technology, and Society by Examining the Impact of Nanotechnology on a Local Community*, is an educator coordinator at the University of Illinois, Urbana, Illinois and a science teacher at the Next Generation School, Champaign, Illinois.

Andrew J. Petto, author of *Communic-Able: Writing to Learn About Emerging Diseases*, is senior lecturer in anatomy and physiology at the University of Wisconsin-Milwaukee, Milwaukee, Wisconsin.

Jason Pilot, coauthor of *Issues-Based Learning and Inquiry in Environmental Science: Meeting the Third goal of the National Science Education Standards*, is a high school science teacher at Sir Winston Churchill Collegiate and Vocational Institute, Thunder Bay, Ontario, Canada.

Theodora Pinou, coauthor of *An "HOLA" Approach to Learning Science*, is an associate professor at Western Connecticut State University, Danbury, Connecticut.

Wesley B. Pitts, coauthor of *Project-Based After-School Science in New York City*, is an assistant professor of science education in the department of middle and high school education at Lehman College, City University of New York in Bronx, New York.

Amy E. Ryken, coauthor of *Tahoma Outdoor Academy: Learning about Science and the Environment Inside and Outside the Classroom*, is an associate professor at the University of Puget Sound in Tacoma, Washington.

Timothy P. Scott, coauthor of *"Who Ate Our Corn?" We Want To Know And So Should You!*, is associate dean at College of Science-Texas A & M University, College Station, Texas.

Kanesa Duncan Seraphin, coauthor of *Students as Scientists: Guidelines for Teaching Science through Disciplinary Inquiry*, is an assistant professor at the University of Hawaii's Curriculum Research & Development Group (CRDG) & director of the Hawaii Sea Grant Center for Marine Science Education.

Yael Shwartz, coauthor of *Developing Students' Sense of Purpose With a Driving Question Board*, is a senior scientist at the Weizmann Institute of Science in Rehovot, Israel.

Minyoung Song, coauthor of *Engaging Students in Content Learning and Scientific Critique Through a Nanoscience Context*, is a PhD student at the University of Michigan, Ann Arbor, Michigan.

Elizabeth E. Studley, coauthor of *An "HOLA" Approach to Learning Science*, is the program director at Solar Youth, Inc., New Haven, Connecticut.

Emily J. Summers, coauthor of *Developing Expertise in Project-Based Science: A Longitudinal Study of Teacher Development and Student Perceptions*, is an assistant professor at Texas State University-San Marcos, Texas.

Margaret Tudor, coauthor of *Tahoma Outdoor Academy: Learning About Science and the Environment Inside and Outside the Classroom*, is executive director of the Pacific Education Institute, Olympia, Washington.

Janet Wattnem, coauthor of *Linking Science, Technology, and Society by Examining the Impact of Nanotechnology on a Local Community*, is high school teacher at Mahomet-Seymour High School, Mahomet, Illinois.

Ayelet Weizman, coauthor of *Developing Students' Sense of Purpose With a Driving Question Board*, is a senior researcher at the Weizmann Institute of Science in Rehovot, Israel.

Craig Wilson, coauthor of *"Who Ate Our Corn?" We Want To Know And So Should You!*, is a senior research assocate at College of Science-Texas A & M University, College Station, Texas.

Dana L. Zeidler, coauthor of *Using Socioscientific Issues as Context for Teaching Concepts and Content*, is a secondary science education professor at the University of South Florida, Tampa, Florida.

찾아보기

사회문제를 해결하는 과학수업

지은이 • Robert E. Yager
옮긴이 • 서혜애 · 신명경 · 이미경 · 차희영
발행인 • 조승식
발행처 • (주) 도서출판 북스힐
등 록 • 제22-457호
주 소 • 142-877 서울시 강북구 한천로 153길 17
홈페이지 • www.bookshill.com
E-mail • bookswin@unitel.co.kr
전 화 • 02-994-0071(代)
팩 스 • 02-994-0073

2015년 7월 10일 1판 1쇄 인쇄
2015년 7월 15일 1판 1쇄 발행

값 16,000원

ISBN 978-89-5526-941-3

* 잘못된 책은 구입하신 서점에서 바꿔드립니다.